용인
66계명

용인
66계명

용인보감 用人寶鑑

한국사마천학회 김영수 편저

차례

프롤로그 사람이 알파이자 오메가 – 리더·인재·용인의 삼위일체 | 11

제1계명 인재는 역사 속에서 창조되어 나와, 역사를 창조한다 | 18
  – 리더·인재·용인의 역사와 사상

제2계명 삼불여 | 39
  – 현대 리더십의 핵심을 건드린 유방

제3계명 각박한 리더십으로는 성공할 수 없다 | 49
  – '포용'의 리더십을 보여준 리더들

제4계명 눈앞의 이익과 한순간의 감정에 사로잡힌 결과는? | 59
  – '가도벌괵'이 던지는 메시지

제5계명 리더·인재·용인의 '삼위일체'를 위한 키워드 | 69
  – '용인' 키워드 69

제6계명 승패는 전력으로만 결정되지 않는다 | 79
  – '관도지전'과 원소의 패배 원인 분석

제7계명 한 사람의 이익을 위해 천하가 손해 볼 수 없다 | 87
  – 공사 구분이 관건

제8계명 끊임없이 배워 인재로 성장하라 | 98
  – 한유의 학습 인재론

제9계명 "그대가 절을 하면 짐의 몸이 아프다오" | 106
  – 유일한 여성 황제, 무측천의 인재관

제10계명 존중이란 죄를 미루지 않는 것이다 | 122
  – 잘못을 안을 줄 아는 리더

제11계명 "내가 이 세 사람을 얻었다" | 132
  – 인재의 유출과 흥망성쇠

제12계명 나라를 망치는 데는 간신 하나로 충분하다 | 155
  – 간신의 득세는 인재의 무덤

제13계명 묵은 감정을 풀면 힘이 합쳐진다 | 162
  – '석원'의 힘

제14계명 사람을 거울삼아 득실을 헤아려라 | 173
  – 명실상부한 역대 최고 명군의 인재관

제15계명 내가 저버릴지언정 나를 저버리게 하지 않는다 | 184
  – 중국 용인사의 특별한 존재, 조조

제16계명 "내게 활을 쏘았다고 죽인다면 용사들이 아깝지 않은가" | 190
  – 누르하치의 담대한 인재관

제17계명 "군주가 군자와 간신을 구별하면 그만이다" | 196
  – 구양수의 '붕당론'과 인재 추천

제18계명 3년을 기다린 위대한 '쇼' | 203
  – 상나라 무정의 기다림과 인재

제19계명 마음으로 한 약속도 지킨다 | 212
  – 약속의 중요성에 관한 두 개의 고사

제20계명 사람의 힘이 하늘도 이긴다 | 219
  – 현대 경영과 인재론

제21계명 현상을 인정하라 | 226
  – 위기 극복의 리더십

제22계명 '용인관'의 시대적 한계를 돌파하라 | 234
― 춘추전국시대 '용인' 사상의 문제점

제23계명 흥망의 조짐을 통찰하라 | 241
― 인재와 흥망의 함수관계

제24계명 세상의 근심을 나의 근심으로 | 250
― 리더의 사회적 책임감

제25계명 리더는 훈련되어야 하는 존재다 | 256
― 리더가 갖추어야 할 기본 리더십

제26계명 가르침에 부류란 없다 | 262
― 위대한 스승 공자의 인재관

제27계명 껍데기에 현혹된 용인관은 망국의 길이다 | 267
― 유기의 인재관

제28계명 '덕'은 추상적인 개념이 아니다 | 277
― 보편적 개념으로서의 '덕'

제29계명 공적인 일을 법처럼 받들라 | 282
― 조직을 망치는 불치병을 치유하려면

제30계명 두 마리의 토끼를 다 잡을 수 있나 | 294
― 리더의 딜레마, 이상과 현실

제31계명 "심보가 곱지 않으면 어디다 쓰겠는가?" | 301
― 강희제의 인재관

제32계명 사사로운 생각으로 사람을 쓰면 크게 잃을 수밖에 없다 | 308
― 인재 기용에서 바른 원칙의 중요성

제33계명 무능한 관리는 있어도 무용한 인재는 없다 | 314
― '사무(四毋)'가 던지는 계시

제34계명 리더의 매력은 어디에서 오는가? | 321
　　　　　– 초나라 장왕의 리더십 종합 분석

제35계명 "나는 천성이 반대하는 의견을 듣지 못한다" | 350
　　　　　– 인재를 해쳐 나라를 망친 수 양제

제36계명 말이 적절하면 다툼도 해결한다 | 359
　　　　　– 유머의 대가, 안영

제37계명 무취향이 더 큰 문제다 | 378
　　　　　– 리더의 취미와 취향

제38계명 "단간목은 의로움이 넘치지만, 나는 재물만 넘칠 뿐" | 384
　　　　　– 용병술로 인식된 위 문후의 인재 존중

제39계명 훌륭한 목수는 재목을 버리지 않는다 | 391
　　　　　– 우열에 맞게 사람을 쓰는 용인관

제40계명 솥 안에서 일어나는 미묘한 변화는 쉽게 보이지 않는다 | 399
　　　　　– 세계 최초의 리더 유형론, 이윤의 '구주론'

제41계명 '스스로를 떠벌리는 자는 공이 없다' | 406
　　　　　– 명언명구로 성찰하는 수신, 치국, 인재

제42계명 덕은 재능을 이끄는 장수와 같다 | 417
　　　　　– 인재의 근본은 무엇인가

제43계명 "아주 참신해, 희망이 보여" | 425
　　　　　– 말 그림보다 '천리마'를 더 잘 골랐던 쉬베이홍

제44계명 "영웅의 지략으로 삼고초려에 보답하리라" | 431
　　　　　– 삼고초려의 현대적 의미

제45계명 "대신들이 나를 망쳤다" | 438
　　　　　– 의심을 품고 인재를 기용한 숭정제

제46계명 몸이 아닌 마음을 잡아라 | 447
　　　　　― 초나라 인재를 역이용한 진(晉)나라

제47계명 태산은 단 한 줌의 흙도 마다하지 않는다 | 454
　　　　　― 천하통일의 중대한 축을 담당한 진(秦)의 인재 정책

제48계명 좋은 재목과 그릇은 용도를 다하게 하라 | 462
　　　　　― 인재의 능력 차이와 재능 발휘의 함수관계

제49계명 논자배배(論資排輩) | 470
　　　　　― 자격을 따져 사람을 기용하는 폐단

제50계명 상대를 키워야 내가 큰다 | 477
　　　　　― '윈―윈(win-win)'에서 '프레너미(frenemy)'까지

제51계명 숨겨진 곳에서 숨은 곳으로 | 486
　　　　　― 인재는 곳곳에 있다. 방법이 문제일 뿐

제52계명 쓸모없는 사람은 없다 | 495
　　　　　― 인간과 사물에 내재되어 있는 이중성

제53계명 도덕의 힘은 지금도 유효한가? | 501
　　　　　― 비권력성 영향력으로서의 도덕

제54계명 인재는 기다려야 하는가? | 508
　　　　　― 인재 식별의 오차구역과 과학적 기준

제55계명 일을 사람에 맞추고 사람을 일에 맞추지 말라 | 516
　　　　　― 객관적 사실로서의 인간의 장단점

제56계명 유언비어 때문에 능력마저 의심해서야 | 523
　　　　　― 꾀돌이 진평과 유방

제57계명 개혁하지 않으면 생존할 수 없다 | 530
　　　　　― 개혁은 필요성 + 당위성의 문제

제58계명 아름다운 꽃은 푸른 잎을 필요로 한다 | 544
　　　　－ 인재의 성과와 격려

제59계명 "제갈량이 곧 죽겠구나" | 550
　　　　－ 관리의 폭을 조절하라

제60계명 인재는 모셔 와 그의 말에 따라야 한다 | 558
　　　　－ 직권(職權)의 위임이 갖는 의미

제61계명 가까운 사람과 유능한 인재 사이의 딜레마 | 565
　　　　－ 가족경영의 문제점

제62계명 빈자리에 사람을 앉힐지언정 사람을 잘못 써서 일을 망쳐서는 안 된다 | 570
　　　　－ 재능에 대한 구체적 분석

제63계명 "당신의 보물과 나의 보물이 다르기 때문" | 574
　　　　－ 인재 존중과 사업의 성패

제64계명 인재는 황금같이 귀중한 존재 | 581
　　　　－ 대담한 인재관의 필요성

제65계명 옥은 산을 빛내고, 구슬은 시내를 아름답게 만든다 | 588
　　　　－ 인재의 가치를 정확히 인식하라

제66계명 에필로그 : 역사가 주는 두 가지 선물 | 596
　　　　－ 21세기에 가장 귀한 존재는 사람

부록 관련 명언명구 목록 | 599

프랑스의 정치 사상가 알렉시드 토크빌(1805~1859)은
《미국의 민주주의》에서 한 민족의 성격을 인식하는 일은
한 사람의 성격을 인식하는 것과 같다면서 이렇게 말했다.

"그의 과거를 추적해야 마땅하며,
어머니 뱃속에 있던 시기도 살펴야 하며,
외부 세계가 그의 아직 밝지 않은 마음의 거울에 비추는
첫 그림자를 관찰해야 하며,
그가 처음으로 목격한 사물을 고려해야 하며,
그의 완강한 성격을 보여주는 최초의 분투를 보아야 한다.
이렇게 해야만 비로소 그의 일생을 지배하고 있는
편견·습관·격정의 뿌리를 이해할 수 있다."

프롤로그

사람이 알파이자 오메가
- 리더, 인재, 용인의 삼위일체

　세상의 변화를 따라잡을 수 없는 시대다. 기술혁신을 비롯한 모든 창조적 결과물은 이제 한 개인의 능력에 의존하는 것이 아닌 집단지성의 힘에 의존할 수밖에 없다. 인공지능으로 대변되는 4차 산업혁명은 인간의 지력(智力)과 이를 뒷받침하는 기초체력(體力), 즉 건강을 더욱더 요구하고 있다. 물론 전제 조건은 공부하고 발전하려는 개개인의 자세와 역량 및 그를 통해 길러지는 자질(資質)이다.

　지난 수백 년 동안 무분별한 개발과 파괴로 지구의 기후 환경은 전 세계적인 재앙이 되어 인류를 위협하고 있다. 지난 과오에 대한 인류의 철저한 자성(自省)과 자아 개선이 따르지 않는 한 이런 재앙은 결코 멈추지 않을 전망이다. 이 모든 상황이 인간의 역할을 전에 없이 더욱더 강력하게 요구하고 있다. 요컨대 인간의 '개과천선(改過遷善)'만이 모든 문제에 대한 해답인 셈이다. 인류의 자성이 전제 조건이다.

　지난 수천 년 동안 인간의 역사는 소수의 '특출(特出)'한 인재들이 주도해 왔다. '특출'이란 단어에는 개인의 능력뿐만 아니라 고착되고 세습되어 온 신분, 그로부터 나오는 기득권의 뜻이 내포되어 있다. 그리고 이런 특출한 존재들은 사회적으로 큰 영향을 발휘하면서 인류사의 진보를 가로막는 방해물이 되어왔다. 물론 역사의 고비에서 기득권층이 교체되는 대변혁도 겪고 한 걸음 한 걸음 진보해 왔지만, 바뀐 계층은 시간이 흐르면서 또다시 특출한 존재들로 변질되는 과정을 반복했다. 이 특출한 존재들은 인류사의 대세를 제대로 인식하지 못할 뿐만 아니라 그 대세를 가로막거나 역행하려 했고 지금도 그렇다. 머지않아 또 도태될 존재들이다. 도태되어야 할 존재들에 대한 정확한 인식과 파악이 필요하다.

20세기 이후 인류의 역사도 이런 특출한 존재들과의 투쟁으로 점철되고 있다. 리더는 소수에서 다수로 바뀌고, 독단과 독점 그리고 독재의 리더십은 해체되었거나 해체되고 있고, 또 해체되어야 한다. 각 분야의 리더들은 전례가 없는 새로운 리더십을 요구받고 있다. 우리의 경우는 지난 3년 이 문제를 정말이지 처절하게 겪었다.

인간관계 설정 또한 전과는 전혀 다르게 전개되고 있다. 그리고 이런 변화는 지난 수천 년에 걸친 인류의 역사를 새삼 되돌아볼 것을 강력하게 권하고 있다. 그 성찰을 통해 인간과 인간관계의 본질을 깊이 통찰해야만 한다.

누구나 인재가 될 수 있는 세상이다. 지식이 해방되었고, 집단지성의 힘이 세상을 이끌고 세계사를 주도할 것이다. 나서지 않고도, 타인의 눈에 띄지 않고도 권력의 추를 기울어지게 할 수 있다. 누려왔던 기득권에 안주하거나 권력과 부를 부당하게 행사했다가는 만천하에 그 정체가 드러나 비난과 조롱을 받는 시대가 되었다. 리더의 언행은 거의 실시간으로 중계되다시피 하고, 수십 년 전 과거의 언행들이 순식간에 어제의 언행과 비교되어 그 진상이 적나라하게 드러난다. 거짓과 위선이 아무리 교묘해도 단 한순간도 모면할 수 없게 되었다. 자유가 무한정 보장되고 한 사람의 언행이 눈 깜짝할 사이에 전 세계로 퍼져 나가는 세상이 되었지만, 언행의 신중은 거꾸로 과거 그 어느 때보다 중차대한 문제가 되었다. 인간의 말과 행위에 대해 더욱더 깊은 성찰이 필요해진 것이다. 요컨대 다시 전과는 전혀 다른 '인간의 시대', '휴머니즘의 시대'가 도래했다.

마지막의 에필로그를 포함해 이 책에 실린 66편의 글들은 모두 이와 같은 인식을 바탕으로 인간의 중요성, 인재의 중요성, 사람을 제대로 기용하는 문제, 올바른 리더와 리더십 등을 다양한 역사 사례를 통해 살펴본 것들이다. 필요에 따라서는 현대 경영 이론과 사례들도 인용했다. 이 책 전체를 관통하는 핵심 메시지는 '사람이 알파이자 오메가'이다. 인간 정신과 능력의 제고를 위한 역사적 고찰로 보면 되겠다.

역사 자료는 5천 년 중국사에서 가져왔고, 그 자료의 대부분은 실제 경험이 반영된 사례들이다. 역사의 내용과 사례는 현실에 적용할 수 있게 가공을 거쳤고, 거기에 글쓴이의 생각을 곁들였다. 글의 거의 대부분이 역사, 중국사 공부의 산물이고, 이것을 다시 읽고 공부하는 과정에 현대 경영의 이론과 사례가 부분적으로 끼어 있다고 보면 되겠다.

이 글들은 모두 중국사에 등장하는 인재·리더·리더십·용인의 문제에 관한 글쓴이의 관심을 반영하고 있다. 지면에 실렸던 글, 책에 실었던 글, SNS를 통해 전달했던 글, 새로 쓴 글들을 모았다. 물론 기존의 글들은 모두 새로 고쳐 리더·인재·용인이라는 세 개의 키워드와 주제에 초점을 맞추었다. 글의 순서는 다시 쓰고, 다시 읽고, 다시 고치면서 무작위로 나열했다. 굳이 장절(章節)로 나누지 않았다. 독자들이 무작위로 아무 글이나 골라 읽기 편하게 하기 위해서였다.

독자들이 내용을 쉽게 이해하고 흥미를 가질 수 있도록 사진과 그림을 양념처럼 넣었다. 하루 한두 편씩 편하게 읽을 수 있도록 분량을 맞추고, 가능한 한 쉽게 쓰려고 애를 썼다. 눈에 띄거나 마음에 와닿는 대목이 있으면 밑줄을 치고 메모해 가면서 읽었으면 한다. 또 각 편의 끝마다 인재·리더십·용인과 관련한 짧은 핵심

멘트를 '용인보감(用人寶鑑)'이란 이름으로 덧붙여 놓았다. 조직을 이끌거나 경영하는 데 참고가 되거나 계시를 줄 만한 내용들이다.

책 제목은 우선 《용인 66계명》으로 잡고, '용인보감'을 부제목으로 삼았다. '보감'은 글자대로 보자면 보배와 같이 귀중한 거울이란 뜻이지만, 다른 사람이나 후세에 본보기가 될 만한 귀중한 일이나 사물, 또는 그런 것들을 적은 책이란 뜻도 있다. 이 글은 물론 후자에 속한다. 또 용인과 관련한 글들을 대부분 수록한 제법 방대한 책이 되었기에 용기를 내어 '보감'이란 단어를 써보았다.

사람으로 태어나 어디엔가 필요한 인재로 쓰인다면 존재의 역할을 다하는 것이고, 그 쓰임의 과정과 결과가 많은 사람에게 선한 영향을 주게 된다. 나아가 그 영향력으로 다른 좋은 사람을 추천해 선한 영향력의 범위를 조금이라도 넓힐 수 있다면 존재의 가치는 빛이 난다. 글자의 뜻 외에 '보감'이란 이름을 고른 또 하나의 까닭이다.

앞서 출간된 《리더십 학습노트 66계명》이 역사, 특히 3천 년 통사 《사기》에 수록된 사례 중심으로 리더의 자질을 훈련하고 단련하는 데 도움을 주는 책이라면, 《용인 66계명》은 다양한 역사서와 기록물에 수록된 리더·인재·용인의 관계를 진지하게 탐구한 이론서에 가까운 책이다.

지난 3년 잘못된 선택으로 온 나라와 시민이 혹독한 시련을 겪었다. 지난 5천 년 역사에서도 그 유례를 찾아볼 수 없을 정도로 비정상적인 정권이었다. 그리고 그 핵심은 리더의 문제였다. 지금도 그 리더와 그에 기생했던 간신배들이 저질러 놓은 상상조차 할 수 없는 온갖 변태 엽기적인 비리에 매 순간 놀라고 분노하고 있다. 못나고 못된 리더를 선택하면 그 리더가 선택하는 자들의 수준 역시 처참할 수밖에 없다는 철칙을 새삼 뼈저리게 확인하게 된다. 이런 점에서 이 책에 실린 글들은 많은 생각을 하게 할 것이다. 진지한 일독을 권한다. 글쓴이는 무엇보다 인재와 리더에게 역사 공부가 얼마나 필요한가를 뼈저리게 경험했다.

이 글들은 연재 형식으로 각종 SNS를 통해 다시 전파할 생각이다. 사정이 허락된다면 유튜브 영상으로도 선보일 예정이다. 책이 먼저일지 연재가 먼저일지는 결정하지 않았다. 연재의 경우라면 그때그때의 시대 상황, 세상사의 변화 등을 고려해 글의 내용과 주제 등이 바뀔 수도 있을 것 같다. 가능한 한 편 한 편의 완성도를 높여 다시 손보지 않아도 될 만큼, 그래서 연재와 책이 차이가 나지 않도록 모든 글에 정성을 기울였다. 어느 쪽이 되었건 모쪼록 글을 읽는 집단지성의 피드백을 바랄 뿐이다. 다만 한 가지 더 바란다면, 글을 읽는 내내 리더·인재·용인이라는 이 세 단어이자 개념이자 명제를 놓치지 말았으면 한다. 적어도 이 셋의 삼위일체가 갖는 의의에 대해 생각하면서 마지막 책장을 덮을 수 있기를….

2021년 9월 8일(수) 15시 44분 처음 쓰고
9월 24일(금) 23시 28분 1차 마무리하다
2024년 11월 6일 23시 07분 전면 다시 읽기 시작하다
2025년 1월 마지막으로 읽고 손보다

뱀의 다리 이 책은 앞서 나온 《리더십 학습노트 66계명》과 짝을 이룬다. 먼저 이 책을 읽은 다음 《리더십 학습노트 66계명》을 읽으면 한결 도움이 될 것이다. 물론 순서를 바꾸어 읽어도 문제될 것은 없다. 두 책 모두 리더와 리더십에 관한 내용이지만 이 책이 이론서에 가깝다면 《리더십 학습노트 66계명》은 활용서에 가깝다고 할 수 있다.

또 이 책은 2023년 1월에 출간된 《제왕의 사람들》의 전면 확장판이기도 하다. 다만 책의 성격과 내용은 전혀 다른 책으로 보아도 될 만큼 크게 달라졌다는 점을 말씀드려둔다. 책이 너무 두꺼워 부담이 가는 독자들이라면 300쪽 조금 넘는 《제왕의 사람들》을 읽기도 괜찮다. 내용과 체제가 이 책과는 많이 차이가 나지만 글쓴이가 말하고자 하는 핵심은 대동소이하기 때문이다.

―――――― 제1계명 ――――――

인재는 역사 속에서 창조되어 나와, 역사를 창조한다

리더·인재·용인의 역사와 사상

인류가 개개인의 능력이 갖는 의미와 중요성을 인식하기 시작하면서 '사람을 쓰는' '용인(用人)'이란 문제가 대두되었다. 이에 따라 자연스럽게 남다른 재능을 가진 '인재(人才)'의 존재에도 주목했다. 이런 인재들 중 일부는 집단과 특정 조직, 나아가 나라를 이끄는 리더, 즉 통치자가 되었다. 국가가 출현하면서 나라를 효과적으로 통치하기 위한 많은 인재가 필요했고, 6세기가 끝나갈 무렵 중국 수(隋) 왕조는 세계 최초이자 당시로서는 획기적인 '과거(科擧)'라는 상당히 공평하고 개방적인 인재 기용 시스템을 마련하기까지 했다.

지금으로부터 약 4천 년 전인 기원전 20세기 무렵 중국에 국가가 출현한 이래 인간의 역사는 그 자체로 인재의 역사였고, 그 과정에서 사람을 쓰는 용인의 중요성은 더욱더 심화되었다. 용인의 적절성은 또 리더의 자질, 사업의 성패를 가늠하는 가장 중요한 기준이 되었다. 이에 따라 인재와 용인에 관한 많은 사상과 이론이 제기되어 인재의 역사를 더욱 풍부하게 했다. 특히 숱한 인재 기용의 실천 과정에서 축적된 엄청난 경험은 그 자체로 인재와 용인의 역사를 수놓고 있다.

중국의 전통 문화유산 중에서 '사람을 쓰거나' '인재를 등용하는' 이른바 '용인'과 관련한 사상과 제도는 오늘날까지 남아 중국사는 물론 인류 역사의 한 페이지를 빛내고 있다. 5천 년 중국 역사와 문명을 통해 헤아릴 수 없이 많은 리더와 인재가 배출되었다. 다재다능하면서 다양한 캐릭터의 정치가와 사상가들도 앞다투어 출현했다. '유능한 인재는 국가의 보배요', '인재를 얻으면 번영하고 인재를 잃으면 쇠퇴하며', '특정한 세대에는 꼭 그 세대에 맞는 인재가 나타나기 마련이고', '비상한 시기에는 비상한 인재가 필요하다.' 이러한 말들은 역대 정치·사상가의 공통된 인식일 뿐만 아니라, 수많은 성공과 실패, 흥기와 멸망이 그 사실을 입증한다.

역사와 문화를 기록한 옛 서적들을 발굴하고 정리해 역대 리더들의 리더십, 역사를 이끈 인재 그리고 그런 인재를 활용한 용인의 긍·부정적 경험과 교훈을 종합하는 작업, 즉 인재의 역사를 개관하고 그를 통해 용인 사상과 실천은 물론 그 제도까지 이끌어 내는 일은 단지 지나간 문화 전통을 드러내는 의미뿐만 아니라 용인과 관련한 현대인의 인식에도 큰 자극을 줄 것으로 확신한다(이하 용인의 역사에 관한 부분은 2008년 글쓴이가 편역하여 출간한 《용인》의 서장 부분 18

쪽~35쪽의 내용을 뼈대로 삼고 관련한 내용을 보태서 완성했다. 아울러 《용인》의 일부 내용도 이 책에 활용되었다).

인재와 용인의 간략한 역사

◈◈◈◈

용인은 인류사와 함께 걸음을 같이해 왔다. 인재는 역사 속에서 길러져 나와 역사를 창조한 존재였다. 역사의 발전과 더불어 인재의 가치와 용인 문제에 대한 인식도 끊임없이 풍부해지고 깊어졌다. 용인 문제가 인류의 역사와 연계된 이상, 그것에 영향을 미치는 인간의 의식이나 사회구조 문제에 눈길을 돌리지 않을 수 없다. 따라서 인재가 나타나는 현상, 인재를 중시하는 사상, 인재를 기용하는 용인 제도의 발생과 발전 및 변화는 인류사를 입체적으로 이해할 수 있게 하는 핵심이 될 수 있다.

동시에 용인은 오랜 세월을 거치면서 다른 분야와 마찬가지로 전성기와 하락기, 굴곡기과 안정기를 겪기도 했다. 인재들이 너 나 할 것 없이 세상을 향해 자신의 능력을 뽐낸 시기도 있었고, 탄압을 받아 침묵 속에서 울분을 삼켜야 했던 슬픈 시기도 있었다. 이는 모두 구체적인 역사 환경과 관계된 현상들이었다. 시대가 인재를 배태하고, 인재 또한 그 시대에 영향을 미친다.

중국 용인의 역사 역시 인류사의 보편적 단계를 밟으며 변화하고 발전해 왔다. 전문가들은 중국 용인의 역사를 대체로 다음 네 단계로 나누어 본다. 물론 이 구분이 완전한 것은 결코 아니다. 대체로 각 단계의 시기는 어느 정도 겹치고, 각 단계 내에서도 일시적으로 발전과 쇠퇴의 현상이 나타났다. 이 점을 감안하고 살피면 되겠다.

- **제1단계** : 기원전 21세기 무렵 하(夏) 왕조~기원전 221년 진(秦)의 중국 통일에 이르는 약 2천 년
- **제2단계** : 기원전 206년~기원후 265년까지 양한(兩漢)과 삼국(三國)시대에 이르는 약 470년 시기
- **제3단계** : 265년부터 907년까지 서진(西晉)에서 당(唐)에 이르는 약 640년 시기
- **제4단계** : 960년부터 1840년까지 송(宋)에서 청(淸)에 이르는 약 900년 시기

제1단계

최초의 국가인 기원전 21세기 무렵 하 왕조부터 기원전 221년 진이 중국을 최초로 통일하기 이전인 약 2천 년 가까운 선진(先秦) 시대로, 수많은 인재가 역사 무대에 등장하기 시작한 시기였다. 인류 최초의 사회 형태로 일컬어지는 원시 공산사회는 용인에 있어서도 원시적 공산주의 형태를 보였다. 즉 '천하는 공평하며', '재능에 따라 인재를 등용한다', 바로 이것이었다. 이 시기 용인에서 가장 두드러진 특징은 사사로운 감정을 전혀 개입시키지 않고 "가깝다 하

여 가까이 두지 않으며, 그 자식이라 기용하지 않는다"는 것으로 요약된다. 이를 통해 요(堯)와 순(舜), 순과 우(禹)가 자신의 자리를 양보한 '선양(禪讓)'이라는 이상적인 용인 형태가 탄생하기까지 했다. (이와 관련한 글은 별도로 마련했다.) 그러나 계급과 사유재산이 출현하면서 용인 문제도 계급과 사유제의 영향을 받을 수밖에 없었다. 이에 따라 용인에는 '자신과 가까운 사람을 임용한다'는 '임인유친(任人惟親)'과 '재능 있는 사람을 기용한다'는 '임인유현(任人惟賢)'이라는 서로 다른 두 가지 큰 형식이 나타나 충돌했다.

인재의 역사는 최초의 발전기이기도 한 춘추전국(春秋戰國) 시대에 번영기를 맞이한다. 이 시기가 노예제 사회에서 봉건사회로 넘어가는 과도기였기 때문에 특히 그랬다. 이런 변혁기에는 많은 인재가 요구되었고, 여러 세력 사이에는 인재 쟁탈전이 치열하게 벌어졌다. 그러나 이 시기 인재들은 각국의 정부 기관을 통해서는 배출되지 못했다. 이러한 상황에서 지주계급의 지식인 계층이라 할 수 있는 '사(士)'들이 앞다투어 전국 각지를 떠돌며 자신의 주장을 앞세워 통치자들의 환심을 사려 했다. 이로써 저 유명한 '백가쟁명(百家爭鳴)'과 '백화제방(百花齊放)'의 국면이 출현했다.

인재와 관련한 정책과 사상도 열기를 뿜었다. '널리 방을 붙여 유능하고 어진 인재를 모셨다'는 진(秦) 목공(穆公)의 '장방초현(張榜招賢)', '원수마저 자신의 측근으로 끌어들인' 제(齊) 환공(桓公)의 '화구위친(化仇爲親)', '재능 있고 어진 인재를 기꺼이 추천한' 기황양(祁黃羊)의 '천재유현(薦才惟賢)', '천금으로 인재를 산' 연(燕) 소왕(昭王)

의 '천금매사(千金買士)'를 비롯해 인재를 존중하라는 공자(孔子)의 '존현(尊賢)'과 묵자(墨子)의 '상현(尙賢)' 사상, 순자(荀子)와 한비자(韓非子)의 인재 공리주의(功利主義) 사상 등은 이 시기 '사' 계층의 활약을 잘 보여주고 있다.

춘추전국시대는 인재들의 황금시대이기도 했다. 각 분야의 전문적 지식과 통찰력을 가진 수많은 인재가 국경을 넘나들며 뛰어난 재능을 발휘했다. 특히 전국시대 4공자는 이런 인재들의 중요성을 인식해 문하에 수천 명의 인재를 두고 필요할 때 천거하거나 활용했다. 도판은 이 4공자 중 뛰어난 인재를 가장 많이 거느렸던 신릉군을 주인공으로 한 만화의 표지이다.

이 시기에는 "유능한 인재를 얻은 자는 강해지고, 유능한 인재를 잃으면 망한다"는 인식이 강하게 깔려 있었다. 전국시대 4공자로 이름 높은 맹상군(孟嘗君)·신릉군(信陵君)·평원군(平原君)·춘신군(春申君)은 모두 그 문하에 무려 3천 명의 '문객(門客, 또는 식객食客)'을 거느릴 정도로 인재를 중시했다. 이렇듯 다양한 정치세력과 정치집단 사이의 인재에 대한 쟁탈전과 무정부 상태에서의 인재들의 눈부신 활약은 선진 시대 용인의 중요한 특징이었다.

제2단계

기원전 206년부터 기원후 265년까지 약 470년에 이르는 양한(兩漢)과 삼국(三國)시대로 지주계급이 적극적으로 인재를 양성한 시기였다.

최초의 통일 왕조 진나라가 망한 기원전 206년부터 기원후 9년까지 215년 동안 존속했던 서한(西漢) 왕조는 중국 역사상 전례 없는 통일과 안정을 이룬 봉건제국이었다. 이 시기에 노예제 잔재는 거의 없어졌고, 통치계급(리더)에게 인재는 반드시 필요한 존재로 인식되면서 통치계급은 자신의 의지에 따라 필요한 인재를 육성하기도 했다. 서한을 세운 고조(高祖) 유방(劉邦)과 서한의 전성기를 창출한 무제(武帝) 유철(劉徹)은 각각 '유능한 인재를 구한다'는 '구현조(求賢詔)'를 공개적으로 발표했으며, 보다 구체적으로 "특별한 공을 세우자면 특별한 사람이 필요하다"고까지 주장했다. 이는 당시 사회 주도 세력으로 떠오른 신흥 지주계급의 웅대하고 진취적인 정신을 대변했다.

이 시기 지주계급이 주축이 된 통치 집단은 조직적이고 계획적으로 인재를 양성하고 기용했으며, 이를 위해 인재 선발이나 인재를 기용하는 문제에 계통적인 시스템을 구축함으로써 유례가 없는 인재사의 번영기를 이룩했다. 한 무제 시대에는 문학가 사마상여(司

초한쟁패는 인재쟁탈전이었다. 유방은 소하(蕭何)·한신(韓信)·장량(張良) 등 뛰어난 인재를 제대로 활용해 승리했다. 훗날 유방은 자신의 승리 원인이 전략·행정·군사 방면에서 자신보다 나은 이 세 사람을 얻었기 때문이었다고 분석했다. 이 분석은 지금도 용인학과 인재학에서 빠지지 않고 인용되고 있다. 사진은 유방(중앙), 한신(우), 소하의 석상이다.

馬相如), 역사가 사마천(司馬遷), 외교가 장건(張騫), 경제전문가 상홍양(桑弘羊), 천문가 낙하굉(落下閎), 농학가 조과(趙過), 경학가 동중서(董仲舒), 군사가 위청(衛靑)과 곽거병(霍去病) 등 기라성 같은 인재가 배출되어 "한은 인재를 얻음으로써 흥성해졌다"는 평가를 받았다. 비록 동한(東漢) 후기로부터 삼국시대에 이르기까지 사회가 불안정했으나 조조(曹操)·손권(孫權)·유비(劉備)와 제갈량(諸葛亮)은 서로의 필요에 따라 다투어 인재를 초빙해 각자의 정권에 도움이 될 인재 집단을 육성하는 데 힘을 기울였다. 이 때문에 치열한 인재 쟁탈전이 벌어졌다.

전체적으로 보아 이 시기 용인의 주요한 특징은 통치 집단이 용인 문제에 적극적이고 진취적인 태도를 보임으로써 많은 인재가 계획적이고 조직적으로 발굴되고 발탁되어 각자의 역할을 마음껏 발휘한 데서 찾을 수 있다.

제3단계

서진(西晉)에서 당(唐)에 이르는 시기로 문벌제도(門閥制度)가 형성되어 폐지될 때까지이다. 시간상으로는 265년부터 907년까지 약 640년이다.

이 시기는 용인의 역사로 볼 때 변화가 많았고, 또 복잡한 단계에서 번영 단계로 전환되어간 시기였다. 지주계급의 극심한 사유제와 착취 때문에 통치 집단 내부에 방대한 특권층인 문벌과 토착 세력이 형성되기 시작했다. 그들은 경제와 정치에서 특권을 누리면서 농민은 물론 중·소 지주계층까지 착취하고 약탈했다. 용인과 관련해서는 토착 세력이 권력을 장악해 관직이나 인재 기용을 독점하는 현상이 나타났다. 220년부터 420년까지 200년 동안의 위진(魏晉) 시기에 형성된 '구품중정제(九品中正制)'는 인재를 추천하고 임용하는 가장 중요한 기준으로 가문과 출신을 내세웠다. 이로써 '고관대작 중 비천한 집 출신 없고, 말단 관직 중 명문가 출신 없다'는 자조적이고 우울한 국면이 나타나 인재 역사에 한순간 공백이 초래되었다. 그러나 문벌제도는 어디까지나 막강한 힘을 지닌 지주계급을 위한 제도였다. 중·소 지주계층은 통치 기초를 확대해 자신들의 역할을 드러내 줄 것을 요구했다.

이에 589년 중국을 재통일한 수(隋) 문제(文帝) 양견(楊堅)이 '구품중정제'를 폐지하는 대신 과거제도를 실시함으로써 수많은 중·소 지주계급 출신의 지식인이 재능을 발휘할 수 있는 기회를 얻게 되었다. 이를 바탕으로 당(唐) 시기(618~907)에 인재 활약

인재와 용인의 역사에서 획기적인 사건은 과거제 실시였다. 지금으로부터 약 1,500년 전에 시행된 이 인재선발 제도는 당시로는 세계 최초였을 뿐만 아니라 가장 공정하고 합리적인 인재선발 방식이었기 때문이다. 그림은 이 제도를 시행한 수나라의 개국 군주 문제 양견의 초상화이다.

과 더불어 '정관지치(貞觀之治)'라는 전성기를 맞았고, 용인에 뛰어난 태종(太宗) 이세민(李世民)과 무측천(武則天) 같은 정치가들이 나타났다. "사람을 거울로 삼으면 득실을 밝힐 수 있다." "사람을 쓸 때는 기물처럼 각각의 용도를 취해야 한다." "관리는 재능에 따라 기용해야 한다." 이러한 말들은 모두 인재의 역사를 풍요롭게 해주는 훌륭한 사상들이라 할 수 있다. 이 시기의 주요한 특징으로는 인재의 작용이 잘 드러나고, 풍부한 인재 사상과 제도를 갖추었다는 점 등을 들 수 있다.

제4단계

송(宋) 왕조에서 청(淸) 왕조까지로, 전제통치가 인재를 억압한 시기였다. 시간상으로는 960년부터 1840년까지 약 900년에 이른다.

송 왕조 전기라 할 수 있는 북송(960~1127)은 봉건 경제가 고도로 발전하고 상품경제도 비교적 활발했다. 그러나 봉건적 생산관계가 정점에서 내리막길을 걷기 시작했다. 지주계급은 진취적인 성향에서 보수적으로 변질되기 시작했다. 용인 문제에서도 새로운 사상이나 관념을 지닌 참신한 인물에게 재갈을 물리거나 속박을 강요하는 동시에 과거제도를 지나치게 확대해 지식인들을 농락했다.

물론 이 시기에 송 태조 조광윤(趙匡胤), 왕안석(王安石), 범중엄(范仲淹), 사마광(司馬光), 칭기즈칸(成吉思汗), 야율초재(耶律楚材), 명 태조 주원장(朱元璋)과 청 강희제(康熙帝) 등 인재를 중요시하는 대

송나라 초기는 인재의 융성기였다. 과거제는 무르익었고, 이를 통해 배출된 인재들은 정치적으로는 물론 사회적으로도 큰 우대를 받았다. 그러나 후기로 가면서 과거 시험을 독점하는 기득권의 부패가 심화되었고, 과거제는 쇠락의 길을 걸었다. 왕안석 같은 개혁가가 나와 현실을 타파하려 했으나 실패했다. 초상화의 인물은 왕안석이다.

가들이 나타났고, 또 적지 않은 인재가 배출되긴 했으나 어쩔 수 없는 내리막길의 시대였다. 지식인들을 억압하고 살해하는 사건과 지식인들의 사상을 탄압하는 '문자옥(文字獄)'과 같은 일이 수도 없이 벌어졌다.

한편 이 시기의 뛰어난 인재 사상은 이와 같은 사회상에 대한 비판과 투쟁을 통해 표출되었다. 봉건사회는 점점 돌이킬 수 없는 암흑기로 들어섰으며, 지주계급의 인재 선발에 적극적인 작용을 일으켰던 과거제도도 인재를 속박하고 마비시키는 도구로 전락했다. 한 줄기 빛이 없었던 것은 아니지만 봉건사회와 용인 시스템이 그 끝을 향해 가고 있었던 것만은 틀림없다.

이상과 같은 네 단계로 구분된 중국 용인사의 발전 단계를 이해하면 중국 용인사의 시대적 발전 과정과 그 인과관계를 알 수 있으며, 각 단계에서 인재의 현상·사상·제도에 대해 객관적인 평가를 내릴 수 있을 것이다.

용인의 역사에 나타난 용인 사상의 특징

용인의 역사에서 축적된 경험은 대단히 풍부하고 다채롭다. 용인 사상도 계통적이고 의미심장하다. 이와 관련해 두드러진 몇 가지 핵심 키워드와 그 중심이 되는 내용을 소개하면 다음과 같다.

첫째, 인재 문제의 중요성이다.
인재는 가장 귀중한 자원이며 용인은 사업의 성패를 결정하는 요소이다. 조조는 "세상에서 가장 귀중한 것은 바로 사람이다"라고 했고, 《시경(詩經)》에서는 "사람을 얻으면 흥하고 사람을 잃으면 무너진다"고 했으며, 당 태종은 "나라를 다스리는 근본은 사람을 얻는 데 있다"고 했고, 청의 옹정제는 "나라를 다스림에 용인이 근본이며 그 나머지는 다 지엽적인 일이다"라고까지 말했다. 시각은 다르지만 인재에 대한 이런 중요한 언급들은 실천을 통해 입증되었다.

중국을 최초로 통일한 진나라는 원래 약한 나라였으나 인재 등용에 성공해 부강의 길을 걸었고, 끝내 다른 6국을 통합해 최초의 통일 제국을 수립했다. 역사상 유명한 초한쟁패(楚漢爭霸) 때 초의 항우(項羽)는 당초 막강한 세력을 소유했으나 한신(韓信)·진평(陳平)·범증(范增) 같은 인재들을 잃으면서 갈수록 쇠약해져 결국은 오강(烏江)에서 한의 유방에게 패해 멸망했다. 당 현종(玄宗) 이융기(李隆基)는 집권 초기에는 나라를 다스리는 데 온 힘을 기울여 현명한 인재를 대대적으로 임용함으로써 '개원지치(開元之治)'를 이루어냈다.

그러나 후반기로 가면서 간사한 자를 고위직에 등용한 탓에 나라가 쇠퇴하고, 안녹산(安祿山)의 난으로 저 멀리 촉 지역으로 도망가지 않으면 안 되었다.

인재의 중요성에 대한 인식은 주로 인재를 존중하는 '존현(尊賢)', 인재를 아끼고 사랑하는 '호재(好才)'와 '애재(愛才)' 등과 같은 방면으로 표출되었다.

둘째, 인재를 식별하는 방법이다.

사람은 누구나 장단점이 있고 인재도 수준이 서로 다르기 마련이다. 또한 인재는 그 유형이 다르기 때문에 용도가 다를 수밖에 없다. 그러므로 인재를 식별하고 판단하는 일은 중요한 학문의 하나이자 인재를 활용하는 전제 조건이 된다. 현명하고 유능한 인재를 갈망하는 리더가 인재를 바로 곁에 두고도 발견하지 못하는가 하면, 마주치고도 엇갈리고, 어리석은 자를 현명한 자로, 유능한 자를 어리석은 자로 착각하기도 한다.

따라서 인재를 식별할 때는 먼

당 태종은 늘 세 개의 거울, 즉 얼굴과 용모를 비추는 '동감(銅鑑)', 과거 역사를 비추는 '사감(史鑑)', 자신의 언행을 바로 비춰주는 사람 거울이란 뜻의 '인감(人鑑)'이라는 '삼감(三鑑)'을 언급했다. 그는 직언으로 자신의 잘잘못을 지적하던 위징(魏徵)이 세상을 떠나자 거울 하나를 잃었다며 애석해했다. 그만큼 인재의 중요성을 제대로 인식한 리더였다. 당 태종의 초상화이다.

30

저 그 본질을 파악할 줄 알아야 한다. 왕희지(王羲之)는 술에 취해 웃통을 벗어 던진 채 평상에서 잠을 잤는데, 이는 그의 자연스럽고 소탈하며 어디에도 매이지 않는 본성을 보여준 것이다. 현상만 보지 말고 인재의 본질을 꿰뚫어야 그를 제대로 쓸 수 있다.

또 실천을 통해 인재를 식별할 줄도 알아야 한다. 대우(大禹)는 물을 다스린 공으로 순에게 왕위를 이어받아 중국 최초의 왕조인 하(夏)를 건국했다.

다음, 식견을 가지고 인재를 식별할 줄 알아야 한다. 제갈량(諸葛亮)은 유비(劉備)와 함께 천하대세를 의논하면서 천하를 삼분하는 원대한 대계를 제안했다.

물론 인재에게도 겉으로만 드러나는 이미지와 거짓 형상이 있기 마련이다. 따라서 인재에 대한 전면적이고 깊은 연구가 필요하다. 제갈량은 인재 식별과 관련해 일곱 가지 관찰법인 '칠관(七觀)'을 제안했고, 유소(劉邵)는 여덟 가지 관찰법과 다섯 가지 측정법인 '팔관오시(八觀五視)'를 제기했으며, 백거이(白居易)는 "옥을 식별하려면 만 3일을 구워보아야 알고, 참된 인재를 알아내려면 7년은 걸린다"고까지 했다(이런 인재관은 따로 상세히 알아보기로 하겠다).

요컨대 리더는 인재를 식별하기 위해 인재의 본질과 특징 그리고 주류를 볼 줄 알아야 한다. 또 그 사람의 진면목이 만천하에 드러나기 전에 알아볼 수 있어야 하며, 곤경에 처해 있거나 무명일 때 인재임을 알아보는 눈과 원대한 식견이 있어야 한다.

셋째, 인재 활용의 방략(方略) 내지 방법이다

용인에서는 재능을 중시하고 장점은 살리며 단점은 피한다. 수레를 끌거나 소금을 짊어지는 데는 천리마보다 황소가 낫고, 장작을 패는 데는 보검보다는 도끼가 낫다.

"시점과 일에 맞게 사람을 사용하면 평범한 인재라도 신기한 효과를 낼 수 있는 법이다."

사람을 기용했으면 의심하지 말아야 하며, 기용한 바에 권한을 위임해야지 쓸데없이 간섭하거나 의심하면 그 사람의 능력을 충분히 발휘시킬 수 없다. 인재를 대할 때는 일정한 방법을 강구해 그들에게 최선의 조건을 마련해 주어야 한다. 멀리 내다보고 사소한 잘못에 집착하지 말아야 하며, 티끌만 한 결함도 있어서는 안 된다는 생각은 버려야 한다. "물이 너무 깨끗하면 고기가 모이지 않고, 사람이 너무 살피면 친구가 없다"는 말도 있지 않은가? 뛰어난 재능을 지닌 사람이라도 허물이 있기 마련이다. 완전무결만을 추구하다 보면 천하에 인재라곤 찾아볼 수 없을 것이다.

그렇다고 일반인들이 상식적으로 판단할 때 허용할 수 없는 결점을 가진 사람까지 재능이 있다고 무작정 받아들이라는 말은 절대 아니다. 사리사욕에 집착하는 사람, 사소한 불법과 탈법을 아무렇지 않게 생각하는 사람, 인재는 특권을 누려야 마땅하다고 생각하는 삐뚤어진 특권의식을 가진 사람, 부와 권력을 능력이라고 착각하고 있는 왜곡된 의식의 소유자… 이런 자들은 아무리 재능이 뛰어나도 임용해서는 절대 안 된다. 그들의 재능과 능력이 오히려 백성과 나라를 크게 망치기 때문이다.

넷째, 파격적인 발탁과 용감하고 적극적으로 인재를 추천하는 넓은 가슴이 필요하다.

자기 자신을 추천해 두각을 나타낼 수도 있겠지만 인재란 기본적으로 다른 사람의 추천이 필요한 존재이다. 출신이나 자격 제한 따위를 타파해 인재를 각종 속박에서 풀어주어야 한다. 노예·평민·어부·농민·백정 등과 같이 미천한 출신도 역사상 큰 활약을 보였다. 출신이 비천하다고 무시해서는 절대 안 된다. 더욱이 선배들에게는 후배들을 위해 헌신하는 정신이 필요하다. 당나라 때 사람 장순헌(張循憲)은 자신을 대신해 장가정(張嘉貞)을 추천했으며, 송나라 때 구양수(歐陽脩)는 소식(蘇軾)이 출세할 수 있는 길을 열어주었다. 이렇게 하려면 사사로운 욕심을 버리고 공평한 마음으로 사람을 대해야 한다. 춘추시대 기해(祁奚)처럼 과거의 원한에 얽매이지 않고 사람을 추천하고, 후배가 자신을 뛰어넘는 것을 두려워하지 않는 넓은 마음을 가져야 한다(이런 다양한 사례는 따로 살펴볼 것이다).

다섯째, 틀을 벗어나 사람을 쓸 줄 알아야 한다.

부정적인 요소를 적극적인 요소로 이용할 줄 알고 적을 동지로 만들 줄 알아야 한다. 춘추시대 제나라의 관중(管仲)은 환공(桓公)과 원한이 있었으나 환공은 관중을 등용해 위업을 이룩했고, 삼국시대 장수(張繡)가 조조의 아들을 살해했으나 조조는 장수를 의심치 인재를 제대로 기용하는 '용인'이 실효를 거두려면 인재를 식별하는 방법과 이론이 뒷받침되어야 한다. 역대로 뜻있는 명인들이 이 문제를 거론했다. 3세기에 활동했던 유소는 이런 과거의 실천적 경험, 이론과 방법을 종합해 《인물지(人物志)》를 편찬했다. 사진은 유소의 《인물지》 목판본이다.

않고 받아들였다. 여기에서는 사람을 용서하는 너그러운 마음뿐만 아니라 사람을 다루는 수단이 돋보인다. 사람을 받아들이는 아량과 사람을 다루는 기본기를 구비한 리더야말로 용인의 명수라 할 수 있다. 그래야만 인재 쟁탈전에서 승리할 수 있다. 삼국 간의 인재 쟁탈전은 결국 조조의 승리로 마무리되었다. 그 원인을 따져보면, 사람을 받아들이는 조조의 아량과 남다른 책략 때문이었다. 그것이 곧 조조의 탁월한 리더십이었다.

이상에서 살펴본 사람을 기용하는 '용인' 사상에서는 다음과 같은 요소들이 중요하다.

- 지인(知人) : 사람(인재)을 안다.

- 용인(用人) : 사람(인재)을 쓴다.

- 신현(信賢) : 유능한 인재를 믿는다.

- 탁현(擢賢) : 유능한 인재를 발탁한다.

- 용현(容賢) : 유능한 인재를 끌어안는다.

- 찰현(察賢) : 유능한 인재를 살핀다.

- 진현(進賢) : 유능한 인재를 나아가게 한다.
- 양현(讓賢) : 유능한 인재에게 양보한다.
- 부현(扶賢) : 유능한 인재를 돕는다.
- 육현(育賢) : 유능한 인재를 기른다.

이 요소들은 누구든 경쟁에서 승리하려면 인재 문제를 잘 다루어야 한다는 것을 말해준다.

용인과 인재 사상의 한계와 문제

인재의 역사는 그 자체로 사회·국가·정치집단의 흥망과 성쇠의 역사라 할 수 있다. 인재가 처한 상황은 문명사회의 중요한 지표이며, 이는 우리에게 풍부하게 남겨진 용인과 관련한 유산에서 개괄해 낸 경험이다. 여기서 지적하고 넘어갈 것은, 인류 사회의 환경과 인재 각각의 소질과 의향이란 시각에서 볼 때 사회가 아무리 번창하고 정책이 진보하더라도 '모든 사람의 재능을 남김없이 다 활용하는' 유토피아의 실현은 불가능하다는 사실이다. 재능의 발휘는 상대적인 것이며, 재능이 매몰되거나 낭비되거나 사장되는 현상 또한 불가피하다.

우리는 역사상 용인의 유익한 경험을 계승하고 발전시키는 동시에, 인재를 충분히 이용하지 못한 교훈과 용인에 있어서 역대 통치

자들의 한계도 알아야 할 것이다. 계급이나 역사적 한계, 통치자가 가진 능력의 한계 때문에 중국 역사에서 인재가 처했던 상황과 인재와 관련한 사상은 그 자체로 수많은 폐단과 결함을 노출했다. 이는 중국 역사에 수시로 나타났던 인재에 대한 억압 때문에 빚어진 비극과 암흑상이 잘 보여준다. 이런 사실은 중국뿐만 아니라 어느 나라 역사에서도 정도의 차이만 있지 별반 다르지 않았다.

지난 역사에서 인재의 전성기도 결코 완벽하지 못했다. 완벽하게 보인다면 그것은 역대 사학가들의 지나친 찬양으로 만들어진 허상일 것이다. 인재의 전성기라고 하는 춘추전국시대를 예로 들자면, 새로운 '사' 계층의 활약과 '백가쟁명'으로 사회 발전이 촉진되기는 했지만, 인재는 자발적 무정부 상태에 머물렀기 때문에 헤아릴 수 없이 많은 인재가 매몰되었다. '백가쟁명'이란 것도 앞사람에 대한 후대 학자들의 정리와 비판이었지 그 당시의 자유로운 논쟁을 통해 나온 것이 아니다. 더욱이 과학기술·농업·경제 방면의 인재는 중시되지 못한 반면, 정치와 군사 방면의 인재에 치중됨으로써 사회의 생산기반이 파괴되고 경제발전에 악영향을 주었다. 당 태종의 '정관지치'도 후대에 의해 칭송되었으나 "영웅들이 필생의 정력으로 성공을 기원했으니 결국은 백발노인으로 늙고 말았구나!"라는 탄식도 남겼다.

통치계급은 용인 문제에서 철저하지 못했다. 특정한 통치 집단이나 대표적인 인물이 정권을 잡았을 당시에는 인재를 중시했지만, 일을 이루고 나면 바로 인재를 억압하고 살해했다. 당초 널리 유능한 인재를 구하던 명 태조 주원장(朱元璋)이 정권을 세우자마자 억울한 누명을 씌워 신하들을 대거 살해한 사건은 이를 잘 보여준다. 여기에는 계급적 한계뿐만 아니라 역사적 한계, 주원장의 리더십 문제도 존재한다.

착취계급의 인재관은 편협했다. 통치계급은 '왕후장상(王侯將相) 중심론자'들로 제왕이나 장수, 그리고 재상 같은 존재만 유능한 인재들이고 이들이 역사를 창조한다고 생각했다. 반면에 보통 백성들의 작용은 무시하거나 말살했다. 당나라 시대의 한유(韓愈) 같은 진보적인 사상가조차 "군자는 백성들을 염두에 두지 않는다"는 생각을 갖고 있었을 정도다. 이런 엘리트 의식에 기반을 둔 인재관은 지금도 크고 심각한 영향력을 발휘하고 있다.

빈번한 정치투쟁과 그 잔혹함 때문에 역대 통치자들은 정치·군사상의 인재를 가장 중시했다. 상대적으로 경제·상업·수공업의 인재에 대해서는 소홀하거나 무시했으며, 과학기술 방면의 인재는 특히 무시당해 그들의 당연한 역사적 지위조차 보장되지 못

철저한 계급사회이자 권력이 한 사람에게 집중되었던 왕조 체제에서 용인과 인재에 대한 인식은 한계가 뚜렷했다. 따라서 이 시기는 인재의 발전사임과 동시에 인재의 수난사이기도 했다. 뜻과 재능을 가진 숱한 인재가 기회조차 얻지 못한 채 사라졌다. 그뿐만 아니라 기용된 다음 무자비하게 살해당한 인재도 적지 않다. 주원장은 인재와 용인의 역사에 드리워진 비극과 명암을 집중적으로 보여준 제왕이었다. 그림은 주원장의 본래 모습으로 알려진 초상화이다.

했다. 역대 과학기술 방면의 인재들이 숱한 발명과 창조를 이룩했음에도 불구하고 이름을 남긴 사람은 정치·군사 방면의 인재에 비해 너무 보잘것없다. 이는 당연히 불공평하다.

중국 역사에서 용인의 이론과 실천 사이에는 뚜렷한 모순이 존재한다. 어떤 이는 훌륭한 이론을 제기하고도 실천으로 옮기지 못했으며, 왕안석(王安石)처럼 실천의 기회를 얻었으나 그 과정에서 난관에 봉착해 실패한 경우도 있다. 또 어떤 이는 늘 사회의 폐단을 폭로하고 투쟁에 온갖 정열을 바쳤으나 막상 실질적인 사회문제와 용인제도를 해결하는 현실적인 방안을 제시하지 못했다. 물론 당시의 사회환경에서 이를 해결하기에는 한계가 없지 않았다. 인재 문제에 대한 철저한 해결은 과학적인 사상으로 무장된 현대 사회와 현대인에게 기대할 수밖에 없다. 이 책은 그런 작업의 하나라 할 수 있다.

● 용인보감 1 ●

'사람을 근본으로 삼는다'는 '이인위본(以人爲本)'은 중국을 비롯한 동양의 전통 관리학의 지혜이자 현대 기업관리와 용인의 필연적 추세이다. '이인위본'의 이념이 진정으로 기업관리의 실천 속에 융합되어 기업 내부의 강력한 응집력을 갖춘 기업문화로 정착되려면 리더의 솔선수범과 진정한 실천이 전제되어야지 한낱 구호로 그쳐서는 안 된다.

― 제2계명 ―

삼불여

현대 리더십의 핵심을 건드린 유방

    중국 인재사와 인재학에서 한을 건국한 고조 유방은 빠지지 않고 언급되는 리더다. 기원전 210년 최초의 통일 제국을 진두지휘하던 진시황이 급사하자 천하는 소용돌이에 휘말렸고, 이어 항우(項羽)와 유방을 중심으로 약 7년에 걸친 숨 막히는 초한쟁패(楚漢爭霸)의 국면이 펼쳐졌다. 절대 열세였던 유방은 극적인 역전승을 거두고 기원전 202년 서한(西漢)의 황제로 즉위했다.

    유방이 절대 열세를 딛고 승리한 원인에 대해서는 2천 년 넘게 수많은 분석과 평가가 따랐지만 빠지지 않고 지적되는 핵심은 다름 아닌 인재(人才)였다. 무엇보다 유방은 각 방면에서 자신보다 훨씬 뛰어난 인재들의 능력을 허심탄회하게 인정했고, 심지어 이들 때문에 자신이 항우에게 승리했다고 공개적으로 밝혔다. '세 사람만 못하다'는 뜻을 가진 '삼불여(三不如)'는 이런 유방의 인재관을 집약적으로 보여준다. 유방이 솔직히 토로한 '삼불여'의 역사 장면을 감상하면서 인재의 중요성이란 명제를 좀 더 자세히 살펴보겠다.

2천 년 전 술자리에 등장한 성공의 원인 분석과 인재

기원전 202년 5월, 한나라 낙양(洛陽) 남궁(南宮)에서 술자리가 벌어졌다. 이 자리는 얼마 전 황제로 추대된 유방을 위한 축하연이었다. 이 술자리에서 유방은 공신들에게 항우(項羽)가 자신에게 패한 원인과 자신이 승리한 원인을 분석해 보라는 뜻밖의 제안을 했다. 공신들은 각자의 생각을 밝혔고, 유방과 같은 고향 출신의 공신들인 고기(高起)와 왕릉(王陵)은 이렇게 분석했다.

"폐하께서는 오만하여 남을 업신여기고, 항우는 인자하여 남을 사랑할 줄 압니다. 하지만 폐하는 사람을 보내 성을 공격하게 하여 점령하면 그곳을 그 사람에게 나누어 줌으로써 천하와 더불어 이익을 함께하셨습니다. 반면에 항우는 어질고 능력 있는 사람을 시기하여 공을 세우면 그를 미워하고, 어진 자를 의심하여 싸움에서 승리해도 그에게 공을 돌리지 않고 땅을 얻고도 그 이익을 나눠 주지 않았습니다. 항우는 이 때문에 천하를 잃었습니다."

다 듣고 난 유방은 다음과 같이 자신의 분석을 내놓았다. 이 장면이 바로 '세 사람만 못하다'는 '삼불여' 장면이다. 그 장면으로 돌아가 보자.

"공들은 하나만 알고 둘은 모른다. 군막 안에서 계책을 짜서 천리 밖 승부를 결정하는 일이라면 나는 자방(子房, 장량張良)만 못하다. 나라를 안정시키고 백성을 달래고 전방에 식량을 공급하고 양식 운송로가 끊어지지 않게 하는 일이라면 나는 소하(蕭何)만 못하다. 백만 대군을 통솔하여 싸웠다 하면 반드시 승리하고, 공격했다 하면 틀림없이 손에 넣는 일이라면 나는 한신(韓信)만 못하다. 이 세 사람은 모두 인걸이고, 내가 이들을 쓸 수 있었다. 이것이 내가 천하를 얻은 까닭이다. 항우는 범증(范增) 한 사람조차 믿고 쓰지 못했으니, 그것이 내게 덜미를 잡힌 까닭이다."

사마천은 3천 년 통사인《사기》130권 중 한나라를 건국한 고조 유방의 전기이자 한나라 초기 역사인 권8〈고조본기〉에서 최고 권력자 유방의 입을 빌려 '내가 (누구만) 못하다'는 뜻의 '오불여(吾不

기원전 202년 한나라 낙양 남궁에서 벌어진 술자리는 놀랍게도 인재에 관한 토론으로 분위기가 크게 달아올랐고, 그 결과 지금 보아도 참신한 인재관이 도출되었다. 그림은 당시 장면을 그린 기록화이다(유방의 고향인 장쑤 페이센沛縣 유방의 사당).

如)'란 단어를 세 번이나 반복함으로써 세 특정한 분야의 특별한 인재의 능력을 한껏 부각했다. 이 세 사람이 저 유명한 '서한삼걸(西漢三傑)'이다. 유방은 자신의 성공과 항우의 실패가 '인재'와 그 인재를 기용하는 '용인'이란 문제에서 결판났다는 점을 정확하게 인식했다. 유방이 중국 역사상 최고의 리더로서 평가받는 까닭도 그의 이와 같은 남다른 인재관 내지 용인관 때문이다.

유방의 인재들과 인재관

유방이나 공신들은 초한쟁패의 승리와 패배의 원인에 대해 그 나름의 인식을 보였다. 그러나 모두 인재에 대한 리더의 포용과 대우가 갖는 중요성을 강조하고 있다. 유방이 다양한 인재를 초빙해 우대하고 이들의 능력과 지혜를 잘 활용했기 때문에 최후의 승리자가 될 수 있었다고 본 것이다.

황제로 즉위한 유방의 인재관은 지난날 인재를 직접 활용한 경험 등을 기반으로 더욱더 깊이를 가지게 되었다. 유방은 자신의 재위 말년에 반포한 조서에서 "내가 천자가 되어 천하를 다스린 지 벌써 12년이 되었다. 지금까지 나는 천하의 호걸·선비·현자·대부들과 함께 천하를 다스리고 나라를 안정시켰다"고 회고한 바 있다.

유방이 중용한 인재들은 사회의 하층민 출신이 많았다. 가장 귀한 신분 출신인 장량은 몰락한 귀족이었고, 명장 한신은 떠돌이였다. 맹장 주발(周勃)은 북을 두드리고 퉁소를 불던 딴따라 출신이었고, 주발 못지않은 맹장 번쾌(樊噲)는 개를 잡아 그 고기를 파는 백정이었다. 유방의 마차와 호위를 책임졌던 관영(灌嬰)은 옷감 장수였다. 도읍 선정과 초기 국정 안정에 큰 공을 세운 누경(婁敬)은 마부였으며, 유방이 위기에 빠질 때마다 기막힌 꾀를 내어 위기를 넘겼던 진평(陳平)은 떠돌이 유세가였다. 유세가 역이기(酈食其)는 몰락한 지식인이었고, 장수 경포(鯨布)는 죄인이었다. 바로 이런 사람들이 진·한 교체기에 유방을 보좌해 천하 통일의 대업을 이룩했다.

유방은 서한 왕조를 세운 뒤에도 이들에게 권력을 맡겨 나라와 백성들을 다스리게 함으로써 중국 역사상 최초의 평민 재상과 장수들이 나라를 다스리는 국면을 열었다. 이런 평민 출신의 재상과 장수들이 함께 노력한 결과 유씨 천하는 일찍 안정을 찾았고, 붕괴된 사회경제도 다시 활기를 찾았다.

여기서 특별히 언급하고 싶은 것은 한 고조 유방이 반포한 바 있는 〈하주군구현조(下州郡求賢詔)〉라는 조서이다. 이 조서는 중국 역사상 군주가 '주와 현, 즉 천하를 향해 공개적으로 인재를 구한다'는 첫 사례였다. 한 고조 11년인 기원전 196년 2월에 반포된 이 조서의 내용은 다음과 같다.

"무릇 왕들 중에는 주(周) 문왕(文王)을 따를 사람이 없고, 제후로는 제(齊) 환공(桓公)을 능가할 사람이 없다. 이들은 모두 유능한 인재를 기용함으로써 이름을 남겼다. 그리고 현명하고 뛰어난 인재가 어찌 옛날 사람에게만 한정되리오? 주인이 인재를 맞아들이지 않으려 하니 인재가 어떻게 나오겠는가? 지금 짐은 하늘의 뜻을 받들어 천하를 통일하였으니, 이룩한 대업을 대대손손 잇기 위해 후손들은 종묘를 세워 제사를 받들기 바란다. 유능한 인재가 내게 와서 나와 함께 천하를 평정했거늘 어찌 나와 함께 천하를 안정시키지 않을쏘냐? 현명하고 유능한 인재로서 나와 함께하겠다면 누가 되었건 짐은 그를 존중하겠노라. 이에 천하에 짐의 뜻을 알리노라."

"어사대부는 상국에게, 상국은 제후 왕에게, 어사중은 군수에게 알려 각각의 관할 구역 내에 있는 유능한 인재를 추천하여 나라를 위해 봉사하도록 하라. 이 성지는 각 기관에 보내라. 유능한 사람이 있는데도 추천하지 않은 경우가 발각되면 담당자에게 책임을

초한쟁패는 인재 경쟁이었다. 유방을 보좌한 인재는 출신이 다양했을 뿐만 아니라 각자의 재능을 충분히 발휘할 수 있는 기회를 가졌다. 일본의 소설가 시바 료타로는 대표적인 역사 소설 《항우와 유방》에서 유방의 이런 리더십을 '허(虛)의 리더십'으로 표현했다. 마음이 넓게 비어 있어 어떤 인재든지 포용할 수 있었다는 비유이다. 사진은 유방을 보좌한 인재들로, 좌로부터 조참과 진평, 왕릉과 주발이다.

물을 것이다. 다만 늙었거나 병든 자는 추천하지 말라."

조서가 반포된 시기는 한 고조 말년으로, 사회가 이미 어느 정도 안정되었지만 유방은 여전히 유능한 인재들을 갈망하고 있었다.

유방의 인재관 분석

인재학이란 각도에서 볼 때 유방의 이 조서에 나타난 다음 몇 가지 원칙은 대단히 중요하고 의미심장하다.

첫째, 무릇 왕업이든 패업이든, 천하를 평정하든 안정시키든 모두 인재가 있어야만 성공할 수 있다. 어느 경우든 인재가 결정적 요인이다.

둘째, 시대마다 그 시대가 요구하거나 그에 상응하는 인재들이 있기 마련이다. 강산은 인재가 나타나기를 기다리고, 장강의 물은 뒷물이 앞물을 밀어내는 법이다. 뒷사람이 앞사람만 못하다는 법은 없다. 유방이 "현명하고 뛰어난 인재가 옛날 사람에게만 한정되리오"라고 한 것이 바로 그 말이다.

셋째, 인재를 기용해 그 재능을 발휘하게 하는 데 있어서 관건은 인재를 등용하는 자, 즉 리더에게 있다. 그렇지 않으면 아무리 뛰어난 인재라도 어찌 나올 수 있겠는가?

넷째, 인재의 선발은 반드시 제도화되어야 한다.

조서가 반포된 이듬해인 기원전 196년 한 고조는 영포(英布)의 반란을 평정하고 돌아오는 길에 고향 패현(沛縣)을 지나게 되었다. 그는 술자리를 마련해 고향 사람들을 초청했다. 이 자리에서 고조는 깊은 감회에 젖어 〈대풍가(大風歌)〉라는 노래를 지어 직접 불렀다.

큰바람 몰아치니 구름이 날아오르고
위엄을 천하에 떨치며 고향에 돌아왔구나.
어찌하면 용맹한 인재를 얻어 천하를 지킬까?

당시 유방은 만취했다. 그러나 그의 머릿속은 자신이 공명을 이룩해 이름을 날리고, 나아가서는 한 왕조를 오래도록 안정시키려면 책임이 무겁고 갈 길이 아직 멀기 때문에 용맹한 인재를 얻어 함께 애쓰지 않으면 안 된다는 생각으로 꽉 차 있었다. 〈대풍가〉를 부르며 인재를 갈망하던 고조는 이듬해인 기원전 195년 임종을 앞두고 천하 안정의 중임을 주발 등에게 잘 안배한 다음 세상을 떴다.

당나라 시인 장계(章碣)는 〈분서갱(焚書坑)〉이란 시에서 "분서갱유

유방은 죽는 순간까지 인재를 갈망했다. 한나라가 병목 위기를 넘기고 200년 넘게 장수할 수 있었던 것은 유방이 확보한 인재들의 역할이 컸다. 사진은 유방의 고향 강소성 패현 그의 사당 앞에 조성된, 술잔을 들고 〈대풍가〉를 부르는 유방의 조각상이다.

46

의 잿더미가 아직 식지 않았는데 산동에서 난이 터지니, 유방이나 항우나 원래 공부하지 않은 자들이었다네!"라고 했다. 이 대목은 인재를 등용하는 사람이 꼭 많은 지식을 가질 필요가 없다는 뜻을 함축하고 있다. 많이 배우지 않더라도 능력 있는 인재를 제대로 기용해 그 재능을 활용할 줄 아는 사람이 큰 리더다. 유방은 이런 면에서 그 어떤 리더보다 뛰어났다.

나보다 훨씬 나은 인재를 모셔라

실패의 원인을 분석하는 경우는 많아도 성공의 원인을 분석하는 일은 드물다. 성공의 원인을 분석해 지속적으로 발전할 수 있는 동력으로 삼으면 큰 도움이 된다. 성공은 완성형이 아니라 현재 진행형이기 때문에 더욱 그렇다. 이런 점에서 유방의 '삼불여'는 자신의 성공 요인을 인재와 용인에서 찾은 번득이는 통찰력을 보여주는 귀중한 역사적 사례가 아닐 수 없다.

훌륭한 목수는 좋은 연장을 쓰는 법이다. 마찬가지로 뛰어난 리더는 좋은 인재와 함께한다. 《열자(列子)》를 보면 "나라를 다스리는 어려움은 인재를 알아보는 데 있지 자신의 유능함에 있지 않다"는 날카로운 지적이 눈에 박힌다. 리더는 자기 잘난 맛에 도취하지 말고 뛰어난 인재를 찾아 그와 함께하라는 말이다.

현대 인재학에 제시된 표어들 중 하나로 "인재는 데려다 쓰는 존재가 아니라 모셔 와 그 말을 따라야 하는 존재다"라는 것이 있다. 인재는 대부분 자유로운 영혼이다. 자존심도 강하다. 기용하고도 장점을 살리지 못하면 그들은 언제든 떠난다. 리더는 적어도 특정 분야에서는 자신보다 훨씬 뛰어난 인재를 모셔 올 줄 알아야 한다. '(내가) 세 사람만 못하다'는 유방의 '삼불여'는 오늘날 리더에게 꼭 필요한 리더십의 지점을 정확하게 가리키고 있다. 그것도 무려 2,200년 전에.

● 용인보감 2 ●

인재 선발이 정확하지 않거나 용인이 실패하는 중요한 원인의 하나는 인간이 지혜로운 고등동물이라는 사실을 왕왕 소홀히 하기 때문이다. 인간은 생동감 없는 기계가 아니다.
인간은 다른 모든 사물이 갖추지 못한 주관적 능동성을 갖고 있다. 모든 기술주의(技術主義) 사상을 인간에게 활용하면서 인간의 주관적 능동성을 고려하지 않으면 실패는 정해져 있다.

── 제3계명 ──
각박한 리더십으로는 성공할 수 없다

'포용'의 리더십을 보여준 리더들

    리더와 자질, 즉 리더십에 관한 숱한 논의들이 있었고, 지금도 끊임없이 리더의 자질에 대한 저울질이 이루어지고 있다. 수많은 유형 분류가 있었고, 자질론에 대한 시원한 결론 없이 논쟁은 아직도 진행형이다. 리더의 신분과 자격이 혈통에 따라 이미 결정되어 있던 과거 왕조 체제나 봉건 체제에서는 주로 리더의 자질, 즉 리더십에 관한 논의가 주류를 이루었다면 최근에는 리더로서 성장해 가는 과정에 중점을 두고 논의가 진행되고 있다. <u>즉 리더는 태어나는 것이 아니라 '삼련(三鍊)', 즉 훈련(訓鍊)·시련(試鍊)·단련(鍛鍊)을 거쳐 나오는 존재라는 명제가 보편적으로 받아들여지고 있다. 리더 자신을 포함해 인재와 조직을 단단하게 만들기 위해서는 무엇보다 리더라는 망치가 단단해야 하기 때문이다.</u>

    그럼에도 불구하고 여전히 수시로 우리 사회를 뜨겁게 달구고 있는 리더의 자질론에 대한 논의는 리더가 그 자리에 오르기까지의 과정 못지않게 타고났든 교육을 받았든 리더가 갖추고 있거나 갖추어야 할 자질이 얼마나 중요한지 새삼 일깨워준다. 특히, 리더가 되기까지의 과정에서 그가 어떤 품성과 자질로 조직을 이끌었으며, 또 그 과정이 얼마나 떳떳했는가를 결코 소홀히 해서는 안 된다는 뼈아픈 교훈도 얻고 있다. 그 사람의 과거 언행이 현재의 모습이고, 미래를 예측하게 하는 기준이다.

'포용'은 고차원의 인간 행위

우리 사회가 끊임없이 겪고 있는 리더와 리더십 부재를 둘러싼 논쟁의 핵심을 한 글자로 표현하자면 '덕(德)'이다. 리더십 논의를 시작하면서 자주 언급하게 될 리더의 자질도 바로 이 '덕'이다. '덕'이란 결코 추상적인 개념이 아니라 우선 '각박하지 않음'이라고 정의하고 싶다. 정확한 정의는 아니지만 우리 사회 리더들에게 가장 결여된 자질이 바로 이 '덕'이라는 점을 강조하기 위해 그렇게 풀어보았다.

'각박하지 않음'에는 나와 내 편은 물론 너와 상대편을 받아들일 줄 아는 '포용'을 전제로 한다. 그 사람이 인격상 특별한 하자가 없고 특정 분야에 전문성을 갖춘 능력 있는 인재라면 내 사람이 아니더라도 과감하게 기용해 우대할 줄 알아야 '덕' 있는 리더라는 평가를 받을 수 있다. 이것이 포용(包容)의 리더십이다. 포용의 리더십은 이념도 정파도 계층도 초월하는 인간의 귀중한 보편적 가치를 추구하는 차원 높은 인간 행위이며, 지금 우리 사회에 가장 절실한 덕목이기도 하다. 그리고 이 포용의 바탕에 깔린 힘으로서 '덕'이란 글자의 뜻은 '많은 사람의 마음을 얻는다'는 것이다. 포용의 리더십과 관련한 역사 사례를 통해 이 문제를 좀 더 들여다보기로 한다.

옹치가 상을 받자 모두가 잠잠해졌다

역사상 각박하면서 성공한 리더는 거의 없다. 반면 포용력을 가진 리더치고 실패한 리더도 거의 없다. 아주 단순하고 쉬워 보이는 이치이지만, 이를 행동으로 실천한 리더는 드문 편이었다. 특히 권력을 장악한 다음 한때 자신에 반대했거나 맞섰던 정적에게 포용력을 발휘한 리더는 더욱더 드물었다. 바로 이 대목에서 리더의 자질론이 대두된다. 타고난 리더는 없다. 마찬가지로 각박함도 타고나는 것이 아니다. 포용력도 타고나지 않을 것이다. 모두 리더의 자기 수양을 통해 길러질 수 있는 후천적 자질이다.

이제 역사상 성공한 리더로 꼽히는 두 리더의 리더십 사례를 통해 포용력이 리더에게 얼마나 중요한지 생각해 볼까 한다.

주색이나 밝히며 건달 생활을 하다가 얼떨결에 농민 봉기군의 우두머리가 되어 불과 7년 만에 황제가 된 인물이 있다. 그가 바로 한나라를 개국한 고조 유방이다. 우리는 바로 앞에서 '삼불여'로 상징되는 그의 인재관을 비교적 상세히 살펴본 바 있다. 유방은 역사상 리더들에게 가장 많은 영감을 준 인물로도 유명한데, 날건달이 어떤 과정을 밟아 황제가 되었는지에 대한 연구와 분석은 2천 년이 더 지난 지금도 계속되고 있을 정도다.

유방은 5년간에 걸친 항우와의 초한쟁패에서 승리해 천하를 재통일한다. 그러고는 자신을 보좌했던 공신들을 대상으로 논공행상(論功行賞)을 시행한다. 역사상 모든 정권, 특히 막 들어선 정권이 거쳐야 할 당연한 수순이었다. 그런데 논공행상은 뜻하지 않은 암초에 부딪혔다. 공신들이 저마다 공을 내세우며 자신들이 다른 사람보다 큰 상과 높은 벼슬을 받아야 한다고 아우성치는 통에 1년이 지나도록 결정을 내리지 못했다. 반면 유방에 소극적으로 협조했거나 한때 유방을 반대 또는 배신한 경력이 있는 자들은 행여 보복을 당하지 않을까 안절부절못하다가 차라리 반역을 일으키는 쪽이 낫겠다는 이야기까지 나올 정도였다.

유방도 이런 분위기를 감지하고는 해결책 마련에 부심한 끝에 장량에게 자문을 구했다. 장량은 누구와 감정이 가장 좋지 않냐고 물었고, 유방은 옹치(雍齒)를 거론했다. 장량은 옹치에게 상을 주라고 건의했고, 유방도 이 말을 따라 옹치에게 상을 내려 상황을 수습하기로 했다. 유방은 옹치를 불러 식읍 2,500호와 십방후(汁方侯)라는 작위를 내렸다. 그러자 지금까지 흉흉하던 분위기가 순식간에 잠잠해졌고, 저마다 기분이 좋아져 상황은 잔치 분위기로 바뀌었다.

옹치는 유방과 같은 고향 사람으로 패현의 유지였다. 유방은 봉기 후 그에게 풍(豊) 지방을 지키게 했다. 그러나 옹치는 주불(周市)

이라는 자의 사주를 받아 유방을 배신하고 위(魏)나라에 투항한 뒤 유방을 괴롭혔고, 항우와의 초한쟁패 때 다시 유방에게 붙었다.

유방은 자신이 어려울 때 배신한 옹치에 대해 섭섭한 마음을 버리지 않고 있었다. 이 때문에 논공행상이 시작되자 주

리더는 논공행상 같은 예민한 문제를 잘 처리해야 한다. 자칫 잘못하면 조직 전체의 분위기가 흐트러질 수 있기 때문이다. '옹치봉후'는 이 문제에 대해 유의미한 방법의 하나를 알려주고 있다. 도판은 드라마 속 옹치 모습이다.

위의 관심은 온통 유방이 옹치를 어떻게 처리할 것인가에 쏠렸다. 그런데 유방이 옹치에게 상을 내리자, 옹치가 상을 받았으니 다른 사람들은 걱정할 필요가 없다고 안도의 한숨을 내쉰 것이다. <u>유방은 중요한 때에 자신을 배반한 것은 물론 자신을 괴롭혔던 옹치에게 벌이 아닌 상을 내림으로써 논공행상을 둘러싼 흉흉한 분위기를 일거에 잠재우고 정권 초기의 불안한 민심을 안정시켰다.</u> 이 일화는 훗날 '옹치가 제후에 봉해지다'라는 '옹치봉후(雍齒封侯)'라는 사자성어로 축약되어 널리 사람들 입에 오르내리게 되었다.

원수를 포용한 진 문공

춘추시대 초기 진(晉)나라의 공자 중이(重耳)는 아버지 헌공(獻公)이 젊은 첩 여희(驪姬)에게 홀려 태자인 형을 비롯한 아들들을 죽이

려 하자 망명길에 올라 무려 19년 동안 외국을 전전한 끝에 61세의 나이로 최고 리더 자리에 오른 인물이다. 이가 춘추오패의 한 사람인 문공(文公, 기원전 697~기원전 628)이다. 문공은 19년 망명 과정에서 아버지가 보낸 자객으로부터 몇 차례 암살 위기를 넘겼고, 굶어 죽을 뻔한 고비도 여러 차례 넘겼다. 그러나 그는 남다른 인품과 포용력, 그리고 낙관적 리더십으로 갖은 위기를 극복했다.

19년 만에 정권을 잡긴 했지만 초기 정세는 불안할 수밖에 없었다. 과거 정권을 지지하던 세력들은 당연히 위기를 느꼈다. 자신들에게 보복이 돌아오지 않을까 걱정되었기 때문이다. 그들의 우려는 문공의 궁전에 불을 질러 불태워 죽여버리자는 음모로 이어졌다. 이때 문공을 두 차례나 죽이려고 했던 사인피(寺人披)가 이 음모에 대한 정보를 듣고는 문공에게 접견을 요청했다. 문공은 그의 요청을 일언지하에 거절하며 자신을 두 번이나 죽이려 한 사실을 엄하게 꾸짖었다. 사인피는 그에 굴하지 않고 어쩔 수 없었던 당시 자신의 입장을 이렇게 피력했다.

"저는 당시 국왕의 명령을 받들어 대왕을 해치려 했습니다. 정말 어쩔 수 없었습니다. 지금 대왕께서는 과거의 원한 때문에 저를 만나려 하지 않습니다. 그건 괜찮습니다. 그러나 저는 이로 인해 다시 재앙이 몰려오지 않을까 두렵습니다. 만약 그렇게 되면 저처럼 대왕에게 일찍이 죄를 지은 사람들은 대왕을 위해 충성을 다하려고 하지 않을 것입니다."

문공은 이 말에 태도를 바꿔 사인피를 만났다. 모반에 관한 정보를 보고받은 문공은 치밀한 준비로 반란 세력들을 일거에 섬멸함으로써 정권을 안정시켰다. 반란을 평정한 다음 문공은 즉각 민심을 안정시키는 조치를 취했다. 그리고 쿠데타 주동 세력이 이미 섬멸된 만큼 나머지 추종 세력에 대해서는 죄를 불문에 붙인다고 선포했다.

그럼에도 불구하고 과거 정권의 대신들은 그의 말을 믿지 않았다. 민심은 여전히 불안할 수밖에 없었다. 그가 이 일로 노심초사하고 있을 때였다. 수년 전 망명 시절 때 그의 행장을 가지고 도망쳤던 집사 두수(頭須)가 나타나 배알을 요청했다. 문공은 두수를 만나기는 했으나 성질을 이기지 못하고 마구 욕을 퍼부었다. 그의 배신 때문에 사방으로 돌아다니며 구걸하던 옛날이 생각이 났기 때문이다. 두수는 정색하면서 이렇게 말했다.

"저는 주군을 반드시 만나야 할 때여서 왔습니다. 지금 사방에서 유언비어가 난무하고 있습니다. 주군께서는 주군에게 죄를 지은 사람들을 용서해 줄 것이라고 말했으나 그걸 믿는 사람은 아무도 없습니다. 만약 주군께서 저에게 마차를 몰게 하신다면 제가 직접 시내에 나가 마차에 앉아 몇 바퀴를 돌겠습니다. 이를 본 사람들은 저같이 주군을 배신한 사람도 용서를 받았다는 사실을 알게 될 것입니다. 그러면 자신이 용서받지 못할 것이라고 걱정할 사람은 사라질 것입니다."

문공은 두수의 말이 그럴듯하다고 생각했다. 즉각 그의 말대로

진 문공은 19년 망명 생활을 통해 자신의 리더십을 단단히 훈련했다. 특히 이기적인 인간의 본성과 냉랭한 세태를 뼈저리게 경험했다. 그는 훗날 이를 두고 갚아야 할 은혜와 원한을 냉철하게 나누어 처리했다. 그러나 어쩔 수 없는 상황에서 보여준 행위에 대해서는 너그럽게 용서함으로써 민심을 다독거리는 포용의 리더십을 보여주었다. 사진은 진 문공의 패업 성취를 나타낸 석조물이다.

했다. 과연 유언비어는 언제 그랬냐는 듯 바로 꼬리를 감췄다. 민심은 곧 안정됐다. 정쟁은 우두머리를 중심으로 리더십 발휘와 그를 따르는 인재들 사이의 다툼이다. 그 과정은 당연히 치열할 수밖에 없다. 많은 사람이 희생되기도 한다. 그러나 진정한 리더십은 정쟁이 끝난 뒤에 오히려 더 필요하다. 자신에게 반대했거나 맞섰던 인재들을 어떻게 처리하느냐가 리더십을 실험대에 오르게 하기 때문이다. 문공은 숙청이 아닌 포용을 선택했고, 그 결과 그는 패주로 우뚝 설 수 있었다.

묵은 감정을 잘 푸는 리더가 성공한다

예로부터 '아량'과 '포용력'은 리더를 평가하는 중요한 기준이었다. 역사는 포용력을 갖춘 리더가 성공한다는 아주 평범한 사실을 아주 잘 보여주고 있다. 동시에 각박한 리더는 성공할 수 없다는 사실도 함께 보여준다.

'아량'과 '포용력'을 갖춘 리더라면 인간관계에서 흔히 발생하는 묵은 감정과 원한을 잘 풀 줄 안다. 이런 묵은 감정과 원한을 푸는 리더십을 '석원(釋怨)'이라 한다. 인간관계에서 감정은 일방적인 경우가 적지 않다. 자의적으로 감정을 엮기 때문이다. 그런데 일방적으로 감정을 엮고 원망하고 심지어 원한까지 품지만, 그것을 허심탄회하게 푸는 경우는 아주 드물다. 자신의 잘못을 인정해야 하거나 미운 상대를 용서해야 하기 때문이다. 잘못을 인정하기 싫기 때문에 감정을 풀지 못하고, 감정을 풀지 않은 채 또 다른 잘못된 정보 등으로 자신의 묵은 감정을 강화하기 때문에 단순한 개인적 감정이 눈덩이처럼 커져 상대를 증오하기에 이른다. 개인적인 관계라면 큰 문제가 없겠지만 조직이나 나라와 관련한 감정이나 원한이라면 보통 일이 아니다.

내가 남에게 원한을 품지 않는다면 누가 나에게 원한을 품겠는가? 원한은 풀어야지 맺어서는 안 된다. 특히 큰일을 하려는 사람은 사적인 원한을 따져서는 안 된다. '석원'은 묵은 감정과 원한을 풀어 관계를 화목하게 만들고, 나아가 조직을 단결시키는 강력한 힘이다. 이 때문에 역대로 좋은 리더들은 '석원'을 대단히 중시했고, 이 덕목을 실천한 리더는 민심을 크게 얻었다. 나아가 '석원'을 유능한 인재를 얻는 중요한 방법으로 확실하게 인식하고 적극적으로 실천했다. 조직의 간부나 리더가 사사로운 감정에 얽매여 이를 풀지 못하고 묵혀 두다가는 조직에 큰 악영향을 미치기 때문이다 ('석원'의 리더십에 관해서는 따로 상세히 알아볼 기회가 있을 것이다).

'포용'이든 '아량'이든 '석원'이든 그 전제 조건은 각박하지 않음이다. 각박한 사람이나 리더는 포용력을 발휘할 수 없고, 아량을 베풀 수 없으며, 원한을 풀지도 못한다. 각박하면서 성공한 리더는 없고, 각박한 인재 역시 일시적이라면 몰라도 끝내는 성공할 수 없다. 리더든 인재든 먼저 사람이 되어야 하기 때문이다.

● 용인보감 3 ●

인재 존중의 중요성을 인식하고도 어떻게 행동할지 모르겠다면 아래 여섯 개의 질문을 통해 자신의 언행을 개선해 보도록 하라.

① 조직원을 기세로 누르려 하는가?
② 예의를 갖춘 용어를 많이 사용하는가?
③ 조직원의 건의를 중시하는가?
④ 조직원을 나와 동일시하는가?
⑤ 조직원을 존중하는가?
⑥ 칭찬에 인색하지 않은가?

―――― 제4계명 ――――

눈앞의 이익과
한순간의 감정에 사로잡힌 결과는?

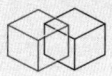

'가도벌괵'이 던지는 메시지

'가도벌괵(假道伐虢)'은 '길을 빌려 괵을 친다'는 뜻을 가진 유명한 사자성어이다. 여기서 '괵'은 나라 이름이다. 이 사자성어는 훗날 《36계》의 '혼전계(混戰計)' 중 하나로 편입되었다. 이 고사의 원전은 《좌전(左傳)》(기원전 658년 희공僖公 2년조)이다. 일본이 조선을 공격하기 위한 구실로 내세운 '명나라를 정벌할 테니 길을 빌려 달라'는 '정명가도(征明假道)'가 이 고사와 같은 맥락이다.

'가도벌괵'과 관련한 역사 사례는 적지 않게 남아 있는데, 여기서는 역사 사례 몇 개와 경영에서 활용한 사례를 통해 이 고사가 갖는 의미를 생각해 볼까 한다. 먼저 이 고사의 줄거리를 알아보자.

2,700년 전의 고사성어

◇◇◇◇◇

춘추시대 진(晉)나라 대신 순식(荀息, ?~기원전 651)은 괵을 치기 위해 굴(屈) 지방에서 나는 좋은 말과 수극(垂棘) 지역에서 나는 귀한 옥을 뇌물로 써서 우(虞)나라에 길을 빌리려고 했다. 진 헌공(獻公, ?~기원전 651)은 "그것들은 내 보물들이다"라며 난색을 표명했다. 당시 두 사람의 대화를 들어보자.

순식 : 만약 우나라가 길을 빌려주기만 한다면 우리 보물은 남의 집 창고에 임시로 보관해 두는 것이나 마찬가지입니다.
헌공 : 그렇지만 우나라에는 궁지기(宮之奇)란 신하가 있지 않은가?
순식 : 궁지기는 위인이 나약해 강력하게 얘기하지 못할 것입니다. 게다가 임금과는 어려서부터 함께 자라 스스럼이 없는 사이이기 때문에 충고한다 해도 임금이 듣지 않을 것입니다.

헌공은 순식으로 하여금 이 보물들을 뇌물로 써서 우나라의 길을 빌리도록 했다. 순식은 우나라 임금에게 가서 이렇게 말했다.

"지난날 기(冀, 지금의 산서성 하진 동북)가 무도하게 굴었기에 전령(顚軨, 산서성 평륙平陸 동북)의 고개를 넘고 명(鄍, 평륙 동북 20리)의 삼문산(三門山)까지 공격해 기를 이미 병든 신세로 만들 수 있게 된 것은 오로지 그 나라 임금 덕분이었습니다. 지금 괵이 무도하게도 귀국을 발판으로 우리의 남쪽 국경을 침범하고 있습니다. 괵을 치도록 길을 빌려주십시오."

우공이 이를 허락한 것은 물론 앞장서서 괵을 치기를 희망했다. 궁지기가 충고했으나 듣지 않았다. 여름, 진나라의 순식과 이극(里克)이 군사를 거느리고 우나라 군대와 함께 괵을 치고 하양(夏陽)을 쳐 없앴다.

괵과 우는 본래 이웃한 작은 나라들이었다. 진나라는 이 두 나라를 모두 손아귀에 넣으려고 먼저 괵을 공격할 계획을 세웠다. 그런데 진나라 군대가 괵으로 가려면 먼저 우를 거쳐야만 했다. 만약 우가 진의 군대를 막거나 괵과 연합해 진에 맞선다면 진이 강하다 해도 성공하기 어려울 판이었다. 그래서 대부 순식의 꾀를 받아들여 뇌물로 우의 임금을 꼬드겨 길을 빌리는 데 성공했다. 그렇게 해서 큰 힘 들이지 않고 괵국을 멸망시켰다.

진나라 군대는 승리를 거두고 돌아오는 길에 군대를 정돈한다는 구실로 우에 잠시 주둔했다. 우는 의심 없이 경계를 전혀 하지 않았다. 그러자 진나라 군대는 갑자기 군대를 동원해 단숨에 우까지 멸망시켰다. 우의

순식은 우나라 임금의 탐욕과 그 신하들의 성향을 정확하게 꿰뚫어 보았기 때문에 '가도벌괵'으로 괵과 우의 두 나라 모두를 멸망시킬 수 있었다. 그림은 이 고사를 나타낸 것이다.

임금은 포로로 잡혔고, 뇌물로 주었던 귀중한 명마와 옥은 다시 진 헌공의 손으로 돌아갔다. 헌공은 "그사이에 옥은 더 좋아진 것 같고, 말은 이빨이 더 길어진 것 같구나"라며 웃었다.

또 다른 '가도벌괵'

거의 같은 사례를 하나 더 보자. 춘추시대 초기 제후국들은 주 왕실의 힘이 빠진 상황에서 서로 자기 세력을 넓히기 위해 열을 올렸다. 남방의 강국 초나라 문왕(文王, ?~기원전 675)도 국력을 크게 키웠고, 한수(漢水) 동쪽의 작은 나라들이 속속 초나라에 굴복해 조공을 바쳤다. 당시 소국들 중 채(蔡)라고 하는 나라는 동방의 강국 제(齊)나라와 혼인 관계를 맺은 다음 제나라를 믿고 초나라에 고분고분하지 않았다. 초 문왕은 이를 마음에 담아 두고 채나라를 없앨 기회를 엿보고 있었다.

채나라는 또 다른 소국 식(息)이란 나라와 사이가 아주 좋았다. 두 나라의 군주는 모두 진(陳)나라 여자를 부인으로 맞아들여 동서 관계가 되어 늘 서로 왕래했다. 한번은 식나라 군주의 부인이 채나라를 지나가면서 대접을 잘 받고 돌아왔다. 그런데 돌아온 식 부인은 남편에게 채나라 군주에 대한 욕을 잔뜩 늘어놓았다. 알고 봤더니 식사 자리에서 채나라 군주가 처제인 식 부인을 희롱한 것이었다.

화가 난 식나라 군주는 채나라 군주에게 이를 갈았으나 힘이 없어 어쩔 수가 없었다. 그러다 문득 강국 초나라 생각이 들어 초나라로 사람을 보내 한 가지 제안을 했다. 그 제안이란 다름 아닌, 일부러 자기 나라를 공격해 달라는 것이었다. 그러면 채나라에 구원을 요청할 것이고, 구원하러 온 채나라를 그 틈에 함께 공격하겠다는 속셈이었다.

식과 채 두 나라의 군주는 한순간의 감정 때문에 판단력을 잃었다. 그림은 두 나라 멸망의 단초를 제공한 식 부인이다.

초나라 문왕은 기뻤다. 호박이 넝쿨째 굴러 들어온 꼴이었다. 초나라는 즉각 식나라를 공격했고, 그 뒤의 일은 예상대로였다. 초나라는 바로 개입해 채나라 군주를 포로로 잡아갔다. 초나라는 식나라의 길을 빌려 채나라를 깨부수고 그 군주마저 잡아 돌아가는 큰 성과를 올렸다.

포로로 잡힌 채나라 군주가 진상을 알고는 식나라 군주에게 이를 갈았다. 생각 끝에 채나라 군주는 초나라 문왕에게 식 부인의 미모에 대한 칭찬을 잔뜩 늘어놓았다. 여자를 밝히는 문왕이었던지라 그 말에 혹해서는 식나라 도성을 순시한다는 명목으로 식나라를 방문했다.

문왕의 의도를 모르는 식나라는 은인이나 다름없는 초나라 문왕을 극진히 환대했다. 술자리에서 문왕은 식 부인을 찾으며, 밖에 나와 술 한 잔 정도는 따르는 것이 예의 아니냐고 너스레를 떨었다. 식나라 군주는 하는 수 없이 식 부인을 불렀다. 식 부인을 본 문왕은 넋이 나갔다. 이튿날 문왕은 환대에 대한 답례로 술자리를 베풀어 그 자리에서 식나라 군주를 잡아버리고는 가볍게 식나라를 멸망시켰다.

식나라 군주는 홧김에 자신이 나서서 초나라에 길을 빌려주고 채나라를 멸망시켜 원한을 갚았지만, 그 자신도 나라를 잃었다. 식 부인은 초나라로 잡혀가 문왕의 아내가 되어 자식을 둘이나 낳았지만 평생 말을 하지 않고 살았다고 한다. 자신의 입이 멸국이라는 화를 초래한 것에 대한 죄책감 때문이었을까?

《삼국지》의 '가도벌괵' 사례

《삼국지》에도 '가도벌괵' 이야기가 나온다. 삼국정립의 과정에서 유비(劉備, 161~223)는 손권(孫權, 182~252)에게서 형주(荊州)를 빌리고 나아가 손권의 누이를 아내로 맞이하기까지 했다. 오나라는 형주의 반환을 위해 노숙(魯肅, 172~217)을 유비에게 보냈다. 유비는 제갈량(諸葛亮, 181~234)이 일러준 대로 노숙 앞에서 엉엉 울었다. 당황해 하는 노숙에게 제갈량은 당초 사천(四川)을 취하고 나면 형주를 돌려주기로 했는데, 사천의 주인이 유비의 동생뻘이니 이러지도 저러지도 못해 저러는 것이니 돌아가 잘 말해달라고 신신당부를 했다.

오나라로 돌아온 노숙은 손권에게 이를 보고했다. 주유(周瑜, 175~210)는 제갈량의 수를 금세 간파하고는 다시 형주로 가서 오나라가 사천 지역을 빼앗아 줄 테니 그때 형주를 돌려주면 된다고 전하게 했다. 제갈량은 주유가 '가도벌괵' 계책을 쓰려 한다는 것을 알았다. 자칫 사천 정벌을 위해 길을 빌려주었다가는 사천은커녕 형주마저 빼앗길 것이 뻔했다.

제갈량은 일단 주유의 제안을 받아들이겠다며 노숙을 돌려보낸 뒤 주유의 군대가 오자 복병으로 기습을 가했다. 주유는 길을 빌리기는커녕 도리어 공격을 당해 강동(江東)으로 후퇴했다. '가도벌괵'의 계책이 실패로 돌아간 뒤 주유는 화병이 나서 요절했다.

경영에 있어서 '가도벌괵'의 사례

'가도벌괵'은 현대 경영에서도 활용된다. 그 사례 하나를 보자. 홍콩의 선박왕으로 불리는 빠오위깡(包玉剛, 1918~1991 / 빠오위깡, 홍콩 이름 유에 콩 파오)은 남다른 사업적 안목으로 성공한 기업인이다. 경제 호황기에 그는 고객들을 위해 선박 수송비를 낮추어 고객의 신뢰와 금융기관의 신용도를 동시에 확보하는 독특한 경영 방식으로 주위를 놀라게 했다.

빠오위깡은 여기서 한 걸음 더 나아가 고객사들과 함께 은행에서 장기 저리로 대출을 받아 좋은 선박을 함께 구매했다. 이렇게 해서

한결 순조롭게 화물을 전 세계 각지로 운송할 수 있게 되었다.

빠오위깡의 이 같은 경영 전략은 이후 불어 닥친 석유파동 등 메카톤급 세계 경제위기를 무사히 잘 넘기는 든든한 기반으로 작용했다. 고객들은 공동투자로 미리 사 둔 선박을 통해 전과 별 차이 없는 수송비로 화물을 보낼 수 있었다.

빠오위깡의 이런 경영전략을 '가도벌괵'에 비유해 볼 수 있다. 빠오위깡은 평소 확실하게 얻어둔 신용을 바탕으로 은행과 금융권으로부터 길을 빌리는 '가도'와 안정적으로 좋은 선박을 구입하는 '벌괵'을 함께 활용해 경제위기를 극복할 수 있었다. 단기 이익을 포기하고 장기적 안목으로 사업을 성공으로 이끌 수 있다는 빠오위깡의 사업전략과 믿음이 길을 빌릴 수 있게 했던 것이다.

'가도벌괵'은 전통적으로 군사전략의 일환이었다. 그러나 경영에서는 그 의미가 다양하게 변용된다. 상대를 없애기 위한 '가도'가 아닌 윈-윈(win-win)을 위한 '가도'로 바뀌고 있다. 또 약자에게 '가도'하는 것이 아닌 강자에게 '가도'해 동업자나 거래처와 함께 이익을 창출하는 전략으로 바뀌고 있다. 그런가 하면 1 대 1의 '가도'가 아닌 '다자 간 가도'로 전략적 의미

홍콩의 선박왕 빠오위깡은 글로벌 경영인이었다. 사진은 영국 엘리자베스 여왕과 함께 있는 빠오위깡 모습이다.

를 넓혀가고 있다. 이렇듯 경영은 물론 조직을 이끄는 리더라면 누구든 상황에 따라 다양한 '가도벌괵'을 구사할 수 있게 되었다.

'가도벌괵'의 메시지

◇◇◇◇

전통적인 계책이나 전략에서 '가도벌괵'의 뜻은 먼저 갑을 발판으로 을을 소멸하는 목적을 달성한 뒤, 다시 갑마저 없애는 것이다. 또는 상대방에게 길을 빌려 달라는 구실을 내세워 상대방의 튼튼한 힘을 소모시키려는 것이다. 《36계》의 풀이에 따르면, 기세를 타고 병력을 순조롭게 침투시켜 적을 통제하고 갑자기 습격을 가하기 위함인데, 그 안에는 곤란한 입장에 처했을 때 남의 말을 가볍게 믿어서는 안 된다는 경고가 함축되어 있다. 즉, 큰 나라(강한 기업) 틈에 끼인 작은 나라(약한 기업)는 요행 따위를 바라고 큰 나라를 섣불리 믿어서는 안 된다. 어느 쪽도 자신을 쉽게 넘볼 수 없는 실력 정도는 갖추고 기민한 외교술로 나라를 보전할 줄 알아야 한다.

우나라의 임금은 이 이치를 모르고 적을 친구로 여기는 바람에 나라를 멸망으로 몰았다. 무엇보다 눈앞의 이익에 눈이 멀었다. 진헌공이 이 계책으로 두 나라를 한꺼번에 멸망시킨 것은 두고두고 후세 사람들에게 경종을 울리는 본보기로 남아 있다. 또 식과 채 두 나라의 군주는 한순간의 감정 때문에 강대국 초나라를 끌어들여 서로를 공격하다 함께 망했다. 리더가 눈앞의 이익과 한순간의 감정에 휘둘리면 그 결과는 참담할 수밖에 없다. '가도벌곽'이 던지는 경고 메시지의 핵심이 바로 이것이다.

> ● 용인보감 4 ●
>
> 이론적으로 '일을 위해 사람을 찾는다'는 '위사조인(爲事找人)'은 정확한 자리의 설정을 위한 원칙이다. 어떤 자리가 필요한지 설정한 다음 그 자리에 맞는 사람을 선정한다. 실제 일 처리 과정을 보면 이 원칙에는 충분한 전제가 필요하다. 즉 인력 시장에서의 자원이 충분하거나 기업의 인재 비축이 충분해야 한다.
>
> 그러나 세계 각국의 현실은 이런 조건을 충분히 제대로 갖추지 못하고 있다. 그렇다면 '일을 위해 사람을 찾는다'는 '위사조인'과 '사람에 맞추어 일을 마련한다'는 '인인설사(因人設事)'의 결합이 좋은 선택이 될 수도 있다.

―― 제5계명 ――

리더·인재·용인의 '삼위일체'를 위한 키워드

'용인' 키워드 69

    중국 인재학이나 용인학에서 나온 '리더가 갖추어야 할 리더십 키워드 69항목'이란 것이 있다. 리더십·인재 선발·관리·소통·권한 위임·격려·훈련·조직·인정의 9개 부분으로 나누고 각 부분에 몇 개의 키워드가 딸려 있다. 9개 부분에 대한 간략한 설명과 69개의 키워드를 필자의 보충 설명을 곁들여 소개한다(관련한 책은 《中國式用人的69个關鍵細節》, 地震出版社, 2006).

리더십 부분

    리더십 학문에 "한 마리의 양이 이끄는 사자 떼가 한 마리의 사자가 이끄는 양 떼를 대적할 수 없다"는 대단히 유명한 격언이 있다. 뛰어난 리더 한 사람이 조직에 미치는 영향이 크고 중요하다는 비유이다. 단체와 조직의 성공 여부는 리더의 용인이 결정적 요소가 된다. 사람을 쓰는 용인의 문제를 제대로 배우려면 먼저 관념과 원칙부터 시작해서 근본을 바르게 하고, 근원을 깨끗하게 해야 한다.

인재 우대라는 면에서 주공의 사례는 지금 보아도 대단히 감동적이다. 인재 우대에서 '정성(精誠)'은 변치 않는 자세이자 진리에 가까운 명제이다. 그림은 주공의 초상화이다.

1. 용인은 인간을 근본으로 한다.
2. 인재 가치의 평가에서 오차구역을 정확하게 인식해야 한다.
3. 그 사람의 장점을 활용하라는 말은 진리이다.
4. 주공(周公)이 먹던 음식을 뱉어내면서 (인재를 맞이하니) 천하의 인심이 그에게로 돌아섰다.[1]
5. 사람을 위해 일을 만들 것인가, 일을 위해 사람을 찾을 것인가를 분명히 하라.
6. 영웅은 출처(출신)를 묻지 않는 법이다.
7. 지도자는 자신에게 주어진 책임을 져야 한다.

---

[1] 이 항목은 조조(曹操)의 〈단가행(短歌行)〉이란 시에 나오는 한 구절인 '주공토포(周公吐哺), 천하귀심(天下歸心)'에서 나왔다. 또 이 시는 주(周)나라 건국의 주역 중 한 사람인 주공(周公)이 인재를 맞이하느라 한 번 머리를 감다가 세 차례나 머리카락을 움켜쥐고 나왔고(일목삼착발一沐三捉髮), 한 번 식사하다가 먹던 것을 세 번이나 뱉어내고 나왔다(일반삼토포一飯三吐哺)는 고사에서 비롯되었다.

인재 선발 부분

인재를 활용하려면 먼저 내가 필요로 하는 인재를 골라야 한다. 이때 관건은 '사람을 아는' '식인(識人)' 또는 '지인(知人)'에 있다. "천리마는 늘 있지만 천리마를 고를 줄 아는 백락(伯樂)은 늘 존재하지 않는다"는 옛말은 사람을 쓰는 '용인'의 어려움보다 사람을 아는 '식인'의 어려움을 더 강조하고 있다. 사람을 제대로 아는 '식인학(識人學)'은 중국 전통문화에서도 두드러졌던 학문이고, 현대 경영에서 말하는 '인재를 알아야 쓸 수 있다'는 관념으로 이어지고 있다. 이 문제를 소홀히 해온 리더라면 아래 항목을 참고해 당연히 보완해야 한다.

8. 목마른 듯 인재를 갈구하고, 예의와 낮은 자세로 인재를 대하라.
9. 한마디 말과 행동에서 인재를 감별해 낸다.
10. 적당하면 행동으로 옮겨라. 굳이 가장 좋은 것을 원할 필요는 없다.
11. '학력(學歷)'이냐 '학력(學力)'이냐를 분명히 하라.
12. 엘리트 인재를 어떻게 찾을 것인가를 늘 고민하라.
13. 용인(用人)은 결점을 용인(容忍)하는 것이 중요하다.
14. 물건과 사람은 그 용도를 다해야 한다.
15. 면접시험 때의 세부 사항을 마련하라.

관리 부분

재능으로, 덕으로, 정직으로, 믿음으로 사람을 따르게 한다. 사람을 쓰려면 먼저 사람을 따르게 해야 한다. 사람을 따르게 한다는 '복인(服人)'은 뒤집어 말해 '사람이 따른다'는 '인복(人服)'이기도 하다. 리더는 먼저 구성원들이 기꺼이 자신을 따르게 해야 한다. 그래야만 리더의 리더십에 복종한다. 뛰어난 리더는 자리로 사람을 누르지 않으며, 더군다나 권력으로 사람을 관리하지 않는다.

16. 재능으로 설득하고 자신의 실력을 만들어 내라.
17. 덕으로 설득하고 리더의 인격적 매력을 만들어 내라.
18. 정직으로 설득하고 물 한 그릇이라도 공평하게 나누어라.
19. 믿음으로 설득하고 말도 계산하라.
20. 젊은이 기용에 용감하라.
21. 직원의 잠재 능력을 파내는 것이 중요하다.
22. 퇴직 직원도 회사의 자원이다.
23. 직원을 위해 미래를 설계하라.

소통 부분

사람은 잠을 자는 시간 외에 70퍼센트의 시간을 인간관계의 소통에 소비한다고 한다. 일이 복잡할수록 소통에 소비되는 시간은 더 많아진다. 교류와 소통은 인간이 일을 하는 가장 중요한 방식이고, 모든 일은 사람과 사람 사이의 소통이란 기초 위에서 성립된다. 효율성 높게 일을 진행하기 위해 효과적인 교류와 소통은 리더라면 반드시 배워야 할 기초 과목이다.

24. 신임은 소통의 저울대이다.
25. 내부 소통을 위한 시스템을 만들라.
26. 효과 없는 소통과 저급한 소통을 끊어라.
27. 귀를 기울이면 마음의 소리를 들을 수 있다.
28. 반대 의견을 격려하라.
29. 유머 감각을 갖추어라.
30. 담담함 : 중국 특유의 소통
31. 퇴직한 직원에 대한 배려를 소홀히 말라.

권한의 위임 부분

관리학이나 리더십을 다룬 책에는 예외 없이 권한을 주는 위임의 중요성을 강조한다. 리더가 합리적으로 인재를 활용하려면 반드시 권한의 위임이라는 이 예술을 전면적으로 장악해야 한다. 그래야만 조직원의 열정을 충분히 움직여 작업의 효력이 발휘되고, 편하고 효과적인 리더십을 실현할 수 있다. 아울러 기업의 경제적 효능과 사회적 효능을 최대한 실현하는 공헌을 이룰 수 있다.

32. 좋은 리더는 다소 게을러야 한다.

33. 용인과 의심의 경계를 돌파하라.

34. 장점의 감독이 되어라.

35. 바다는 한 방울의 물도 마다하지 않는다.[2]

36. 인재로 하여금 스스로 터트리게 하라.

37. 권력을 놓을 것인가 거둘 것인가를 분명히 결정하라.

38. 부하를 어떻게 귀찮게 할 것인지 방법을 마련하라.

격려 부분

격려라는 기제는 리더가 조직원의 적극성을 움직여 조직의 응집력을 확보하는 중요한 조치의 하나이다. 시장경쟁이 날로 치열해지면서 합리적인 연봉과 장려 또한 조직원의 작업 능력 발휘에 긍정적으로 작용하고 있다. 반면 충성 등과 같은 전통적인 관념은 흐려지고 있다. 인재를 붙잡아 두려면 충분한 연봉, 합당한 대우, 각종 형식의 장려가 필수 불가결하다.

39. 승진 통로를 열어놓아라.

---

[2] 이 항목은 진시황을 도와 천하를 통일하는 데 큰 역할을 한 이사가 진시황에게 올린 〈간축객서(諫逐客書)〉의 한 구절에서 나왔다. 이 글에서 이사는 이렇게 말했다.
"태산불양토양(泰山不讓土壤), 하해불택세류(河海不擇細流)."
"태산은 단 한 줌의 흙도 마다하지 않으며, 강과 바다는 자잘한 물줄기를 가리지 않습니다."

40. 모범을 만들어라.

41. 상벌을 분명히 하라.

42. 부하를 격려하는 테크닉을 익혀라.

43. 부하를 비판하는 테크닉도 익혀라.

44. 책임 부여도 일종의 격려이다.

45. 칭찬의 힘을 중시하라.

46. 연말의 상이나 격려는 어떻게 할 것인지 기준을 마련하라.

47. 적음을 걱정할 것인가, 불균형을 걱정할 것인가를 고민하라.[3]

훈련 부분

  인력자원의 훈련에 대한 개발은 세계의 모든 기업이 관심을 갖는 문제이다. 평생교육이나 학습형 조직 등과 같은 방법과 개념은 모두 훈련이 이미 기업 자신의 경쟁력을 강화하기 위한 중요한 지름길임을 나타내고 있다. 심지어 기업의 중대한 발전전략으로까지 인식되고 있다. "리더십은 학습된다"는 명언을 남긴 저명한 기업관리학 교수이자 리더십학의 아버지로 불리는 워렌 베니스(Warren Bennis, 1925~2014)는 "직원 훈련은 기업의 위험을 최소화하고 수익을 최대화

---

[3] 이 항목은 《논어(論語)》〈계씨(季氏)〉편에 나오는 다음 공자의 말이 그 원전이다.
"불환과이환불균(不患寡而患不均), 불환빈이환불안(不患貧而患不安)."
"재부가 적다고 걱정하기보다 분배가 고르지 못한 것을 걱정하고, 가난을 걱정하기보다 불안을 걱정한다."

하는 전략적 투자다"라고 했다.

48. 훈련이 얼마나 중요한지 제대로 인식하라.
49. 훈련은 도대체 누구의 일인지 확실하게 인식하라.
50. 입사 훈련은 가장 좋은 첫 관문이다.
51. 관념 훈련과 기능 훈련을 동시에 중시하라.
52. 직원으로 하여금 자아 훈련을 하게 하라.
53. '나무욕조법칙(Cannikin's Law)'[4]에서 직원 훈련을 봐야 한다.
54. 기업 훈련은 결코 단기간에 되지 않는다.

리더십학의 아버지로 불리는 워렌 베니스는 《위대한 2인자들》, 《워렌 베니스의 리더십 기술》, 《퓨처 리더십》, 《시대와 리더십》, 《비즈니스 리더십》, 《리더십의 딜레마》 등을 비롯해 수십 권의 책을 저술한 리더십 분야의 최고 전문가이다.

조직 부분

현대 관리학에 '단체정신'이란 단어가 있다. 이 단어는 조직이 갖춘 공동의 가치관과 도덕 이념이 기업문화에 반영된다는 것을 가

---

[4] '나무 욕조 법칙'이란 나무 욕조에 얼마나 물을 담을 수 있느냐는 가장 짧은 판자에서 결정난다는 것이다. 다시 말해 욕조에 물을 가득 채우려면 욕조를 이루고 있는 나무판자 모두가 똑같이 잘 맞추어져 있어야 한다는 뜻이다. 만약 판자들 중 하나가 짧거나 구멍이 나 있으면 물을 다 채울 수 없다.

리킨다. 단체정신은 조직과 기업의 영혼이다. 단단히 조직되지 못한 단체는 모래알과 같다. 단체에 공통의 가치관이 없으면 통일된 의지와 통일된 행동도 있을 수 없다. 당연히 전투력도 생기지 않는다. 조직이나 기업에 영혼이 없으면 생명의 활력을 가질 수 없다.

55. 무쇠 군단 : 고효능 집단을 세워라.
56. 집단의 응집력을 기르는 세부 수법을 마련하라.
57. 집단의 경쟁 분위기를 만들어 내라.
58. 이리의 근성을 가진 집단에 주목하라.
59. 집단 속의 '별종'들을 어떻게 활용할 것인가?
60. 집단의 핵심 인재를 잡아라.
61. 기율은 집단 문화의 정수이다.

인정 부분

　동양은 오래전부터 '인정(人情)' 사회였다. 인정은 표면적인 표현이 아니다. 일상생활에 심각한 영향을 미쳐 왔다. 인정은 때로는 빚, 인정의 빚이다. 그러나 때로 인정은 자원이자 재부가 된다. 동양의 현대 기업에서 인정이란 세세한 고리는 리더로서 여전히 소홀히 할 수 없다. 인정으로 인한 폐단이 많기는 하지만 완전히 없앨 수 없다면 인정을 합리화·제도화·규범화할 필요가 있다.

62. 인정은 든든한 자본이다.
63. 용인의 길, 마음을 공략하라.
64. 각도를 바꾸어 사람을 써라.
65. 직원의 성격을 파악하고 이해하라.
66. 친인척을 피해야 하나?
67. 부하 직원의 비위를 맞추는 것은 결코 체면 깎이는 일이 아니다.
68. 정으로 감동시키는 것이 가장 효과적이다.
69. 중대한 순간일수록 냉정하라.

● 용인보감 5 ●

현대 경영학의 창시자로 평가받는 피터 드러커(Peter Ferdinand Drucker, 1909~2005)는 "관리는 책임이다"라고 했다. 기업이 갈수록 커지면서 관리의 복잡 정도도 심각해지고, 불확실한 부분 역시 많아지고 있다. 그러니 기업이나 조직을 이끄는 관리자는 반드시 자신의 책임을 명확히 해야 한다.

―― 제**6**계명 ――

승패는 전력으로만 결정되지 않는다

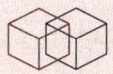

'관도지전'과 원소의 패배 원인 분석

우리에게도 익숙한 삼국시대 이야기를 한번 해본다. 208년 삼국의 정립에서 280년 서진의 통일까지 약 70년에 걸친 삼국시대는 기간은 길지 않았지만 그야말로 격동 그 자체였다. 또 초한쟁패와 마찬가지로 리더와 인재의 지혜가 맞부딪치는 격전이기도 했다. <u>계속된 전쟁과 전투</u>는 그 하이라이트였고, 그 과정은 <u>지혜와 지혜가 충돌하고 리더십의 수준이 교차되는 현장</u>이었다. 삼국시대의 3대 전투라면 세 살짜리 어린애도 안다는 '적벽(赤壁)대전'을 비롯해 조조가 두각을 나타낸 '관도지전(官渡之戰)', 촉한의 몰락을 촉진한 '이릉(夷陵)전투'를 꼽는다. 여기서는 조조의 리더십이 돋보였던 '관도지전'을 분석의 대상으로 삼아 승패의 원인을 음미해 보고자 한다.

지혜의 각축장이었던 삼국시대의 전투

200년에 터진 '관도지전'은 중국 역사상 약한 병력으로 강한 병력을, 소수로 다수를 물리친 유명한 전투로 꼽힌다. 이 전투에서 조조(曹操, 155~220)는 약 3만의 병력으로 원소(袁紹, ?~202)의 10만 대군을 물리쳤다. 승패는 어디서 갈렸을까? 결론부터 말해 이 전투는 시기와 지리, 그리고 전략 전술이라는 조건 외에 인재 기용과 인재에 대한 신뢰가 전쟁의 승부를 가르는 결정적 요인으로 작용했다.

먼저 당시 조조의 상황을 보자. 원소의 10만 대군이 접경지대를 압박해 오고, 쌍방의 군대가 관도에서 강을 사이에 두고 대치하고 있었다. 조조의 군대는 전력과 식량 면에서 절대 열세인 상태

'관도지전'은 그 승패의 원인을 놓고 역대로 많은 분석이 뒤따랐다. 오늘날 조직과 기업 경영에도 참고할 만한 정보가 적지 않다. 도판은 '관도지전'을 그린 인천 차이나타운 삼국지 벽화의 일부이다.

라 관도를 포기하고 철수를 고려하고 있던 참이었다. 조조는 혼자 결정을 내릴 수 없어 허창(許昌)에 주둔하고 있던 참모 순욱(荀彧, 163~212)에게 서신을 보내 이 문제를 논의했다. 순욱은 회신에서 이렇게 건의했다.

"우리 군은 약한 병력으로 강한 병력에 맞서 요충지를 지키고 있습니다. 만약 철수한다면 전선 전체가 무너져 수습이 어려워집니다. 그러나 관도를 지켜낸다면 적을 물리칠 기회를 잡을 수 있으니 절대 놓쳐서는 안 됩니다."

조조는 순욱의 말대로 기회를 엿보다가 원소의 식량 운반 부대에 불을 질러 원소 군대의 민심을 흩어놓고 사기를 크게 떨어뜨림으로써 전세를 뒤집을 수 있는 조건을 창출할 수 있었다.

자신의 인재를 의심한 원소

한편 원소 진영을 보면, 그의 밑에는 참모와 장수들이 기라성같이 몰려 있었다. 그러나 원소는 이들 인재를 적절하게 활용하기는커녕 시기하고 심지어는 죽이기까지 했다.

저수(沮授, ?~200)와 전풍(田豊, ?~200)은 모두 원소 밑에 있던 식견이 풍부한 모사들이었다. 이들이 조조에 대한 공격 시기가 적합하지 않다는 건의를 올리자 원소는 "전풍과 저수가 군심을 어지럽혔으니 일단 감옥에 가두었다가 내가 승리한 다음 죄를 물을 것이다!"라며 화를 냈다.

원소는 조조의 습격을 받아 대패했고, 이 소식은 전풍이 갇혀 있는 감옥까지 전해졌다. 누군가 전풍에게 "우리가 패했으니 당신의 생각이 맞았고, 원소가 돌아오면 틀림없이 당신을 중용할 것 아니오?"라며 전풍을 위로했다. 전풍은 "이제 곧 죽겠구나!"며 한숨을 쉬면서 "원소는 속이 좁고 질투심이 강하다. 그가 승리했다면 기분이 좋아 나를 살려줄 수도 있겠지만, 패했으니 부끄럽고 분한 나머지 틀림없이 내게 분풀이할 것이다"라고 예언했다. 옥리들은 모두 믿지 않았다. 얼마 뒤 전풍의 목을 베라는 원소의 명령이 떨어졌다. 전풍은 크게 탄식하며 다음과 같이 외친 뒤 칼로 자결했다.

"대장부가 세상에 태어나 진정한 주인을 식별하지 못했으니 죽어도 원망할 수 없구나!"

허유(許攸, 생몰 미상)도 원소 수하의 모사였다. 당시 그는 원소에게 이렇게 건의를 올린 바 있다.

"조조의 군대가 관도에 주둔하고 있어 허창은 틀림없이 비어 있을 것이니 우리 군대를 나누어 허창을 공략하면 허창을 얻을 수 있을 뿐만

'의심이 가면 쓰지 말고, 썼으면 의심하지 말라'는 '의인불용(疑人不用), 용인불의(用人不疑)'는 용인의 역사에서 빼놓을 수 없는 원칙의 하나였다. 원소는 우세한 전력에 대한 맹신과 자만심 때문에 이 원칙을 무시했고, 결과는 당연히 처참한 패배였다.

아니라 두 방향에서 조조를 압박할 수 있습니다."

원소는 한나절을 생각하더니 허유가 젊었을 때 조조와 친구로 지낸 사실을 떠올리고는 의심을 품었다. 그리고는 어처구니없게 이렇게 말했다.

"조조와 친분이 있는 네가 조조의 첩자가 되어 고의로 우리 군을 망치려 하는구나! 죄를 따지자면 목을 베어야 마땅하나 지금은 잠시 기억만 해두었다가 나중에 청산하도록 하자!"

원소의 뜬금없는 의심에 허유는 하도 어이가 없어 홧김에 조조의 진영으로 도망가 조조를 위해 작전을 세웠다.

장합(張郃, ?~231)과 고람(高覽, 생몰 미상)도 원소 수하의 유능한 장수였다. 조조를 공략하다 패배했을 때 원소는 이들이 일부러 최선을 다하지 않고 조조에게 투항하려 한다는 고자질만 듣고 이들을 핍박해 막다른 길로 몰아넣었다. 오갈데없어진 두 사람은 조조에게 투항했다. 전쟁은 끝나지 않았는데 인재들이 이렇게 속속 조조 편으로 돌아섰다.

조조의 인재 우대

그렇다면 조조는 과연 원소 쪽 인재들을 어떻게 대했을까? 허유가 조조의 군영으로 오자 조조는 옛 친구가 왔다는 보고에 맨발로 뛰쳐나가 그를 맞아들였다. 원소 군영의 사정을 잘 아는 허유는 원소의 군량을 불태우라고 건의했고, 조조는 이를 절묘한 계책으로 인정하고 그대로 실행해 큰 성공을 거두었다. 장합과 고람이 투항하자 조조의 모사들은 두 사람의 속마음을 의심했다. 조조는 "내가 진심으로 그들을 대하면 그들이 지금은 거짓으로 투항했다 하더라도 나중에는 정말로 투항할 수 있다"라고 말한 다음 고람을 동정후(東亭侯)에 봉했다. 장합과 고람은 진심으로 조조를 위해 있는 힘을 다 바쳤다.

전력상 절대 열세에 놓여 있던 조조는 이렇게 인재 방면에서의 우세를 바탕으로 전세를 역전시키는 데 성공했다. 조조는 원소를 물리친 뒤 원소의 천막에서 한 뭉치의 편지를 발견했는데, 놀랍게도 자기 부하들이 원소와 몰래 주고받았던 비밀 편지였다. 그중에는 원소에게 충성을 맹서한 편지까지 있었다.

조조의 측근들은 편지를 쓴 자들을 어떻게 처리할 것인지 물었다. 누구나 조조가 낱낱이 수색해 추궁할 것으로 생각했다. 조조의 반응은 전혀 뜻밖이었다. 조조는 "원소의 세력이 막강했을 때 내게는 부하들을 책임질

조조는 간웅(奸雄)이란 낙인이 찍혀 있지만, 단연 삼국시대의 주인공이라 할 수 있다. 많은 오해와 모순에도 불구하고 그는 기라성 같은 인재를 거느리고 그 시대를 주도했다. 인재에 대한 조조의 인식과 이들을 기용한 용인 사상 등은 오늘날 조직 운영에도 충분히 참고할 만하다.

힘이 없었거늘 어찌 그들에게 다른 길을 찾지 못하도록 할 수 있단 말인가?" 하고는 즉시 명령을 내려 편지를 불태우게 했다.

편지 뭉치는 잿더미로 변했다. 당초 마음이 흔들려 조조에 대해 딴 마음을 먹었던 부하들은 조조의 시원시원한 일 처리와 포용력에 감격하지 않을 수 없었고, 조조를 위해 목숨을 바치겠노라 맹서했다.

승부를 가른 인재에 대한 태도

인재를 얻는 자가 천하를 얻는다고 했듯이 조조와 원소 사이에 벌어졌던 '관도지전'은 이 원칙을 생생한 사실로써 증명했다. 긴박한 위기 상황에서 인재의 역할은 특히 중요하다. 작전이나 전략 하나가 전체 상황을 뒤바꿀 수 있기 때문이다. 따라서 리더는 늘 나와 상대 쪽 인재들의 동향을 주의 깊게 살필 필요가 있다. '관도지전'은 우세한 전력을 가진 원소가 자만과 전략 전술의 부재로 패한 전투로 알려져 있지만, 거기에는 인재 홀대라는 보다 중대한 요인이 내재되어 있음을 간과해서는 안 될 것이다.

● 용인보감 6 ●

현대 기업 경영자들 사이에는 사람을 쓰는 용인의 문제에서 다음과 같은 심리상태가 아주 보편화되어 있다. 지금 대학 졸업생은 손으로 움켜쥐면 한 움큼 잡힐 만큼 도처에 널려 있어 신경 써서 찾을 필요가 없고, 또 목마른 듯 인재를 찾거나 우대할 필요는 더더욱 없다는 인식이다. 인재가 많다고 존중할 필요가 없다는 말인가? 고압적인 태도로 아랫사람의 마음을 얻을 수 있다고 생각하는가?

절대 잊지 말라! 존중은 상호적이다. 리더가 인재를 중시하지 않으면 좋은 인재를 모셔 올 수 없다. 설사 모셔 온다 해도 머물게 할 수 없다. 아랫사람에 대한 리더의 무례와 경시는 자연스럽게 리더에 대한 아랫사람의 경멸로 돌아온다. 이치는 아주 간단하다. 오늘날 인재가 도처에 많은 것은 사실이다. 그러나 인재를 필요로 하는 곳도 마찬가지로 아주 많다. 입장을 바꿔 생각하면 아주 간단한 문제다.

―― 제7계명 ――

한 사람의 이익을 위해
천하가 손해 볼 수 없다

공사 구분이 관건

국가와 기업을 비롯한 모든 조직을 건전하게 유지하는 여러 요인들 중 가장 심각하고 중대한 것 하나를 들라면 망설임 없이 '공사(公私) 구분'을 들겠다. 이 문제는 인간의 이기적 본능과 관련이 있기 때문에 더욱 중요하다. 개인의 이기심이 극대화되면 탐욕으로 변질되고, 모든 일을 사리사욕을 앞세워 처리한다.

탐욕에 뿌리를 둔 사리사욕은 많은 사람을 끌어들여 해친다. 탐욕과 사리사욕이 집단화되면 개개인뿐만 아니라 그 집단 전체가 부패하고, 나아가 인간으로 지켜야 할 최소한의 도덕과 윤리마저 깡그리 무시된다. 이 때문에 조직과 나라가 망한 사례는 수없이 많다.

그런 이유로 역사상 뜻 있는 많은 사람들이 사심(私心)을 억제하는 일에 큰 힘을 기울였다. 역사상 공사분별을 실천한 몇 가지 사례를 통해 이 문제가 갖는 의미와 중요성을 생각해 보고자 한다.

요·순의 정권 이양 '선양'의 의미

중국 역사상 최고의 성군(聖君)으로 꼽히는 요(堯)임금은 통치 말기에 자신의 후계자를 두루 찾기 시작했다. 《사기》의 첫 권인 〈오제본기〉에 실린 이 대목을 한번 보자.

요가 "장차 누가 내 일을 계승할 수 있겠는가?"라고 묻자 방제(放齊)라는 신하는 "적장자 단주(丹朱)가 사리에 밝고 명석합니다"라며 요임금의 아들 단주를 거론했다. 요임금은 "아니오! 그 애는 덕이 없고 다투기를 좋아하여 쓸 수가 없소"라며 다른 사람을 추천하라고 했다.

환두(驩兜)가 공공(共工)을 추천했지만 말만 번지르르하게 하고 행동은 바르지 못하다며 요임금은 다시 추천하게 했다.

'요순선양'의 고사는 이상적 전설의 차원에만 놓여 있지 않다. 거기에는 지금 우리가 간절히 원하는 리더의 모습과 리더가 가장 중요하게 실천해야 할 '공사분별'이란 기본이 의미심장하게 함축되어 있다. 도판은 '요순선양'을 나타낸 한나라 때의 벽돌 그림(벽돌 부조)이다.

우여곡절 끝에 당시 가장 큰 문제였던 황하의 홍수를 다스릴 치수 사업의 전문가로 곤(鯀)이 요임금의 한 차례 거부 끝에 다시 추천을 받아 기용되었다. 그러나 그는 9년이 지나도록 성과를 내지 못했다.

재위 70년에 접어든 요임금은 다시 후계자를 추천하게 했고,

이렇게 해서 마침내 민간의 홀아비 순(舜)이 발탁되었다. 요는 순에게 자신의 자리를 순조롭게 물려주기 위해 두 딸을 시집보내 순의 덕을 살폈고, 나라 안팎의 일을 차례대로 맡겨 그의 통치력, 즉 리더십을 시험했다. 이렇게 해서 순은 실질적인 임금의 역할을 약 20년 동안 해냈고, 요는 죽기 전에 완전히 자리와 권력을 이양했다. 역사에서는 이를 가장 이상적인 권력 이양이라는 뜻으로 '선양(禪讓)'이라 부른다.

요임금은 순에게 권력을 이양할 당시를 회고하면서 자신이 순에게 권력을 넘겨준 이유에 대해 이렇게 판단했다.

"순에게 넘겨주면 천하가 이롭고 단주 한 사람만 손해를 보면 되지만, 단주에게 넘겨주면 천하가 손해를 보고 단주 한 사람만 득을 보기 때문이었다."

그러면서 요임금은 이렇게 단호히 일갈했다.

"종불이천하지병이리일인(終不以天下之病而利一人)!"
"천하가 손해를 보면서 한 사람을 이롭게 할 수는 결코 없다!"

그리고 끝내 순에게 천하를 넘겨주었다. 순임금은 서른에 요에게 발탁되어 쉰에 천자의 일을 섭정했고, 쉰여덟에 요가 세상을 뜨자 삼년상을 지낸 다음 예순한 살에 요를 이어 정식으로 제위에 올랐다. 그리고 그 역시 치수 사업을 성공적으로 이끈 우(禹)에게 살아생전 정권을 넘기고 17년 뒤에 세상을 떠났다.

이상이 수천 년 동안 찬양 받아 온 상고시대 이상적인 권력이양 방식인 '선양'의 고사이다. 이 고사의 키워드는 누가 뭐래도 '공사분별'이다. 이런 확고한 공사분별의 자세에 입각해 요임금은 단호한 어조로 자기 아들 한 개인의 이익을 위해 천하가 손해 볼 수 없다고 잘라 말했던 것이다.

'문경지교'의 메시지

 기원전 3세기 초 전국시대 조(趙)나라는 서방의 초강대국 진(秦)나라의 동진을 막아내는 방파제 역할을 힘겹게 해내고 있었다. 당시 이 두 나라를 실질적으로 이끌었던 인물은 백전노장 염파(廉頗, 생몰미상)와 외교관 인상여(藺相如, 생몰 미상)였다.

 염파는 평생 수많은 전투를 치르면서 조나라를 지탱해 온 무장 중의 무장이었다. 반면 인상여는 어느 날 갑자기 등장해 진나라의 무리한 요구를 훌륭한 언변과 용기로 막아내고 외교에서 조나라의 위신을 지켜냄으로써 파격적인 승진을 거듭했다. 숱한 난관을 헤치며 많은 공을 쌓아온 염파로서는 이런 인상여가 못마땅했다. 그래서 툭하면 언젠가 인상여를 만나면 혼쭐을 내겠다며 큰소리를 치고 다녔다. 인상여는 이런 염파를 계속 피해 다녔다.

 인상여 집안의 식객과 노비들은 자기 주인이 염파에 비해 조금도 떨어질 것이 없는데도 염파를 피해만 다니는 것에 불만을 품었다.

인상여는 그렇지 않아도 나라 사정이 어려운데, 자신마저 염파와 다투었다간 나라를 멸망으로 이끌지 모른다며, 자신이 염파를 피하는 진심을 털어놓았다. 이 말을 전해들은 염파는 소인배처럼 인상여를 시기하고 질투했던 자신이 부끄러워 한쪽 어깨를 드러내고 가시를 짊어진 채 인상여를 찾아가 잘못을 사죄했다. 두 사람은 '생사를 같이하는 친구'가 되었다. 여기서 저 유명한 '문경지교(刎頸之交)'라는 우정의 대명사가 탄생했다.

인상여는 당시 식솔들에게 풍전등화의 위기에 처한 상황에서 조나라를 지탱하고 있는 염파와 자신이 갈등하고 싸우는 것은 '호랑이 두 마리가 엉켜 싸우는(양호공투兩虎共鬪)' 것과 같아 둘 다 치명상을 입을 수밖에 없다고 하면서, '나라의 급한 일이 먼저이고 사사로

'문경지교'는 위기에 놓인 나라를 지켜내기 위해 '공사분별'이 얼마나 중요한지 잘 보여주는 고사이다. 인상여가 자신을 오해해 비난하고 다니는 염파의 무례를 참아낼 수 있었던 것은 그의 몸과 마음이 보다 높은 차원, 즉 '공사분별'의 실천에 놓여 있었기 때문이다. 도판은 자신의 잘못을 깨우친 염파가 인상여를 찾아가 '웃통을 벗고 가시나무를 진 채 잘못을 비는' '부형청죄(負荊請罪)'의 모습을 나타낸 그림이다.

운 원한은 나중이다(선국가지급이후사수야先國家之急而後私讎也)'고 했다. 여기서 우리에게도 너무나 친숙한 '선공후사(先公後私)'라는 성어가 파생되어 나왔다.

'목숨을 내놓아도 아깝지 않은 우정'이란 뜻을 가진 우정의 대명사 '문경지교'라는 고사를 관통하는 키워드 역시 '공사분별'이었다.

'관포지교'의 진정한 가치

감동적인 우정을 나타내는 또 하나의 고사성어 '관포지교(管鮑之交)'도 단순한 우정 이야기가 아니다. 당시 제나라의 혼란스러운 정치적 상황에 때문에 각기 다른 주군을 모셨던 관중(管仲, ?~기원전 645)과 포숙(鮑叔, 생몰 미상)은 어쩔 수 없이 군주 자리를 다투는 관계가 되었다. 포숙이 모신 환공(桓公, ?~기원전 643)이 승자가 되어 제나라의 군주로 등극했다. 이 과정에서 관중은 자신이 모시는 공자를 군주로 만들기 위해 환공을 활로 쏘아 죽이려 했다. 화살이 환공의 혁대를 맞히는 바람에 실패했고, 이 일로 환공은 관중에게 깊은 원한을 품고는 관중을 잡아 온몸을 찢어 젓갈을 담그겠다며 이를 갈았다.

그런데 이 과정에서 관중의 친구 포숙은 관중의 목숨을 살렸을 뿐만 아니라 자신에게 돌아올 재상 자리를 관중에게 돌리는 참으로 고귀한 양보 정신을 발휘했다.

이후 관중은 무려 40여 년 동안 재상 자리를 지키면서 제나라의 국정을 이끌었다. 그 결과 제나라는 '부민부국(富民富國)'을 이룩했다.

이후 40년 동안 견마지로(犬馬之勞)를 다했던 관중이 중병이 들어 일어나기 힘들게 되었다. 걱정이 된 환공은 문병차 관중을 찾아가 관중의 후임을 의논했다. 누구나 포숙을 추천할 것으로 예상했지만, 관중은 놀랍게도 포숙을 추천하지 않았다. 소인배들이 포숙에게 관중의 처사에 불만을 터트리며 이간질하자 포숙은 "내가 사람 하나는 잘 보았다. 내가 그러라고 그 사람을 그 자리에 추천한 것이다"라며 소인배들을 물리쳤다. 이 얼마나 감동적인 공사분별의 자세들인가! 관중은 《관자(管子)》〈임법(任法)〉 편에서 이렇게 말했다.

"누군가를 좋아한다고 해서 사사로운 정으로 상을 내려서는 안 되며, 누군가를 미워한다고 해서 사사로운 원한으로 벌을 내려서는 안 된다."

관중은 원칙과 법으로 일에 임해야 한다고 강조했다. 나아가 사사로운 애정과 시혜가 증오와 원한의 원인이 될 수 있음을 다음과 같이 지적했다.

"사사로운 애정은 왕왕 미움과 원한의 출발점이 되며, 사사로운 은혜 또한 왕왕 원망의 뿌리가 된다."(〈추언(樞言)〉 편)

애정이 되었건 은혜가 되었건 균형을 잡지 못하면 제삼자의 원망을 사게 된다. 또 애정과 은혜를 베풀어 놓고 돌아오는 것이 자기 마음을 만족시키지 못할 때도 원망하는 마음이 생긴다. 다 사사로운 마음에서 애정과 은혜를 베풀고 받았기 때문이다. 특히 위정자가 사사로운 인연에 매여 공정심을 유지하지 못하면 나랏일 전체가 흔들리게 된다. 나라를 이끌 인재를 기용하는 인사(人事) 문제에서는 더욱 그렇다.

역사는 여실히 보여준다. 모든 권력과 정권의 성패가 '공사분별'에 달려 있다는 사실을. 멀리 갈 것도 없이 우리 지난 정권들의 처절한 실패의 근본적인 원인이 어디에 있는가를 보면 된다.

'관포지교' 고사는 감동의 연속이다. 우정(friendship)에서 출발한 두 사람은 동료의식(fellowship)으로 국사에 임하면서 서로를 인정하며 따르는 팔로십(followership)을 발휘함으로써 개인 간의 우정을 백성과 나라를 위하는 '공사분별'의 자세로 승화시켰다. 그 결과는 '부민부국'이었다. 사진은 관중기념관에 조성되어 있는 '관포지교' 전시관 입구의 모습이다.

역사는 생생한 사실로 증명한다. 성공한 리더는 '공사분별'에 엄격했고, 그것을 기초로 나라가 발전했다는 사실을. 우리 사회 병폐의 뿌리를 파고 들면 예외 없이 공과 사에 대한 무분별, 즉 사사로운 욕심과 만나게 된다. 사욕이 나라와 국민을 병들게 만드는 것이다. '관포지교'의 고사는 권력자와 정권 앞에 철저한 '공사분별' 정신만이 백성과 나라를 부강하게 만든다는 사실을 감동적으로 전하고 있다.

사마천이 꿈꾸었던 '성(聖)'스러운 리더와 공사 분별

앞에서 보았다시피 사마천은《사기》첫 권에서 가장 이상적인 '성군(聖君)', 즉 성스러운 통치자의 모습을 생생하게 그려내고 있다. '성군'에서 '聖'은 '耳+口+王'의 세 글자를 합성한 것이다. 쉽게 풀어보자면 '백성의 목소리에 귀를 잘 기울이고' '말은 가려서 하는' '임금'이 '성군'이란 뜻이 된다. 사마천은 이런 통치자를 두고 '사리분별'에 밝다고 말한다. 즉, <u>민심을 제대로 헤아리고 함부로 말하지 않는, 사리에 밝은 통치자가 공사를 분별할 수 있다는 것이다.</u> 요임금이 그랬고, 순임금이 그랬다. 그리고 그런 통치자를 '성군'으로 보았다.

요와 순이 역사상 실존 인물이냐 아니냐의 문제가 아니다. 사마천은 사리에 밝고 그것을 기초로 공사분별을 실천할 줄 아는 통치자에 대한 자신의 소망을 요와 순임금에게 투영시켰을 뿐이다. 그런 통치자라야 백성과 나라를 제대로 이끌 수 있다고 보았기 때문이다.

'공사분별'하라고 해서 무조건 사심을 완전히 버리라는 것이 아니다. 공(公)을 먼저 고려하는 공심(公心)을 확립하라는 말이다. 성군 요임금인들 아들에게 자리를 물려주고 싶지 않았을까? 사심(私心)이 터럭만큼도 없었을까? 포숙인들 제나라 재상 자리에 눈곱만큼도 욕심이 없었겠는가? 자신의 마음을 몰라주며 자신을 헐뜯고 다니는 염파에게 인상여는 전혀 섭섭함이 없었을까? 이들은 모두 그런 사사로운 감정은 뒤로 밀쳐놓고 백성과 나라를 위하는 마음, 즉

공심을 앞세웠고 그것을 몸소 실천했을 뿐이다.

'공사분별'의 실천은 '노블레스 오블리주(noblesse oblige)'를 이끌어 낸다. 즉 백성들의 존경을 받음으로써 '고귀'한 인격의 소유자로 거듭나고, 그 존경과 고귀함을 다시 백성을 위한 노력과 봉사로 되돌림으로써 공인으로서의 의무를 다하게 되는 것이다.

지금 우리 사회를 온통 뒤엎고 있는 힘 있는 자들의 사사로운 욕심, 즉 사욕과 탐욕의 문제를 뿌리 뽑지 않으면 우리의 미래는 없다. 국민들의 냉정한 판단과 선택만이 이 문제를 풀 수 있는 해답이 될 것이다. 단단히 각오해서 공사분별의 자세를 확실하게 되찾도록 해야 한다.

마무리하는 의미로 《여씨춘추(呂氏春秋)》에 '사욕이나 사심을 제거하라'는 뜻을 가진 〈거사(去私)〉 편의 한 대목을 소개한다.

"사구불급공(私仇不及公), 호불폐과(好不廢過), 오불거선(惡不去善)."

"사적 원한이 공적인 일에 개입되어서는 안 되는 바, 좋아한다고 해서 잘못을 감출 수 없고, 미워한다고 해서 잘한 행동을 없앨 수 없다."

● 용인보감 7 ●

《장자》에 보면 공자가 인재의 진면목을 살피는 아홉 가지 방법이 제시되어 있다. 원문과 함께 아래에 소개한다. 오늘날 인재를 기용할 때 나름 참고가 될 만하다.

① 원사지이관기충(遠使之而觀其忠)
　먼 곳에 심부름을 보내 그 사람이 충성스러운가를 관찰하라.
② 근사지이관기경(近使之而觀其敬)
　가까이에 불러들여 써보고 언제까지 공경함을 잃지 않는 지 관찰하라.
③ 번사지이관기능(煩使之而觀其能)
　번거로운 일을 시켜 봐서 그 능력을 관찰하라.
④ 졸연문언이관기지(卒然問焉而觀其知)
　갑자기 질문을 던져 바로 답할 수 있을 만큼 박식한지 관찰하라.
⑤ 급여지기이관기신(急與之期而觀其信)
　급한 약속을 해서 그것을 지킬 수 있는가를 관찰하라.
⑥ 위지이재이관기인(委之以財而觀其仁)
　재산 관리를 맡겨 이익에 눈이 팔려 사람의 도리를 지키는지 여부를 관찰하라.
⑦ 고지이위이관기절(告之以危而觀其節)
　내가 위기에 처했다고 알려 언제까지 절개를 지키는가를 관찰하라.
⑧ 취지이주이관기측(醉之以酒而觀其側)
　술에 취하게 해서 술 때문에 절도를 잃지 않는지 관찰하라.
⑨ 잡지이처이관기색(雜之以處而觀其色)
　혼잡한 상황에 넣어서 그 안색(표정)을 살펴라.

제8계명
끊임없이 배워 인재로 성장하라

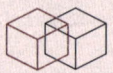

한유의 학습 인재론

정해진 기간에 학습해 그에 따른 졸업증을 받고, 특정 시험을 통해 합격하면 합격증(자격증)을 얻어 자리(벼슬)를 받아 평생 행세하고 특권을 누리던 시대가 오랫동안 유지되어 왔다. 이렇게 해서 기득권층이 형성되어 사회 각 분야의 높은 자리와 부를 독차지했다. 그 결과 뛰어난 다른 인재들이 배척되어 사회 발전이 지체되거나 각종 문제가 드러났다. 당초 획기적인 인재 기용의 방법으로 제도화되었던 과거제는 시간이 흐를수록 특정한 계층이 독점하는 수단으로 변질되어 사회 모든 분야의 발전을 가로막는 원흉이 되었고, 급기야 망국의 근원으로 지목되었다. 과거의 망령은 오늘날 각종 고시로 그 모습을 바꾸어 여전히 기득권에 봉사하고 있다. 하루빨리 고시제를 없애야 한다.

기득권만의 이익을 지키는 데 급급한 제도는 특정 계층의 고착화를 가져왔을 뿐만 아니라, 한번 자리를 차지하면 더 이상의 학습도 자기개발도 필요 없는 퇴행적 기풍이 깊이 뿌리를 내리게 만들었다. 그러나 역사의 진보는 누구도 막을 수 없다. 시대는 급변했고, 이제 평생 배우지 않으면 사회적으로 인정을 받지 못한다. 집단지성의 힘은 학력(學歷)이 아닌 실력(實力)을 더 요구하고 있고, 자격(資格)이 아닌 품격(品格)을 요구한다. 또 권위(權威)보다는 품위(品位)를, 특권(特權)보다는 책임(責任)을 더 요구한다.

당나라 때의 문인이자 정치가였던 한유(韓愈, 768~824)는 당시 쇠퇴해 가던 문단과 지식인 사회를 개혁하기 위해 고문(古文) 부흥 운동을 펼쳤다. 형식적이고 기교만 중시하는 문체로는 사회적 기풍을 바로잡을 수 없다고 보고 소박하고 진솔한 옛 문체를 되살려야 한다는 취지였다. 이와 함께 한유는 사회적 폐단을 바로잡는 방법의 하나로 과거 역사를 깊게 통찰하고, 여기에서 인재를 위한 유익하고 의미 있는 이론을 마련할 것을 주장했다. 이 글은 이런 점에 초점을 맞추어 살펴본 것이다.

과거를 통해 현재를 논하다

쇠퇴해 가던 당시 당나라 현실 사회의 폐단을 바로잡기 위해 한유는 과거 역사적 사례를 통해 현재를 논하는 '통고논금(通古論今)'의 방법을 취했다. 당시 당나라는 전성기를 지나 쇠퇴기에 접어들고 있던 터라 한유의 이와 같은 주장은 상당한 파문을 일으켰다.

한유는 인재의 끊임없는 노력을 강조했다. 그는 보잘것없는 시인 가도(賈島, 797~843)의 글을 극찬하면서 거듭 고치고 또 고치며 완성도를 높일 것을 주장했고, 여기서 '퇴고(推敲)'라는 단어와 아름다운 고사가 탄생했다.

이렇게 그는 고대의 인재기용 원칙을 찾아내 소개함으로써 인재가 성장할 수 있는 유리한 이론적 환경을 마련하는 데 노력했다.

한유는 인재라면 사심 없이 기꺼이 추천해야 한다고 주장하면서, 당 왕조 중기 이후 문벌과 사적 관계를 중시하는 풍조에 큰 불만을 토로했다. 그는 〈여최군서(與崔群書)〉라는 글에서 "예로부터 유능한 인물은 적고 못난 자가 많았는데" 지금 또 "유능한 인재들이 때를 만나지 못하는 반면 못난 자들은 호화로운 옷을 걸치고 거들먹거린다. 유능한 사람들은 스스로를 지키지 못하는 반면 못난 자들은 득의만만하다. 유능한 인재는 겨우 한자리 얻어도 이내 죽고 그렇지 못한 자들은 장수를 누린다"는 말로 능력은 없고 세금만 축내는 기득권층을 직격했다.

그는 유능한 인재가 못난 자들보다 못사는 이런 현실은 능력에 따라 기용하는 인재 기용 정책과 시스템이 파괴되었기 때문이라고 진단했다. 관련하여 한유는 〈진사책문십삼수(進士策問十三首)〉라는 글에서 지금 보아도 많은 것을 생각하게 만드는 문제들을 제기했다. 그는 춘추전국시대를 예로 들어 이렇게 지적했다. 그 당시는 땅도 좁고 제대로 갖추어진 과거제도 없었지만 숱하게 많은 유능한 인재들이 각국의 군주들에 의해 발탁되었다. 그런데 지금 천하가 통일되어 인구도 늘고 제도도 갖추어져 있는데 왜 인재가 없다고 느끼는가? 이는 지금 사람이 옛날 사람만 못해서가 아니라 유능한 인재들이 파묻혀 있기 때문이다. 그는 이렇게 주장했다.

"등용과 진퇴는 멀고 가까운 것으로 선택해서는 안 되고, 오로지 그 사람이 맞으면 되는 것이다."

그는 미천한 출신이라도 유능한 인재라면 기용해야 한다고 주장하면서, 인재 추천에서 유일한 조건은 재능이란 점을 강조했다. 사회·경제적으로 이런 주장은 당시 상대적으로 진취적인 중·소 지주계급의 목소리를 대변한 것이기도 했다.

인재는 배우면서 성장해야 한다

한유는 배워서 인재로 성장해야 한다고 주장했다. 그러면서 그는 공부에 관한 여러 방법을 전하고 있다. 〈사설(師說)〉이란 글에서 그는 인재로 성장하려면 스승의 지도에 따라 배워야 한다는 점을 대단히 설득력 있고 정교하게 피력했다.

"옛날의 학문에는 반드시 스승이 있었다. 스승이란 길을 안내하고 학업을 전수하고 의혹을 풀어주는 분이다. 태어나면서부터 다 알고 태어나는 사람이 어디 있는가? 그러니 누군들 의문이 없겠는가?"

여기서 우리는 한유가 선천적 천재론 따위에 찬성하지 않고 후천적 학습을 중시하고 있음을 알 수 있다. 그는 자신의 경력과 경험을 회고하면서 "나 한유는 어릴 적에는 남들이 다 깨우칠 때까지 깨우치지 못할 정도로 아둔했다"고 고백하고, "그저 열심히 배우고 부지런히 가르침을 청했기에 이 정도 성취한 것"이며, "성인께서도 학문이 자기만 못한 사람에게 묻는 것을 부끄러워하지 않았거늘 우리 같은 보통 사람이 왜 허심탄회하게 스승을 모시지 못하는가?"라며 세태를 한탄했다.

한유는 거드름만 피우는 당시 사대부들의 경박함을 비판하면서, 스승에게 지식을 배우면서 스승의 역할은 인정하지 않고 심지어 존경조차 하지 않는다고 꼬집었다. 한유는 스승과 선배를 존중하라고 호소하고, 마음을 비우고 겸손하게 배우라고 충고했다. 사실 한유 이전에 스승의 역할이나 작용에 대해 이토록 철저한 논의를 펼친 사람은 없었다. 인재에 대한 교육적 이론과 원칙, 그리고 방법에 대해 귀중한 모범적 사례를 제기했다고 할 것이다.

뛰어난 인재에 대한 기득권의 시기와 질투를 간파하다

한유는 비판의 화살을 당시 깊게 박혀 있던 세속적 관념, 즉 시기와 질투로 돌렸다. 당시나 지금이나 사회적 지위와 정치·경제적 이익이 걸린 문제에서 수구 기득권 세력은 어질고 유능한 사람을 질투하고 미워하며 심지어는 이들을 박해하는 뒤떨어진 의식을 가졌다. 당대 최고의 인재였던 이하(李賀, 790~816)가 진사 시험조차 치르지 못한 것을 두고 한유는 "이하가 시험에 응시하면 유명해질 것이 당연하기 때문에 그와 경쟁하는 자들이 그를 헐뜯은" 결과라고 비난했다.

한유는 〈원훼(原毀)〉라는 글에서 호탕하고 넓은 아량으로 인재를 추천한 사례들을 들면서 다음과 같이 꼬집었는데, 마치 지금 우리의 현실을 보는 듯 생생하다.

"지금 사람들은 그렇지 못하다. 남의 잘못에 대해서는 엄격하게 나무라고, 자신의 잘못에 대해서는 지나치게 너그럽다. 남이 자신을 앞지를까 봐 두려워 눈에 불을 켜고 남의 결점을 찾고, 심지어 성공한 사람들과 도덕적으로 훌륭한 사람조차 비방을 일삼으니 이런 기풍에서 어떻게 유능한 사람들이 칭찬을 받고 상을 받을 수 있겠는가?"

이상에서 본 바와 같이 한유는 능력 있는 사람을 기용하고, 스승의 학식과 인품을 배워 인재로 성장하고, 뛰어난 인재들을 질투하는 문제 등에 대해 깊이 있는 논의를 남겼다. 이를 통해 한유는 옛사람들이 인재 문제에 대해 상당히 깊은 사상을 갖춘, 인재 사상사에서 중요한 위치를 차지하고 있다는 점을 밝혔다.

인재 이론의 실천자

한유는 인재 이론을 실천으로 옮긴 사람이기도 했다. 당 왕조 중기의 문단을 이끈 인물로서 한유는 많은 인재를 돕고 키워냈다. 장적(張籍)·맹교(孟郊)·노륜(盧綸)·이하(李賀) 등 당시 뛰어난 인재들이 모두 한유의 도움을 받았다. 인재를 도운 면에서 한유는 명마 식별의 명인이었던 백락(伯樂)에 비유할 수 있다. 한유가 발굴하고 도와 훗날 재상에까지 오른 우승유(牛僧孺, 780~848)의 이야기는 특히 유명하다.

시골에서 처음 수도 장안에 올라온 우승유는 명망가인 한유와 황보식(皇甫湜)을 찾았다. 우승유의 문장을 본 한유는 "그대의 문장이라면 과거 급제는 물론 훗날 널리 이름을 떨치게 될걸세!"라며 감탄했다. 한유와 황보식은 급히 우승유에게 거처를 마련해 주는 등 물심양면으로 도움을 아끼지 않았다. 어느 날 한유는 우승유에게 청룡사(靑龍寺)로 놀러 가서 늦게 돌아오라고 한 다음 황보식과 함께 주인 없는 우승유의 거처를 찾아가 일부러 대문에다가 "한유와 황보식이 함께 찾아왔지만 뵙지 못하고 갑니다"라는 글을 써 놓았다. 당시 문단의 거목으로 불릴 정도로 천하에 이름을 떨치고 있던 이 두 사람이 무명의 후배를 찾아가 만나지도

한유의 문집이다.

못하고 발길을 돌렸다는 소문이 퍼졌고, 조정에도 우승유가 범상치 않은 인물이라는 이야기가 두루 퍼졌다. 그 뒤 많은 사람이 우승유를 찾았고, 우승유는 자신의 재능과 명성에 힘입어 승상의 자리까지 오를 수 있었다.

<u>인재가 오로지 자신의 힘만으로 출세하기란 여간 힘들지 않다.</u> 여러 통로가 열려 있는 지금도 마찬가지다. 인재를 알아보고 널리 알리는 사람과 이를 위한 사회적 네트워크가 필요하다. 국가와 사회는 이런 네트워크 구축에 투자를 아끼지 말아야 한다.

우승유란 인재를 키우기 위해 고군분투했던 한유의 사례로부터 우리는 인재의 출세에 진정 무엇이 필요한가를 심각하게 고민하게 된다. <u>한유는 인재가 바로 성장하고 발전하기 위해 격려와 추천이 필요하고, 동시에 끊임없는 노력과 자기학습이 중요하다는 점을 힘주어 강조했다.</u> 이는 마치 오늘날 새로운 리더의 한 유형으로 떠오른 '<u>끊임없이 배우는 리더</u>' CLO(Chief Learning Officer)를 보는 듯하다.

●용인보감 8●

이른바 '적합한 인재'의 특징은 주로 포용력과 환경 적응력, 그리고 강력한 실행력으로 나타난다. 이런 인재는 사람들이 보기에 '빼어난 외모'를 갖춘 것도 아니고 '화려한 경력'도 없지만 아주 실용적이고 잠재적 성장력과 지구력을 가지고 있다. 지속적으로 발전하려는 기업과 조직은 핵심인재를 선택할 때 선택의 중점을 이런 기본에 두어야 한다.

─── 제9계명 ───

"그대가 절을 하면 짐의 몸이 아프다오"

유일한 여성 황제, 무측천의 인재관

영화 〈적인걸(狄仁杰)〉 속에서 무측천(武則天, 624~705)은 정말이지 카리스마 넘치는 여황제의 모습이다. 그녀는 영화뿐 아니라 실제로도 위풍당당한 여장부였다. 중국 역사상 유일무이한 여성 황제라는 기록을 남기고 있을 뿐만 아니라, 약 600명에 이르는 남성 제왕들 중 그녀에 필적할 만한 제왕이 몇 되지 않을 정도로 정치력 또한 뛰어났다.

대부분의 사람들은 무측천을 당 왕조의 여황제로 알고 있다. 이는 잘못 알고 있는 것이다. 그녀는 엄연히 당 왕조를 자기 손으로 끝장내고 주(周)라는 왕조를 세워 자신이 첫 황제로 즉위했다. 그리고 주 왕조의 마지막 황제로 역사의 무대에서 퇴장했다. 그녀는 남편 고종(高宗)의 통치기에 이미 고종을 대신해 전권을 휘둘렀는데, 대외적으로 그 시기에는 신라와 연합해 고구려와 백제를 멸망시켰다.

무측천의 정치는 군자와 소인을 고루 기용하는 특이한 스타일이었다. 늙도록 음욕이 강했던 그녀는 소인배들을 기용해 자신의 사사로운 욕망을 채웠지만, 나랏일은 좋은 인재들을 대거 발탁해 맡기는 남다른 수완을 보여주었다.

그녀는 잔인하고 무정했지만, 그것이 백성들을 향한 것이 아니었기에 천하에 피해를 주지는 않았다. 그녀는 또 냉철했기에 만년에 정권을 다시 이씨에게 돌려줌으로써 당 왕조를 연속시켰다. 만년에 그녀가 이 같은 냉정한 판단을 내리지 못했더라면 아마 큰 혼란과 피해를 가져왔을 것이다. 이런 무측천의 진면목을 인재관을 중심으로 좀 더 살펴보겠다.

인재 등용의 새로운 국면을 연 무측천

실질적인 당 왕조의 개국 군주와도 같은 태종(太宗, 599~649)은 용인에 있어서 문벌사족(門閥士族)에 의한 독점 체제를 깨고 정치와 인재 정책의 순조로운 발전을 위한 기초를 닦았다. 649년, 태종이 병으로 세상을 떠나고 고종(高宗, 628~683)이 즉위했다. 잔병이 많았던 고종은 정무에 전념할 수 없었고, 즉위 후 얼마 되지 않아 황후 무측천이 조정을 장악했다. 690년 무측천은 아들 예종(睿宗, 662~716)을 내치고 자신이 황제 자리에 올라 나라 이름을 주(周)라 했다. 역사상 최초의 여성 황제가 탄생했다. 당 왕조 전반기 최대 사건이자 중국사 전체를 통해서도 놀라운 사건이었다. 이로써 5천 년 중국사 전체에 걸쳐 유일무이한 여성 황제 무측천의 시대가 열렸다.

무측천은 여성으로서 황제의 보좌에 오른 특별한 인물이다. 당 태종의 궁녀로서 후궁의 등급 가운데 말단인 재인(才人)에서 시작해 놀라운 의지력으로 최고 자리인 황후에까지 올랐다. 이어 이씨 황족과 조정 문무백관의 반대를 억누르고 지고무상(至高無上)한 군주 자리에 오르는 기염을 토했다. 그녀는 수렴청정하는 황태후로는 만족할 수 없었고, 끝내는 자신이 직접 황제가 되었다.

당시 여성이 갖는 한계와 각종 제한에도 불구하고 무측천은 무서운 의지로 이를 극복한 걸출한 리더였다. 그녀는 경전과 역사에 정통했을 뿐만 아니라 권모술수에도 뛰어났다. 기지와 정치적 재능이 넘쳤다. 놀라운 사실은 무측천이 집권한 약 반세기 동안 나라는 분열이 아닌 중국 역사상 최고의 전성기라는 태종 통치기의 '정관지치(貞觀之治)'에 버금가는 전성기를 구가했다는 것이다. 특히 문벌을 타파하고 인재 등용의 길을 넓힌 태종의 인재 정책을 더욱 발전시켰다. 이것이 무측천이 성공할 수 있는 중요한 요인으로 작용했다.

무측천은 이씨 황제를 몰아내고 자신이 황제가 되었기 때문에 황족 세력을 억제할 수밖에 없었다. 태종이 황족의 특권을 제한하면서도 그들의 이익을 어느 정도 보호했다면, 무측천은 철저하게 황족의 특권을 박탈했다. 인재 기용 면에서 태종은 황족이나 지난 왕조의 옛 신하들을 믿고 기용한 것과 동시에 미천한 출신의 인재도 기용한 반면, 무측천은 주로 보잘것없는 집안 출신의 지식인들을 자신의 정치적 기반과 자산으로 삼았다.

역대로 많은 사람이 무측천을 비난했지만 봉건적 전통 관념에 치우친 편향된 것이 대부분이었다. 즉, 무측천의 황제 즉위는 천명을 거스른 찬탈이라는 기존의 관점에서만 무측천을 평가한 결과들이었기 때문이다. 무측천이 정치에서 보여준 탁월한 능력과 인재 등용을 본다면 이런 비난들은 타당치 않다. 관련하여 《자치통감》은 무측천을 다음과 같이 평가했는데, 비교적 균형 잡힌 평가라 할 수 있다.

"관직을 가지고 천하의 인심을 매수하려 했지만 자리에 맞지 않는 자는 내치거나 벌을 주는 등 상과 벌이라는 수단으로 천하를 다스렸다. 자신이 직접 정치를 챙겼는데, 현명하게 살피고 제대로 판단하였기에 당시의 영재와 유능한 인재들을 기용할 수 있었다."

무측천이 선발한 인재는 양으로 보나 질로 보나 태종 시대에 결코 뒤지지 않는다. 이덕소(李德昭)·두경검(杜景儉)·적인걸(狄仁傑)·요숭(姚崇)·송경(宋璟)·장간지(張柬之) 등 이름만 들어도 알 수 있는 인재들이 모두 무측천 시대를 풍미했다. 무측천 시대는 말 그대로 인재들이 몰려들었던 시대였다.

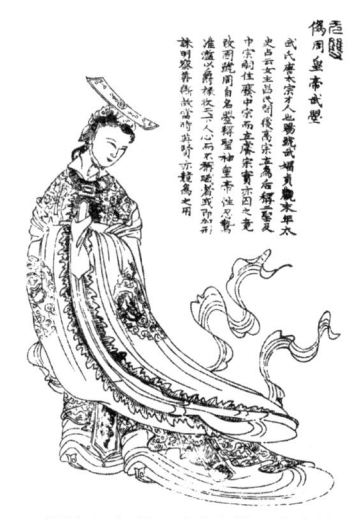

무측천의 남다른 정치력에는 편견 없고 기존의 낡은 관념을 따르지 않는 열린 인재관이 뒷받침되어 있었다.

자신의 생각과 다른 인재를 과감하게 포용한 무측천

무측천은 당의 황제를 폐하고 자신이 주(周) 왕조의 황제로 즉위했다. 이 때문에 당 왕조의 황족과 대신들의 격렬한 저항에 부딪혔다. 반란을 일으키는 자가 있었고, 암살을 꾀한 자도 있었다. 무측천은 이런 문제들에 경각심을 높였고, 적지 않은 사람이 죽었다. 그중에는 억울하게 죽은 자도 적지 않았다. 하지만 무측천은 날카로운 비판을 환영하고 받아들이는 포용력도 보여주었다. 속으로는 내키지 않았지만 탓하거나 벌을 주지는 않았다.

대신 주경칙(朱敬則, 635~709)은 무측천 앞에서 그녀의 생활이 너무 사치스럽고 남자를 밝힌다고 노골적으로 비판했다. 무측천이 이 말을 듣고 자신의 생활을 바꾸진 않았지만, "그대가 아니면 누구한테 이런 말을 듣겠소"라며 주경칙을 칭찬하는 한편 비단 100필을 내렸다(조익趙翼의 《이십이사찰기廿二史札記》 권19).

702년, 무읍(武邑) 사람인 소안항(蘇安恒)이 두 번이나 글을 올려 무측천이 당의 황제 자리를 찬탈한 것을 비난하면서 정권을 다시 이씨에게 돌려줄 것을 요구했다. 소안항은 이 글을 통해 다음과 같이 격렬한 비난을 퍼부었다.

"폐하께서는 보좌가 탐나 모자의 정도 잊었으니 무슨 면목으로 종묘를 대할 것이며, 무슨 낯으로 (남편) 고종을 대할 것입니까? … 신의 어리석은 생각으로는 황제 자리를 이씨 집안에 돌려주어야 합니다. 폐하께서는 지금 자리가 편안하실지 모르지만 무엇이든 지나치면 뒤집히기 마련입니다. 소신은 목숨이 아까워 나라를 팔고 싶지는 않습니다."

이는 무측천의 가장 아픈 곳을 찌른 비판이 아닐 수 없었다. 그러나 무측천은 소안항을 만나고도 화를 내지 않고 오히려 궁중으로 불러 술을 내렸다. 소안항을 시작으로 무측천의 퇴위를 주장하는 사람이 끊임없이 이어졌다. 결국 무측천은 중종(中宗)을 태자에 다시 책봉하고, 죽기에 앞서 자신이 세운 주 왕조를 없애고 당 왕조를 복구하도록 했다. 그 자신도 황제에서 황후로 복귀시켜 이씨 사당에 위패를 안치하도록 했다.

무측천은 인재를 매우 아껴 자신에게 고분고분하지 않거나 심지어 자신의 위엄을 손상한 사람까지 포용했다. 684년, 서경업(徐敬業)이 당지기(唐之奇)·낙빈왕(駱賓王) 등과 함께 양주에서 반란을 일으켜 무측천을 토벌하려 했다. 이때 낙빈왕은 반란군을 위해 〈무측천을 토벌하는 격문〉을 썼는데, 그 내용은 무측천이 미천하고 질투심이 많아 작은 일도 양보하지 않고, 갖은 방법으로 군주를 꼬드겼으며, 간신배를 가까이하고 충성스러운 사람은 잔혹하게 대하고, 언니와 오라비를 죽이는 것은 물론 군주를 죽이고 그 자식까지 독살한 지독한 여자라는 아주 신랄한 것이었다.

이 격문을 읽던 무측천은 "순식간에 고아가 된 아이들은 어찌할 것이며"라는 대목에서는 고개를 끄덕이며 문장이 좋다고 칭찬했고, 마지막 구절인 "보라, 지금 이 천하가 대체 누구의 천하인가?"라는 대목에서는 그 기세가 힘차다며 누가 쓴 글인지 물었다. 곁에

낙빈왕은 당대가 알아주는 인재였지만 시대를 만나지 못해 불우한 생애를 보냈다. 그는 무측천의 황위 찬탈을 비난하는 격렬한 격문을 썼지만, 무측천은 그의 글 한 편을 보고 그의 재능을 바로 알아주었다.

있는 사람들이 낙빈왕이 쓴 것이라 하자 무측천은 "이런 문필을 가진 사람이 어찌 그런 곳까지 갔는가? 이는 재상의 잘못이다"라며 방법을 써서 낙빈왕을 데려오라는 명령을 내렸다.

그 뒤, 서경업의 군대는 무측천이 보낸 군대에 패했다. 낙빈왕은 그 당시 살해되었다는 설도 있고, 숨어 스님이 되었다는 소문도 떠돌았다. 무측천이 낙빈왕을 얻지 못했지만, 인재를 아끼는 무측천의 넓은 가슴은 특별히 기억할 만하다.

적인걸에게 인재 추천의 역할을 강조한 무측천

무측천은 국정 전반을 조정하는 재상의 역할을 매우 중시해 정성들여 재상을 선발했으며, 선발한 다음에는 마음 놓고 일할 수 있게 맡겼다. 당시 적인걸(狄仁傑, 630~700)은 재능과 학식이 출중해 사람들로부터 '적인걸의 유능함은 따를 자가 없다'는 칭찬을 들었다. 무측천은 적인걸을 재상으로 임용해 그를 절대적으로 신뢰했다.

언젠가 한번은 무측천이 적인걸에게 "그대가 여남(汝南) 지방에 있을 때 뛰어난 실적을 보였는데도 내 앞에서 그대를 헐뜯은 사람이 있었소. 그자가 누군지 알고 싶지 않소?"라고 물었다. 적인걸은 "제게 잘못이 있어 폐하께서 지적해 주시면 반드시 고치겠습니다. 잘못이 없다고 여기신다면 저로서는 다행이지요. 하지만 저를 헐뜯은 자가 누군지는 알고 싶지 않습니다"라고 대답했다. 이 말에 무측천은 칭찬과 감탄을 금치 못했다. 군주와 신하의 마음이 서로 통했음을 알 수 있다.

무측천이 자신의 조카 무삼사(武三思)를 태자로 삼으려 했을 때 아무도 반대하지 못했지만 적인걸이 홀로 나서서 공개적으로 이를 막았다. 무측천이 반대하는 이유를 묻자 적인걸은 폐위당한 중종과 무삼사를 비교하면서 이렇게 말했다.

"만약 흉노 군대가 변경을 침범했을 때 무삼사에게 적을 무찌를 병사를 모집하라고 하면 한 달이 지나도 1,000명을 채 모집하지 못하겠지만, 노릉왕(盧陵王, 중종)에게 임무를 맡기면 며칠이 지나지 않아 50,000명은 충분히 모을 수 있을 것입니다!"

무측천은 적인걸의 말이 일리가 있다고 판단했고, 그의 의견을 존중해 노릉왕의 태자 지위를 회복시켰다. 이렇게 해서 무측천 이후 황위를 다시 이씨에게 돌려줄 수 있게 함으로써 황위 계승 문제로 일어날 것이 뻔했던 혼란과 분열을 예방할 수 있었다.

재상에 대한 무측천의 요구 중 가장 중요한 것이 인재 추천이었다. 장간지(張柬之, 625~706)란 인물은 적인걸의 추천을 통해 얻은 대표적인 인재였다. 어느 날 무측천과 적인걸은 다음과 같은 대화를 나누었다.

"어떻게 하면 뛰어난 인재를 찾을 수 있겠소?"

"당대에 문장과 경력으로 보아 이교(李嶠)와 소미도(蘇味道) 등이 모두 상당한 인재들인데, 그들의 글재주로도 부족하단 말씀이십니까?"

무측천은 어쨌든 이 두 사람을 나라를 관리할 능력을 가진 인재로 보지 않았다. 적인걸은 "형주장사 장간지는 비록 나이는 많지만 재상감이니 등용하시면 나라의 복이 될 것입니다"라며 장간지를 적극 추천했다. 무측천은 즉시 명을 내려 장간지를 낙주사마에 임명했다.

며칠 지나지 않아 무측천은 적인걸에게 또 인재를 추천하라고 했다. 적인걸은 "제가 이미 폐하께 장간지를 추천했는데, 폐하께서는 그를 등용하지 않으셨습니다"라고 말했다. 무측천이 이미 발탁했다고 하자 적인걸은 "저는 그를 재상감으로 추천했지 사마를 시키라고 추천한 것이 아니기에 등용하지 않았다고 한 것입니다"라고 대꾸했다. 무측천은 장간지의 출신과 능력 등을 꼼꼼하게 살펴 그를 예부시랑에 임명한 다음 얼마 뒤 재상으로 발탁했다. 장간지는 훗날 조정을 어지럽힌 장창종(張昌宗)과 장역지(張易之) 등을 제거해 당 왕조의 정치를 안정시키는 데 중요한 역할을 했다.

무측천과 적인걸은 제왕과 신하라는 형식적인 관계를 훨씬 뛰어넘는 다른 차원의 인간관계를 보여주었다.

적인걸은 무측천을 위해 많은 인재를 추천했고 책략 또한 대단했기 때문에 무측천은 그를 대단히 존중했다. 무측천은 그를 이름 대신 국로(國老)라 부를 정도였다. 또 적인걸이 무측천에게 절을 할 때마다 "그대가 절을 하면 짐의 몸이 아프다오!"라며 적인걸에 대한 극도의 존경심을 나타냈다. 무측천이 얼마나 인재를 아꼈는지 잘 보여주는 대목이다. 적인걸도 무측천의 기대를 저버리지 않고 장간지 등 많은 인재를 추천해 조정을 안정시키는 데 큰 역할을 했다. 인재에 대한 존중은 그것이 자천이든 타천이든 인재 추천으로 직결되며, 이를 통해 나라와 조직은 든든한 기반을 갖추어 가는 것이다.

공과 사의 분별

리더가 사람을 쓸 때 공과 사의 관계를 조절하는 일이 가장 어려운데, 무측천은 이 점에서 그 나름의 원칙과 책략의 통일을 보여주었다.

무측천은 여자 황제로서 남총(男寵)이 적지 않았다. 승려 회의(懷義)를 비롯해 장역지·장창종 등을 가장 가까이했다. 그러나 무측천은 이들을 가까이 두고 관계를 맺으면서도 이들에게 권력을 주지는 않았다. 또 대신들에 대한 이들의 고자질과 헐뜯는 말에도 일절 귀 기울이지 않았으며, 조정 일에 일절 간섭하지 못하게 했다. 이런 점에서 무측천은 여색에 홀려 정치를 그르치고 나라마저 혼란에 빠트렸던 남성 황제들보다 훨씬 냉철했다고 할 수 있다.

무측천의 총애를 등에 업은 승려 회의는 독단적이고 기세등등해 무승사(武承嗣)나 무삼사 같은 무측천의 형제마저 그를 두려워했다. 어느 날 승려 회의가 조당(朝堂) 앞을 보란 듯이 걸어 지나가다가 재상 소량사(蘇良嗣)를 만났다. 소량사는 회의를 뻔뻔한 자라고 욕을 한 다음, 사람을 시켜 끌고 나가 뺨을 수십 대 때리게 했다. 분을 못 이긴 회의는 무측천에게 달려가 이 일을 일렀다. 그러자 무측천은 "네가 나를 보기 위해 궁에 들어올 때는 북문을 이용해야 한다는 사실을 몰랐더란 말인가? 상서들이 드나드는 곳을 무례하게 다녔으니 그렇지. 그들에게는 책임지고 관리해야 할 일이 있단 말이야!"라며 도리어 회의를 나무랐다.

어사대중승 송경(宋璟, 663~737)은 아첨을 모르고 법 집행이 엄하기로 명성이 자자한 강직한 성품이었다. 장역지와 장창종 형제가 조정을 어지럽히자 송경은 이자들을 죽이려고 이를 갈고 있었다. 이를 안 무측천은 총애하는 이 두 형제에게 자진해 숙정대(肅政台)로 가서 심문을 받게 했다. 그러나 심문이 채 끝나기도 전에 특별 명령을 내려 일단 이들을 사면했다. 그리고는 이들 형제에게 송경을 찾아가 잘못을 빌게 했다. 형제는 마지못해 송경을 찾아갔지만, 송경은 아예 만나주지 않으면서 "공적인 일은 공적으로 처리해야지 사적으로 만날 수 없다. 법에는 '사(私)'란 있을 수 없다!"며 이들을 내쳤다.

그 뒤 장역지 형제는 무측천 앞에서 송경을 욕하며 도움을 요청했지만, 무측천의 송경에 대한 신임은 변함이 없었다. 무측천은 이들의 갈등을 해소하기 위해 송경에게 잠시 외지로 나가 있을 것을 권유했다. 송경은 장씨 형제가 조정에서 불미스러운 일을 저지를까 봐 수도를 떠나려 하지 않았다.

무측천이 양주로 가서 일을 처리하라고 하자 주현을 감찰하는 일은 감찰어사의 일이므로 자신은 갈 수 없다며 거부했고, 유주로 가서 도독 굴돌중상(屈突仲翔)의 사건을 조사하라고 했을 때도 송경은 큰 일이 아니면 지방으로 나가지 않거늘 탐관오리의 죄 때문에 자신을 보내려고 하는 것은 필시 자신을 해치려는 자의 소행일 것이라며 완강하게 버텼다. 이래도 안 되고 저래도 안 되자 무측천은 그를 이교의 조수로 삼아 농촉(隴蜀) 지방으로 나가라고 했다. 송경은 마찬가지로 거절하며 "농촉 지방에 아무런 일이 없는데 어사중승의 자리에 있는 자가 이교의 조수가 되는 것은 당 왕조의 관례에 어긋나는 일입니다"라고 말했다.

무측천은 세 번을 명령했지만 송경은 그때마다 거부했다. 무측천도 하는 수 없이 아무런 벌도 내리지 못하고 송경을 그대로 두었다. 이렇듯 무측천과 가까운 인척이나 측근들이 조정 일에 끼어들거나 인사 문제에 개입할 수 없었고, 조정은 비교적 안정을 유지할 수 있었다. 재상과 주요 관리들은 자신들에게 주어진 권한과 책임을 바탕으로 각자 맡은 바 직무에 최선을 다할 수 있었다.

리더도 인간이기 때문에 개인적 취향이 없을 수 없다. 과거 봉건시대의 제왕들은 대개 주색이나 사냥을 가까이했다. 그러나 이런 개인적 취미와 공적인 국가 정치를 엄격하게 구분해 균형을 유지한 제왕은 그리 많지 않았다. 지금 리더들도 개인의 취미나 사생활 때문에 공적인 업무에 영향을 주는 우를 흔히 범한다. 이런 점에서 무측천의 공사 구분은 충분히 본받을 만하다.

열린 인재 정책

무측천은 조정 관료의 신진대사를 촉진하고자 했다. 즉, 새로운 인재들을 대거 발탁해 자신의 통치 철학을 지지하게 만들 필요성이 절박했기 때문이다. 그녀는 널리 인재를 불러 모았다. 무엇보다 지방에서 인재들을 대거 발탁했다. 중앙 정치에 타성이 젖은 낡은 관료들을 대폭 물갈이하겠다는 뜻이었다. 막 정착한 과거제도도 한껏 활용했다. 그녀는 급제한 인재들을 자신이 직접 면접을 봐가며 세심하게 자리를 배정하기까지 했다. 이것이 전시제도(殿試制度)인데, 그녀가 처음 만든 것이었다.

무측천은 또 서적을 편찬한다는 명목으로 공부한 사람들을 두루 궁으로 불러들였다. 그런 다음 그들에게 조정 정책에 대해 다양한 의견을 발표하게 했다. 또 각지에서 날아드는 보고와 진정서를 처리하도록 했다. 이들은 궁의 남쪽 문으로 다니지 않고 북문으로 다닌다 하여 북문학사(北門學士)로 불렸다. 무측천은 지난날 과거시험이 문과에 한정된 것을 바꾸어 무과 시험을 전격 신설해 무예가 높고 강한 사람을 선발하고 중용했다. 자신을 보호하기 위한 친위대와 국방력 강화를 동시에 염두에 둔 절묘한 정책이었다.

무측천은 더 많은 인재를 확보하기 위해 적이나 원한을 가진 인재도 마다하지 않았다. 심지어 적진의 인재를 빼내기도 했다. 즉위 초기에 수나라 때의 주요 책사였던 유원(劉苑, 생몰 미상)이 간첩죄로 붙잡혔다. 무측천이 직접 심문에 나섰다. 유원은 자신의 혐의를 부인했을 뿐만 아니라 무측천을 향해 심한 욕을 퍼부으며 무(武)와 주(周)는 양립할 수 없다고 대들었다. 무측천의 존재를 다른 곳도 아닌 무측천의 면전에서 부정한 것이다. 무측천은 유원을 처벌하지 않고 오히려 그를 예부시랑(禮部侍郎)에 임명했다. 유원은 무측천의 정치적 아량에 감격해 눈물을 흘리며 충성을 맹서했다.

무측천의 중요한 비서였던 상관완아(上官婉兒, 664~710)는 무측천에 의해 죽임을 당한 상관의(上官儀)의 손녀였다. 이 때문에 상관완아는 어려서부터 무측천에 대한 원한이 뼛속까지 사무쳐 있었다. 그러나 무측천은 그녀의 재능을 아꼈으며 실제 행동으로 그녀를 감화시켰다. 그뿐만 아니라 그녀를 가장 가까운 사람으로 만들었다.

동북쪽 거란(契丹)의 추장 이해고(李楷固, 656~720)는 과거 여러 차례 당나라 군대를 대파한 적이 있고, 그 뒤로도 여러 차례 변경을 침범해 당나라의 큰 근심거리로 떠오른 인물이었다. 무측천은 가장 신임하는 적인걸을 보내 이해고에 맞서게 하여 결국 그를 사로잡았다. 이해고는 장안으로 압송되었다. 조정의 문무 대신들은 당연히 이해고가 참수당할 것으로 예상했다. 또 다들 그렇게 요청했다. 그러나 무측천은 이해고를 사면하고 대장군에 임명했다. 게다가 병력을 이끌고 거란을 공격하게 했다. 감동한 이해고는 진심으로 무측천에게 충성을 맹서했다. 이해고가 거란 정벌에 승리하자 무측천은 그를 연국공(燕國公)에 봉하고 특별히 자신과 같은 무(武)씨 성을 내려주었다.

무측천의 인재관이 주는 계시

무측천은 중국 역사에서 유일한 여성 황제였다. 그것도 자신의 힘으로 숱한 난관을 극복하고 직접 황제 자리에 올랐다. 그녀는 정치적으로 시대의 한계를 뛰어넘었지만, 동시에 시대의 한계와 타협할 줄 알았던 균형감 갖춘 정치가였다. 인재 기용에서 그녀는 '군자'와 '소인'을 동시에 기용해 서로를 견제하게 하여 통치의 효율성을 높이는 절묘한 수단을 보여주었다. 이러한 인재 기용술은 지금 봐서는 그다지 실효성이 없지만, 특수한 상황에서는 나름대로 효과를 발휘할 수 있다. 조직이나 기업의 분위기가 신구 세대 간에 조화를 이루지 못하고 있거나, 가치관이나 이념 등에서 갈등을 겪고 있다면 무측천의 인사정책은 나름 참고가 된다.

무측천은 군자와 소인을 고루 기용해 이 두 파의 세력 균형을 절묘하게 맞추었는데, 국가 정치는 군자 계층에게 맡기고 자기 개인의 기호나 취향을 위해서는 소인을 기용하는 운영의 묘를 보여주었다. 특히 소인들을 가까이하면서도 그들에게 절대로 지나친 권세를 주지 않았으며, 이들이 군자의 정치에 간섭하는 일이 없도록 최선을 다

무측천의 무덤인 건릉(乾陵)은 남편 고종과의 합장릉이다.

했다. 인재 기용에서 아무런 원칙도 철학도 없는 통치자나 리더라면 명군들의 용인관을 어설프게 흉내 내느니 차라리 무측천의 용인관을 따라 배우는 것이 낫다.

● 용인보감 9 ●

초등학교밖에 나오지 않은 학력이라 해서 그것이 곧 초등학교 문화수준과 일치하는 것은 결코 아니다. 마찬가지로 대학과 대학원 학력이라고 문화수준이 그 학력과 일치하지 않는다. 리더는 이 점을 분명히 인식하고 있어야 한다.

오늘날 학력과 경력의 중요성은 갈수록 줄어들고 있다. 박사 학위가 곧 인재는 아니다. 아주 많은 박사가 맹탕이다. 외국 유학생이 인재라는 편견도 버려야 한다. 유학생들 중 빈 깡통이 부지기수다. 기업이 인재를 평가하는 기준은 단 하나, 즉 능력에서 나오는 실적이다.

제10계명

존중이란 죄를 미루지 않는 것이다

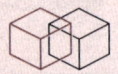

잘못을 안을 줄 아는 리더

춘추시대 중원의 약소국 정나라를 작지만 단단한 고슴도치 같은 나라로 만드는 데 혼신의 힘을 쏟았던 큰 정치가 정자산(鄭子産, ?~기원전 522)은 이런 말을 남겼다.

"애막가지과(愛莫加之過), 존막위지죄(尊莫委之罪)."

"사랑이란 잘못을 더하지 않는 것이고, 존중이란 죄를 미루지 않는 것이다."

춘추시대 최고의 정치가 중 한 사람으로 존경받고 있는 정자산은 아랫사람들에 대한 존중의 전제 조건으로 잘못을 떠넘기지 않고 자신이 끌어안는 '남과(攬過)'의 리더십을 내세웠다.

누군가를 아끼고 사랑한다면 자기가 나서 책임을 지는 것이고, 자신의 잘못을 아랫사람에게 미루지 말라는 뜻이다. 즉, 인재를 아끼고 존중한다면 잘못을 덮어씌우지 말고, 죄를 떠넘기지 말라는 의미이다.

백성들과 함께 황하의 범람을 막는 치수 사업에 성공해 하나라의 개국 군주가 된 우(禹)임금은 오랏줄에 묶여 끌려가는 백성들을 보고는 다음과 같이 스스로를 나무랐다.

"백성유죄(百姓有罪), 재아일인(在我一人)."
"백성들이 죄를 지은 것은 나 한 사람 때문이다."

지금 우리가 갈망하는 리더는?

우리 사회의 적지 않은 리더가 잘못이 있으면 아랫사람에게 미루고 자신은 발뺌한다. 당당히 나서 잘못을 인정하고 그 잘못의 대가를 자신이 지는 모습을 보이는 리더는 정말 보기 드물다.

동양의 전통에서는 오래전부터 리더가 자신의 잘못은 물론 아랫사람의 잘못까지 인정하고 그것을 끌어안는 '남과(攬過)'라는 리더십을 강조했다. '남과'는 '잘못을 끌어안는다'는 뜻이다. 자기의 잘못 또는 자기 때문에 비롯된 잘못을 부하나 동료에게 떠넘기지 않고 자신이 나서 책임을 지는 '남과'는 오래전부터 유능한 인재들의 적극성을 이끌어 내고, 그들을 교육하고, 격려하고, 자극하는 중요한 방법의 하나였다. 그 특징은 주동적으로 책임을 지는 방법을 통해 실천으로 나아갈 수 있다는 데 있다.

유능한 리더는 일반적으로 자신을 비교적 정확하게 안다. 이런 리더들은 자신에게도 실수와 잘못이 있을 수 있다는 점을 인정한다. 잘못을 남에게 미루면 인심을 잃을 수밖에 없다는 사실도 잘 안다. 이런 사람들은 자신이 져야 할 책임이라면 기꺼이 짊어짐으로써 인심을 자기 쪽으로 끌어들일 줄 안다.

자신의 잘못을 자기가 끌어안는 '남과'는 인재에 대한 최대의 애정이자 존경의 표현이 되기도 한다. 오랜 실천적 경험을 통해 선인들은 '남과'야말로 진정한 인재를 끌어들이는 가장 유용하고 유력한 방법임을 확인했다.

'남과'의 리더십이 던지는 메시지

현실에 비추어 볼 때 잘못을 리더가 끌어안는 '남과'는 매우 의미심장하다. 이를 실천할 줄 아는 리더를 그만큼 찾아보기 힘들기 때문이다. '남과'할 줄 아는 리더에 대한 갈망이 크다는 반증이기도 하다. '남과'가 지금 우리에게 던지는 시사점을 몇 가지로 요약해 보면 다음과 같다.

① '남과'는 인심을 얻는 강력한 힘이다

인재 기용에 있어서 그 마음을 얻는 것보다 더 큰 것은 없다. 송나라 사람 소동파(蘇東坡, 1037~1101)는 당시 황제에게 '황제 자신이 잘못을 끌어안음으로써 인심과 인재의 마음을 사서' 국세를 다시 떨치라고 직격탄을 날렸다. 이것이 저 유명한 '죄기이수인심(罪己以收人心)'이라는 명언이다(《걸교정육지주의상진찰자乞校正陸贄奏議上進札子》). 소동파는 통치자가 천하를 제대로 다스리지 못하는 원인을 '남과' 여부에서 찾았다. 그것이 되지 않으면 송 왕조에 희망이 없다는 뜻이었다.

② '남과'하면 조직이 흥한다

앞서 잠깐 언급했듯이 민간 시찰을 나갔다가 오랏줄에 묶인 채 끌려가는 백성을 본 하나라 우임금은 "백성의 죄는 나 한 사람 때문이다"라며 눈물을 흘렸다. 《좌전》(장공 11년조)에서는 이를 두고 "우·탕임금은 자신에게로 죄를 돌렸기에 흥할 수 있었다"라고 논평했다. 반면 걸·주는 자신의 잘못을 인정하지 않은 것은 물론 남 탓을 해서 망했다고 보았다. '남과' 여부를 나라의 흥망과 연계시킨 것이다. 리더의 '남과' 여부가 어디까지 영향을 미칠 수 있는지 심사숙고하지 않을 수 없게 하는 대목이다.

③ '남과'는 큰 덕이다

역대로 '남과'를 숭상하는 또 하나의 이유는, '남과'를 실천하는 사람의 큰 덕으로 보았기 때문이다.

춘추시대 진(晉)나라 영공(靈公)은 백성의 삶을 돌보지 않고 과중

'남과'는 큰 리더라면 반드시 갖추어야 할 리더십 덕목의 하나이다. 민심을 다독이고 수습하는 통치행위에서도 필요하다. 소동파는 이 점을 명확하게 알고 있었다. 사진은 소동파의 석상이다.

한 세금을 부과하며 호화롭고 사치스러운 생활에 빠졌다. 높은 누각을 지어 그곳에 올라가서는 지나다니는 사람들을 향해 탄환을 쏘고, 사람들이 놀라 이를 피하거나 탄환에 맞아 다치는 모습을 보며 즐겼다. 심지어 주방장이 곰 발바닥을 제대로 익히지 않았다고 그를 죽여 시신을 키에다 던져 놓고는 여자들에게 머리에 이고 궁궐을 나가게 했다.

대부 조돈(趙盾)이 충고하자 영공은 이를 받아들여 고치겠노라 약속했다. 조돈은 "사람이 누군들 잘못이 없을 수 있겠습니까? 잘못했더라도 고칠 수 있다면 그보다 더 좋은 일은 없습니다"라고 했다 (《좌전》 선공 2년조). 조돈은 잘못을 고치는 '개과(改過)'를 큰 덕행으로 보았다.

공자의 제자 자공(子貢)은 '개과'를 모든 사람이 우러러보는 지극한 덕으로까지 보면서 이렇게 말했다.

"군자의 잘못이란 일식이나 월식과 같다. 잘못하면 모든 사람이 보고, 고치면 모든 사람이 우러러본다."

모두 '개과'와 '남과'를 큰 덕으로 본 것이다.

④ '위과', 즉 '잘못을 미루면' 실패한다

'남과'의 반대말은 '위과(委過)'다. 잘못을 남에게 미룬다는 뜻이다. 앞서 우·탕과 걸·주를 대비시켜 '남과'와 '위과'의 결과가 궁극적으로 나라의 흥망과 연계된다고 지적한 바 있듯이, '위과'는 결국 '남과'의 필요성을 반면교사로 보여준다고 하겠다.

자신의 잘못이나 자기 때문에 빚어진 실책을 동료나 아랫사람에게 떠넘기는 '위과'는 인재를 떠나게 만들고, 백성의 마음을 떠나게 만들어 결국에는 조직과 나라의 패망을 초래할 수밖에 없다.

'남과'가 던지는 계시

같은 맥락에서 '남과'가 우리에게 주는 시사점과 계시를 좀 더 알아보자. 삼국시대의 젊은 명장 마속(馬謖, 190~228)이 제갈량(諸葛亮)의 명령을 듣지 않아 요충지 가정(街亭)을 잃자 제갈량은 눈물을 흘리며 마속의 목을 베어 군령의 지엄함을 보여주었다. 바로 '읍참마속(泣斬馬謖)'의 고사이다. 이 고사에서는 자신이 아끼던 장수 마속의 목을 벤 제갈량의 단호한 결단도 중요하지만, 이후 제갈량이 자신의 잘못을 두말 않고 인정하며 두 계급이나 자신을 강등시킨 사실 또한 중요하다. 제갈량의 '남과'에 주목하라는 것이다.

'남과'에는 여러 형식이 있다. 공개적으로 책임을 지는 것을 비롯해 자신의 자리를 강등시키는 형식, 여러 사람 앞에서 잘못을 인정하는 형식, 부하를 책망하지 않는 형식, 예를 갖추어 사과하는 형식 등등이다. 이런 점들을 생각하며 '남과'에서 어떤 계시를 얻을 수 있는지 정리해본다.

'읍참마속'은 사람을 잘못 본 제갈량의 실책을 보여주는 동시에 잘못을 스스로 끌어안은, 즉 제갈량의 '남과'의 리더십이 돋보이는 고사가 아닐 수 없다. 사진은 청두 무후사의 제갈량 조각상이다.

① **자기희생 정신이 있어야 한다**

속담에 "불이 몸에 붙으면 자연스레 털어내기 마련이다"라고 했다. 이 속담에는 소인배에게 책임을 떠넘길 구실을 준다는 뜻이 내포되어 있다. 하지만 현명한 리더나 뜻이 깊은 인재들은 그렇지 않다. 자기희생 정신으로 기꺼이 실수나 실책을 떠안음으로써 상하좌우의 적극성을 지켜낸다.

자기 하나만 잘되면 그만이라는 극단적 이기심이 횡행하고 있는 우리 현실에서 '남과'를 실천한다면 더욱 의미 깊고 빛날 것이다.

② **남을 사랑하는 마음이 있어야 한다**

한나라 초기 명장 이광(李廣, ?~기원전 119)은 부하 장병들을 제 몸처럼 아꼈다. 부하 장병들이 마시거나 먹기 전에 먼저 마시거나 먹는 적이 없었고, 같은 군장으로 행군하고, 같은 조건에서 함께 잤다. 이광이 작전에서 작은 실수를 하자 정치군인들은 이를 트집 잡아 이광의 부하들을 다그쳤다. 이광은 모든 일을 자신이 책임지겠다며 스스로 목을 그어 자결했다. 부하 장병들을 사랑하는 마음 없이는 불가능한 행동이었다.

사마천은 이광이 보여준 '남과'를 두고 "복숭아나무와 자두나무는 말이 없지만, 그 아래 큰 길이 절로 난다(도리불언桃李不言, 하자성혜下自成蹊)"는 오랜 속담을 인용해 칭찬했다.

③ 용감하게 자책할 줄 아는 고귀한 품격이 있어야 한다

독재자로 악명이 높은 진시황도 천하통일의 과정에서 장수를 잘못 기용한 실수를 거리낌 없이 인정했다. 심지어 진시황은 자신에게 냉대당한 장수 왕전(王翦, 생몰 미상)의 집까지 찾아가 사죄하고, 그의 요구 조건을 있는 대로 다 들어주는 '남과'를 실천한 바 있다.

'남과'는 그 자체로 쉽지 않은 실천 덕목이며, 리더에게는 더욱 힘든 항목이 아닐 수 없다. 그래서 그 자체로 고귀한 인품을 요구한다.

④ 사람을 끌어 사력을 다하게 한다

삼국시대 위나라가 오나라 정벌에 실패하자 조정에서는 패장들에 대한 문책론이 대두되었다. 그러자 사마의(司馬懿)의 큰아들 경왕(景王) 사마사(司馬師, 208~255)가 직접 나서 "내가 제갈탄(諸葛誕, ?~258)의 말을 듣지 않아 이렇게 된 것이오. 내 잘못이거늘 장수들에게 무슨 죄가 있겠소!"라며 잘못을 모두 자신에게로 돌렸다. 그 뒤 또 한 번의 패배가 있었는데, 이때도 경왕은 잘못을 자신의 탓으로 돌렸다. 조정 안팎에서 경왕의 인품을 칭찬했고, 백성들의 인심은 사마씨에게로 기울었다.

실수와 잘못을 허심탄회하게 인정하고 책임지면 사람들은 실수와 잘못은 잊고 '남과'에 따른 그 인품을 더욱 우러러보게 된다. '남과'가 사람을 끈다는 것이 바로 이런 뜻이다.

⑤ 상하좌우를 단결시킨다

춘추시대 진(秦)나라 목공(穆公, ?~기원전 621)은 주위의 만류에도 불구하고 무리하게 벌인 효산(崤山)전투에서 진(晉)나라에 대패해 많은 병사와 장수를 잃었다. 목공은 패전의 책임을 자신에게로 돌렸다. 장수들은 감격해 더욱 힘을 합쳐 얼마 지나지 않아 이 패배를 설욕했다. 목공은 상복을 입고 지난 전투에서 전사한 장병들을 애도하면서 다시 한 번 자신을 반성했다.

시련은 사람을 좌절시키지만 분발해 더욱 성장하게도 한다. 조직에서 리더가 '남과'할 줄 알면 작은 시련이든 큰 시련이든 모두 힘을 합쳐 극복할 수 있는 중대한 계기로 작용하게 된다. 이와 함께 리더의 위신은 더욱 증대되고, 큰일이 성사될 확률도 그만큼 커진다.

⑥ 시종일관하기 어렵다

'남과'는 좋은 덕목이자 훌륭한 자질이지만 이를 시종일관 견지하기란 여간 어렵지 않다. 천하의 성군으로 평가받는 당 태종조차 이를 끝까지 지켜내지 못했다. '남과'는 오늘날로 보자면 '자아비판'

내지 '자기반성'이다. 이를 잘 활용하면 유능한 인재를 얻고 자신의 자질을 향상하는 무기가 될 수 있다. 이는 마치 얼굴에 무엇이 묻으면 얼굴을 씻고, 땅에 쓰레기가 흩어져 있으면 청소하는 것과 같은 이치이다.

● 용인보감 10 ●

'80/20 법칙'으로도 불리는 '파레토 법칙(Pareto principle)'이란 것이 있다. 전체 결과의 80퍼센트가 전체 원인의 20퍼센트에서 일어나는 현상을 말한다. 예컨대 20퍼센트의 고객이 백화점 매출 전체의 80퍼센트를 차지하는 현상 같은 것이다.

이 법칙은 인재를 고르는 일에도 적용될 뿐만 아니라 훈련·대우·격려 등의 방면에도 적용될 수 있다는 점을 리더는 잘 알아야 한다. 구별해서 대우하라는 것은 세계적으로 위대한 CEO라고 평가받는 잭 웰치(Jack Welch, 1935~2020)가 인재를 기용할 때 가장 신봉한 진리이기도 하다.

―――― 제11계명 ――――
"내가 이 세 사람을 얻었다"

인재의 유출과 흥망성쇠

인재를 얻으면 성공하고 승리하지만, 역으로 인재를 잃거나 인재가 떠남으로써 실패하고 망하는 경우도 적지 않다. 인재를 잃고, 인재가 떠난다는 것은 달리 말해 경쟁 상대가 그 인재를 얻을 수 있다는 뜻이기도 하다. 이른바 '인재유출(人才流出)'이란 문제이다. 인재의 유출이 크게는 조직과 나라의 흥망성쇠와 직결되기 때문에 심각하게 분석할 필요는 충분하다. 역사적 사례를 통해 인재의 유출 때문에 어떤 결과가 초래되었는지 자세히 살펴본다.

춘추전국시대 인재의 유동과 유출

춘추전국시대에 나타난 많은 특징들 중 굳이 하나를 골라 한마디로 요약하자면 '인재의 시대'이다. 100개가 넘는 나라가 무한경쟁에 돌입했고, 당연히 많은 인재를 필요로 했다. 각 분야의 전문가들이 본격적으로 등장해 자신을 필요로 하는 나라나 리더를 찾아 쉴 새 없이 움직였다. 인재유동의 시대였고, 동시에 인재유출의 시대였다.

특히 무한경쟁으로 돌입한 전국시대에는 인재 쟁탈전이라 불러도 좋을 정도로 인재의 유동과 유출이 활발했다. 그 결과 뛰어난 인재를 얻은 나라는 개혁에 성공해 부국강병을 이루었고, 인재를 잃거나 빼앗긴 나라는 경쟁에서 도태되었다.

인재의 유동과 유출은 급격한 사회경제적 변화 속에 이루어졌고, 더 큰 변화를 촉진하는 가장 큰 요인이었다. 이렇게 해서 종래 명문가 중심의 귀족 사회가 전문 지식으로 무장한 이른바 '사(士)' 계층 중심의 사회로 재편되기에 이르렀다. 엄청난 계층의 변화가 일어난 것이다. 이 새로운 계층이 궁극적으로 진(秦)나라의 천하통일에 결정적인 역할을 하고, 나아가 진·한 시대의 중국 문화, 즉 한문화(漢文化)를 형성하는 주역이 되었다.

이 과정에서 우리는 인재의 유동과 유출이 한 나라의 흥망을 좌우한다는 매우 중요한 역사 현상을 확인할 수 있다. 그리고 이를 통해 오늘날 조직 운영에 도움이 될 만한 깊은 통찰력을 얻을 수 있을 것이다.

전국시대 소국 위(衛)나라 출신의 인재들

　전국시대는 일곱 개 나라로 대변된다. 이른바 '전국칠웅(戰國七雄)'이다. 한(韓)·조(趙)·위(魏)·연(燕)·제(齊)·초(楚) 그리고 진(秦)이 바로 그 주인공들이었다. 이밖에 노(魯)·위(衛)·진(陳) 같은 소국들이 아직 살아남아 있었다. 이런 소국 출신의 인재들은 조국에서 출세할 기회가 희박해지자 다른 나라를 찾았다. 물론 정도의 차이만 있을 뿐이었지 강국 출신의 인재들도 사정은 비슷했다.

　중원에 위치했던 작은 나라 위(衛)는 전국시대 전체를 통해 가장 걸출한 군사 전문가와 개혁가를 배출했다. 《오자병법(吳子兵法)》(또는 《오기병법》)의 주인공 오기(吳起, ?~기원전 381)와 개혁의 연금술사로 불리는 상앙(商鞅, 기원전 약 390~기원전 338)이 그들이었다. 하지만 위나라는 이들 인재를 포용하지 못했다.

　먼저 오기는 조국 위나라에서 인정받지 못하고 노나라로 건너가 장수가 되어 제나라와의 전투에서 상당한 공을 세웠다. 그러나 노나라 기득권 세력의 시기와 질투 때문에 다시 강국 위(魏)나라로 건너갔다. 위 문후(文侯)는 오기의 단점에 대해 들었지만 오기가 갖고 있는 장점을 높이 평가해 그에게 요충지인 서하(西河) 지역을 맡겼다.

　오기는 문후의 신임을 바탕으로 강력한 진(秦)나라의 동진을 20년 넘게 막아내는 탁월한 공을 세웠다. 위나라에 머문 27년 동안 오기는 76차례의 전투를 치러 단 한 번도 패하지 않는 전과를 올렸다(64승 12무). 이 때문에 그에게는 '상승(常勝) 장군'이란 명예로운 칭호가 따랐다. 위 문후는 오기를 비롯한 여러 인재를 차별 없이 기용해 전면 개혁 정치를 실행함으로써 전국시대 초기 위나라를 일약 최고 강대국에 올려놓았다.

오기의 상황은 문후가 죽고 아들 무후(武侯)가 즉위하면서 달라지기 시작했다. 오기에 대한 신임도가 문후에 비해 훨씬 떨어지는 무후는 오기를 시기하는 측근들의 말만 믿고 오기를 멀리 시작했다. 오기는 무후를 찾아가 진나라의 위협과 서하 지역의 중요성을 눈물로 경고했지만, 무후의 마음을 잡을 수는 없었다. 오기는 발길을 초나라로 돌렸다.

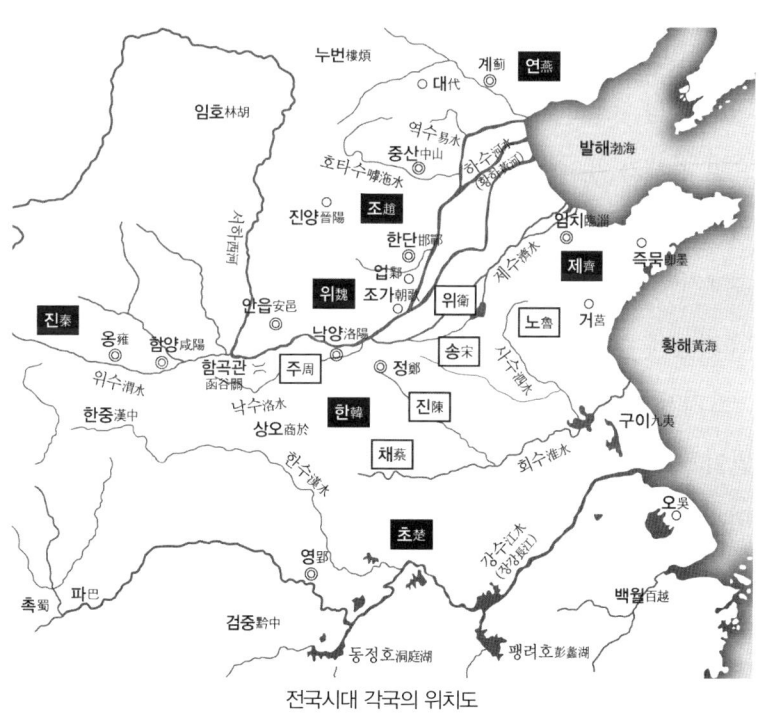

전국시대 각국의 위치도

오기가 떠난 뒤 위나라는 얼마 되지 않아 서하 땅을 진나라에 빼앗기고 진나라의 공세에 계속 밀렸다. 서하는 진나라와 위나라의 경계 지역으로 진나라의 동진을 저지하는 가장 중요한 방어선이었다. 오기가 천신만고 끝에 확보해 20년 넘게 지켜온 요충지를 빼앗긴 위나라의 국력은 현저히 저하되어 다시는 문후 때의 위세를 떨치지 못하고 몰락의 길을 걸을 수밖에 없었다.

인재 유출의 결과와 원인

위나라의 경우에서 보았다시피 인재유출은 결과적으로 국력 저하를 초래하고, 심하면 몰락으로 이어진다. 인재유출은 단순히 인재 하나의 유출로만 끝나는 일이 아니다. 그 인재를 떠나게 만든 요인 자체가 문제이기 때문이다. 인재를 떠나게 만드는 요인에는 리더의 자질, 기득권 세력의 저항, 소인배나 간신들의 모함 등이 총체적으로 작용한다. 이런 현상들은 결국 조직이나 국가의 시스템 작동에 결함이 생겼음을 의미한다.

오기가 떠난 위나라는 급격하게 내리막길을 걸었다. 한편 오기를 받아들여 개혁 정치에 박차를 가한 초나라는 일순간 국력이 눈에 띄게 신장되었다. 하지만 오기를 우대했던 도왕(悼王)이 죽자 위나라에서 벌어진 것과 거의 똑같은 현상이 벌어졌다. 백발의 오기는 정적들이 날린 빗발치는 화살을 온몸에 맞고 장렬하게 최후를 맞이했다. 초나라 역시 몰락의 길을 걷기 시작했다.

인재를 받아들이지 못하는 구조도 문제이지만 잘 있던 인재를 떠나가게 만드는 분위기와 구조도 큰 문제가 아닐 수 없다. 조직이나 국가의 전반적인 인식 수준이 걸려 있는 문제이기 때문이다. 그런 구조와 인식 아래에서는 인재가 자유롭게 숨 쉴 수 없다. 그런 조직과 나라의 몰락은

전국시대 구조조정의 전문가 오기는 여러 나라를 오가며 개혁을 주도했다. 그러나 각 나라는 오기의 능력을 온전히 인정하지 못했고, 그 결과는 그의 부재와 함께 쇠퇴와 몰락으로 나타났다. 사진은 우한시 초문화유람구(楚文化游览区)의 오기 조각상이다.

시간문제일 뿐이다. 오기의 사례가 이를 너무 생생하게 보여주고 있다. 과거는 현재라는 그림자를 비추는 빛이다.

연나라의 중흥과 인재

악의를 절대 신뢰했던 소왕

　전국시대 말기 하북성 지역을 기반으로 한 제후국 연나라는 유구한 역사에도 불구하고 늘 약세와 침체를 면치 못하고 있었다. 새로 즉위한 젊은 군주 소왕(昭王, ?~기원전 279)은 연나라를 중흥시키기 위해 현자인 곽외(郭隗)의 건의를 받아들여 획기적인 인재 정책

을 마련하기로 했다. 소왕은 우선 곽외를 황금으로 지은 집에다 모심으로써 인재 우대에 대한 의지를 내외에 천명했다(인재에 대한 우대를 상징하는 '황금대黃金臺'란 고사가 여기서 비롯되었다). 사방 각국에서 인재들이 다투어 몰려들었다.

이런 인재들 중에는 명장 악의(樂毅, 생몰 미상)도 포함되어 있었다. 소왕은 연나라의 가장 큰 적인 제나라를 정벌하는 대임을 악의에게 맡기기로 했다. 소왕은 악의를 상장군(上將軍)에 임명했다. 악의는 6국 연합군을 통솔해 제나라 정벌에 나섰다. 연나라 소왕과 악의의 의견은 통일되어 있었고 전략도 일치했다.

악의가 전선에서 전투에 참여하고 있을 때 소왕은 악의의 집안에 옷과 재물을 보냈을 뿐만 아니라 악의에게도 대량의 예물을 보냄으로써 그에 대한 전폭적인 신뢰를 보였다. 악의를 미워하는 신하들과 태자가 악의를 헐뜯고 모함하자 소왕은 악의를 아예 제왕(齊王)으로 삼아 그에 대한 강한 신임을 극적으로 표시했다. 소왕은 심지어 악의를 헐뜯은 태자에게 매질을 가하기까지 했다.

악의는 자신을 제나라 왕으로 삼겠다는 소왕의 명령을 사양했을 뿐만 아니라 편지를 보내 소왕에게 목숨을 바쳐 충성할 것을 맹서했다. 연나라 군대는 겨우 반년 만에 제나라 70여 성을 빼앗았다. 제나라는 즉묵(卽墨)과 거(莒) 단 두 개의 성만을 보전한 채 간신히 명맥을 유지했다.

혜왕의 즉위와 악의의 망명

기원전 279년, 악의가 최후의 승리를 눈앞에 둔 시점에 소왕이 세상을 뜨고 혜왕(惠王, 재위 기원전 278~기원전 272년)이 즉위했다. 이 왕이 바로 평소 악의를 미워해 헐뜯던 태자였다.

제나라의 장수 전단(田單, 생몰 미상)은 이 틈을 타 '이간책'을 구사해 혜왕으로 하여금 장군 자리를 악의에서 기겁(騎劫)으로 교체하게 만들었다. 악의는 혜왕은 속마음이 음흉해 본심을 헤아리기 힘든 인물이라는 것을 잘 알고 있었다. 귀국하면 피살당할 것이 뻔했기 때문에 병권을 기겁에게 넘겨주고 조(趙)나라로 망명했다. 연나라의 장군과 병사들은 이 때문에 큰 불만을 품게 되었고, 군심은 순식간에 흩어졌다.

한편 제나라의 전단은 즉묵을 단단히 지키면서 이런 말을 퍼뜨렸다.

"우리가 가장 두려워하는 것은 연나라 군사들이 포로들의 코를 베어 그들 공격 부대의 전면에 배치하는 것이다. 그렇게 되면 즉묵을 지키는 사람들은 적이 겁나 제대로 싸우지도 못할 것이다."

연군이 이 말을 듣고는 포로들의 코를 모조리 베어버렸다. 즉묵성의 사람들은 적이 자기편 포로들의 코를 베어버린 것을 보고는 분노에 치를 떨었고, 즉묵성을 사수해야겠다는 결심을 굳혔다. 전단은 또 간첩을 이용해 연나라 군영에 이런 말을 퍼뜨렸다.

"우리가 가장 두려워하는 것은 연나라 군사들이 즉묵성 밖의 무덤을 파헤치는 것이다. 그렇게 되면 제나라 군민은 상심해서 전의를 잃는다."

이런 소문을 들은 연나라 군사들은 소문대로 제나라 사람들의 조상이 묻힌 무덤들을 모조리 파헤쳐 해골들을 제나라 군민들에게 시위하듯 보여주었다. 즉묵성에서 이런 광경을 지켜보는 제나라 군민들은 타오르는 분노를 눈물로 억누르며 전단에게 속히 결전을 벌여 원한을 씻게 해달라고 아우성을 쳤다.

전단은 때가 왔다고 판단했다. 대대적인 반격을 준비했다. 그에 앞서 전단은 먼저 거짓으로 항복하는 척 연군의 마음을 흩어놓은 다음, 소꼬리에 불을 붙여 적진에 돌진하게 하는 '화우진(火牛陣)'으로 연을 대파했다. 잃어버린 땅을 모두 수복했음은 물론이다.

전단은 교묘한 심리전으로 연나라 군대의 군심을 흩어놓았고, 제나라는 망국의 구렁텅이에서 헤어나 빼앗긴 70여 개의 성을 모조리 수복한 것은 물론 연나라 땅까지 밀고 들어가 마지막 승리를 움켜쥐었다.

상하동욕과 인재

손무(孫武, 기원전 6세기 말~기원전 5세기 초)는 《손자병법(孫子兵法)》 〈모공편(謀攻篇)〉에서 승부를 미리 알 수 있는 다섯 가지 '지승(知勝)' 법들 중 하나로 '위아래가 같은 욕심(마음)'이란 뜻의 '상하동욕(上下同欲)'을 꼽았다. '목적·목표·행동에 있어서 상하의 의견이 일치하는 쪽이 이긴다'는 것이다. 이와 함께 손자는 "리더가 충분한 자질을 갖추고, 부하의 능력을 신임해 공연한 간섭을 하지 않는 쪽이 이긴다"고도 했다.

두 군대가 맞서 죽이고 죽는 와중에 결정권은 장수에게 있겠지만, 전쟁의 최후 승리는 역시 전군의 전투 준비에 좌우될 수밖에 없다. 군의 기초는 병사이다. 전체 병사가 싸울 준비를 갖추고 있지 못하면 제아무리 뛰어난 전략이 있어도 실현하기 어렵다. 이렇게 되면 전쟁에서 승리를 거두기란 요원하다. 그래서 손무는 '상하동욕'을 승리를 위한 중요한 비결의 하나로 보았다. 군을 다스리고 작전을 총결하는 중요한 규율의 하나임에 틀림없다. 이 같은 역사적 사실은 '위아래가 함께하는 쪽이 승리하고, 그 반대이면 패배한다'는 것을 말해준다.

인재에 대한 전폭적인 신뢰가 얼마나 중요한지 악의와 소왕의 관계가 잘 보여준다. 상대적 신뢰는 늘 인재유출의 가능성을 안고 있다. 악의에 대한 혜왕의 태도가 그랬고, 그 결과는 인재도 놓치고 승리도 놓쳤다. 사진은 악의의 석상이다.

오늘날 경영도 마찬가지이다. 인재에 대한 리더의 자세와 태도가 조직과 기업의 흥망성쇠를 결정한다. 악의를 내친 혜왕의 사례는 이를 아주 분명하게 잘 보여준다.

항우가 잃은 인재들

　세 살 어린아이도 알고 있다는 항우와 유방을 주인공으로 하는 '초한쟁패'는 인재들의 경쟁이기도 했다. 무엇보다 절대적 우세에도 불구하고 항우가 역전패한 가장 중대하고 심각한 원인의 하나가 바로 인재유출이었다. 인재유출이란 문제에 초점을 두고 초한쟁패의 과정과 결말, 그리고 승패의 원인을 생각해 보고자 한다.

　본격적인 이야기로 들어가기에 앞서 이미 소개한 바 있는 유방의 삼불여(三不如) 장면으로 다시 한 번 되돌아가 보자.

　기원전 202년 초한쟁패에서 승리한 유방은 황제로 즉위한 다음 낙양 남궁에서 술자리를 베풀어 대신들과 허심탄회하게 대화를 나누었다. 이 자리에서 유방은 삼베옷에 세 자짜리 검 하나만 달랑 들고 항우와 천하를 다툰 끝에 "내가 천하를 얻은 까닭과 항우가 천하를 잃은 까닭은 무엇인가?"라고 물었다. 같은 고향 출신인 왕릉(王陵) 등은 다음과 같이 대답했다.

　"폐하께서는 오만하여 남을 업신여기고, 항우는 인자하여 남을 사랑할 줄 압니다. 하지만 폐하는 사람을 보내 성을 공격하게 해서 점령하면 그곳을 그 사람에게 나누어줌으로써 천하와 더불어 이익을 함께하셨습니다. 반면에 항우는 어질고 능력 있는 사람을 시기하여 공을 세우면 그를 미워하고, 어진 자를 의심하여 싸움에서 승리해도 그에게 공을 돌리지 않고, 땅을 얻고도 그 이익을 나눠 주지 않았습니다. 항우는 이 때문에 천하를 잃었습니다."

그러자 유방은 다음과 같이 자신의 견해를 밝혔다.

"그대들은 하나만 알고 둘은 모른다. 군막 안에서 작전을 짜서 천 리 밖 승부를 결정짓는 것으로 말하자면 나는 장자방(장량)을 따르지 못한다. 나라를 안정시키고 백성들을 다독이며 양식을 공급하고 운송로가 끊어지지 않게 하는 일이라면 나는 소하를 따르지 못한다. 백만 대군을 모아 싸우면 반드시 승리하고, 공격했다 하면 기어코 빼앗는 일에서는 내가 한신을 따를 수 없다. 세 사람은 모두 걸출한 인재로서 내가 이들을 기용했기 때문에 천하를 얻은 것이다. 반면 항우는 범증을 갖고 있으면서도 제대로 쓰지 않았기 때문에 내게 덜미를 잡혔다."(《사기》 권8 〈고조본기〉)

유방이나 공신들은 초·한 전쟁의 승패 원인에 대해 나름의 인식을 보였지만 하나같이 인재의 포용과 대우의 중요성을 강조했다. 유방이 다양한 인재를 초빙하고 이들의 능력과 지혜를 잘 활용했기 때문에 최후의 승리자가 될 수 있었다고 본 것이다. 특히 유방은 각 방면의 인재들이 제 몫을 해낼 때 성공할 수 있음을 잘 지적하고 있다. 여기서 저 유명한 유방의 '삼불여(三不如)', 즉 '(나는) 세 사람만 못하다'라는 인재관이 나왔다. 이에 대해서는 앞서 살펴본 바 있다.

유방은 자신이 소하·장량·한신만 못하다고 했지만, 실제로는 이 세 사람의 능력을 제대로 활용했기 때문에 항우를 물리쳤다는 자신감을 표현했다. 항우는 범증이라는 훌륭한 인재를 갖고도 제대로 활용하지 못했다고 비판했는데, 이는 비판이라기보다 차라리 항우에 대한 조롱이었다. 인재를 데리고 있으면서도 대우하지 않아 그 인재가 능력을 발휘하지 못한 것을 리더의 리더십 문제로 간명하게 정리한 것이다.

항우가 놓친 인재들

항우에 대한 유방의 조롱은 그저 한때 라이벌이었던 상대 리더에 대한 험담 차원에만 머무르지 않는다. 유방은 당시 범증 한 사람만 거론했지만, 기록을 면밀히 검토해 보면 범증 외에 항우가 놓친 인재가 적지 않다.

항우 밑에 있다가 항우를 떠난, 다시 말해 항우가 놓친 인재들로는 먼저 진평(陳平, ?~기원전 178)을 꼽을 수 있다. 진평은 오늘날 하남성 북부 개봉(開封) 부근의 양무(陽武)라는 곳에서 가난한 농부의 아들로 태어났다. 양무는 전국시대 위(魏)나라 땅으로 훗날 유방이 항우와 격전을 벌였던 요충지였다. 진시황이 죽고 천하가 혼란에 빠지자 진평은 위왕으로 추대된 위구(魏咎) 밑으로 들어가 난세에 휩쓸리게 된다. 하지만 전투 중 부상을 입고는 항우(처음에는 항우의 숙부 항량)에게 몸을 맡기게 된다.

항우 밑에서 진평은 큰 활약을 보여 도위(都尉)에 임명되지만, 자신이 점령한 땅을 유방에게 빼앗겨 항우의 분노를 사게 된다. 목숨에 위협을 느낀 진평은 다시 도망쳐 위무지(魏無知)의 추천을 받아 유방을 만나게 된다. 다른 사람들과 함께 유방을 만난 진평은 일부러 머뭇거리며 자리를 뜨지 않고 있다가, 유방과 독대해 천하 정세에 관한 자신의 구상을 이야기해 유방의 눈에 들게 된다.

유방은 진평을 파격적으로 대우했다. 이런 파격적 대우에 대해 유방의 측근들이 불만을 품고 진평을 중상모략했지만, 진평은 그때마다 유방을 만나 오해를 풀고 더 큰 신임을 얻었다. 그리고 마침내 핵심 참모가 되어 위기 때마다 기발한 계책을 내어 상황을 타개하는 큰 공을 세웠다.

그렇다면 진평은 왜 항우를 버리고 유방에게 갔을까? 이에 대해서는 진평이 유방 앞에서 직접 두 사람의 리더십을 비교한 기록이 남아 있는데, 그 요지는 이렇다. 항우는 사람을 아끼고 공경하기 때문에 지조 있고 예를 차리는 인재들 대부분이 항우에게로 귀순했다. 하지만 벼슬과 봉지(封地) 그리고 상을 주는 데는 인색해 인재들이 전적으로 그를 가까이하지 않았다.

반면 유방은 예의를 무시하기 때문에 청렴하고 절개 있는 인재들은 꺼린다. 하지만 벼슬과 봉지는 아낌없이 주기 때문에 이익을 밝히는 자들이 대부분 유방에게 몸을 맡긴다. 따라서 두 사

진평의 사례는 인재 한 사람의 유출이 어떤 결과를 가져오는지 극명하게 보여준다. 인재뿐만 아니라 치명적인 정보까지 경쟁상대에게 함께 넘어가기 때문이다.

람의 장단점을 취사선택하면 천하를 평정할 수 있다.

진평은 항우 밑에 있어 봤고, 유방에게 가서 갖은 중상모략에 시달리며 유방 진영의 장단점을 파악했기 때문에, 두 진영의 상황을 비교적 정확하게 알고 있었다. 그래서 진평은 유방에게 부족한 점, 즉 청렴하고 절개 있는 인재들을 끌어들이기 위해서는 적절한 예를 갖추는 유인책을 건의했다. 그리고 항우 진영을 혼란에 빠뜨릴 수 있는 계책을 제시했는데, 이는 인재를 잃으면 얼마나 무서운 결과를 초래할 수 있는지 잘 보여준다.

진평의 역공

진평이 유방을 처음 본 것은 기원전 206년 홍문(鴻門)에서였다. 당시 유방은 항우보다 먼저 진나라 수도 함양(咸陽)에 입성해 진나라의 가혹한 법을 모두 폐지하겠다는 약법삼장(約法三章) 등의 공약으로 관중(關中)의 민심을 자기 쪽으로 한껏 끌었다. 항우는 거록(鉅鹿)에서 진나라 군대와 치열한 전투를 치르는 등 여러 차례 전투 때문에 함양 입성이 늦어졌다. 유방이 천하대권에 야심을 보인다는 이야기를 들은 항우는 40만 대군을 몰아 유방을 단숨에 해치울 기세로 함양으로 향했다. 절체절명의 위기를 직감한 유방은 홍문으로 항우를 찾아가 싹싹하게 무릎을 꿇었다.

당초 책사 범증의 건의에 따라 홍문의 술자리에서 유방을 제거하려던 항우는 유방의 저자세와 숙부 항백의 권유에 마음이 약해져 유방을 죽이지 못하고 살려 보낸다. 이것이 저 유명한 '홍문연(鴻門宴)'이라는 세기의 술자리였다. 당시 진평은 항우 밑에서 도위 벼슬을 하고 있었는데, 이 술자리에서 유방을 처음 보게 되었다. 여기서 진평은 항우의 우유부단함과 유방 진영의 인재들을 직접 눈으로 확인하고는 얼마 뒤 유방 진영으로 달려갔다.

진평은 유방을 만났고, 그 뒤의 일은 앞서 소개한 바와 같다. 그 당시 진평은 항우와 유방의 장단점을 언급한 다음 항우 진영의 상황을 다음과 같이 분석하고, 이어 그에 대한 대응책까지 제시한다.

"지금 초나라(항우 진영)에 내분의 가능성이 없지 않습니다. 항왕의 강직한 신하라 해봤자 아보(범증)·종리매·용차·주은 등 몇 사람에 지나지 않습니다. 대왕께서는 수만 근의 황금을 내놓으시어 간첩으로 하여금 이간책을 쓰게 하소서. 그렇게 초나라 군신들의 사이를 떼어놓고 그들이 서로를 의심하도록 만들 수 있다면 항왕의 사람 됨됨이로 보아 틀림없이 그 말을 믿고 신하들을 의심하여 서로를 죽이게 될 것입니다. 그 틈을 타서 군사로 공격하면 우리 한나라는 틀림없이 초나라를 격파할 수 있습니다."

항우의 몰락과 진평

유방은 진평의 건의에 전적으로 공감해 황금 80만 냥을 내주고는 진평 뜻대로 처리하게 했다. 진평은 항우 진영의 문무관들을 금전으로 매수해 그들 사이를 이간하기 시작했다. 여기서 하나의 사례를 통해 진평의 이간책을 엿보도록 하자.

한번은 항우가 유방 진영으로 사신을 보내 담판을 지으려 했다. 유방 진영에 도착한 항우의 사신은 깜짝 놀라지 않을 수 없었다. 자신을 접대하기 위해 상다리가 휘어지도록 진수성찬을 차려 놓았기 때문이었다. 그런데 항우의 사신을 본 유방은 다소 어색한 표정을 지으면서 "난 또 아보(亞父, 범증에 대한 존칭)가 보낸 사신을 줄 알았더니 항왕의 사신이잖아!"라고 중얼거린 다음 산해진미가 차려진 상을 물리고 평범한 상을 다시 내오게 했다.

범증이 누구인가? 항우의 최측근이자 항우가 아보라는 존칭으로 부르는 브레인 아니던가? 지금까지 범증은 항우를 위해 갖가지 계책을 내고 조언해 왔다. 항우 진영의 실질적인 2인자였다. 진평은 바로 이들 1인자와 2인자 사이를 이간하려 했고, 그래서 유방에게 일부러 이런 연기를 하게 했다.

수모 아닌 수모를 당하고 돌아간 사신은 이 사실을 항우에게 그대로 보고했고, 항우는 범증을 의심해 거리를 두기 시작했다. 홍문연에서 유방을 제거하지 못한 이후 서먹해진 두 사람의 관계가 이 일을 계기로 급격하게 금이 가기 시작했다. 범증은 울분을 참지 못하고 자리를 내던졌고, 항우는 범증의 사직을 두말하지 않고 받아들였다. 범증은 고향으로 가던 중 울화통이 터져 죽고 말았다.

진평은 이간책으로 항우의 오른팔을 잘라내는 데 성공했다. 이후 항우는 유방에게 계속 밀리다가 결국 자살로 초한쟁패의 대미를 마감하기에 이르렀다.

항우가 놓친 인재 진평은 항우의 라이벌이었던 유방에게 건너가 두 리더의 장단점을 분석하는 한편, 자신이 한때 몸담았던 항우 진영의 상황을 정확하게 진단하고 그 대책을 제시했다. 그리고 끝내 항우 진영을 쑥대밭으로 만들었다.

진평의 사례는 인재의 유출이 얼마나 큰 파장과 결과를 낳는지 잘 보여준다. 인재의 유출은 곧 정보의 유출이다. 그 인재의 능력과 재능에 따라 정보의 양과 질이 결정된다. 항우는 진평이 공을 세우자 도위로 임명하는 등 우대했지만, 진평이 패하자 그를 죽일 것처럼 분노했다. 목숨이 위태롭다는 것을 직감한 진평이 택할 수 있는 길은 뻔했다. 항우는 한 번의 실수를 용납하지 않음으로써 인재를 도망가게 만들었다. 이는 항우가 진평의 진가를 제대로 보지 못했다는 것을 의미하며, 항우의 리더십에 문제가 있다는 것을 동시에 드러낸다.

동양의 전통적 리더십 항목 중에 '엄징(嚴懲)'과 '경벌(輕罰)'이라는 것이 있다. 실수나 잘못을 '엄정하게 징계하되' '처벌은 가볍게 하라'는 뜻이다. 왜 잘못했는지 정확하게 알게 하고, 그에 따라 혼을 크게 내되 실제 벌은 가볍게 내리라는 것이다. 그러면 인재는 자신이 무엇을 잘못했는지 알아서 자숙하고, 뜻밖의 가벼운 처벌을 내린 리더의 아량과 관용에 마음으로 승복한다.

그런데 이를 잘못 이해하고 있는 리더는 경중을 바꿔 '경징(輕懲)' '엄벌(嚴罰)'하는 경우가 많다. 이렇게 되면 인재는 자신의 잘못을 제대로 인식하지 못한 채 그저 처벌만 크게 받는다고 불만을 품게 되고, 결국은 리더를 떠난다. 진평이 그랬고, 그 후과는 항우의 몰락에 결정적인 영향을 줄 정도로 엄청났다. 항우는 진평을 놓친 것은 물론 범증까지 버리는 치명적인 우를 범했다.

한신, 항우에게서 도망치다

한신(韓信, ?~기원전 196)과 유방이 처음 만난 곳도 기원전 206년 홍문(鴻門)에서였을 것으로 추정한다. 진평은 당시 도위라는 벼슬에 있으면서 뒷간에 간다고 나간 유방을 찾으러 간 당사자였다. 한신은 이 무렵 항우 밑에서 의장대에 있었다. 덩치가 좋았던 한신이라 겉모습에 따라 의장대에 배치된 것 같다. 그때까지의 과정은 이렇다.

기원전 210년 진시황이 죽자 천하 정세는 소용돌이쳤고, 한신은 항우의 숙부 항량(項梁) 밑으로 들어갔다. 그때가 기원전 209년이었다. 항량이 정도(定陶) 전투에서 전사하고 항우가 항량에 이어 초나라 군대를 이끄는 리더가 되자, 한신은 앞서

인재를 대우하는 일도 중요하지만, 그에 앞서 인재를 알아보는 일이 기본이다. 항우는 한신을 못 알아봤고, 유방도 마찬가지였다. 유방에게 한신을 적극 추천한 소하가 없었더라면 초한쟁패는 어느 방향으로 전개되었을지 모른다. 유방과 서한삼걸을 나타낸 판화이다. 왼쪽부터 소하·장량·유방·한신이다.

말한 바와 같이 항우 밑에서 의장대에 배치되었다.

한신은 꿈이 큰 인재였다. 젊은 날 고향에서 빈둥거리고 있을 때 건달들과 시비가 붙자 사소한 치욕이나 시비 정도는 참고 넘어가야 한다는 생각에 건달의 가랑이 밑을 기는 치욕을 감수할 정도로 심지가 굳었다(여기서 '과하지욕胯下之辱'이라는 천하에 유명한 사자성어가 비롯되었다). 그는 의장대에 만족할 위인이 아니었다. 한신은 기회를 틈타 몇 차례 천하 정세에 대한 분석과 대책을 항우에게 올렸다. 항우의 반응은 냉담했다. 그러던 차에 유방이 한중(漢中) 지역에 봉해지자 항우에게서 도망쳐 유방을 찾아갔다.

소하, 한신을 뒤쫓다

한신의 기대와는 달리 유방도 항우와 별반 다를 것이 없었다. 항우의 대우보다 나아졌다고는 하지만 곡식 창고를 관리하는 하찮것 없는 자리에 배정되었다. 한신에게 별다른 경력과 명성이 없었기 때문이었다. 게다가 뜻하지 않은 실수로 목이 잘리는 형벌을 받게 되었다. 자신의 목이 잘리려는 순간 한신은 지나가던 유방의 측근 하후영(夏侯嬰)을 향해 천하에 뜻을 두고 있는 유방이 어째서 장사를 죽이려 하느냐며 대들었다.

그 담력에 감탄한 하후영은 한신의 재능을 알게 되었고, 이어 한신을 유방에게 추천했다. 유방은 한신을 식량과 말먹이를 책임지는 치속도위(治粟都尉)란 자리로 승진시켰지만, 그는 여전히 한신의 진가를 알아보지 못했다. 다만 승상 소하(蕭何, ?~기원전 193)가 한신의 진가를 알아보고 서로 자주 이야기를 나누는 한편, 유방에게 여러 차례 한신을 추천했다. 하지만 받아들여지지 않았다.

인내심이 바닥난 한신은 다시 유방을 떠났다. 한신이 달아났다는 말에 소하는 유방에게 보고도 하지 않고 말을 몰아 한신을 뒤쫓았고, 결국 한신을 다시 데려오게 되었다. 말도 없이 한신을 뒤쫓아 간 소하에게 화가 난 유방은 자초지종을 물었고, 소하는 이 기회를 이용해 적극 추천함으로써 마침내 한신을 대장군에 임명하게 만들었다.

유방, 마침내 한신을 얻어 재기하다

심복 소하의 추천으로 한신을 대장군에 임명하긴 했지만, 유방으로서는 여전히 꺼림칙했다. 유방은 한신의 진짜 실력을 알고 싶어 그에게 천하 정세에 대한 분석과 계책을 물었다. 당시 유방은 항우의 위세에 밀려 홍문연에서 간신히 살아남은 뒤 오갈 데 없이 한중에 처박힌 신세가 되어 있었다. 하루가 멀다 하고 장병들이 도망치는 등 정말이지 속수무책의 갑갑한 상황이었다.

한신은 먼저 유방과 항우의 상황을 냉정하게 비교하며 항우의 절대 우세를 상기시켰다. 그런 다음 자신이 겪은 항우의 장단점을 치밀하게 분석해 보였다. 특히 항우의 단점과 항우 진영의 문제점을 집중 부각하면서 유방에게 현상을 타개하고 재기하는 것은 물론,

천하 정세의 흐름을 바꿀 수 있다며 용기를 불어넣었다.

이 자리에서 한신은 리더의 자질, 즉 리더십이란 면에서 항우의 인색함과 유방의 후덕함을 비교해 당장은 항우가 천하의 우두머리 행세를 하고 있지만 실제 기반은 허약하다고 지적했다. 이어 항우는 그 잔인함 때문에 민심을 잃고 있는 반면, 유방은 '약법삼장(約法三章)' 등과 같은 적절한 공약으로 민심을 얻었기 때문에 명분 면에서도 항우를 앞서 있다고 분석했다.

그러면서 한신은 한중으로 들어올 때 불태웠던 잔도(棧道)를 수리하는 척 항우의 주의를 분산시킨 다음 요충지인 진창(陳倉)을 몰래 습격해 관중으로 다시 들어가자는 계책을 제안했다. 여기서 이른바 '명수잔도(明修棧道), 암도진창(暗渡陳倉)'이라는 유명한 모략이 유래되었다.

유방은 한신의 건의에 따라 진창으로 나와 관중을 평정했고, 이어 함곡관을 돌파해 위나라 땅과 황하 남쪽을 차지함으로써 재기에 성공했다. 이어 다른 지역들도 속속 유방에게 항복했고, 이를 계기로 마침내 초나라의 서쪽 진

항우의 실패에 대한 분석은 오늘날까지 2천 년이 넘게 여러 각도에서 진행되어 왔다. 인재 유출은 모든 분석에서 빠지지 않고 지적된 주요 요인이었다. 항우는 마지막 순간까지 자신이 패한 원인을 깨닫지 못하고 하늘을 원망하며 자결했다. 사진은 항우와 유방이 마지막으로 전투를 벌인 해하(垓下)에 조성된 패왕별회 조각상이다.

출을 저지하기에 이르렀다. 이로써 천하 형세는 초·한이 팽팽하게 힘을 겨루는 국면으로 전환되었다.

이후 한신의 활약은 더욱 눈부셔 급기야 천하를 삼분할 수 있는 막강한 실력을 갖게 되었다. 깜짝 놀란 항우는 사람을 보내 한신에게 천하삼분을 제안했다. 상황이 역전된 것이다. 한신은 유방과의 의리를 내세워 항우의 제안을 물리쳤고, 이로써 초한쟁패의 승부는 사실상 결정된 것이나 마찬가지였다. 항우가 잃은, 아니 항우가 자기 눈앞에 두고도 보지 못한 인재 한 사람이 항우의 목을 죄어오는 상황이 전개된 것이다. 인재 유출이 어떤 결과를 낳는지 심사숙고하지 않을 수 없게 만드는 대목이 아닐 수 없다.

● 용인보감 11 ●

누구에게나 장단점이 있다. 관련하여 사람을 쓸 때 관건이 되는 다음과 같은 요점들을 기억하면 좋다. 사람의 단점에서 장점을 찾아 충분히 활용하라.

사람의 장점을 잘 활용하는 것을 사람의 단점을 잘 활용하는 것으로 승화시켜라. 이것이 용인 예술의 정수이자 창업자·기업인이 마음으로 깨우쳐야 하는 용인의 길이기도 하다.

제12계명
나라를 망치는 데는 간신 하나로 충분하다

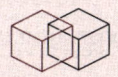

간신의 득세는 인재의 무덤

이런 말이 있다.

"나라가 잘되는 데는 열 충신으로도 모자라고, 나라 망치는 데는 간신 하나면 충분하다."

간신의 존재는 엄연한 역사 현상이다. 간신 현상은 크게는 권력자, 흔히 혼군(昏君)으로 표현되는 간군(奸君)과 그 권력에 기생하는 간신이란 이란성쌍생아이자 숙주와 기생충의 관계로 정리되지만, 그 현상의 내용과 이면을 파고 들면 훨씬 복잡해진다.

간신 현상은 이 같은 관계가 존재하는 한 어떤 조직에도, 어떤 나라에도 나타날 수밖에 없다. 크기와 정도만 다를 뿐이지 인간 사회와 인류 역사의 보편적 현상이기도 하다. 따라서 간신과 그 현상을 방지하는 일은 대단히 심각하고 중요하다. 역사상 간신 때문에 신세를 망친 권력자는 부지기수였고, 나라가 망할 때는 단 하나의 예외 없이 간신 매국노들이 득세했다.

조직에서 간신이 득세하면 인재는 억압받고 떠난다. 간신의 득세는 인재의 무덤이다. 역사적 사례를 잘 살펴 이 점을 분명하고 심각하게 인식해야 할 필요가 있다. 수많은 역사적 사례가 있기 때문에 얼마든지 교훈을 얻고 계시를 받을 수 있다.

초심을 잃으면 간신이 달라붙는다

당나라 역사에서 현종(玄宗, 685~762)은 즉위 초기에는 깨어 있는 의식으로 나라를 제대로 이끌었다. 기라성 같은 인재들이 모여들었고, 태종의 '정관지치'에 이어 '개원지치(開元之治)'라는 당나라 제2의 전성기를 구가했다. 현종은 밤낮을 가리지 않고 나랏일에 힘썼다. 그가 과로로 살이 빠지자 신하들은 휴식을 권했다. 현종은 "나는 말랐지만 천하가 살찌지 않았는가?"라고 했다. 이 얼마나 듣는 이의 마음을 울리는 기막힌 말인가? 현종은 이렇듯 현명했다.

이렇게 현군이었던 현종이 후반기로 갈수록 간신배들을 기용해 국정을 그르쳤다. 밤새 주색에 빠져 조회에도 참석하지 않았다. 신하들이 이 점을 지적하자 현종은 "천하의 제왕이 조회에 꼭 나가야 하는가?"라며 면박을 주었다. 통치 초반기 송경(宋璟)을 비롯한 유능한 재상들을 기용해 전성기를 누렸던 현종은 후반기로 오면서 판단력을 잃고 자신에게 듣기 좋은 소리만 하는 간신들을 가까이해 나라를 망쳤다. '나는 말랐지만 천하가 살찌지 않았는가'라고 말

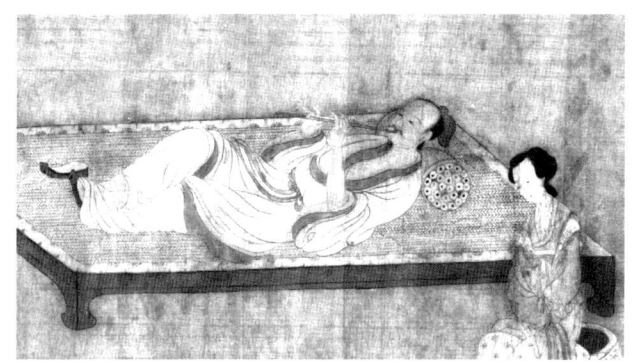

당 현종의 사례는 현대 리더들에게서도 흔히 볼 수 있다. 성공에 뒤이은 처절한 실패라는 명암을 함께 보여주는 점에서 리더들에게 큰 교훈을 던진다. 그림은 누워 피리를 부는 현종의 모습을 그린 당나라 궁정 화가 장훤(張萱)이 그린 〈명황합락도(明皇合樂圖)〉

하던 그때 그 현종과 조회에 꼭 나가야 하냐며 충고하는 대신들에게 면박을 주던 그 현종이 다른 현종이란 말인가?

아무리 뛰어난 지도자라도 오랜 시간 별일 없이 안정을 유지하다 보면 현실에 안주하려는 경향이 강해진다. 이때 자성하지 못하면 판단력에도 문제가 발생한다. 자성과 함께 새로운 인재들을 등용해 조직의 신진대사가 원활해지도록 손을 써야 하는데, 도리어 간신배들을 기용하는 경우가 많다. 몸에 비유하자면 새로운 영양소를 공급해 피가 원활하게 돌아갈 수 있게끔 해야 하는데, 현종처럼 새로운 인재는커녕 간신배들에게 의존하니 나라가 동맥경화에 걸리게 되는 것이다. <u>초심을 잃으면 간신이 달라붙는다.</u>

간신이 득세하면 인재가 쫓겨난다
◇◇◇◇

　과거제도는 본디 공평하게 인재를 발탁하는 제도였다. 그러나 남송시대에 이르러 일부 권신들이 사리를 꾀하는 도구로 전락하기 시작했다. 이들은 권력을 믿고 현명한 인재들을 억압하고 자신들과 가까운 자들을 등용했다. 예를 들어 위대한 문학가의 한 사람으로 꼽히는 육유(陸遊, 1125~1210)는 과거에서 우수한 성적을 거두었지만 간신 진회(秦檜, 1091~1155)의 압력 때문에 급제자 명단에서 제명되었다. 진회는 권력을 이용해 자신의 손자인 진훈(秦塤)을 1등에 올려놓았다.

　소흥 23년인 1153년, 남송 조정은 태평을 가장하고 인심을 농락해 구차하게 안정을 구걸할 필요성을 느끼고 수도 임안(臨安, 지금의 절강성 항주)에서 예부가 주관하는 대규모 초시(初試)를 시행했다. 일종의 보여주기식의 대규모 행사였다. 당시 시험관은 양절전운사 진지무(陳之茂)였다. 청렴한 성품의 그는 공정하게 인재를 선발하고자 했다. 이 과거시험에는 승상 진회의 손자도 참가했고, 권력을 쥔 간신 진회는 자신의 손자를 1등으로 뽑으라는 암시를 주었다.

　초시가 끝나고 답안지가 진지무의 손에 들어왔다. 그중 한 답안지에는 금나라와 맞서봐야 나라가 망하는 화를 초래하는 등 좋은 결과가 없을 것이니 송은 계속 금과 사이좋게 지내야 하며, 금에 대항해 싸우자는 항금론자들은 내쫓아야 한다는 주장이 있었다. 더욱 심한 것은 답안지에다 '나의 할아버지가 진회'라는 사실을 밝

힘으로써 자신이 실권자 진회의 손자임을 암시해 은근히 특별 대우를 요구했다는 사실이다. 진지무는 이 답안지를 한쪽으로 치워 버리고 무시했다.

한편 다른 답안지 하나에는 확고한 의지로 조국 땅을 되찾을 것을 주장하면서 투항주의자들의 논리와 추한 행동들을 통렬하게 꾸짖고 있었다. 그러면서 자신은 나라를 위해 온몸을 바칠 각오가 되어 있음을 분명하게 밝혔다. 답안의 문장은 유창하고 기백이 흘러넘치는 것이 타의 추종을 불허했다. 진지무는 당연히 이 답안을 1등으로 뽑았다. 답안이 공개되고 이름이 밝혀진 결과, 답안의 주인공은 다름 아닌 산음(山陰) 출신의 유명한 문장가 육유였다.

초시가 끝난 뒤 황제 앞에서 치르는 전시(展試)가 시행되었고, 진지무는 육유를 1등으로 뽑았다. 진회의 손자는 2등으로 뽑혔다. 화가 난 진회는 시험을 주관한 관리에게 죄를 물었고, 이듬해 예부 시험에서 육유가 또 1등을 차지하자 질투에 사로잡혀 어쩔 줄 몰라 했다.

진회는 진지무가 자기 손자를 1등으로 뽑지 않은 것에 대노했다. 그는 조정에서 2차 시험을 치르기 전에 육유의 이름을 빼야 한다고 주장했다. 조정은 금과 화친하고 있는데, 육유가 공공연히 조정과 황제의 뜻에 맞서고 있으니 자격을 박탈하고 도성에서 내쫓아야 한다는 것이었다. 그러고는 공평하게 채점하지 않았다는 구실을 붙여 진지무에게 책임을 추궁하고, 끝내 자신의 손자를 1등으로 올렸다. 이 일로 조야는 한바탕 소동이 벌어졌으나 실세 진회의 억지를 말릴 수는 없었다.

진회가 권력을 함부로 휘두르며 과거에 개입해 인재를 내치고 자기 손자를 뽑은 것은 참으로 추악한 행위였다. 더 추악한 것은 이런 말도 안 되는 짓거리가 공정을 생명으로 하는 과거에서 벌어졌다는 사실이다. 이는 사회가 부패하면 원래의 취지가 아무리 좋은 제도라도 변질될 수밖에 없음을 의미한다. 훌륭한 임용제도라도 이것이 변질되는 것을 방지할 수 있는 장치가 마련되어야 하며, 특히 개인적인 이익 때문에 불법으로 제도에 개입하는 행위를 철저하게 막을 수 있어야 한다.

제도나 법률이 갖추어져 있지 않아 인재가 억압당하고 출세의 길이 막히는 것이 아니다. 역사상 모든 제도는 그 나름의 시대적 한계를 갖기 마련이다. 하지만 그보다 더 심각하고 근본적인 문제는 그것을 운용하는 인간에게 있다. 아무리 좋은 제도와 법률을 갖고 있어도 그것을 운용하는 개인이나 집단의 도덕성이 해이해지거나, 개인이나 특정 집단의 사리사욕에 이용당하면 인재가 제아무리 뛰어나도 무용지물일 수밖에 없다. 예나 지금이나 결코 가볍게 생각해서는 안 되는 문제이다.

간신 진회는 자신이 해친 악비 장군의 무덤 앞에서 무릎을 꿇고 역사의 죄인으로서 단죄되고 있다. 진회가 설쳐댔던 그 당시에는 수많은 인재가 박해를 받거나 죽임을 당했다. 간신은 사후 단죄도 반드시 필요하지만, 그보다 앞서 간신의 발호를 막는 예방이 더욱더 중요하다.

● 용인보감 12 ●

중국 초기 공산당의 지도자 마오쩌둥은 "6억(당시 중국의 인구) 중국이 모두 요임금이자 순임금이다!"라는 말로 인재의 귀중함을 표현했다. 그러면서 영웅은 출처(출신)를 따지지 않으며, 더욱이 성공과 실패로 영웅을 평가하지 않는다고 했다.

자본에 대한 기업의 의식이 끊임없이 강화되면서 인재의 활용이란 문제도 갈수록 이성적으로 바뀌고 있다. 사람을 쓰는 용인 분야에서는 능력보다 학력을 중시하던 과거의 관념을 버리고 인재선발의 기준을 인재가 얼마나 많은 가치를 창출할 수 있느냐에 두고 있다. 즉, 실제와 성과를 뜻하는 '실(實)'을 추구하지 높은 학력이나 출신 따위를 뜻하는 '고(高)'를 추구하지 않는다. 영웅은 출처(출신)를 따지지 않는다는 것 역시 필연적 선택이 되고 있다.

―――― 제13계명 ――――

묵은 감정을 풀면 힘이 합쳐진다

'석원'의 힘

앞서 '공사 구분'과 관련해 소개한 바 있는 '문경지교(刎頸之交)' 이야기를 좀 더 해보자. 전국시대 조(趙)나라는 강국 진(秦)나라에 끊임없이 시달렸다. 그나마 두 사람의 든든한 기둥이 건재하기에 긴장된 국면을 그런대로 유지하고 있었다. 염파(廉頗)라는 백전노장과 강대국 진나라와의 외교에서 거듭 큰 공을 세운 인상여(藺相如)였다. 이후 두 사람은 목숨을 내놓아도 아깝지 않을 '문경지교'의 우정을 나누는 사이가 되었다. 이런 관계가 되기까지는 우여곡절이 있었다. 한 번 더 내용을 복기한 다음 이들의 고사가 주는 진정한 의미와 효과를 '석원(釋怨)'이란 개념을 가지고 음미해 보자.

당초 인상여가 언변 하나로 잇따라 승진해 자신과 같은 반열에 오르자 염파는 화가 났다. 죽을 고비를 수없이 넘기며 지금의 자리에 오른 자신에 비해 인상여는 너무 쉽게 초고속 승진했기 때문이다. 단순하고 우직한 무장인 염파는 이를 받아들이기 힘들었다. 염파는 인상여를 만나면 모욕을 주겠노라 주변에 큰소리를 쳤다. 인상여는 이런 염파를 피해 다녔다. 출근길에 염파의 마차가 보이면 자신의 마차를 돌려 다른 길로 갔고, 조정에서도 가능한 한 염파와 마주치지 않으려고 애를 썼다. 그럴수록 염파는 더 기고만장했다.

 인상여가 염파에게 절절매자 인상여의 식구들과 하인들은 기가 죽었다. 식객들은 인상여를 떠나겠다고 했다. 인상여는 식솔들을 모아놓고 "지금 조나라가 풍전등화의 위기에 놓여 있는데 염파와 내가 싸우면 나라 꼴이 뭐가 되겠는가? 내가 염파가 무서워 피하는 것이 아니다. 나는 진나라 소왕 앞에서 죽음조차 불사하며 당당하게 맞서 조나라의 위신을 지킨 사람이다. 이런 상황에서 염파와 내가 싸우면 조나라는 끝장이다!"라고 자신의 행동을 해명했다.

 이 이야기를 전해들은 염파는 부끄러워 몸 둘 바를 몰랐다. 강직한 염파는 자신의 잘못을 솔직히 인정하고, 웃통을 벗은 채 가시나무를 짊어지고는 인상여를 찾아가 깍듯이 사과했다(여기서 '부형청죄負荊請罪'라는 고사성어가 나왔다). 두 사람은 서로의 감정을 풀고 '문경지교'의 사이가 되어 조나라를 굳건하게 지탱했다.

염파(좌)와 인상여는 '석원'의 힘이 얼마나 큰 지 잘 보여주고 있다. 감정을 풀면 인간관계는 차원이 달라진다.

'석원'의 의미와 방법

◇◇◇◇◇

염파와 인상여처럼 '묵은 감정과 원망을 푸는' 것을 '석원'이라 한다. '석원'은 묵은 감정이나 원망, 크게는 원한을 푼다는 뜻이다. 나아가 '석원'은 재능 있는 원수나 원수 집안의 사람을 기용함으로써 인재를 감화시키고 나아가 나를 위해 힘을 다하게 만드는, 다시 말해 뛰어난 인재를 구하고 기용하는 차원 높은 리더십의 하나로 인식되었다.

인간관계에서 감정은 일방적인 경우가 적지 않다. 자의적으로 감정을 엮기 때문이다. 염파가 그랬다. 그런데 일방적으로 감정을 엮고 원망하고 심지어 원한까지 품지만, 그것을 허심탄회하게 푸는 경우는 아주 드물다. 자신의 잘못을 인정해야 하기 때문이다. 잘못을 인정하기 싫기 때문에 감정을 풀지 못하고, 감정을 풀지 않은 채 또 다른 잘못된 소문 따위에 휘둘려 자신의 감정을 강화하기 때문에 단순한 개인적 감정이 눈덩이처럼 커져 상대를 증오하기에 이르는 것이다. 개인적인 관계라면 큰 문제가 없겠지만 조직이나 나라와 관련한 감정이나 원한이라면 보통 일이 아니다. 그런 점에서 염파의 솔직한 사죄와 이를 흔쾌히 받아들인 인상여는 매우 훌륭한 '석원'의 경지를 보여준다.

내가 남에게 원한을 품지 않는다면 누가 나에게 원한을 품겠는가? 원한은 풀어야지 맺어서는 안 된다. 특히 큰일을 하려는 사람은 사적인 원한을 따져서는 안 된다. '석원'은 묵은 감정과 원한을 풀어 관계를 화목하게 만들고, 나아가 조직을 단결시킨다. 이 때문에 역대로 훌륭한 리더들은 '석원'을 대단히 중시했고, 이 덕목을 실천한 리더는 예외 없이 민심을 얻었다. 나아가 '석원'을 유능한 인재를 얻는 중요한 방법이라는 것을 확실하게 인식하고 이를 실천했다. 조직의 간부나 리더가 사사로운 감정에 얽매여 이를 풀지 못하고 묵혀 두다가는 조직에 큰 악영향을 미치기 때문이다. '석원'은 주로 유능하고 훌륭한 인재를 추천하고 기용하는 방법으로 중시되었다. '석원'의 구체적인 방법은 크게 다음 두 가지가 있다.

① 유능한 사람을 추천해 감정을 푸는 방법

유능한 사람을 추천하는 것을 '천현(薦賢)'이라 한다. 인재를 구하는 가장 오래되고 유용하고 중요한 방법이었다. 그래서 예로부터 인재를 추천한 사람에게는 큰 상을 내려 추천을 격려했다. 묵은 감정이나 원한을 푸는 '석원'을 통해 인재를 추천하는 사례들은 인재 기용에 새로운 길을 열어 유능한 인재기용의 중요한 수단으로 자리 잡게 했다.

'석원'은 감정해소의 중요한 방법일 뿐만 아니라 재능 있는 인재에게 길을 열어줄 수 있는 효과적 방법이기도 하다. 또 덕으로 사람을 감화시킬 수 있기 때문에 상하좌우의 관계를 융합해 안정과 단결의 국면을 창조하고 유능한 인재들이 더욱 분발하는 동력으로 작용할 수 있다.

② **사람을 직접 기용함으로써 감정을 푸는 방법**

사적인 감정이나 원한에도 불구하고 유능한 인재라면 사심 없이 직접 기용하는 방법을 말한다. 이 행동이 주는 감화력은 매우 크고, 주변에까지 영향을 미쳐 조직원들의 관계를 좋은 쪽으로 강화시킨다.

'석원'이 주는 계시

완벽한 리더는 없지만 완벽에 가까운 리더가 될 수는 있다. 리더는 자신과 사회에 의해 창조되고 거듭나는 존재이다. 자신의 노력과 주변의 관심이 따른다면 더욱 바람직한 리더로 창조될 수 있다. 묵은 감정 풀기, 개인감정 해소라는 의미를 함축하고 있는 '석원'의 실천에는 합리적이고 이성적인 판단력이 요구되지만, 뜨거운 가슴을 절대 포기해서는 안 된다는 또 다른 명제도 제시하고 있다. 강렬한 애정과 신뢰가 밑받침되지 않으면 냉혈한이 될 수밖에 없기 때문이다.

'석원'에도 엄격한 공사 구분이 필요하다. 해묵은 감정이 풀리거나 화해하고 나면 서로 간에 더 가까워진다. 이것이 인간관계의 오묘함인데, 이때 개인감정이 전보다 더 깊게 개입되기 쉽기 때문이다. 어렵게 석원을 실천하고도 공사 구분을 소홀히 함으로써 일을 그르칠 수 있다.

수많은 역사 사례는 석원의 효과가 매우 극적이라는 점을 잘 보여준다. 그 과정에서 인간의 감정이 강하게 개입되기 때문이다. 묵은 감정이 풀리면 관계는 더욱 친밀해진다. 따라서 묵은 감정의 농도가 진하고 강할수록 석원의 효과와 결과는 더욱 커진다.

원한은 대개 패권 다툼이나 창업 단계에서 많이 발생한다. 무한 투쟁이나 극한 경쟁에서는 서로 인재를 필요로 하고, 인재 쟁탈전도 치열해질 수밖에 없다. 인재들은 자신이 모시는 주군에게 충성을 다하게 되고, 그 역할 여부와 작용 여하에 따라 승부가 갈린다. 승리한 쪽은 이 과정에서 자신을 힘들게 했거나 괴롭혔던 사람에게 좋지 않은 감정을 가지게 되고, 이것이 원한으로 발전하는 것이다.

현명한 리더는 원수조차 활용한다. 경쟁 과정에서 발생한 묵은 감정을 해소하고, 나아가 자신에 반대했거나 적대했던 인물들을 과감하게 내 편으로 끌어들이는 놀라운 용인술을 실천해 보인다. 창업에서 수성 단계로 가는 과정에서 이 같은 '석원'을 통한 용인술은 대단히 의미심장하다. 한 조직이나 정권의 수명까지 좌우하기 때문이다. '석원'을 실천한 개국 군주나 창업주들이 역사에 뚜렷하게 이름을 남긴 것도 이 때문이다. 이제 앞의 사례들을 분석한 결과 '석원'이 우리에게 어떤 계시를 던지는지 정리해 본다.

① **적을 나의 팔다리로 만들 수 있다**

인간에게는 감정이란 것이 있다. 선악이 무엇인지 알고, 좋고 나쁜 것을 가릴 줄 안다. 누군가와 원한이 맺혀 그 사람에게 보복할 기회와 힘이 있다면 대개는 서슴없이 복수의 칼을 휘두를 것이다. 하지만 그렇게 하지 않고 상대의 능력을 아끼고 인정해 과거의 묵은 감정을 털어내고 중용한다면, 상대는 분명 당신을 부모형제만큼, 아니 그보다 더 소중하게 여기며 몸과 마음을 다할 것이다. 물론 서로의 입장이 바뀐 경우도 마찬가지이다. 이것이 바로 '석원'을 통해 원수를 나의 팔다리로 만드는 기초가 된다.

② 유능한 인재를 얻는 길을 크게 열 수 있다

인간의 감정이 복잡하고 복합적인 만큼 인간관계도 그렇다. 인재들이 나를 모르면, 또 나와 경쟁관계에 있다면 나를 무시하거나, 무례하게 대하거나, 욕하거나, 반대하거나 심지어 죽이려고까지 한다. '석원'은 이런 복잡하고 복합적인 관계를 화해시키는 작용을 할 뿐만 아니라 이를 통해 좋은 인재들을 얻을 수 있게 한다. 이로써 인재의 길이 활짝 열리는 것이다. 이런 방법을 도외시한다면 뛰어난 인재들은 배척당하고 세상은 삭막해질 것이다. 누구든 이 '석원'의 방법을 실천한다면 많은 인재를 얻어 하는 일을 크게 성공시킬 것이다. '석원'으로 인재를 얻은 리더치고 실패한 경우가 거의 없다는 사실이 이를 입증하고 남는다.

③ 대단히 강력한 감화력을 가질 수 있다

괜히 싫은 사람이 있다. 다른 사람은 몰라도 그 사람만큼은 싫고, 그 사람에게는 굽히기 싫은 경우가 있다. 사람이 감정의 동물이기에 그렇다. 그런 만큼 '석원'의 작용도 크다. 삼국시대 촉 지역의 유력자 유파(劉巴, ?~222)는 한사코 유비를 거부했다. 유비는 그를 중시했지만, 유파는 유비를 반대하고 깎아내렸다. 그럴수록 유비는 더 정성을 들였고, 성도를 공격할 때도 '유파를 해치는 자는 삼족을 멸한다'는 특별 엄명을 내렸다. 지성이면 감천이라 했다. 유비의 정성에 유파는 감격했고, 죽어도 유비와는 함께하지 않겠다던 유파는 죽을힘을 다해 유비를 보좌하기에 이르렀다.

④ 안정과 단결을 촉진할 수 있다

당연한 말이지만 '석원'의 실천은 교육적 효과까지 동반한다. 나아가 조직이나 나라를 안정시키고 상하좌우를 단결시키는 데 큰 작용을 한다. 만약 묵은 감정이나 원한을 해소하지 못하고 서로를 원망하고 비판하고 해친다면 그 골은 더욱 깊어져 큰 혼란에 빠질 것이다. '석원'은 서로 큰 국면을 중시하게 하고, 나라와 국민이 중요하다는 점을 인식하게 하여 안정과 단결로 나아가게 한다. 예로부터 '석원'을 강조한 까닭이 여기에 있다.

⑤ 도덕적 차원으로 사람을 이끈다

'석원'은 인간관계의 단계를 도약시키는 계기로 작용하기도 한다. 또 다른 차원의 리더십과 팔로십을 경험하게 한다. 예로부터 '석원'이 큰 덕의 차원으로 인식된 까닭도 여기에 있다. 도덕적 차원으로 사람을 이끈다는 것은 '석원'을 실천하는 구체적 방법이기도 한데,

이를 통해 묵은 감정을 풀고 함께 노력하게 만든다는 것이다.

'석원'은 도덕의 힘을 실감하게 하고, 덕이 없는 사람은 '석원'을 실천하지 못하는 것을 깨닫게 한다. '석원'의 실천 자체가 강력한 도덕적 역량으로 한 차원 승화되는 것이다. 그 주된 내용은 '공(公)'이다. <u>위아래가 모두 이렇게 할 수 있다면 유능한 인재를 얻는 것은 물론 사회풍속까지 순수하고 좋게 바꿀 수 있기 때문이다.</u>

자신을 옹호했던 누사덕(婁師德, 630~699)의 진심을 모르고 그를 무시했다가 뒤늦게 알게 된 적인걸이 누사덕의 큰 덕은 자신으로서는 그 언저리조차 엿볼 수 없다고 탄식한 일화가 그 단적인 사례라 할 것이다.

⑥ '석원'은 리더의 포부와 자질에 의해 결정된다

인재를 구하고 기용하는 방법의 하나로서 '석원'이 세상에 선을 보이자 유능하고 어진 인재들이 그 거대한 힘에 이끌리는 한편, 상하좌우의 마음을 크게 움직였다. 그 거대한 융합력은 아무리 깊은 원한도 녹였고, 아무리 큰 원망도 해소시켰다. 이의 실천을 통해 이름난 인재가 많이 길러져 나왔다. 그 거대한 감화력으로 상하좌우의 관계를 화합시켜 단결과 안정을 보장하는 중요한 작용을 했다. 이 때문에 전설시대 요·순으로부터 명·청에 이르기까지 현명한 군주, 유능한 재상, 어진 학자, 뜻있는 선비들이 모두 '석원'의 실천을 위해 노력했다.

지금까지의 실천 경험을 종합해 볼 때 이 방법을 제대로 활용한 사람들은 예외 없이 다음 몇 가지 자질을 갖추고 있었다.

첫째, 세상을 구제하겠다는 큰 뜻을 갖고 있었다.
둘째, 백성을 안정시키고자 하는 강력한 바람을 갖고 있었다.
셋째, 타인을 포용하는 아량을 갖추고 있었다.
넷째, 뛰어난 인재를 활용할 줄 아는 담력과 식견을 갖추고 있었다.

'석원'의 경지에 이르기는 대단히 어렵다. 동양 사회에서는 전통적으로 '원한을 갚지 않으면 군자가 아니다'라든가 '아버지의 원수와는 같은 하늘을 지고 살 수 없다'는 따위의 윤리관이 사람의 관념을 지배해 왔다. 이런 황당한 논리와 관념 때문에 정말 어처구니없는 싸움과 갈등이 수천 년 동안 횡행했고, 이것이 동양 사회의 가장 큰 폐단으로 지적되어 왔다. 따라서 '석원'은 이런 큰 모순을 해결할 수 있는 고귀한 방법으로 자리 잡았고, 현명한 리더의 지표로 인식되었다.

● 용인보감 13 ●

중국 역사상 최고의 명군으로 꼽히는 당 태종이 저술해 자신의 통치 철학을 남긴 《제범(帝範)》에는 용인과 관련해 새겨들을 만한 대목이 적지 않다. 현명한 리더가 인재를 기용해 일을 맡기는 것은 솜씨 좋은 장인이 나무를 다루는 것과 같다고 하면서 이렇게 비유했다.

"곧은 나무는 수레의 끌채로 쓰고, 굽은 것은 바퀴로 쓴다. 긴 나무는 기둥으로 쓰고, 짧은 나무는 들보를 떠받치는 공포로 쓴다. 굽었던 짧았던 그 나름의 쓸모가 있다."

현명한 리더의 인재 기용 역시 이렇다. 지혜로운 사람에게서는 꾀를 빌리고, 아둔한 사람에게서는 힘을 빌린다. 용감한 자로부터는 위세를 빌리고, 겁이 많은 사람에게서는 신중함을 빌린다. 꾀가 많든 우둔하든, 용감하든 겁이 많든 함께 쓴다. 따라서 좋은 장수는 인재를 버리지 않고, 현명한 군주는 선비를 버리지 않는다.

─── 제14계명 ───

사람을 거울삼아 득실을 헤아려라

명실상부한 역대 최고 명군의 인재관

중국 역사 5천 년 동안 약 600명의 제왕이 나왔다. 춘추전국시대 제후국의 리더들까지 합치면 국가급 통치자는 수천이었다. 그렇다면 이들 중 누구를 최고의 명군으로 꼽을까? 사람마다 관점이 다르기 때문에 다양한 답이 나오겠지만, 꼽은 비율로 따지자면 단연 당 태종이 으뜸이다. 그리고 그가 이룩한 '정관지치'는 중국 역사상 최고의 전성기를 가리키는 대명사가 되었다.

당 태종이 이런 전성기를 구가하며 최고의 명군이란 평가를 받을 수 있었던 데는 그의 남다른 인재관과 그에 따른 인재 기용이 크게

당 태종이 이룩한 '정관지치'라는 전성기는 그의 남다른 인재관과 탁월한 인재 정책의 결과이기도 했다. 사진은 '정관지치'를 나타낸 조형물이다.

작용했다. 그의 인재관, 그가 기용한 뛰어난 인재들과 관련한 일화와 사례 등을 살펴본다.

파격적으로 마주를 발탁하다

마주(馬周, 601~648)는 자가 빈왕(賓王)이며 박주(博州) 치평(茌平, 지금의 산동성 치평) 출신이다. 가난했지만 공부를 좋아해 포기하지 않았으며, 경전과 역사에 정통했다. 그는 천성이 소탈하고, 지엽적인 일에 얽매이지 않았다. 이런 성격 때문에 주변으로부터 따돌림을 당하기도 했다. 자기 고장인 박주에서 보잘것없는 주조교(州助敎)에서 시작해 여러 곳을 떠돌면서 오랫동안 중용되지 못했다. 그 뒤 장안으로 올라가 중랑장 상하(常何)의 문객이 되어 그럭저럭 지냈다.

정관 5년인 631년, 태종이 여러 신하에게 치국의 득실에 관한 글을 올리라는 명령을 내렸다. 무관 출신인 상하는 문장력이 좋지 않아 마주가 대신 써주었다. 태종이 이 글을 보고는 "20여 가지 일이 모두 지금 절박하구나!"라며 칭찬을 아끼지 않았다. 상하에게 이런 문장을 쓸 재능이 없음을 안 태종이 자초지종을 물었고, 상하는 사실대로 대답하고는 마주의 능력을 칭찬했다.

목이 마른 듯 인재를 갈망하고 있던 태종은 즉각 마주를 불러오라고 했다. 마주가 오지 않자 태종은 연속 네 번이나 사람을 파견해 독촉했다. 마주가 오자 태종은 함께 천하의 일을 토론했고, 마주의 식견에 탄복한 태종은 그를 문하성에서 일하게 한 다음 이듬해 감찰어사로 승진시켰다. 마주 또한 최선을 다해 자신의 직무에 책임을 다했다. 태종은 또 인재를 추천한 상하에게는 비단을 내렸다.

　마주는 "임기응변에 능하고 문장을 잘 썼으며, 일의 맥락을 잘 헤아렸기 때문에 무슨 일이든 적절하게 잘 처리했다." 그는 태종에게 중앙에 위협이 되는 지방 세력인 봉번(封藩)에 대한 제도개혁을 건의해, 지방의 여러 왕이 자신의 봉지에서 나오는 세금 등을 누리게 하되 군사와 행정권은 갖지 못하도록 했다. 또 황제 스스로가 근검절약할 것, 주와 현의 지방관을 신중히 선택할 것, 지방관의 공무 집행을 개선할 것, 한 가지 틀에만 얽매이지 말고 여러 경로로 인재를 등용할 것 등을 건의했다. 그의 건의는 대부분 태종에 의해 채택되었으며, 나아가 '정관지치'의 국면을 창출하는 데 큰 작용을 했다.

　태종은 마주를 자신의 팔다리와 같은 '고굉(股肱)'의 신하에 비유하면서 "나는 마주를 잠시만 못 봐도 보고 싶어진다"고 말할 정도였다. 태종은 마주가 자신의 능력을 더욱더 발휘할 수 있도록 불과 10년 사이에 대여섯 차례 승진시켰고, 다시 이부상서로 발탁하고 광록대부에 임명했다.

　마주는 태종의 기대에 부응해 어떤 자리에서든 뛰어난 성과를 냈고, 이렇게 해서 위징(魏徵, 580~643), 대주(戴胄, 573~633), 두여회(杜如晦, 585~630) 등 정관 시대의 유명한 대신들과 이름을 나란히 올렸다. 태종은 이런 마주에 대해 다음과 같이 칭찬한 바 있다.

"마주는 일을 민첩하게 처리하고 성격이 곧으며, 인물을 논함에 직선적이어서 사람을 나보다 잘 기용한다. 짐 가까이서 충성을 다하였으니 실로 이 사람을 빌려 시정을 건강하게 이끌었도다!"

정관 22년인 648년 마주가 병으로 세상을 떠나자 태종은 슬픔을 이기지 못했으며, 그에게 유주도독을 추증하고 자신의 장지로 선택된 소릉(昭陵)에 묻히게 했다.

마주는 나이 쉰이 안 되는 짧은 일생에 평민에서 재상 자리까지 오른 입지전적인 인물이었다. 초고속으로 승진했지만 정치적으로 중요한 역할을 해냈다. 이는 무엇보다 자신의 재능과 관련이 있겠지만, 또 하나 중요한 원인은 인재를 제대로 볼 줄 안 태종의 안목 때문이었다. 출신과 경력을 따지지 않고, 정해진 틀에 얽매이지 않고 인재를 발탁한 태종의 인재 기용법이 주효했던 것이다.

무관 출신의 상하가 올린 훌륭한 대책을 태종은 한눈에 그것이 상하의 문장이 아님을 알아보았다. 이는 태종이 평소 문무백관의 자질을 하나하나 꿰고 있었다는 것을 말해준다. 그렇지 않았더라면 마주는 영원히 떠돌이 신세에 머물렀을지 모른다. 글이 그 사람의 모든 것을 나타내지는 못하지만 적어도 식견이나 사물에 대한 인식 수준은 충분히 보여줄 수 있다. 리더는 평소 소속 인원들이 올린 문서에 신경 쓸 필요가 있다.

원칙 있는 '용인'이 인재를 담보한다

'재능만으로 인재를 추천한다'는 '유재시거(唯才是擧)'는 중국 용인사의 훌륭한 전통이다. 당 태종 이세민은 이 전통을 계승하는 것은 물론 더욱 발전시킨 걸출한 리더였다. 그는 "나는 관리를 뽑고 인재를 등용함에 있어서 재능만을 본다. 만약 재능이 없으면 아무리 친한 사이라 해도 등용하지 않는다. … 재능이 있는 자는 설사 원수라 해도 배척하지 않을 것이다"라고 했으며, 또 이 원칙을 실천하기 위해 노력했다.

자신의 수많은 종친과 친구의 임용에서 태종은 처음부터 끝까지 개인적인 정에 매이지 않고 원칙을 견지했다. 양읍왕(襄邑王) 이신부(李神符)는 태종의 숙부로 전투에서 공을 세우긴 했지만, 관리 분야에는 적절치 않은 데다 다리에 질환까지 있어 행동이 불편했다. 태종은 숙부의 불만에도 불구하고 집에 돌아가 쉬게 했다. 또 다른 숙부인 회안왕(淮安王) 이신통(李神通)은 수를 멸망시키고 당을 건국하는 데 공을 세운 공신이었지만, 갈수록 역할이 줄어들어 지위나 대우 면에서 방현령(房玄齡, 579~648)이나 두여회 같은 대신만 못하게 되었다. 이신통은 태종에게 "제가 선봉군을 거느리고 관서에서 싸울 때 방현령이나 두여회 등은 붓만 놀렸을 뿐인데 그 공적이 저보다 크다고 하니 정말 이해되지 않습니다"라며 불만을 토로했다. 태종은 다음과 같이 반박해 그의 불만을 잠재웠다.

"전쟁 초기에는 숙부께서 앞장서셨지만 그것은 화를 피하기 위해 자청한 것이었고, 두건덕(竇建德)이 산동을 유린하자 숙부의 군대는 전멸했습니다. 유흑달(劉黑闥)이 그 뒤를 이어 공격해 오자 숙부는 도망쳤습니다. 방현령은 국면 전반을 장악하여 나라의 방향을 잘 설계했으므로 공에 따라 상을 내려 숙부보다 앞자리에 놓인 것일 뿐입니다."

황제의 숙부라면 황제와 가장 가까운 사이라 할 수 있다. 황제의 관심과 총애는 자연스럽다. 그러나 사적인 친분과 상을 연계해서는 안 된다. 태종은 이런 공정한 인식과 일 처리로 모든 신하를 감복시켰다. 신하들은 태종의 공평무사함을 거론하며 "폐하의 지극한 공정함으로 회안왕조차 사사로움에 얽매이지 않거늘 저희가 어찌 본분을 지키지 않을 수 있겠습니까?"라며 충성을 표시했다.

정관 3년인 629년, 복주자사 방상수(龐相壽)가 비리로 파직 당하게 되었다. 그는 태종이 즉위하기 전 진왕(秦王)으로 있을 때 신임을 받던 진왕부의 하급 관리였다. 방상수는 지난날 황제와의 관계

당 태종의 시대를 빛낸 인재들. (왼쪽부터) 위징, 두여회, 방현령.

를 내세워 면죄부를 받으려 했다. 태종도 처음에는 그를 불쌍하게 여겨 복직시키려 했다. 위징이 나서 "과거 진왕부에는 수많은 사람이 있었습니다. 그 사람들이 모두 개인적인 친분을 내세워 함부로 군다면 그 악영향을 어찌할 것입니까?"라며 반대했다. 태종은 그의 말이 일리가 있다고 판단해 방상수에게 다음과 같이 말한 다음 귀향시켰다.

"내가 예전에는 진왕으로서 진왕부의 주인이었지만, 지금은 나라의 주인이기에 개인적 감정으로 옛날 사람을 대할 수 없다. 지금 조정 대신들도 이렇게 하고 있거늘 내가 어찌 감히 어길 수 있겠는가?"

태종의 인재관과 실천은 그 자신의 자질에서 나온 것이기도 하지만, 무엇보다 중요한 것은 시대적 대세에 따른 결과였다. 즉 건국 초기 상황이 많은 인재를 필요로 했고, 여기에 자질이 뛰어난 태종이 등장함으로써 인재의 전성기를 맞이할 수 있었다. 과거제와 같은 인재 선발 시스템이 정착한 것도 큰 역할을 했다. 요컨대 인재의 번영은 리더의 자질, 시대의 대세, 그리고 원칙 있는 시스템이 삼위일체로 조화를 이룰 때만 가능한 것이다.

사람을 거울로 삼아 득실을 헤아려라
– 당 태종의 인재관

당 태종은 과거 자신에 반대했더라도 능력이 있는 사람이라면 중임을 맡겼다. 가장 좋은 사례가 바로 위징의 중용이다. 위징은 하북 거록(巨鹿) 출신으로 일찍이 농민봉기군인 와강군(瓦崗軍)에 참가해 수 왕조에 맞섰다가 다시 당 왕조에 투항했다. 이후 그는 태자 이건성(李建成)의 집에서 태자세마라는 자리를 맡아 이건성의 심복이자 핵심 참모로 활약했다. 그는 일찍부터 이세민(태종)과 태자가 서로 암암리에 대권을 놓고 싸우는 상황을 감지하고는 이건성에게 일찌감치 대책을 준비하라고 경고했다. 그 뒤 진왕 이세민은 현무문(玄武門) 쿠데타를 일으켜 형 건성과 동생 원길(元吉)을 죽인 다음 고조 이연(李淵)을 압박해 황제 자리에서 물러나게 하고 자신이 황제 자리에 올랐다.

진작부터 위징의 재능을 알고 있었던 태종은 위징이 한때 이건성에게 자신에 맞서 대책을 세우라고 건의한 사실에 궁금증을 품었다. 그는 위징을 불러 "그대가 우리 형제를 이간질한 까닭이 무엇인가?"라며 다그치듯 물었다. 주위 사람들은 태종의 기세에 놀라 모두 위징을 걱정했지만, 위징은 태연하게 "황태자(이건성)가 만약 제 의견을 따랐더라면 오늘과 같은 화는 없었을 겁니다"라고 대꾸했다.

태종은 위징의 힘찬 성품을 흠모해 노여움을 풀고는 그를 간의대부(諫議大夫)로 임명해 나라를 다스리는 데 이해득실을 수시로 자문했다. 위징은 위징대로 자신을 알아 중용해준 태종을 위해 최선을 다했고, 또 과감하게 직언을 서슴지 않았다. 위징은 전후 200건이 넘는 일에 건설적인 견해를 밝혔는데, 거의 대부분 시기와 요점에 맞았다고 한다. 그 뒤 위징은 비서감·시중 등과 같은 요직을 맡아 일하면서 나라를 위해 큰 공을 세웠다. 당 태종은 위징을 다음과 같이 평가한 바 있다.

"정관 이후 과인에게 마음을 다 바쳐 정직하고 충성 어린 간언을 많이 하고, 국가를 안정시켜 백성에게 이로운 일을 많이 하면서 과인의 대업을 성사시켰다고 할 수 있는 사람이라면 하늘 아래 위징밖에 없다. 고대의 어떤 이름난 대신도 그를 따르지 못할 것이다."

위징이 세상을 뜨자 태종은 다음과 같이 말하며 통곡했는데, 태종이 위징을 얼마나 믿고 의지했는지 충분히 알 수 있게 한다.

"사람이 거울 없이 어찌 옷차림을 단정히 할 수 있겠는가? 마찬가지로 역사를 거울로 삼지 않고 어찌 흥망성쇠의 교체를 알 수 있으며, 사람을 거울로 삼지 않고 어찌 득실을 알 수 있겠는가? 위징이 죽었으니 과인의 거울 하나가 사라졌구나!"

정관 시대의 유명한 대신 왕규(王珪, 570~639)도 한때 태종과 대립했던 인물이다. 그는 태자 이건성의 궁중에서 태자중윤의 직무를 맡으며 이건성의 신임을 얻었다. 평소 그가 인재임을 잘 알고 있던 태종은 즉위 후 과거의 감정을 잊고 그를 간의대부에 임명했다. 왕규도 진심으로 충성을 다하면서 훌륭한 책략을 많이 건의했다. 또 태종의 잘못에 대해서는 대놓고 지적했다. 언젠가 태종은 왕규에 대해 이렇게 말한 적이 있다.

"그대가 내게 한 말은 모두 나의 잘못한 점이다. 예로부터 군주치고 나라를 영원히 안정시키려 하지 않은 군주는 없었다. 다만 그렇게 하지 못한 것은 자신의 잘못을 지적하는 말을 들으려 하지 않거나 알고도 고치지 않았기 때문이다. 과인의 잘못은 그대가 늘 직언하여 과인이 이를 듣고 고쳤으니, 나라의 안정을 걱정할 필요가 어디 있겠는가? 또 그대가 간관(諫官)으로 내 곁에 있어 준다면 과인은 영원히 잘못을 범하지 않을 것이다."

태종은 왕규를 황문시랑, 참예정사로 승진시킨 다음 다시 시중에 임명해 방현령·위징·이정(李靖)·온언박(溫彦博)·대주 등과 같은 대신들과 함께 국정을 돌보게 했고, 이들은 힘을 모아 '정관지치'라는 전성기를 창조해 냈다.

당 태종은 권력이 황제 1인에게 집중되었던 전제주의 중앙집권 체제의 군주였다. 이런 체제에서는 황제가 마음먹기에 따라 모든 것을 좌우할 수 있었고, 인재를 기용할 때도 얼마든지 무소불위의 권력을 휘두를 수 있었다. 그러나 당 태종은 사람을 등용하는 데 개인 관계에 얽매이지 않았고, 원수나 적대 관계였던 인재도 배척하지 않았다. 이는 그의 확고한 인재관 내지 인재 철학에서 나온 지혜의 산물로서 참으로 훌륭하다고 하지 않을 수 없다. 후세 사람들이 그를 깨어 있었던 황제라고 평가한 것이 결코 빈말이 아니다.

● **용인보감 14** ●

'하늘이 나를 낳은 것은 틀림없이 쓸 데가 있기 때문이다.' 존재하는 것은 존재의 합리성을 갖고 있다. 이 세상 그 어떤 물건도 다 쓸 곳이 있다. 쓰일 곳의 크고 작은 차이만 있을 뿐. 사람을 쓰는 '용인'도 마찬가지이다. 기업이 되었건 정부기관이 되었건 사람을 제대로 알고 쓰며, 그 우수한 점과 장점을 파악해 역량을 다 발휘하게 하고 지혜를 발산하게 하면 무궁무진한 효과를 거둘 수 있다.

―― 제15계명 ――

내가 저버릴지언정
나를 저버리게 하지 않는다

중국 용인사의 특별한 존재, 조조

삼국시대의 실질적인 주인공이었던 조조(曹操, 155~220)는 "영아부인(寧我負人), 무인부아(毋人負我)!"라는 유명한 말을 남겼다. "내가 남을 저버릴지언정 남이 나를 저버리게 하지 않겠다!"는 뜻으로 조조의 오만함과 자신감이 동시에 묻어나는 말이다.

중국 인재와 용인의 역사에서 조조는 아주 특별한 존재다. 능력 위주로 인재를 기용해 삼국시대 위나라를

조조는 중국 인재와 용인의 역사에서 특별하고 독특한 위치에 있다. 인재의 역할을 누구보다 정확하게 인식하고도 인재들을 적지 않게 해치는 자기모순을 보여주었다. 이런 모순은 상당히 많은 리더에게서 발견되기 때문에 그의 인재관과 인재 박해를 눈여겨 살필 가치가 있다.

가장 강하게 만들었다. 그는 "세상에서 가장 귀중한 것은 바로 사람이다"라는 남다른 인식을 갖고 있었다. 그가 이룬 성취는 뛰어난 인재를 기용한 결과였다. 그러나 동시에 그는 인재를 아끼면서도 해침으로써 스스로 모순에 빠졌던 인물이기도 하다. 인재와 관련해 조조는 이론과 실천 모두에서 뚜렷한 특징을 남겼다. 인재의 중요성을 누구보다 잘 알고 또 그런 인재를 과감하게 기용했는가 하면, 자신의 뜻에 반대하거나 자신의 뜻과 맞지 않는 인재를 무자비하게 해치기도 했다. 조조의 이와 같은 행적은 오늘날 조직과 기업에서도 일쑤 나타나는 현상이다. 이런 점에서 조조의 인재관과 인재 박해의 사례를 정리해 보고자 한다.

조조의 인재 박해

조조는 종래의 인재론을 더욱 풍부하게 발전시켜 큰 성취를 이룬 걸출한 인재 사상가이자 실천가였다. 그러나 그 자신과 시대의 한계로 말미암아 인재를 믿기도 했고 의심하기도 했으며, 인재를 기용하기도 했고 배척하기도 했다. 이런 자기모순은 그가 216년 위왕(魏王)이 된 다음 더욱 두드러지게 나타났다.

순욱(荀彧, 163~212)은 조조의 첫째가는 모사로서 29세 때 원소(袁紹) 진영에서 조조에게로 넘어왔다. 조조는 순욱을 "나의 장자방(張子房, 장량張良)이다!"라며 반겼다. 조조는 그를 여러 차례 포상하면

순욱과 조조의 관계는 참으로 묘하다. 순욱의 고상한 인격이 조조를 용납하지 못한 것인지, 조조의 비루한 자존심이 순욱의 직언을 용납하지 못한 것인지 선뜻 판단이 서질 않는다.

서, 순욱은 사람을 가장 잘 알 뿐만 아니라 인재에 대한 평가는 자신으로 하여금 영원히 잊지 못할 인상을 남겼다고도 했다. 조조가 동소(董昭) 등의 추대를 받고 국공(國公)의 자리를 넘보자 순욱은 조조에게 승상으로서 충정의 마음으로 양보해야 옳으며, 군자는 모름지기 덕으로 사람을 아껴야 한다며 충고했다(《삼국지》〈순욱전〉).

그러나 조조는 이 충고를 고깝게 받아들였다. 그는 순욱을 동남 전쟁터로 내보내 순욱이 충고할 기회를 아예 박탈했다. 이어 조조는 사람을 보내 순욱에게 빈 밥통을 전달하게 했고, 조조의 뜻을 알아차린 순욱은 비통한 심경으로 독약을 마시고 자살했다.

조조는 최염(崔琰, ?~216)을 두고 '백이(伯夷)의 풍류와 사어(史魚)의 정직'을 겸비한 인물이라고 칭찬하면서 그의 청렴함과 정직함을 높이 평가했지만, 최염의 비판을 받아들이지는 못했다. 최염이 제자 양훈(楊訓)이 조조에게 아부하는 것을 비난한 사실을 안 조조는 몹시 불쾌해했다. 조조는 최염을 집에 연금시켜 외부와의 접촉을 막는 한편 끝내는 그를 핍박해 자살하게 만들었다.

모개(毛玠, ?~216)는 조조에게 천자를 끼고 천하를 호령하라는 계책을 올린 인물로서 후계자 계승 문제에 있어서 적자 계승 원칙을 강력하게 주장했다. 조조는 "이것이 바로 옛사람들이 말하는 일을 공명정대하게 처리한다는 것이다. 이렇게 하면 나라는 틀림없이 번영할 것이다"라며 모개를 칭찬했다. 하지만 조조는 모개가 최염의 일로 불평을 토로하며, 지금 가뭄이 들고 비가 오지 않는 것은 형벌이 너무 가혹하고 사람을 너무 많이 죽였기 때문이라고 한 말을 듣고는 성을 크게 냈다. 그리고 모개를 감찰기구에 넘겨 심문하게 한 다음 끝내는 핍박해 죽게 만들었다.

화타(華佗, 145~208)는 고대의 걸출한 의학가로 신의(神醫)로 추앙받고 있었다. 조조는 편두통을 앓고 있었는데, 화타가 곁에서 치료해 주었다. 그 뒤 화타는 고향이 그리워 조조를 떠났다. 얼마 후 조조가 중병에 걸려 화타에게 빨리 오라고 했지만, 화타는 아내가 병이 났다는 핑계로 거절했다. 화가 난 조조는 화타를 잡아들여 사형에 처했다. 순욱이 화타를 두둔하며 사정했지만 조조는 "상관없다. 그자가 없다고 세상이 무너지지 않는다"며 명령을 거두지 않았다. 나중에 조조가 후회하며 잘못을 뉘우쳤지만, 화타를 죽인 사건은 조조의 오만하고 잔인한 면모를 잘 드러낸 대표적인 사례로 남아 있다.

조조가 화타를 죽인 일에 대해서는 역대로 논쟁이 많다. 그렇다고 조조의 인재 박해가 정당화되는 것은 물론 아니다.

조조 인재관의 자기모순

'재능만으로 인재를 뽑는다'는 '유재시거(唯才是擧)'를 통해 수많은 인재에게 길을 터준 조조는 그와는 대조적으로 적지 않은 인재를 살해하는 비극을 동시에 연출했다. 인재 문제에 있어서 조조가 보여준 자기모순이었다. 특히 마지막 단계에 이르러 교만과 자만에 빠져 뛰어난 공을 세운 죄 없는 인재를 해쳤다. 역사에 남긴 조조의 치명적 오점이다. 물론 조조의 일생 전체를 놓고 볼 때, 인재론과 실천이란 측면에서 조조는 삼국시대와 중국 역사 전체에서도 걸출한 인물로서 손색이 없다고 하겠다.

무슨 일이든 끝까지 좋은 경우는 드물다. 시작이 좋았다고 반드시 결말까지 좋은 것은 아니다. 사람을 기용하는 문제에서도 마찬가지다. 사람이 늙으면 성격이 편협해지고, 공이 크면 교만해지기 쉽다. 그렇기 때문에 권력자가 스스로 유능한 사람에게 자리를 양보하거나 관리가 제 발로 벼슬을 그만두면 많은 사람이 칭송하는 것이다. 높은 자리를 차지한 채 온몸을 바치겠다는 정신은 가상하지만, 오래되면 일을 그르치기 마련이다.

조조는 평소 "내가 남을 저버릴지언정 남이 나를 저버리게 하지 않겠다"고 큰소리를 쳤다. 대단히 호방하고 통쾌한 일성이 아닐 수 없다. 심지어 오만하게 들린다. 하지만 이런 오만한 생각에 사로잡혀 좋은 인재들의 옳은 충고와 직언을 받아들이지 못하고 오히려 그들을 해쳤다. 그의 소신이 그의 발목을 잡은 셈이다.

다시 말하지만, 조조는 중국 인재사에 뚜렷한 족적을 남긴 인물이다. 그는 역대 인재관을 섭렵한 기반 위에서 자신의 실제 경험과 식견을 종합해 자기만의 독특한 인재관을 수립함으로써 후대에 큰 영향을 미쳤다. 그러나 거의 마지막 단계에서 적지 않은 인재들을 해침으로써 큰 오점을 남겼다. 조조의 사례는 인재 문제에서 이론과 실천을 결합해 균형을 맞추기가 얼마나 어려운지 극명하게 보여주고 있다. 동서고금을 막론하고 인재 문제에 있어서 인재를 발탁하고 기용하는 리더에게 요구되었던 가장 중요한 요건의 하나는 '균형 감각'이었다.

● 용인보감 15 ●

"천리마는 어디에나 늘 있지만, 그 천리마를 알아보는 백락은 늘 있지 않다"는 말이 있다. 한 기업이나 조직이 좋은 인재를 발탁하려면 먼저 그 인재의 소질을 보아야 한다. 그러나 기업이나 조직이 초빙한 인재들을 보면 질이 고르지 못한 경우가 적지 않다. 이는 외모로 사람을 뽑았거나, 응시자를 경시하는 오만한 태도로 뽑았거나, 모셔놓고 그의 마음을 크게 상하게 했기 때문이다.

사실 인재를 존중하는 인식을 갖고 있다 하더라도 서류 심사, 면접 등 관련 세부 문제까지 세심하게 신경을 써야 한다. 뛰어난 인재일수록 내면이 예민하다. 소소한 부분이 그의 판단에 영향을 줄 수도 있다. 인식은 일종의 태도이다. 세밀한 부분에 주의하는 것은 방법론이다. 인재를 존중하는 의식을 갖춘 다음에야 세부적인 문제에 주의를 기울일 수 있다.

―――――― 제16계명 ――――――
"내게 활을 쏘았다고 죽인다면
용사들이 아깝지 않은가"

누르하치의 담대한 인재관

앞서 우리는 묵은 감정이나 원한을 푸는 '석원'의 리더십에 관해 비교적 상세히 알아본 바 있다. '석원'이 그냥 감정이나 원한을 푸는 차원에 머무른다면 그것은 개인 차원의 미담으로 끝난다. 감정이나 원한을 풀고 그 사람을 내 편으로 끌어들이는 단계까지 이르러야 더 큰 리더십이다. 다시 말해 그 사람을 기용하라는 것이다. 자신을 활로 쏘아 죽이려 했던 관중을 용서하고 재상으로 기용한 환공은 '석원'의 가장 대표적인 사례로 남아 지금도 많은 사람을 감동시킨다.

묵은 감정이 극적으로 풀리면 관계는 한 차원 높아지고 깊어진다. 나아가 진실한 마음으로 그 사람을 기용하면 혼신의 힘을 다해, 나아가 죽을힘을 다해 나를 위해 최선을 다할 것이다. 조직과 나라는 물론 기업 경영에서도 충분히 주목할 가치가 있는, 인재를 구하고 기용하는 방법이다. 여기서는 청나라 건국의 기틀을 닦은 누르하치(努爾哈赤, 1559~1626)가 자신을 죽이려 한 자객과 적장을 용서하고 기용한 사례를 소개하고자 한다.

적을 친구로 삼은 누르하치

청 태조 누르하치는 청 왕조의 기초를 닦은 사람이다. 그는 소수의 병사들로 거병해 수십 년에 걸친 힘든 창업 과정 끝에 마침내 만주족이 명 왕조에 맞서는 것은 물론, 싸워 승리할 수 있는 엄청난 역량을 마련했다. 여기에는 여러 가지 원인이 있겠지만, 누르하치가 여러모로 사람을 끌어들여 잘 기용한 것이 중요하게 작용했다. 그는 당초 여진족을 통일할 때부터 여러 부락의 인재를 끌어들이는 데 신경을 썼는데, 적을 친구로 만드는 등 넓은 아량을 보여 후대의 미담으로 남아 있다.

명 왕조 만력제 11년인 1583년 5월, 누르하치는 원수를 갚는다는 명분을 내걸고 여진족 각 부락을 통일하는 대업의 서막을

누르하치는 후금(後金)을 건국해 청 왕조를 반석 위에 올려놓은 만주족 출신의 황제로 만주어와 한어(漢語)에 능통했고,《삼국지연의》를 즐겨 읽었다. 사진은 누르하치와 황후의 모습이다.

열었다. 당시 여진족 각 부락은 서로 통합되지 않은 상황이었기 때문에 "각 부락이 모두 왕으로 자칭하면서 서로를 공격해 친족을 살상하는 지경에 이르렀다." 막 군사를 일으켰을 당시 누르하치는 모든 세력에 둘러싸여 사방이 다 적이었다. 따라서 최대한 인심을 얻고 인재를 쟁취하는 일이 당면한 급선무였고, 때맞추어 누르하치는 넓은 아량을 베풀면서 이 일을 해냈다.

만력제 12년인 1584년 4월, 소나기가 내리는 어느 날 저녁 누르하치의 침소로 자객이 잠입했다. 창밖에 가벼운 발걸음 소리를 들은 누르하치는 자리에서 살그머니 일어나 무기를 챙기고 문을 나서 굴뚝 옆에 숨어 기다렸다. 이때 번갯불이 번쩍이면서 창문 아래에서 자신의 침소를 들여다보고 있는 자객을 발견했다. 누르하치는 벼락같이 뛰어나가 칼자루로 자객을 쳐서 넘어뜨린 다음 사람을 불러 그를 묶게 했다. 호위병들이 달려와 상황을 파악한 다음 자객을 당장 그 자리에서 찔러 죽이려 했다. 누르하치는 사람을 죽이기란 어렵지 않지만 죽이고 나면 또 하나의 적을 만드는 셈이 되고, 결국은 자신에게 불리하게 작용할 것이라 생각했다.

누르하치는 차라리 이 자객을 살려두어 그의 마음을 얻는 것이 상책이라 판단하고는 큰 소리로 "소를 훔치러 온 것인가?"라고 물었다. 자객도 누르하치의 의중을 눈치 챘는지 자신은 그냥 소도둑일 뿐이라고 둘러댔다. 호위병은 "헛소리! 이놈은 분명 주군을 암살하러 온 것이니 빨리 죽여야 합니다!"라고 외쳤다. 누르하치는 침착하게 아무 일 없다는 듯 "소도둑이 맞는 것 같구나"라며 자객을 풀어주게 했다.

5월 어느 날 밤, 의소(義蘇)라는 자객이 누르하치의 침소에 잠입해 그를 암살하려 했다. 누르하치는 이번에도 자객을 사로잡았다가 놓아주었다. 겉보기에는 아무렇지도 않은 이 두 가지 일이 큰 반향을 불러일으켰다. 많은 사람이 누르하치의 아량에 감탄하면서 그에게 몸을 맡겼고, 이는 누르하치가 기대하던 바였다. 그뿐만 아니라 누르하치는 전쟁터에서 얼굴을 맞대고 싸우던 적장들도 인재라고 생각되면 과거를 불문하고 친구로 삼았다.

1584년 9월, 누르하치는 군사를 거느리고 옹과낙성(翁科洛城)을 공격하면서 직접 높은 곳에 올라 화살을 쏘았다. 전투는 시간이 갈수록 치열해졌다. 이때 성을 수비하고 있던 적장 악이과니(鄂爾果尼)는 숨어서 누르하치를 향해 화살을 날렸다. 미처 피하지 못한 누르하치는 화살에 맞았고, 그는 화살을 뽑아내고 계속 전투를 지휘했다. 이때 나과(羅果)라는 적병이 자욱한 연기 속에서 누르하치에게 접근해 그의 목을 겨누어 화살을 쏘았다. 급소를 맞추진 못했지만 화살은 한 치나 넘게 살 속을 파고들었다. 화살을 뽑자 피가 폭포처럼 쏟아졌고 살도 함께 떨어져 나왔다. 피를 많이 흘린 누르하치는 기절했고, 성을 공격하던 군대는 철수하는 수밖에 없었다.

상처를 치료한 누르하치는 다시 옹과낙성을 공격해 지난번 자신에게 화살을 쏘았던 악이과니와 나과 두 사람을 생포했다. 대중의 분위기는 격앙되었고, 너 나 할 것 없이 모두 화살을 쏘아 죽여야 한다고 아우성을 쳤다. 정작 누르하치는 침착한 태도로 두 용사의 용감무쌍한 행동을 칭찬하며 자신의 부하로 거두어들이고자 했

누르하치는 1616년부터 1626년까지 11년 동안 재위하면서 후금을 건국하는 등 청나라의 기틀을 다지는 데 큰 공을 세웠다. 사진은 그의 무덤이 있는 션양(瀋陽) 복릉(福陵)의 모습이다.

다. 그러면서 누르하치는 이렇게 말했다.

"쌍방이 전쟁을 벌일 때는 승리를 쟁취하는 것이 병사들이 할 일이다. 저들은 자기 주인을 위해 나를 쏘았지만, 오늘부터 나의 부하가 된다면 나를 위해 적을 쏘지 않겠는가? 그러니 당시 적이었던 나에게 활을 쏘았다고 이 용사들을 죽인다면 얼마나 아까운가?"

누르하치는 자신의 손으로 직접 두 사람의 오랏줄을 풀어주면서 좋은 말로 위로했다. 악이과니와 나과는 감격의 눈물을 흘리며 그 자리에서 누르하치에게 귀순해 충성을 다하겠노라 맹서했다. 누르하치는 두 사람에게 우록액진(牛錄額眞)이란 자리를 주며 각각 300명의 병사를 통솔하게 했다. 그 뒤 두 사람은 전투마다 용감하게 싸워 누르하치의 통일 대업에 큰 힘을 보탰다.

담대한 누르하치의 인재관

조직이나 기업, 그리고 나라를 막 세우려 할 때, 특히 막강한 경쟁 상대가 있는 상황에서는 인재 하나가 아쉬운 법이다. 초한쟁패를 소개하면서 여러 차례 언급하고 강조했듯이 항우의 역전패는 누가 뭐라 해도 뛰어난 인재들을 놓쳤기 때문이다. 유방을 도와 결정적인 승리를 이끌어 낸 한신과 진평은 당초 항우 밑에 있다가 푸대접을 견디지 못하고 유방에게로 넘어갔다. 치열한 경쟁 상태에서는 인재에 대한 담대한 포용과 우대가 필수적이다.

누르하치는 여러 차례 적을 용서해 자신의 친구나 부하로 만들었다. 부하들은 그를 대범하고 통이 크며 아량이 넓은 우두머리로 존경했고, 이 때문에 여진족 각 부락에서도 명성을 얻었다. 이런 행동은 적진의 인재들에게도 적지 않은 영향을 미쳤다. 그가 보잘것없는 병력을 가지고도 짧은 기간에 막강한 세력을 구축해 여진족 각 부락을 통일한 것도 이 때문이었다.

● 용인보감 12 ●

리더의 길은 영웅의 여정이다. 끊임없이 인문 소양을 추구하고, 종교에 관심을 가지며, 역사의식을 높여야 한다. 사랑을 나누고 믿음을 고취하며 미래의 희망을 향해 나아가야 한다. 리더는 희망의 화신이다. 리더십은 과거를 회고하고 현재를 장악하는 깊은 역사의식을 갖추어야만 앞으로 나아갈 수 있고 투시력도 갖출 수 있다.

리더는 발코니에 서서 사방을 둘러보며, 희망하는 먼 곳을 보면서 추종자들을 고무시킨다. 확실히 리더는 아랫사람의 눈에 모르는 것이 없고 못하는 것이 없는 존재로 보일 때가 많다. 물론 근본적으로 그것이 불가능하지만, 리더는 이를 포기해서는 안 된다. 완벽할 수는 없지만 완벽을 추구해야 하는 것이 리더의 운명이다.

제17계명

"군주가 군자와 간신을 구별하면 그만이다"

구양수의 '붕당론'과 인재 추천

　구양수(歐陽修, 1007~1072년)는 북송 시기의 저명한 정치가이자 문학가로서 자는 영숙(永叔)이다. 그는 스스로를 취옹(醉翁) 또는 육일거사(六一居士)로 칭했다. 인종(仁宗) 때 진사에 급제해 간관에 임명되었고, 후에 참지정사에 이르러 조정의 기밀 업무에 참여했다.
　구양수는 용인 문제를 중요하게 생각해 "아하! 흥망과 성쇠의 이치는 하늘의 뜻이라 하지만 어찌 사람의 작용이 없으리오!"라고 했다. 그는 인사(人事) 문제, 즉 유능한 사람을 등용하고 간사한 무리를 몰아내는 것은 하늘의 뜻보다 더 중요하다고 보았다. 그의 명문 〈붕당론(朋黨論)〉을 중심으로 사심 없이 인재를 추천한 일화와 인재관을 살펴본다.

편지 한 통으로 세 사람을 추천한 구양수

송 왕조 인종 집권기에 구양수는 이미 원로가 되어 있었다. 그러나 여전히 조정의 용인 문제에 관심을 가지고 붕당이나 멀고 가까운 관계를 억지로 피할 것이 아니라 유능한 인재를 기용하는 데 힘을 기울여야 한다는 입장을 견지했다. 신종 때 구양수는 조정에 글을 올려 세 사람의 유능한 인재를 추천했는데, 이 세 사람 모두가 구양수와 감정이 좋지 않았던 인물이었다는 사실이 눈길을 끈다.

먼저 사마광(司馬光, 1019~1086)이다. 사마광은 황제 계승과 황제의 친부에 대한 호칭 문제로 야기된 이른바 '복의(濮議)' 사건 때 구양수와 대립된 입장을 고수한 인물이었다. 1065년 영종(英宗)이 자신의 친부인 복왕(濮王) 조윤양(趙允讓)에게 시호를 내리려고 한 것이 발단이 되어 한바탕 논쟁이 벌어졌다. 구양수는 황제의 친부인 만큼 복왕으로 존중하고 아버지로 불러야 한다고 주장했다. 반면 사마광은 영종이 이미 인종의 양자로 입양되어 황제 자리를 이었기 때문에 친부를 아버지로 불러서는 안 된다고 주장하며 구양수가 "망령된 논리로 군주를 홀리려 한다"고 비난했다. 이 일로 구양수와 사마광은 사이가 벌어졌다.

다음으로는 여공저(呂公著, 1018~1089)이다. 그는 '경력신정(慶曆新政, 인종 경력 3년인 1043년에 구양수 등이 주도한 개혁정치)' 때 구양수와 범중엄(范仲淹)을 붕당으로 몰아 구양수가 유배당하게 만들었다. 그러나 시간이 흐른 뒤 구양수는 과거의 원한을 잊고 여공저의 재능을 인정했다.

셋째는 왕안석(王安石, 1021~1086)이다. 왕안석은 구양수의 후배이다. 일찍이 혈기 왕성한 청년 시절에 왕안석은 친구의 소개로 당대 최고 문장가의 한 사람인 구양수를 만난 적이 있었는데, 그때 왕안석은 구양수를 인정하지 않는 태도를 보였다. 그 뒤 다시 구양수를 만났을 때는 시를 한 수 지어 보였다. 그 내용인즉 자신은 맹자와 같은 재능과 뜻을 가지고 있고, 구양수는 당 왕조 때의 한유(韓愈) 정도에 지나지 않는다는 것이었다. 이는 자부심이 지나치다 못해 큰 실례를 범한 꼴이었다. 구양수는 전혀 개의치 않았을 뿐만 아니라 오히려 왕안석이 특별한 인재라고 했다.

구양수의 인재관은 대단히 실용적이다. 자신과 사이가 좋지 않은 인재라도 필요하다면 기꺼이 추천했다. 마땅히 본받아야 할 행동이 아닐 수 없다.

구양수가 추천한 이 세 사람은 모두 자신과는 입장이 다른 사람들이었다. 하지만 유능한 인재의 추천에 구양수는 멀고 가까운 관계를 따지지 않았다. 이는 그가 제기한 '붕당론'이 공허한 이론이 아니라 실천과 결합한 설득력 있는 인재론이라는 점을 입증하는 것이다.

정치가와 지식인이 다른 사람, 특히 자신과 라이벌이 될 만한 사람을 인정하기란 결코 쉽지 않다.

지식인은 그 속성상 정도의 차이는 있지만 남다른 자부심, 심하게는 오만함을 먹고사는 존재이기 때문에 더 그렇다. 그러나 역사상 이런 평균적 지식인과 달리 한 차원 높은 의식을 보여준 지식인도 적지 않다. 구양수도 그런 사람들 가운데 한 사람이었다. 오늘날 자신의 이름과 학문을 싸구려로 파는 매명(賣名)에만 매달리는 많은 지식인과 천박한 지식을 그럴듯하게 치장해 권력을 향해 눈웃음치는 '곡학아세(曲學阿世)'의 사이비 지식인들 행태와 비교할 때 구양수의 행동은 고귀하기까지 하다.

정확한 인식을 바탕으로 한 〈붕당론〉

인종 경력 3년인 1043년, 참지정사 범중엄(范仲淹, 989~1052) 등은 송나라가 직면한 정치·경제적 모순을 해결하기 위해 '경력신정'이라는 개혁 정치를 제안했다. 이 개혁에는 "상과 벌을 명확히 하여 요행을 바라는 심리를 배제하고, 과거와 관리 선발에 세심한 주의를 기울이고, 나라 땅에 대한 세금 징수를 고르게 해야 한다"는 내용이 들어 있었다. 대신 부필(富弼, 1004~1083)도 비슷한 건의를 제출했는데, 조정의 일부 말 많은 무리가 이를 빌미로 범중엄 등이 '붕당'을 만든다고 아우성을 쳤다. 의심이 많았던 인종은 범중엄 등을 처벌하기로 결정했다.

당시 간관으로 있던 구양수는 '붕당'이라는 죄를 씌워 범중엄 등을 처벌하는 것에 극구 반대했다. 구양수는 몇 차례에 걸쳐 "두연(杜衍)·부필·한기(韓琦)·범중엄 등은 천하가 알아주는 유능한 인재들로 그들이 무슨 죄를 지었다는 이야기를 들은 적이 없습니다"라며 인종에게 직간했다. 또 〈붕당론〉이라는 글을 써서 사람마다 친구가 있기 마련인데 군자는 공명정대한 자세로 친구를 사귀고, 소인배는 이해관계로 친구를 사귄다고 지적하면서 군자들 간의 사귐은 보호해 주어야 한다는 논리를 제기했다. 〈붕당론〉은 나아가 용인 사상에 참신한 내용을 주입한 글이기도 했다. 이 글에서 구양수는 이렇게 말했다.

"붕당론은 옛날부터 있었는데, 다행히 군주가 군자와 간신을 구별하면 그만이다. 무릇 군자는 군자끼리 같이 모이고, 소인은 소인끼리 같이 모이니 이는 자연스러운 이치이다."

구양수가 보기에 붕당을 이루는 것은 결코 나무랄 일이 아니었다. 관건은 군자와 소인을 가릴 수 있느냐에 달려 있다는 것이다. 소인배 친구는 진정한 친구가 아니라 위선적인 친구이다. 그 까닭을 구양수는 다음과 같이 분석한다.

"소인배가 좋아하는 것은 이익이요, 탐내는 것은 재물이다. 공동의 이익을 놓고 잠시 무리를 끌어들여 친구로 삼는 것은 위선이다. 그래서 이익을 눈앞에 두면 달려들어 다투거나 이익이 사라지면 서로 멀어진다. 심지어는 서로를 해치는데, 형제 친척이라도 인정사정없다."

"군자는 그렇지 않다. 군자는 도의와 충성, 그리고 신의를 지키고자 하며, 명예와 절개를 중시하여 자신을 수양하기 때문에 같은 길을 걸으면 서로에게 이익이 된다. 나라를 다스릴 때도 한마음으로 서로를 끝까지 돕는다. 이것이 군자의 붕당이다. 따라서 군주는 소인배들의 위선적 붕당을 물리치고, 군자의 진정한 붕당을 기용하면 천하는 얼마든지 다스려질 수 있다."

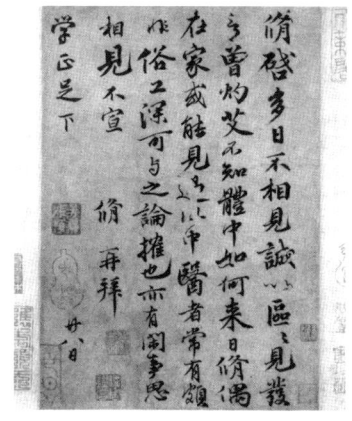

구양수의 〈붕당론〉은 지금 읽어보아도 참신하고 마음에 와 닿는 대목이 많다. 우리 정치 현실에 비추어 보아도 귀감이 되기에 충분하다. 사진은 구양수의 글씨이다.

구양수는 역사의 경험과 교훈을 예로 들면서 "주 무왕의 신하 3,000명이 전부 하나의 큰 붕당이었기에 주 왕조가 흥성"했고, "동한 헌제는 천하의 이름난 지사들을 '당인(黨人, 붕당)'으로 지목하여 전부 가두었기에" 한 왕조가 크게 혼란에 빠지고 황건(黃巾) 봉기가 일어났다. 동한은 뒤늦게 이를 깨닫고 당인을 풀어주었지만 때는 이미 늦었다. 당 말기 소종(昭宗) 때 조정의 명사들을 전부 죽이거나 황하에 던져버렸는데, 당 왕조는 그로부터 얼마 뒤 완전히 망가져 패망했다.

사람을 쓰는 용인 문제를 붕당에서 출발해서는 물론 안 된다. 당연히 유능한 인재를 기용하는 것에서부터 시작해야 한다. 그러면 유능한 군자들이 서로 붕당을 지을 것이고, 이들을 기용하면 나라는 흥성할 수 있다. 붕당을 무조건 나쁘다고 하여 억압한다면 나라는 쇠퇴할 수밖에 없다. 구양수의 논리는 상당히 심오하고 설득력이 넘친다. 인종은 그의 충고를 듣지 않고 구양수마저 붕당으로 몰아 배척했다.

군자들의 모임은 사회에 유익하지만, 소인배 무리는 나라를 망친다. 구양수는 의리와 이익을 기준으로 삼아 군자와 소인을 구별했지만, 사실 오늘날의 가치관으로 보면 군자도 굳이 이익을 외면할 필요가 없다. 다만 정당하게 이익을 얻으면 된다. 자신과 세상 모두에 이익이 되는 것은 결코 모순되지 않는다.

우리 사회는 오랫동안 당파 문제에 알레르기 반응을 보였다. 조선시대 당파가 남긴 부정적 영향과 이를 과장한 식민사관 때문이다. 이런 점에서 구양수의 붕당론은 참고할 가치가 크다. 당쟁이라는 역사적 콤플렉스에서 벗어날 수 있는 방법을 제시하고 있기 때문이다. 패를 짓되 건전하게 나와 조직 모두에 이익이 될 수 있는 방향으로 이끌면 된다. 이것이 역사의 힘이다.

● **용인보감 17** ●

그런 리더 밑에는 그런 구성원이 있기 마련이고, 그런 경영자에게는 그런 직원이 있기 마련이다. 따라서 리더의 일과 관리에 문제가 발생하면 먼저 '내가 제대로 충분히 일을 했는가'를 자문하라. 사마천은 그 리더가 어떤 사람인지 모르겠거든 그 리더와 함께하는 사람을 보라고 했다.

─── 제18계명 ───

3년을 기다린 위대한 '쇼'

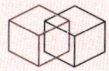

상나라 무정의 기다림과 인재

무정(武丁)은 중국 역사의 두 번째 왕국인 상(商, 또는 은殷)나라의 국왕으로 사후에 고종(高宗)으로 불렸다. 무정의 아버지 소을(小乙)은 20대 국왕인 반경(盤庚)의 어린 동생으로 원래 왕위를 이을 자격이 모자랐다. 그 아들 무정은 어릴 때 민간으로 보내졌다. 무정은 보통 백성들과 함께 하찮은 일에 종사했고, 자연스럽게 농사의 어려움이나 백성들의 힘든 생활에 대해 비교적 잘 알게 되었다. 또 노예와도 친구로 지냈는데, 노예 부열(傅說)은 그중 가장 친한 친구였다. 무정은 왕위에 오른 뒤 부열을 발탁해 정사를 맡겼다. 부열은 원래 죄인으로 노예가 되었다가 무정의 눈에 들어 크게 쓰였다.

무정은 또 감반(甘盤)을 대신으로 기용해 부열과 함께 "정치를 맡아 천하의 백성을 다스리게"함으로써 통치 기반을 다지고 국력을 키워 상 왕조를 크게 다스렸다. 《사기》〈은본기〉에는 "무정이 정치를 행하고 덕을 베푸니 천하가 모두 기뻐하고 은의 도가 부흥했다"

고 기록되어 있다. 무정은 상 왕조를 다시 번영으로 끌어올렸기 때문에 '중흥의 왕'으로 불린다(무정은 대략 기원전 13세기 사람이다).

무정과 부열에 관해서는 이런 기록도 있다. 무정이 중용하려 한 부열은 노예 출신이었기 때문에 당시 귀족들의 격렬한 반대에 부딪힐 수밖에 없었다. 무정은 즉위 후 3년 동안 말을 하지 않는 방법으로 대처했다. 그 뒤 무정은 상나라의 시조 탕임금이 한 사람의 인재를 추천하는 꿈을 꾸었다면서 탕이 가르쳐 준 대로 사람을 불러 형상을 그리게 했다. 무정은 사방으로 사람을 보내 그림 속의 사람을 찾게 했고, 부험(傅險, 지금의 산서성 평륙현平陸縣)이란 곳에서 담을 쌓고 있던 노예가 무정 앞에 불려 왔다. 이 사람이 바로 부열이다. 일이 이렇게 되자 귀신과 미신을 맹신하고 있던 당시 귀족들은 더 이상 반대하지 못하고 달려와 축하해 주었다고 한다. 부열 발탁을 중심으로 인재에 대한 무정의 관심과 인재를 얻는 방법을 함께 생각해 본다.

3년을 기다리다

◇◇◇◇◇

상은 약 550년 동안 왕조를 유지했다. 그 550년 동안 약 30명의 제왕이 부침을 거듭했다. 상 왕조는 20대 국왕인 반경 때인 기원전 14세기 무렵 은(殷, 지금의 하남성 안양安陽)으로 도읍을 옮기는 등 국정 전반에 변화를 주어 쇠약해 가던 나라의 기운을 되살리는 중흥을 위한 기반을 닦았다. 그러나 다음 임금인 소신(小辛)과 소을(小乙) 때 다시 국력이 쇠약해져 백성들은 노래까지 지어 부르며 죽은 반경을 그리워했다.

이 같은 침체된 분위기 속에서 소을의 뒤를 이어 즉위한 왕이 무정이었다. 무정은 왕조의 부흥에 강

부열을 얻기 위해 3년 동안 묵묵히 기회를 기다렸던 무정이다.

력한 의욕을 보였지만, 국정은 전반적으로 대대적인 개혁을 하지 않으면 안 되는 상황이었다. 무정은 섣불리 움직이지 않았다. 아니 섣불리 움직일 수가 없었다. 왜냐하면 무정에게는 즉위하자마자 전권을 휘두르며 개혁에 나설 수 있는 정치적 기반이 없었기 때문이다.

민간 전설에 따르면 무정은 왕위에 오르기 전까지 궁정이 아닌 민간에서 생활했다. 소을이 죽은 뒤 마땅한 계승자가 없자 수소문한 끝에 몰락한 왕족 무정을 찾아내 즉위시켰다. 그러니 궁정 내 정치적 기반은 물론 궁중 일을 믿고 맡길 만한 측근도 전무했다. 무정은 기다리기로 했다. 무정은 3년을 기다렸다. 하지만 무작정 기다리기만 한 것은 결코 아니었다. 정치는 기존의 총재(재상)에게 맡기고 무정 자신은 아무 말도 하지 않고 국정 전반을 유심히 관찰했다(여기서 '삼년불언三年不言' 또는 '삼년무언三年無言'의 고사가 나왔다).

한바탕 '쇼'를 하다

3년을 기다린 무정이 실질적인 리더로서 기지개를 켜면서 처음으로 한 일이 요즘 식으로 표현하자면 한바탕 '쇼'였다. 어느 날, 대신들과 연회를 갖던 무정이 일없이 쓰러지더니 깨어나질 않았다. 신하들은 당황하며 어쩔 줄 몰라 했다. 의원을 부르고 복사(卜師, 제사장에 가까운 점을 치는 사람)가 점을 치고 굿을 하며 이런저런 방법을 동원했지만, 무정은 깨어나지 않았다. 신하들은 후계자 문제를 놓고 논쟁을 벌이는 등 분위기가 여간 뒤숭숭한 것이 아니었다.

그런데 혼절한 지 3일째 되던 날 무정은 아무 일 없었다는 듯 기적처럼 자리에서 벌떡 일어나 대신들을 불렀다. 대신들은 기쁨에 앞서 황당했다. 자리에서 일어난 무정은 대신들에게 느닷없이 꿈 이야기를 들려주었다.

무정은 당시 사람들의 미신을 잘 이용해 자신의 의지를 관철했다. 상나라 시대의 점복을 잘 보여주는 갑골과 거기에 새겨져 있는 갑골문.

"내가 누워 있는 동안 하늘에 올라가서 천제(또는 탕임금)를 만났다. 천제께서는 나더러 온 힘을 다해 나라를 다스리되 지난날의 법이나 습속에 매이지 말고 유능한 인재를 기용하여 나라를 부흥시키라고 하셨다. 천제께서 떠나면서 '열(說)'이란 이름을 가진 현명하고 유능한 노예가 있으니 내게 주신다고 했다. 그대들은 얼른 사방으로 흩어져 변방에서 고된 일을 하고 있는 열이란 이름을 가진 자를 찾아라."

상나라는 천명(天命)·상제(上帝)·귀신(鬼神)·점복(占卜) 따위와 같은 미신이 일상화되어 있었기 때문에 사흘 만에 깨어난 무정이 신탁을 받고 돌아왔다고 하자 믿어 의심치 않았다. 더욱이 무정은 화공을 불러 열이란 자의 모습까지 상세히 설명하며 초상화를 그리게 해서는 그것을 들고 찾게 했으니 대신들은 더더욱 믿을 수밖에 없었.

무정의 명령, 아니 천제의 신탁을 받든 신하들은 사방으로 흩어져 부험이란 곳에서 열이란 이름을 가진 노예를 찾아냈다. 열은 부험 일대에서 성을 쌓고 있었다. 이름은 물론 얼굴 생김새도 무정이 말한 그대로였다. 무정의 신통함에 다시 한 번 감탄한 대신들은 열을 극진히 모시고 무정에게 데려왔다. 무정은 바로 이 사람이라며 그를 재상에 임명해 국정을 이끌게 했다. 열을 부험이란 곳에서 찾았기 때문에 '부열'이란 이름을 지어주었다.

정치가 조기의 충고와 리더론

◇◇◇◇

부열을 재상으로 맞아들인 상 왕조는 크게 발전했고, 무정은 상 왕조를 중흥시킨 중흥조로서의 역할을 인정받아 훗날 상나라 왕으로서는 보기 드문 고종이란 시호를 받았다.

무정은 이렇게 3년을 기다리면서 자신을 도와 나라를 중흥시킬

극적으로 발탁된 부열은 기대를 저버리지 않고 무정을 훌륭히 보좌했다.

인재를 발탁할 방법을 고민한 끝에 당시 상나라 사람들이 절대적으로 믿고 있던 신탁을 이용해 부열을 전격 기용했다. 무정은 또 주변의 충고에 귀를 늘 열어놓고 있었던 리더이기도 했다.

시조 탕임금에게 제사를 올린 다음 날 꿩이 세발솥 손잡이에 앉아 우는 모습을 본 무정은 이를 불길하게 여겼다. 대신 조기(祖己)는 다음과 같이 무정에게 충고했다.

"하늘이 인간을 감시하고 살필 때는 인간의 도의를 기준으로 삼습니다. 하늘이 내린 수명에 길고 짧음은 있으나, 하늘이 인간을 요절시키는 경우는 결코 없습니다. 인간들이 자기 행동으로 수명을 단축하는 것일 뿐입니다. 어떤 인간은 도덕을 무시하고 자신의 잘못을 인정하지 않기 때문에 하늘이 재앙을 내려 행동을 바로잡으려는 것입니다. 사람들은 그제야 '이를 어쩌나' 하며 한탄합니다. 오, 임금이시여! 임금께서 백성을 위해 힘껏 일하는 것이 하늘의 뜻을 계승하는 것입니다. 버려야 할 잘못된 방법에 집착하거나 매이지 마십시오!"

조기의 충고에 무정은 한층 더 분발해 정치를 바로잡고 은혜와 덕을 베푸니 천하 백성들이 모두 기뻐했고, 상나라는 중흥의 기운이 흘러넘쳤다.

리더십의 완성은 제대로 된 인재의 기용으로

무정은 중흥기의 리더십과 관련해 시사하는 바가 크다. 조직이 침체기나 쇠퇴기로 접어들었을 때 대부분의 리더들은 현상 유지에 급급하거나 단기간에 조직을 완전히 뜯어고치려 한다. 대개는 두 방법 모두 좋지 않은 결과를 가져온다. 나라와 마찬가지로 조직이나 기업 경영에도 큰 흐름이란 것이 있다. 이른바 대세라는 것이다. 그것에 저항하거나 막는 것은 어렵기도 하거니와 불가능하다. 이럴 때 리더는 자신을 도와 조직을 추스르고 도약의 발판을 마련할 수 있는 인재에 눈을 돌려야 한다.

무정이 부열을 발탁한 과정은 얼핏 보면 황당무계한 일 같다. 하지만 그 이면에는 흥미로운 사실이 깔려 있다. 사실 무정은 젊은 날 민간에서 생활할 때부터 부열을 잘 알고 있었다. 그리고 부열의 능력과 인품을 존경하게 되었다. 무정은 왕이 되자 바로 부열을 생각해 냈다. 권력 기반이 없는 무정에게는 부열 같은 인재가 제격이었기 때문이다. 하지만 부열의 노예 신분이 문제였다. 신분과 출신이 열악한 데다 아무런 인적 기반이 없었으니 여간 큰 걸림돌이 아닐 수 없었다. 여기에 조정 내의 기득권을 가진 대신들을 설득해야 하는 난제까지 겹쳐 있었다. 정상적인 방법으로는 부열을 데려올 수 없다고 판단한 끝에 무정은 꿈과 신탁을 빌린 그런 '쇼'를 벌였고, 대신들은 신탁에 따라 순순히 부열을 모셔 왔던 것이다.

무정이 3년을 침묵으로 일관한 것도 그 나름의 노림수가 있었다.

부열은 무정을 보좌하면서 많은 충고를 내놓았다. 그중에서 "사람이 많이 듣기를 원하면 일을 이룰 수 있습니다"라는 대목은 여러 사람의 다양한 견해를 경청하라는 충고이다. 사진은 핑루셴에 남아 전해지는 부열의 무덤이다.

리더의 침묵은 주변을 초조하게 만들기 마련이다. 이런 심리를 이용해 무정은 은밀히 주위 인물들을 관찰했고, 그 결과 부열을 데려오기 위한 '쇼'를 극적으로 연출할 수 있었다. 또 무정은 상나라의 가장 중요한 습속인 점복을 비롯한 신탁을 적절히 활용했다.

리더가 현명하고 유능한 인재를 기용하고자 할 때는 출신을 비롯한 그 어떤 외적 조건에 매이거나 집착해서는 안 된다. 주위의 편견과 반대에는 충분한 시간을 갖고 설득하고 또 설득해 가능한 한 모두가 마음으로 인정한 상태에서 인재를 모셔야 한다. 진정한 리더십은 올바르고 제대로 된 인재를 기용함으로써 완성된다는 사실을 잊지 말아야 한다. 그러기까지의 과정은 리더가 리더십을 기르는 중대한 과정이기도 하다.

조직과 나라를 발전시키고, 조직원과 백성들을 잘살게 할 수 있는 길이라면 리더가 마다할 일이 어디 있단 말인가? 이 땅의 리더들이여! 조직원과 국민들을 행복하게 해주는 '쇼'를 마다하지 말지어다. 출신과 학연과 지연이란 거추장스럽고 못된 굴레는 훌훌 벗어던지는 '인재 해방을 위한 쇼'를 벌여라. 아울러 리더의 몸과 마음은 리더의 것이 아님을 알라. 자신을 믿고 따르는 조직원과 국민들이 주인임을 명심하라. 3천 수백 년 전 무정도 그 사실을 잘 알고 멋진 '쇼'를 성공적으로 해냈다. 그것은 위대한 '쇼'였다.

● 용인보감 18 ●

공자는 "자신의 몸이 바르면 명령하지 않아도 시행되고, 그 몸이 바르지 못하면 명령해도 따르지 않는다"고 했다. 신뢰는 성공하는 리더의 귀중한 자산이다. 리더는 자기 개인의 신용을 오랫동안 갈고 닦아야만 한다. 말이든 행동이든 자신이 약속한 일은 반드시 지켜야 한다.

―― 제19계명 ――
마음으로 한 약속도 지킨다

약속의 중요성에 관한 두 개의 고사

"말에는 믿음이 있어야 하고, 행동에는 결과가 있어야 한다."(공자)

약속은 믿음을 전제로 한다. 믿음이 전제되지 않은 약속은 기만이나 마찬가지이다. 지키지 못할 약속은 애초에 하지 말 것이며, 약속을 했으면 반드시 지키라는 말이 그래서 나왔다. '약속(約束)'이란 단어에 '묶는다'는 뜻의 '구속(拘束)'이 들어 있음에 유의하라.

말과 약속의 가치가 가치랄 것도 없이 떨어진 현실에서 말과 약속, 그리고 그 실천의 중요성은 그 떨어진 가치만큼 커지고 있다. 약속과 신뢰는 사회를 지탱하는 가장 기본적인 가치 개념이자 실천 덕목이다. 언약(言約)이란 단어를 새삼 앞세워야 할 필요성을 절감한다.

리더가 갖추어야 할 기본 자질로서 약속을 지키는 일은 대단히 중요한 의미를 갖는다. 리더의 말 한마디 한마디가 그 자체로 약속, 즉 구속이기 때문이다. 약속과 그 약속의 실천은 무엇보다 좋은 인재를 이끌어 들이는 강력한 힘으로 작용한다. 《사기》 속 두 고사를 통해 약속의 의미와 중요성을 생각해 볼까 한다.

마음으로 한 약속도 지킨다

계찰(季札, 생몰 미상)은 춘추시대 오나라 왕 수몽(壽夢, 재위 기원전 585~기원전 561)의 막내아들로 어질고 유능하기로 천하에 이름을 떨쳤다. 음악에 조예가 깊어 각국의 음악에도 정통했다고 한다. 오나라의 정신적 지주로서 조정과 백성들의 존경을 한 몸에 받았던 명사이였다.

기원전 550년 무렵 계찰은 노(魯)나라와 진(晉)나라에 사신으로 파견되어 가는 길에 서(徐)라고 하는 작은 나라를 지나게 되었다. 서의 국군은 계찰이 차고 있는 보검이 마음에 들었으나 차마 달라고 할 수가 없었다. 계찰은 그의 마음을 눈치 챘지만 큰 나라에 사신으로 가는 처지라 검을 풀어 그에게 줄 수 없었다(당시 남자들은 신분에 따라 검을 차는 '패검佩劍'이 예의였기 때문이다).

임무를 마친 계찰이 돌아오는 길에 다시 서나라에 들렀는데, 안타깝게 그사이 국군이 세상을 떠났다. 계찰은 그의 무덤을 찾아 무덤 옆 나무에 자신의 검을 걸어 놓았다. 여기서 '계찰괘검(季札掛劍)', 즉 '계찰이 (자신의) 검을 걸어 놓다'라는 고사성어가 나왔다. 시

'계찰괘검'은 약속의 중요성뿐만 아니라 중국인 특유의 성격을 대변하기도 한다. 우리는 약속했으면 당장 지키길 바라지만, 중국인에게 약속의 기한은 우리와는 사뭇 다르다. 무엇인가 약속할 때 그 약속의 기한을 명확하게 설정해야 할 것이다. 그림은 '계찰괘검'을 나타낸 것이다.

종이 죽은 사람에게 검이 무슨 소용이냐고 묻자 계찰은 "그렇지 않다. 당초 내가 그에게 검을 줄 마음을 먹었다. 그러니 그가 죽었다고 해서 마음을 바꿀 수 있겠는가?"라고 했다.

사마천(司馬遷)은 이런 계찰을 두고 "연릉계자(延陵季子)의 어질고 덕이 넘치는 마음과 도의(道義)의 끝없는 경지를 사모한다. 조그마한 흔적을 보면 곧 사물의 깨끗함과 혼탁함을 알 수 있다. 어찌 그를 견문이 넓고 학식이 풍부한 군자가 아니라고 하겠는가!"라며 높이 평가했다.

'계찰괘검'은 약속과 신의의 중요성을 나타내는 고사성어이다. 특히 저 혼자 속으로 한 약속이라도 지켜야 한다는 점을 감동적인 고사로 전하고 있다. 말로 내뱉지 않고 마음속으로 한 약속이라도 지켜야 한다는 계찰의 말이 조금은 고지식하게 들릴 수 있지만, 약속을 헌신짝처럼 내팽개치는 우리 현실에 대한 경종으로 받아들이기에 충분하다.

천금보다 중한 계포의 약속

'계포의 한번 약속'이란 뜻의 '계포일낙(季布一諾)'이란 고사성어도 약속의 중요성과 약속은 반드시 지키는 것임을 비유하는 성어이다. 한나라 초기 계포(季布, 생몰 미상)라는 인물의 고사에서 비롯되었다.

초(楚)나라 출신인 계포는 젊었을 때부터 의협심 넘치는 인물로 유명했다. 그는 한 번 승낙하거나 약속한 말은 무슨 일이 있어도 지켰다. 그는 서초패왕 항우(項羽)가 한나라의 유방(劉邦)과 천하를 두고 싸우는 초한쟁패 때 초나라 대장으로서 유방을 여러 차례에 걸쳐 괴롭혔다. 이 때문에 유방은 계포에 대한 원한이 대단했다. 유방은 항우를 물리치고 천하를 얻은 다음 천금의 현상금을 걸고 전국 방방곡곡에 계포를 체포하라는 수배령을 내렸다.

계포는 쫓기는 몸이 되었지만, 계포를 아는 사람들은 감히 그를 팔려 하지 않았다. 오히려 유방에게 계포를 추천했다. 계포는 유방을 만나 당당하게 자신의 생각을 밝혔고, 유방은 그간의 감정을 풀고 그에게 낭중(郎中)이란 벼슬을 주었다. 혜제(惠帝) 때는 중랑장으로 승진했다.

당시 흉노의 우두머리 선우(單于)가 여(呂)태후를 깔보는, 불손하기 짝이 없는 편지를 조정에 보내왔다. 격노한 여태후는 곧 장군들을 불러들여 흉노를 공격하라며 울분을 터뜨렸다. 여태후의 총애를 받고 있던 상장군 번쾌(樊噲)는 "제가 10만 병력을 이끌고 흉노

놈들을 무찔러 버리겠습니다!"라며 큰소리를 쳤다. 여태후의 안색만 살피고 있던 무장들은 이구동성으로 "그게 좋은 줄로 아룁니다" 하고 맞장구를 쳤다. 그때 "번쾌의 목을 잘라야 합니다!"라고 고함을 치고 나서는 사람이 있었으니, 다름 아닌 계포였다. 그러면서 계포는 이렇게 상황을 분석했다.

"고조 황제께서 40만이란 군대를 거느리시고서도 평성(平城)에서 그들에게 포위당하신 적이 있지 않았는가? 그런데 지금 번쾌가 말하기를 10만으로 요절을 내겠다고? 이거 정말 큰소리도 이만저만이 아니군! 다른 사람은 모두 눈먼 장님인 줄 아는가? 진(秦)이 망한 것은 오랑캐와 시비를 벌인 데다 진승(陳勝) 등이 그 허점을 노리고 일어섰기 때문이다. 그들에게서 입은 상처가 아직 다 아물지 않고 있는데 번쾌는 주상께 아첨하여 천하의 동요를 불러일으키려 한다!"

모두들 얼굴이 새파랗게 질렸다. 계포의 목숨도 이제 끝장이라고 생각했다. 그러나 여태후는 화를 내지 않고 폐회를 명했다. 여태후는 다시는 흉노 토벌을 입에 올리지 않았다.

또 이런 일도 있었다. 초나라

'계포일낙'은 약속의 중요성뿐만 아니라 말의 무게에 대해 새삼 생각하게 만드는 고사이다. 말의 무게는 한 말을 지키느냐 마느냐에 따라 달라진다.

사람으로 아첨을 잘하고 권세욕과 금전욕이 강한 조구(曹丘)라는 자가 있었다. 그는 황제의 숙부인 두장군(竇長君)을 찾아가 계포를 만나려고 하니 소개장을 써달라고 했다.

두장군은 "계 장군은 자네를 좋아하지 않는 모양이야. 가지 않는 편이 좋지 않을까?"라며 말렸으나, 억지로 졸라 두장군의 소개장을 얻은 조구는 찾아가 뵙겠다는 편지를 먼저 보낸 뒤 계포를 방문했다. 계포는 상투 끝까지 화가 치민 채 기다리고 있었다. 계포를 만난 조구는 인사가 끝나자 입을 열었다.

"초나라 사람들은 황금 백 근을 얻는 것은 계포의 한 번 약속을 얻는 것만 못하다고 말하는데, 도대체 어떻게 해서 그렇게 유명하게 되셨습니까? 원래 우리는 동향인이기도 하니까 제가 당신의 일을 두루 선전하고 다니겠습니다. 그러면 지금 겨우 양나라와 초나라에밖에 알려져 있지 않은 당신 이름이 머지않아 천하에 퍼질 것입니다."

조구를 못된 사람으로 취급하던 계포도 기분이 좋아져 그를 빈객으로 극진히 대접했다. 조구로 인해 계포의 이름은 천하에 널리 알려지게 되었다.

'계포일낙'은 '계포가 한 번 한 약속' 또는 '계포의 승낙 한마디'라는 뜻이다. 계포는 한 번 승낙한 일이면 반드시 약속을 실행했기 때문이다. 이와 비슷한 뜻을 가진 성어들로는 일낙천금(一諾千金, 한 번 약속이 천금보다 더 중하다), 계포일낙(季布一諾, 계포의 한 번 약속), 남아일언중천금(男兒一言重千金, 남자의 말 한마디가 천금보다 중하다) 등이 있다.

● 용인보감 19 ●

나에게 대부분의 즐거움은 줄곧 내가 재능 넘치는 인재를 초빙해 그와 함께 일할 수 있느냐에서 나왔다. 나는 나보다 젊은 직원을 많이 초빙했다. 그들은 모두 뛰어난 인재들이었고 시야도 넓어 틀림없이 진보할 수 있었다. 그들의 날카롭고 지혜로운 안목을 이용하는 동시에 고객의 건의를 폭넓게 받아들인다면 우리는 계속 앞서 나갈 수 있을 것이다. (전 마이크로소프트 최고경영자 빌 게이츠)

─── 제**20**계명 ───
사람의 힘이 하늘도 이긴다

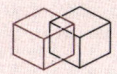

현대 경영과 인재론

다음은 당나라 시인 유우석(劉禹錫, 772~842)의 〈금릉회고(金陵懷古)〉라는 시의 한 구절이다.

"흥폐유인사(興廢由人事), 산천공지형(山川空地形)."

"흥망은 사람으로 말미암고, 산천은 그저 지형일 뿐이다."

유우석의 말은 조직이나 나라의 흥망은 결국 사람이란 요소로 결정되고, 산천의 험준함 같은 주어진 조건에만 의지해서는 안 된다는 뜻이다. 이 구절은 시인이 의도한 바는 아니겠지만, 오

당나라 시인 유우석의 시 한 구절에서 현대 경영의 진수를 발견할 수 있다. 유우석의 초상화이다.

늘날 조직과 기업 발전에 있어서 아주 중요한 문제를 이끌어 내고 있다. 기업 성공에서 관건은 바로 사람이라는 명제가 그것이다. 이 점을 현대의 과학적 이론과 경영사례 등을 통해 함께 살펴보고자 한다.

기업의 구성 요소와 사람

모든 기업은 사람이란 요소(관리자와 피관리자를 포함)와 물질이란 요소(공장·설비·상품·자금 등을 포함)로 구성된다. 그리고 물질이란 요소는 결국 사람이 창조하고 사용한다. 따라서 기업의 영혼은 사람이며, 기업 발전의 무궁한 동력도 사람이며, 기업이 부를 이루는 무궁한 원천 역시 사람이다. "지구상의 모든 아름다운 것은 태양에서 나오고, 모든 좋은 물건은 사람에게서 나온다"는 말이 바로 그것이다.

고대 상인과 그가 경영하는 기업에 있어서 가장 중요한 것은 특권이었다. 국왕의 '특허령'이 없으면 경영의 자격조차 얻을 수 없었다. 근대에 들어와 이런 특권은 점점 소멸되었고, 기업의 핵심적 요소는 자본으로 변했다. 자본은 '만능의 마법사'가 되었고, 돈만 있으면 모든 것을 가질 수 있었다. 20세기 초 '과학적 관리학의 아버지'로 불리는 미국의 테일러(F.W. Taylor, 1856~1915)가 정량적 분석법에 치우친 과학적 관리론을 제기한 이래 상당 기간 서양의 기업가들은 '물질을 중심으로 삼는' 경영이론을 신봉해 왔다.

서양 관리론에서 가치지향과 경영이념이 물질 중심에서 사람 중심으로 변화하기 시작한 것은 최근 몇십 년 사이의 일인데, 이 변화에 중국의 유가사상이 꽤 영향을 주었다는 흥미로운 주장이 있다. 유가에서 제창하는 '사람이 귀하다'는 '이인위귀(以人爲貴)'의 논리와 그로부터 나온 '사람을 근본으로 삼는다'는 '이인위본(以人爲本)'의 경영

물질 중심의 경영이론을 뒷받침하는, 이른바 과학적 관리학을 제기한 프레더릭 테일러.

법을 서양의 현대 '문화 관리학파'가 대대적으로 강조하고 논증하면서 서양 기업관리는 기업의 기초를 사람을 근본으로 삼는 쪽으로 옮겨갔다.

최근 수십 년 사이 과학기술의 발전과 사회생산력의 증대로 기업의 경영활동에서 사람이 차지하는 위치와 작용에 대한 서양의 인식은 더욱 심화되었다. 그들은 앞선 과학기술도 중요하지만 그것이 결국은 사람에 의해 창조될 뿐만 아니라, 모든 물질적 요소는 사람을 통해야만 개발되고 이용할 수 있다는 점을 확실하게 인식하기에 이르렀다.

기업 활력의 진정한 원천은 직원 전체의 적극성·주동성·창조성에 달려 있다. 따라서 그들은 중국 유가의 '사람이 귀하다'는 사상에 자극을 받아 기업관리의 중점을 물질에 대한 관리에서 사람에 대한 관리로 방향을 옮겼고, 이로써 기업관리에서 인간과 물질의 관계는 새롭게 정리되었다.

타이완의 기업인 왕융칭은 인재의 품질이 기업의 근본이라는 품질론을 제기했다. 사진은 왕융칭의 성공을 분석한 책 표지를 장식한 왕융칭이다.

사람이 기업에서 가장 중요한 자원이라는 인식은 이미 세계가 공인하는 바이다. '경영의 신'으로 불리는 일본의 마쓰시타 고노스케(松下幸之助, 1894~1989)는 기업경영의 기초는 사람이라고 했다. 그는 "기업경영에서 제조·기술·영업·자금 등은 여전히 중요하지만 사람이 이것들을 주재한다. 돈이 있고 상품이 있어도 이것들을 이용할 줄 아는 인재가 없으면 어떤 작용도 할 수 없다. 따라서 누가 뭐라 해도 인재가 가장 중요하다"라고 했다.

역시 '경영의 신'으로 불리는 타이완의 왕융칭(王永慶, 왕영경, 1917~2008)은 자신이 창립한 타이수(台塑, 대소)그룹의 성공 비결을 언급하면서 "품질이 기업 진보의 원동력이다"는 뛰어난 진단을 제기한 바 있다. 그러면서 그는 사람·일·물건의 품질 중에서 "가장 중요한 것은 역시 사람의 품질이며" "사람의 품질이 모든 것의 근본이다"라고 했다. 기업의 일과 물건의 품질은 모두 우수한 품질의 사람이 창조하는 것이기 때문이다.

중국 난더(南德, 남덕)그룹의 총재 머우치중(牟其中, 모기중, 1941~)은 "인재가 자본이고, 인재가 자본에 앞선다"는 유명한 '인재 자본론'을 제기했다. 미국의 관리학자이자 현대 경영학의 아버지로 불리는 피터 드러커(Peter F. Drucker, 1909~2005)도 "사람이 최대의 자산이며" "기업이나 사업의 유일하고 진정한 자산은 사람이다"라고 했다. 미국의 유수 기업인 IBM(International Business Machines Corp.)의 CEO 존 로버츠 오펠(John Roberts Opel, 1925~2011)은 "기업은 사람이 주관하고 기업의 성공 비결은 사람이다"라는 명언을 남겼다. 미국의 철강왕 카네기(Andrew Carnegie, 1835~1919)는 "내가 가진 공장과 설비, 철도와 선박, 운송 수단, 돈을 전부 가져간다 해도 내게 조직과 사람만 남아 있다면 2~3년 안에 그것들을 다시 가질 것이다"라고 확언했다.

사람이 하늘도 이긴다

현대 시장경제의 발전추세로 볼 때 사람이 상대적으로 우위에 있다는 논리가 종래의 경제발전론을 압도하고 있다. 자본축적은 이제 더 이상 우세가 아니다. 인재를 보유하고 기술을 장악해야 진정한 우세다. 이제 고도의 과학기술 산업은 두뇌산업이 되었다. 두뇌산업은 어디든 갈 수 있다. 효과적으로 인재의 두뇌를 조직하고 움직일 수 있으면 누구든 이 산업에 종사할 수 있게 되었다. 해당 산업에 종사하고 있는 과학자들은 이 사실을 더욱 절감하고 있다.

세계적으로 이름난 중국인 과학자 양전닝(楊振寧, 양진녕, 1922~)은 그의 스승인 테일러와 세계 각국의 과학기술 성공 요인에 대해 대화를 나눈 적이 있다. 그 자리에서 테일러는 개발도상국에 가장 중요한 것은 자금이 결코 아니라고 강조했다. 예를 들어 이란 같은 나라는 돈은 많지만, 그것이 그들의 찬란한 앞날을 대변하지 않는다. 이와는 달리 독일과 일본은 제2차 세계대전에서 패한 뒤 극도로 힘든 시기를 보냈다. 그러나 30년 넘게 노력한 결과 경제력은 벌써 저만치 앞서 있다. 그 주된 요인은 교육과 인재를 중시하고 국민의 자질을 높이는 데 중점을 둔 것에 있다. (현재 일본의 상황은 불과 몇 년 전과 크게 달라져 쇠퇴의 길을 걷고 있다. 그 원인에 대해서는 별도의 분석이 필요할 것이다.)

물질적 자본으로 치부해 백만장자가 되려면 100년 가까이 걸린다. 철강왕 카네기가 그런 경우였다. 에너지로 치부해 억만장자가 되는 데는 50년이 걸린다. 석유왕 록펠러(John Davison Rockefeller, 1839~1937)가 그런 경우였다. 인간의 두뇌를 자본으로 치부해 더 큰 부자가 되는 데 걸리는 시간은 수십 년이면 충분하다. 빌 게이츠(Bill Gates, 1955~) 등이 대표적인 경우다. 앞으로 그 시간은 더 줄어들 것이다. 컴퓨터에 들어가는 반도체를 만드는 원재료는 쇠를 가공하는 것보다 훨씬 쉽고, 과학기술에 기초한 두뇌를 거쳐 가공되면 그 가치는 천금과 맞먹는다. 기업을

춘추시대 오나라를 일약 강대국으로 끌어올리는 데 결정적인 역할을 한 오자서는 "사람이 하늘을 이긴다"는 말로 사람의 역할을 특별히 강조했다. 사진은 우리 기업인 락앤락 쑤저우(소주蘇州) 공장 앞에 서 있는 오자서의 동상이다. (사진은 락앤락 홍보실 제공)

이끄는 리더의 최고 실력은 인재를 알아보고 그를 기용할 줄 아는 것이며, 일의 중점을 물질적 자본을 운용하는 데서 인재라는 자본을 개발하는 쪽으로 옮길 줄 아는 것이다.

이런 이치는 지금만큼 투철하지는 못했지만 옛사람들도 일찌감치 인식하고 있었다. 이와 관련해 순자(荀子, 기원전 313~기원전 238)는 "인재로 하여금 재능을 충분히 발휘하게 하면 천시(天時)·지리(地利)·인화(人和)를 얻게 되어 재부가 샘물처럼 솟아나 강과 바다처럼 흘러넘치며 산과 구릉처럼 가는 곳마다 눈앞에 나타날 것이다"라고 했다(《순자》〈왕패편王霸篇〉). 지금으로부터 약 2,500년 전 춘추시대의 전략가 오자서(伍子胥, ?~기원전 484)는 심지어 "사람이 많으면 하늘도 이긴다(인중승천人衆勝天)"고 단언했다(《사기》〈오자서열전〉). 이렇듯 사람의 중요성을 제대로 인식한 선각자들이 강조하는 이치는 예나 지금이나 하나 다를 바가 없다.

● 용인보감 20 ●

직원들에게 합당한 자리를 만들어 주기 위한 연구와 분석 결과를 보면 이렇다. 창조에 유리한 격려, 창조적 분위기, 직원의 능동성을 끌어내기 위한 효과적인 격려법, 필요한 직원훈련, 직능을 끌어올리는 데 도움이 되는 외부의 자극 등등⋯. 이런 요소들은 모두 직원의 잠재력을 개발하고 발휘하는 데 가장 좋은 수단이다.

제21계명
현상을 인정하라

위기 극복의 리더십

기업경영 전문가들이 제시하는 현대 리더와 리더십 이론을 읽어보면 역으로 과거 역사 속 리더들이 보여준 리더십을 알기 쉽게 정리하는 데 많은 도움이 된다. 그중에서 '신임 리더를 파멸로 이끄는 함정들'이란 최근의 리뷰는 지금으로부터 약 2,200년 전 천하 패권을 놓고 다투었던 항우와 유방의 리더십을 떠올리게 한다. 이 리뷰가 제시하는 함정들을 꼽아보면 다음과 같다.

첫째, 세부적인 내용에 지나치게 집착한다.
둘째, 비판에 부정적으로 반응하는 행동을 보인다.
셋째, 상대에게 위협감을 주는 행동을 보인다.
넷째, 성급하게 결론에 도달하는 행동을 보인다.
다섯째, 직속 부하 직원들의 업무에 지나치게 간섭한다.

알다시피 초한쟁패의 결과는 절대적 열세를 뒤집은 유방의 역전승이었다. 항우는 압도적인 우세에도 불구하고 이런저런 이유로 다 잡은 패권을 놓쳤다. 그 원인으로는 항우의 리더십에 결정적으로 문제가 있다는 지적이 많다. 이 지적을 염두에 두고 지금까지와는 달리 과거 역사에서 오늘날 경영에 교훈을 주거나 계발에 도움이 될 만한 지혜를 도출하는 것이 아닌, 역으로 현대 경영이론을 가지고 역사적 사례를 되짚어 보는 새로운 시도를 해보고자 한다. 즉, 위에서 제시한 리더를 파멸로 이끄는 다섯 가지 함정을 우선 실패한 영웅 항우가 보여준 사실에 대입시켜 보고, 이어 그의 라이벌이었던 유방의 리더십과는 어떤 차이가 나는지 분석한다. 이를 통해 지금 우리 사회가 직면한 위기의 리더십을 성찰하고자 한다.

항우의 실패와 리더의 함정

항우에 관한 기본 사료는 사마천 《사기》의 〈항우본기〉, 항우의 라이벌이었던 유방의 기록은 〈고조본기〉가 거의 전부다. 사마천은 실패한 영웅 항우에 큰 애정을 갖고 있었다. 그래서 제왕들의 기록인 '본기'에 항우 이야기를 편입했다. 이 기록을 종합적으로 분석해 보면, 위에 제시한 다섯 가지 함정에 항우 리더십의 문제점 대부분이 해당되는 것을 발견할 수 있다.

이 다섯 항목은 따로 나누어 제시되고 있지만, 역사상 리더의 실제 행동은 이처럼 엄격하게 구분되는 것이 아니라 이 항목들 중 몇 가지가 뒤섞여 복합적으로 표출되고 있다. 오늘날 경영이나 관리에서도 비슷하다는 지적이다. 대체로 첫째, 둘째, 셋째 항목이 섞여 나타나는 경우가 많으며, 넷째와 다섯째 항목이 복합적으로 나타나는 경우도 많다.

첫째 항목인 '세부적인 내용에 지나치게 집착'하는 리더로서 항우의 문제점을 지적한 사람은 당초 항우 밑에 있다가 유방에게 귀순한 명장 한신이었다. 관련하여 항우에 대한 다음과 같은 한신의 노골적인 평가가 남아 있다. (그 평가를 현대어로 바꾸어 보았다.)

"항우는 계집애 같다. 병사들이 다치면 도시락까지 싸 들고 와서 눈물을 찔찔 짜며 위로하지만, 정작 자리를 내릴 때면 작은 자리라도 주기 아까워 도장을 만지작거리는 바람에 도장의 모서리가 다 닳을 정도다."

항우가 두 번째 항목인 '비판에 부정적으로 반응하는 행동'은 여러 사례가 남아 있다. 그중에서도 가장 대표적인 것이 '목후이관(沐猴而冠)'이라는 사자성어와 관련한 사건이다. 항우에게 요새 같고 비옥한 관중을 도읍으로 정해야 한다고 건의한 사람이 있었다. 그는 자신의 명확한 분석과 견해를 무시하면서 굳이 고향 쪽으로 돌아가겠다고 하는 항우를 두고 "원숭이가 관을 쓰고 있는 꼴"이라고 조롱했다. 항우는 그자를 잡아다가 가마솥에 삶아 죽였다.

세 번째 항목인 '상대에게 위협감을 주는 행동'은 항우의 리더십에서 가장 치명적이다. 전투에서 승리할 때마다 대량 학살을 일삼아 백성들을 공포로 몰아넣었다. 패배한 적군을 죽이는 것은 물론 노약자들까지 서슴지 않고 죽였다. 오죽했으면 항우가 옹립한 회왕(懷王)이 항우가 지나가는 곳은 전멸을 당하고 무참히 파괴된다고 했겠는가?

네 번째 '성급하게 결론을 내리는' 항목도 항우의 행적에서 어렵지 않게 발견된다. 도읍지 선정 문제도 그렇거니와, 싸움이 좀처럼 끝날 기미가 보이지 않고 교착상태에 빠지자 유방에게 일대일 회담을 요청해서는 두 사람만 나서 승부를 겨루자는 성급하고 비현실적인 제안을 했다. 유방은 싸움이란 머리로 하는 것이지 힘으로 하는 것이 아니라며 약을 올렸고, 화가 난 항우는 또 한 번 성급하게 유방에게 활을 쏘는 우를 범했다. 심리전에서 항우는 유방에게 철저하게 패배했다.

마지막 다섯 번째 '직속 부하들의 업무에 지나치게 간섭하는 행위'란 부하에 대한 신뢰 부족이나 마찬가지다. 항우 역시 최고 참모였던 범증을 신뢰하지 못하다 결국 유방의 이간책에 넘어가 그를 내쳤다. 그리고 원래 자기 밑에 있었던 많은 인재, 예컨대 진평이나 한신 같은 인재들을, 그것도 적인 유방 쪽으로 넘어가게 함으로써 결정적인 패인을 자초했다.

지금으로부터 2,200여 년 전 비운의 영웅 항우에게서 참 공교롭게도 현대 경영이나 관리에서 지적되고 있는, 리더를 파멸로 이끄는 함정들을 발견하게 된다. 역사의 아이러니인가, 아니면 역사의 데자뷔인가?

유방의 성공과 진화하는 리더십

반면 유방의 리더십은 항우와 거의 정반대였다. 유방은 마치 항우가 하는 행동을 기다렸다가 그것과 거꾸로 행동하기로 작정한 것 같았다. 이미 결론이 나 있는 역사적 사실이라는 한계가 있긴 하지만, 역사서《사기》의 신뢰도와 인간 행위에 대한 깊은 성찰을 고려할 때 항우와 유방의 사례는 많은 것을 생각하게 한다.

유방은 우선 가는 곳마다 고통 받고 있는 백성들의 마음을 어루만지고 여론을 다독였다. 진나라의 악법을 폐지하고 가장 기본적인 법 세 항목만 남기겠다는 '약법삼장(約法三章)'의 공약이 가장 대표적인 예다. 살육을 능사로 알았던 항우와는 전혀 다른 리더십을 보여준 것이다.

유방은 참모들의 충고를 허심탄회하게 받아들였다. 자신의 무례를 호통 친 유생 역이기(酈食其)를 의관을 정제하고 정중하게 다시 맞아들인 장면은 유방의 열린 리더십을 잘 보여준다. 자신이 천하를 차지한 것은 자기가 잘나서도 아니고 항우가 못나서도 아니라 한신·장량·소하 같은 인재를 얻었기 때문이라는 분석은 지금까지 수천 년 동안 행해진 리더들의 자기분석 중 가장 탁월한 것으로 꼽힌다. 유방은 인재의 중요성을 알았던 만큼 부하의 업무에 간섭하기보다는 가능한 한 많은 권한을 위임할 수 있었다(유방의 인재관 등에 관해서는 앞에서 상세히 살펴본 바 있으니 참고하면 좋겠다).

집착을 버리고 현상을 인정하라

사마천은 같은 상황을 놓고 항우와 유방이 보인 반응을 짤막하게 소개하고 있다. 이 대목이 아주 흥미로운데, 그 상황은 바로 진시황의 행차였다. 당시 진시황의 지방 순시는 대형 이벤트와 같았다. 화려한 마차와 엄청난 수행원, 위풍당당한 의장대는 그 자체로 볼거리였다. 시점과 장소는 다르지만 이 행차를 항우도 보았고, 유방도 보았다. 항우는 당시 "저놈의 자리를 내가 차지하고 말 테다!" 하는 반응을 보였고, 유방은 "야, 사내대장부라면 저 정도는 돼야지!"라는 반응을 보였다.

같은 행차를 두고 두 영웅이 보인 이 짧은 한마디의 반응에 두 사람의 운명이 암시되어 있다. 항우의 반응은 '현상집착'이었고, 유방의 반응은 '현상인정'이었다. 그 뒤 두 영웅이 보여준 리더십의 행태를 놓고 보면 이런 추정에 충분히 수긍이 갈 것이다.

흔히들 현상을 인정하는 것과 현상에 집착하는 것의 차이를 제대로 구별하지 못한다. 리더 당사자는 더 그렇다. 현상을 인정할 줄 아는 리더는 문제가 발생하게 된 원인과 그 책임에 대한 자성이 따르지만, 현상에 집착하는 리더는 문제를 회피하거나 책임을 남에게 전가한다. 현상집착은 끊임없이 '내가 왜 그랬지'가 아닌 '저들이 왜 저러지'라는 질문만 던지게 한다. 그것은 비판에 부정적으로 반응하게 할 뿐 아니라 결국 상대를 위협하게까지 한다.

항우는 '사면초가(四面楚歌)'의 막다른 골목에 몰린 상황에서도

항우와 유방 두 영웅의 결말과 운명은 진시황의 행차에서 그들이 보여준, 극명하게 대비되는 반응 속에 숨어 있었다. 그림은 진시황의 행차를 보는 유방의 모습을 그린 것이다.

"하늘이 나를 망하게 하려는 것이지 내가 싸움을 잘못한 죄가 아님을 제군들이(병사들이) 알게 하고 싶다!"라며 패배의 책임을 애꿎은 하늘에 돌렸고, 강동(江東)으로 돌아가 재기할 것을 권하는 오강(烏江)을 지키는 정장(亭長)의 권유에 "하늘이 나를 망하게 하려는데 내가 강을 건너서 무엇 하겠는가?"라고 했다. 항우는 죽는 순간까지도 진시황의 행차, 그 장면에서 벗어나지 못했다. 집착은 성공을 방해하는 독약과 같은 치명적 함정이다.

위기가 되었건 전성기가 되었건 리더는 현상을 있는 그대로 인정할 줄 알아야 한다. 현상에 대한 집착을 마치 일 처리에 죽을힘을 다하는 것과 혼동하는 리더들이 많다. 잘못된 방법은 골백번을 시도해도 잘못된 답을 끌어낼 뿐이다. 현상을 직시하는 것 못지않게 현상을 인정하는 것이 중요하다.

● 용인보감 21 ●

태도가 모든 것을 결정한다. 어떤 일에 대한 사람들의 태도가 일치하면 그들이 끌어내는 결론도 기본적으로 일치한다.

그러나 각도를 바꾸어 일을 대하고 살피면 상반된 결론을 얻을 수도 있다. 이것이 이른바 "비스듬히 언덕을 보면 산봉우리처럼 보이고, 멀고 가깝고 높고 낮음은 다 다르다"는 말이다.

제22계명
'용인관'의 시대적 한계를 돌파하라

춘추전국시대 '용인' 사상의 문제점

기원전 770년부터 기원전 221년까지 반 천년 가까이 지속된 춘추전국시대는 인재들이 우후죽순처럼 쏟아졌던 시기였다. 수많은 인재가 자유롭게 국경을 넘나들며 각자의 재능을 발휘했다. 이 시기 인재의 흥성은 후세에 유익한 계시를 주기에 충분하다. 춘추전국시대는 중국 인재 발전사에서 아주 중요한 자리를 차지한다. 이 때문에 인재의 다양성과 백가쟁명(百家爭鳴)은 두고두고 칭송의 대상이었다. 그렇다고 이 시대가 인재의 역사에서 완벽하고 이상적이었다고 오해해서는 안 된다. 당연히 다른 시기와 마찬가지로 시대와 계급의 한계성과 역사의 제한성을 갖고 있다. 다소 전문적인 내용이긴 하지만 춘추전국이라는, 장장 500년이 넘는 이 시기의 특징과 그 한계성을 짚어볼까 한다. 이를 통해 지금 우리가 살고 있는 이 시대의 한계와 문제점은 무엇인지 생각해 보는 기회를 가졌으면 한다.

첫째, 춘추전국시대는 수많은 제후의 분쟁 때문에 통일은 파열되었고, 인재에 대한 배양과 임명도 실제로는 지리멸렬한 무정부 상태였다는 점이다. 우선 인재를 배출하는 기반인 교육은 서주(西周)시대의 관학(官學)이 폐지된 뒤 사람들은 사학(私學)으로 몰려들었다. 이는 조직과 계획이 결여된 인재교육을 초래할 수밖에 없었다. 그러는 동안 많은 인재가 낭비되거나 매몰되었다.

그리고 바로 이런 틈에 인재를 개인적으로 받아들여 육성하는 현상이 붐처럼 일어났다. 제나라의 맹상군(孟嘗君), 조나라의 평원군(平原君), 위나라의 신릉군(信陵君), 초나라의 춘신군(春申君) 등 이른바 '전국 4공자'를 비롯해 진나라의 문신후(文信侯) 여불위(呂不韋)와 같은 권세가들은 저마다 '식객 3천'으로 대변되는 방대한 인재들을 거느리고 있었다. 한 개인이 수천에 이르는 인재를 사실상 소유함으로써 많은 인재가 자신의 능력을 제때 제대로 발휘하지 못한 채 썩을 수밖에 없었을 뿐만 아니라, 이 때문에 이들의 다양한 식견 또한 구속당했다.

평원군 조승(趙勝)이 초나라로 담판하러 떠날 때 그를 수행할 사람을 뽑는데, 3천 명 식객 중에 고작 20명조차 뽑을 수 없었다. 19명을 간신히 뽑은 다음 모수(毛遂)가 나서며 스스로를 추천하지 않았더라면 그나마 20명도 채울 수 없었을 것이다. 이 일화는 당시 식객들이 처한 상황의 일단을 전하고 있다. 물론 민간과 개인의 사가에서 길러낸 인재는 다양했기 때문에 사상 방면에서의 활약에는 유리했다. 그러나 다른 의미에서 보자면, 제후들이 저마다 영역을 차지한 채 경쟁하는 상황에서 인재의 자유롭지만 무분별한 이동과 백가쟁명은 문화와 학술 영역에 한정되어 반영될 수밖에 없다. 따라서 거기에는 소극적인 요소 또한 적지 않았다.

둘째, 인재의 재능과 지혜가 극한 전쟁 통에 서로 상쇄되었다. 춘추전국시대에 전쟁은 한 나라의 생사존망과 직결된 중대한 일이었다. 그래서 각국은 정치·외교·군사 방면에서의 인재를 우선 중시할 수밖에 없었다. 인재들의 능력과 지혜가 주로 정치와 군사에 활용되었고, 상대적으로 사회적 기반을 위한 생산 발전에는 좀처럼 투입되지 못했다. 인재들의 뛰어난 재능과 업적은 전쟁에 따른 파괴 때문에 대부분 상쇄되었다.

연나라의 왕 쾌(噲)와 대신 자지(子之)는 나름대로 중대한 개혁을 실행해 사회생산을 발전시켰지만, 제나라 선왕(宣王)은 인재를 활용해 연나라의 인재들이 일군 성과를 훼손했다. 인재의 업적은 이렇듯 마지막에 가서는 전쟁 때문에 황폐해졌다. 조나라의 염파(廉頗)·인상여(藺相如)·이목(李牧)은 모두 걸출한 인재들이었다. 하지만 이들의 재능은 인재가 집단을 이룬 강대국 진나라와의 대결을 전제로 했을 때만 발휘될 수 있었다. 이렇듯 서로 대립·상쇄·견제라는 복잡한 과정 속에서 인재들은 방향과 역량이란 면에서 불균형을 이룰 수밖에 없었고, 결과적으로 인재가 사회발전을 직접 뒷받침하거나 앞장서서 이끄는 역할을 하지 못했다. 맹자(孟子)는 전국시대 인재가 처한 상황을 날카롭게 비평한 바 있는데, 그는 "공격과 정벌을 좋은 일로 여긴다"(《사기》〈맹자순경열전〉)고 지적했다. 나아가 끊임없이 전쟁을 일으키는 자들은 처벌받아야 한다며 저주를 퍼부었는데, 일리가 없지 않다.

셋째, 제자백가 또는 백가쟁명에는 사회에 직접적인 도움을 줄 수 있는 학설이 적은 편이다. 춘추전국시대 백가쟁명 중 영향이 크고 지금까지 전해지는 것은 10여 종밖에 되지 않는다. 약 500년에 이르는 오랜 기간에 이 정도밖에 나타나지 않았다는 사실은 백가쟁명이라기보다는 끊어질 듯 말 듯 이어진 논쟁이라고 하는 편이 더 정확할 것이다. 백가쟁명에서 실제로 누구와 누구가 정식으로 논쟁을 벌였다는 사실도 없다.

유가·도가·음양가·묵가 등과 같은 학설은 사회적 실천에서 벗어나 있는 학설이라 각국이 중시하지 않았고, 큰 작용을 발휘하지도 못했다. "중니(仲尼, 공자)는 난관에 부딪히자 《춘추(春秋)》를 편찬했고", "맹자는 은퇴한 다음에야 만장(萬章) 등과 같은 사람들과 시와 서를 썼다."(《사기》〈맹자순경열전〉)

이들이 사회 문제를 해결하기 위해 제기한 방법들을 보면, 공자는 자신의 한계를 극복하고 타인을 사랑하라거나, 먼 옛날 주나라의 예악을 회복할 것 등과 같은 복고적 경향을 보였다. 한편 묵자(墨子)는 남을 공격하지 말고 서로를 사랑할 것을 내세웠고, 장자(莊子)는 아무 일도 하지 말고 깨끗하게 자신의 몸을 지킬 것과 작은 나라 적은 백성 등을 주장했다. 그러나 이런 주장들은 당시 실제

사회에는 적용하기 힘든 공상에 가까웠다. 손자(孫子) 등으로 대표되는 군사학이나 순자(荀子)·한비자(韓非子) 등 법가 인물들이 제기한 예의범절과 법률을 결합한 학설이 실제 사회적 요구에 맞추어 나타나고서야 비로소 통치자들의 눈에 들었을 뿐이다.

넷째, 인재의 구성과 인재의 질이란 면에서 결함을 보이고 있다. 각국은 나라의 힘을 주로 전쟁과 외교에 쏟았기 때문에 경제·과학·상업 방면의 인재들은 중시되지 못했다. 이 방면 인재들의 번영이야말로 사회발전과 번영에 필수적이었기 때문에 몹시 아쉬운 대목이다.

춘추전국시대에는 인재가 많이 배출되었지만 질은 높지 않았다. 한 나라를 떠받칠 만한 동량은 매우 드물었다. 산동에 위치한 6국의 상황은 더욱 심각했다. 북송 때의 개혁 정치가 왕안석(王安石)은 〈맹상군전을 읽고〉라는 글에서 제나라의 맹상군이 어중이떠중이 같은 자들을 중시한 것을 두고 진짜 인재를 소유했다고 할 수 없다는 예리한 평가를 내렸다. 그는 "그렇지 않고 강력한 제나라가 유능한 인재 하나를 임명하여 패주의 위치에서 진나라를 제압할 수 있는데, 어중이떠중이 같은 자들까지 쓸 필요가 있겠는가? 그런 보잘것없는 어중이떠중이들이 드나드는 집에 어떤 유능한 인재가 그 집에 들어가 집주인을 위해 힘을 바치겠는가?"라고 꼬집었는데, 충분히 일리가 있는 지적이다.

제자백가 중 영향이 가장 컸던 유교는 농업이나 원예 같은 업종을 매우 경시했다. 공자는 원예를 배우고 싶어 했던 제자 번지(樊遲)를 인격이 낮다며 질책했다. 유교와 도교는 복고를 주장하고 과학기술 산업의 발전을 반대했다. 춘추전국시대의 저명한 인물들에 대한 통계에 따르면 정치·군사 방면의 인재가 모든 인재 중에서 절반 이상을 차지한다. 그 많은 인재 중에서 과학·농업·수리업 등과 같은 기반산업에 관심을 가지고 종사한 사람은 묵자·노반(魯班)·이빙(李冰)·감덕(甘德)·석신(石申)·정국(鄭國) 등 극소수에 불과했다. 이는 너무 적은 비율이 아닐 수 없다.

춘추전국시대는 수많은 꽃이 일제히 피어나듯 중국 역사상 가장 화려하고 활기찬 시대였음이 틀림없다. 그러나 500년이 넘는 혼란기가 가진 시대적 한계 또한 뚜렷했다는 점도 분명히 인식해야 한다. 그림은 〈제자백가도〉이다.

전체적으로 볼 때 춘추전국시대 인재 현상의 가장 큰 결점은 사회적 효과라는 측면에서 인재의 번성이 사회의 신속한 발전을 추진하지 못했다는 데 있다. 따라서 춘추전국시대 인재의 번성과 그 작용에 대해 지나치게 높은 평가를 내리는 것은 적절치 않다. 어느 시대나 시대의 한계를 정확하게 인식해야만 그 시대에 맞는, 그리고 그 시대가 진정 필요로 하는 인재를 육성할 수 있는 최소한의 여건을 구축할 수 있다. 이런 인식이 있어야만 현재를 진단하고 미래의 방향을 설정하는 데 도움이 된다.

● 용인보감 22 ●

많은 직원이 예상할 수 있는 미래와 어떤 일에 종사해 무엇을 성취하길 희망한다. 그러나 직원들이 갖고 있는 보편적 걱정들에는 나름 이유가 있다. 우리가 부딪히게 되는 현실은 불확실하며 미래는 더더욱 예상할 수 없고 통제할 수 없는 세계이기 때문이다. 이런 상황에 직면하게 되면 그들 개인의 가치관을 전부 잃을 수도 있다.

리더는 미래에 대한 조직원들의 걱정을 충분히 헤아려 희망적인 메시지와 실적으로 다독거릴 수 있어야 한다.

제23계명

흥망의 조짐을 통찰하라

인재와 흥망의 함수관계

유능한 인재가 귀한 존재임에도 헤진 신발짝만 못하게 여기는 자들이 있다. 유능한 인재를 가까이해야 하지만 어떤 자는 하인이나 노예처럼 천시한다. 유능한 인재는 기용해야 하지만 어떤 자는 높은 기둥에 매달린 책처럼 여기거나 멀리 내친다. 인재 기용에 있어서 가장 삼가야 하는 행동들이다. 《여씨춘추(呂氏春秋)》에 보면 다음과 같은 대목이 있다.

"망국지주불문현(亡國之主不聞賢)."
"망하는 나라의 군주는 인재의 말을 듣지 않는다."

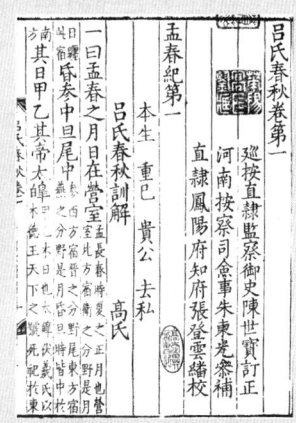

인재의 바른 소리를 듣지 않는 상황을 망국의 징조로 진단한 《여씨춘추》는 전국 말기의 거상 여불위(呂不韋)가 문객들을 총동원해 편찬한 잡가(雜家)의 대표작이다. 여불위는 이 책의 목간을 걸어놓고 한 글자라도 고치게 하면 천금을 주겠다고 큰소리를 쳤다고 한다.

망하려는 나라의 군주는 유능한 인재를 가까이하지 않고 기용하지도 않는다. 이는 인재를 경시하고 질투하고 거부하는 전형적인 모습이다. 그들은 오로지 자신과 가깝고 자신에게 순종하고 아첨하는 자들만 기용하는 길을 걷는다. 그 결과 "정치가 어지러워지니 착한 사람이 없어지고, 나라가 위태로워지니 어질고 유능한 사람이 없어지는"《소서素書》 상황이 조성된다. 인재에 대한 태도가 나라와 기업에 어떤 영향을 미치는지 역사 사례와 현대 경영 사례를 통해 함께 생각해 보고자 한다.

간신 소인배의 득세는 인재의 무덤이자 망국의 징조

《사기》〈주본기〉에 "여왕(厲王) 즉위 30년, 왕이 이권을 좋아하여 영이공(榮夷公)을 가까이했다"는 대목이 있다. 당시 여왕은 각종 이권을 독점하는 아주 불량한 통치를 밀어붙였다. 이는 주나라 초기 주공(周公)이 내세웠던 백성들을 착취하지 말라는 경제정책을 아예 무너뜨리는 것이었다. 대부 예량부(芮良夫)와 소공(召公) 호(虎) 등 충직한 대신들이 반대하고 나섰다. 여왕은 이들을 저지했을 뿐만 아니라 영이공을 경사(卿士)에 임명해 그가 중앙 행정의 대권을 장악하게 했다. 영이공의 부추김에 여왕은 더욱더 포악하게 이권을 차지하려 들었고, 이 때문에 나라 사람들의 강한 불만을 샀다. 기원전 841년, 참다못한 나라 사람들이 마침내 들고일어나 여왕을 국외로 내쫓았다. 여왕은 외지에서 쓸쓸히 죽었다.

이 사례는 자기 한 몸의 사적인 이익을 위해 자기 말에 무조건 따르는 나쁜 자를 기용하면 스스로를 고립시키고 끝내는 버림받는 신세가 된다는 것을 잘 보여준다.

서주 말기의 어리석은 군주 유왕(幽王, ?~기원전 771)도 마찬가지였다. 그의 곁에는 괵공(虢公) 석보(石父, 괵석보)라는 이익에 밝고 아첨에 능한 간신이 있었다. 유왕은 이자를 무슨 보물처럼 모시며 그의 말이라면 무조건 들어주었다. 유왕이 총애하는 포사(褒姒)의 환심을 사기 위해 봉화를 올려 제후들을 희롱하고, 포사를 웃기려고 천금을 들이는 '천금매소(千金買笑)'와 같은 어처구니없는 고사가 바로 이자로부터 나왔다. 괵석보를 우두머리로 하는 간사하고 아부 잘하는 모리배들이 중앙에서 지방까지 흘러넘쳤고, 이들의 비리와 부정은 조정 대신과 제후의 불만을 살 수밖에 없었다.

기원전 771년 마침내 제후들과 외족 견융(犬戎)이 손을 잡고 주나라로 쳐들어갔고, 그 와중에 유왕은 봉화를 올리며 포사를 웃기려 했던 여산(驪山) 아래에서 피살되었다. 포사는 잡혀가 견융 우두머리의 첩이

망한 나라의 리더에게서 예외 없이 확인되는 사실은 철두철미하게 사익을 추구했다는 것이다. 이런 리더에게는 충언이나 직언이 귀에 들어갈 수 없다. 사진은 유왕과 포사가 봉화를 올린 여산 봉화대이다.

되었다(일설에는 유왕과 함께 피살되었다고 한다).

　유왕은 자신에게 아첨하는 자들 때문에 죽었는데, 그런 자들을 기용한 결과에 대한 책임을 죽음으로 진 셈이다. 문제는 이 때문에 주나라가 망했다는 사실이다. 이듬해인 기원전 770년 유왕의 아들 평왕(平王)이 간신히 상황을 수습하고 도읍을 낙양(洛陽)으로 옮겨 동주(東周)시대를 열었지만, 더 이상 천자 노릇을 제대로 할 수 없을 정도로 주나라는 약해졌다. 관중(管仲)은 "허튼소리를 받아들이면 인재를 잃는다"고 했다. 깨어 있는 권력자들은 화려한 말솜씨로 자신에게 아부하는 자들을 특히 경계했다. 그러지 않았다간 진짜 인재들을 잃기 때문이었다.

　동한 말기의 환제(桓帝) 유지(劉志)와 영제(靈帝) 유굉(劉宏)은 모두 환관을 총애해 정치를 부패의 구렁텅이로 몰았다. 그 결과 황건(黃巾) 봉기가 일어났고, 한나라 조정은 고꾸라졌다. 진(晉) 무제(武帝) 사마염(司馬炎)은 병이 위중한 상황에서도 이것저것 가리지 않고 자기 집안의 자식 27명을 왕자로 봉했다. 이 때문에 훗날 역사상 유명한 '8왕의 난'이라는 대혼란이 일어났다. 당 현종(玄宗)은 양귀비(楊貴妃)를 총애하고 양국충(楊國忠) 등 외척을 중용해 조정의 권력을 넘김으로써 연거푸 안녹산(安祿山)과 사사명(史思明)의 난, 즉 '안사(安史)의 난'을 초래했다. 이 때문에 막강했던 당나라의 국세는 쇠퇴의 길로 들어서 더 이상 떨치지 못했다. 이 모든 것이 오로지 자신과 가까운 자를 기용한 결과였다.

경영에 있어서 인재의 중요성

　지난 역사의 흥망사를 종합해 보면 단 하나의 예외 없이 그 정권과 권력자가 어떤 인재를 기용했는가와 뗄 수 없는 관련이 있다. 인간의 어떤 행위들은 불로 뛰어드는 불나방처럼 반복된다. 이런 현상들이 역사에서 놀랍도록 비슷하게 재현되고 있다. 침통하게 받아들여야 할 교훈이다. 이 점을 염두에 두고 서양의 사례와 현대 경영 사례를 한번 보자.

　베어링스은행(Barings Bank)은 1763년 창립되어 250년이 넘는 역사를 가진 영국의 전통 은행이다. 1818년 프랑스의 한 귀족은 베어링스를 가리켜 영국·프랑스·오스트리아·프로이센·러시아와 함께 유럽 6강의 하나라고까지 했다. 베어링스의 주요 업무는 투자와 증권 거래였고, 주요 고객에는 영국의 여왕 엘리자베스 2세 등 VVIP가 수두룩했다. 이 때문에 '여왕의 은행'이란 별명까지 얻었다.

　베어링스는 세계적으로 4천 명이 넘는 사람을 고용하고 있었는데, 1994년에서 1995년에 걸쳐 닉 리슨(Nick Leeson, 1967~)이라는 당시 28세의 한 젊은이 때문에 파생 금융 상품의 거래에서 엄청난 손해를 보고 파산한 적이 있다. 당초 거래 업무를 맡았던 리슨은 일을 잘하고 말솜씨도 뛰어나 1992년 싱가포르 지점의 대출 책임자로 승진하는 등 베어링스 지도자들의 신임과

유럽 6강으로 불렸던 베어링스은행의 로고.

리슨 사건을 보도한 〈타임〉지(표지 인물이 리슨이다).

총애를 듬뿍 받았다. 그러나 갑작스러운 명예와 성취는 평소 부지런하고 신중하던 리슨의 성격을 변질시켰다. 그는 더 큰 이익과 명예를 얻으려고 말도 안 되는 투자를 대담하게 진행해 한 차례 엄청난 손실을 베어링스에 떠안겼다. 리슨은 자신의 명예 때문에 이를 보고하지 않고 더 많은 자금을 투기에 퍼부어 손실을 만회하려 했다. 리슨은 갈수록 탐욕의 늪에 깊이 빠져들어 헤어나지 못하고 무려 10억 달러의 손실을 초래했다.

기이한 사실은 이 과정에서 은행은 한 번도 진지하게 재무 상황을 점검하지 않았고, 또 자기 멋대로 거액을 유용하는 리슨의 행동을 분석하지도 않았다는 것이다. 베어링스은행은 이런 손실을 피할 기회가 여러 차례 있었다. 조금이라도 진지하게 조사하고 심사했더라면 리슨의 마각은 얼마든지 드러났을 것이다. 베어링스의 지도부는 너무 가볍게 리슨을 믿었고, 결과적으로 보잘것없는 리슨이 거대한 베어링스를 무너뜨리는 꼴이 되었다. 하룻밤 사이에 사업은 최고봉에서 파산이라는 계곡으로 추락했다.

세계적으로 이름난 홍콩의 투자사 '바이푸친(百富勤, 백부근)' 그룹의 추락도 베어링스와 비슷했다. 바이푸친이 위기에 빠진 근본적인 원인은 인도네시아에서의 거액 투자 때문이었다. 이 일을 담당한 자가 시세를 제대로 파악하지 않았던 것이 치명타였다. 투자 이후 바로 금융위기가 터져 엄청난 손실을 입었기 때문이다. 이 투자는 주로 바이푸친의 젊은이 하나가 담당했는데, 이 친구도 나이는 어리지만 투자의 천재라는 소리를 들을 정도로 잘나갔다. 바로 여기에 현혹된 바이푸친의 총책임자가 이 젊은 친구를 지나치게 믿었던 결과였다.

미국의 자동차왕 헨리 포드(Henry Ford, 1863~1947)도 이 방면에서 호된 교훈을 얻은 바 있다. 1915년 무렵 포드는 자동차 업계에서 세계 최대와 최고를 자랑하고 있었다. 포드는 이 번영에 취해 시대의 조류에 순응하지 못한 채 지도체제와 경영관리의 고유한 규칙을 어기고 개인 독재경영을 밀어붙였다. 그는 회사 설립에 큰 공을 세운 경영자를 사퇴시켰고, 이어 1921년에는 재능 있는 인재 30명을 대거 내친 다음 회사 일체를 움켜쥐었다. 매니저 시스템을 없애고 회사의 고위 경영진을 허수아비로 만들었다. 심지어 이들을 '개인 비서'로 만들기까지 했다. 철저하게 자신과 가까운 사람을 기용하다보니 고위직 500명 중 대학 졸업생이 단 한 사람도 없었다. 관리 직원으로 기용한 어떤 자는 마피아와 관련이 있었는데, 그는 수단과 방법을 가리지 않고 직원을 감시하고 노조를 파괴하는 등 전횡을 휘둘렀다. 포드는 이자를 중용했다. 귀에 거슬리는 말은 전혀 들으려 하지 않았고, 이의를 제기하는 사람은 반드시 제거해야 속이 풀렸다. 심지어 친아들도 예외는 아니었다.

그에게는 에드셀 포드(Edsel Ford, 1893~1943)란 외아들이 있었다. 아들은 좋은 교육을 받은 교양 있고 동정심이 많은 사람이었다. 그

자동차왕 헨리 포드의 경영사례는 기업에 큰 교훈을 던져준다. 자신의 공장에서 만든 자동차 앞에서 당당하게 서 있는 포드의 모습이다.

는 아버지에게 회사를 정비하고 신형 자동차로 시장의 수요에 대비하라고 건의했지만, 아버지 포드의 꾸지람만 들었다. 에드셀은 연료통 제작을 책임지고 있었는데, 포드는 처음에는 반대하지 않다가 완성되자 바로 없애라고 명령했다. 에드셀이 회계 담당 부서의 건물을 확충하기로 결정하자 포드는 그 다음 날로 회계 부서 전체를 정리해 버렸다. 이런 독재경영은 인재를 떠나게 할 수밖에 없었다. 그 결과 포드의 선두 지위는 1928년을 기점으로 밀려나더니 결국 후발 자동차 기업에 세계 1위 자리를 내주었다.

　망하는 나라와 기업에 나타나는 공통된 현상은 인재들이 억압받고 떠나는 것이다. 또 직언과 충고가 통하지 않는 불통도 함께 나타난다. 리더는 늘 이 점에 유의해 자신과 조직을 점검해야 한다. 큰 권력에는 늘 독선(獨善)·독단(獨斷)·독재(獨裁)의 '삼독(三獨)'이자 '삼독(三毒)'이라는 치명적인 독이 든 사과가 함께하기 때문이다. 명나라 초기 영락제의 권력 찬탈에 꼿꼿하게 맞섰던 충신 방효유(方孝孺, 1357~1402)는 이렇게 일갈했다.

"장흥지주(將興之主) 유공인지무언(惟恐人之無言), 장망지주(將亡之主) 유공인지유언(惟恐人之有言)."

"흥하는 리더는 남이 말해주지 않을까 걱정하고, 망하는 리더는 남이 무슨 말을 할까 걱정한다."

● 용인보감 23 ●

소통과 신임은 한 쌍의 영원한 모순이다. 그러나 그 모순을 해결하기는 결코 어렵지 않다. 먼저 내가 손을 내밀고, 내가 먼저 상대를 신임하라. 그뿐이다.

제24계명

세상의 근심을 나의 근심으로

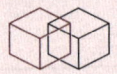

리더의 사회적 책임감

"선천하지우이우(先天下之憂而憂), 후천하지락이락(後天下之樂而樂)."
"천하를 먼저 걱정한 다음 내 걱정을 하고, 천하가 즐거워진 다음 나도 즐거워하리라."

북송시대 개혁가이자 군사가이자 문인이었던 범중엄(范仲淹, 989~1052)의 우국충절 심경이 넘쳐나는 〈악양루기(岳陽樓記)〉의 한 대목이다. 앞부분을 함께 소개하면 이렇다.

"높은 자리에 올라서도 백성의 고통을 걱정하고, 멀리 강호에 있으면서도 나라의 큰일을 걱정한다. 나아가도 걱정하고 물러나도 걱정한다. 그러니 언제 즐거워할 겨를이 있겠는가? 천하를 먼저 걱정한 다음 내 걱정을 하고, 천하가 즐거워진 다음 나도 즐거워하리라."

전국시대 초나라의 애국지사 굴원(屈原, 기원전 340~기원전 278)은 《이소(離騷)》에서 "길게 탄식하며 눈물을 닦고, 백성들의 힘든 삶을 슬퍼하네"라고 노래했고, 당나라 시인 백거이(白居易, 772~846)는 귓가에 굶주리고 얼어 죽는 백성들의 신음이 들리는 것 같다고 했다. 깨어 있는 중국 지식인들은 천하의 일을 자신의 책임처럼 생각하고 늘 언제 어디서나 나라와 백성, 시대와 세태를 걱정하는 좋은 전통을 유지해 왔다. 이러한 전통을 범중엄은 "천하를 먼저 걱정한 다음 내 걱정을 하고, 천하가 즐거워진 다음 나도 즐거워하리라"는 만고에 길이 전해오는 말로 요약했다.

범중엄은 명실상부한 인물이었다. 어려운 환경에서도 자신의 지조를 꺾지 않았고, 꿋꿋한 지조로 백성과 나라를 위해 혼신의 힘을 다했다.

　시대를 불문하고 많은 사람의 존경을 받는 리더는 무엇보다 강렬한 사회적 책임감으로 무장해야 한다. 이것이 이른바 '노블레스 오블리주'다. 부와 권력을 많이 크게 가진 리더일수록 사회와 세상에 미치는 영향력이 클 수밖에 없기 때문에 이들의 사회적 책임감은 사회와 세상을 보다 나은 쪽으로 이끄는 엄청난 원동력이 된다. 범중엄은 평생 이런 자세를 유지했고, 어려운 처지의 인재들을 아끼고 도왔다. 여기서는 범중엄의 인재관과 관련 일화를 소개해 존경받는 리더의 사회적 책임감이란 문제를 생각해 보고자 한다.

생면부지의 손복을 도운 범중엄

　어렸을 적 범중엄은 종이와 붓을 살 돈이 없을 정도로 가난하고 외로웠다. 어려서부터 깊은 산속에 있는 낡은 암자를 빌려 글을 읽었다. 돈이 없어 하루에 한 줌밖에 안 되는 쌀가루로 죽을 쑨 다음 그것을 넷으로 나누어 점심과 저녁에 각각 두 그릇씩 먹었다. 이런 경험이 있었기 때문에 그는 가난한 독서인의 어려움을 잘 이해했고, 가난하지만 큰 뜻을 품은 지식인들을 특히 동정했다.

　범중엄이 수양(睢陽)에서 지역의 교육과 학문을 책임진 제학(提學)으로 있을 때였다. 어느 날 외모는 준수하지만 옷차림이 초라한 손씨 성을 가진 수재가 범중엄을 찾아와 거리낌 없이 1천 전을 달라고 했다. 이듬해에 그는 또 범중엄을 찾아와 작년처럼 1천 전을 요구했다. 범중엄은 이 젊은이의 집안 형편을 물었고, 손 수재는 "노모가 계시는데 모실 길이 없습니다. 100전이라도 얻으면 감지덕지겠습니다"라고 대답했다. 범중엄은 수재의 처지가 안쓰럽긴 했지만, 이런 식으로 남에게 의지해 살아가는 것은 옳지 않다고 생각했다. 그래서 손 수재에게 학생들을 가르치는 작은 자리를 알아봐 주고 《춘추(春秋)》 한 권을 건네며 분발해 공부하라고 격려했다.

　그 뒤 10년 동안 범중엄은 벼슬길을 전전하면서 자연스럽게 이 일을 완전히 잊었다. 그런데 하루는 조정에서 비서성교서랑 겸 국자감직강으로 있는 수재 한 분을 모셔 왔다. 범중엄이 만나 보니 다름 아닌 지난날 자신의 도움을 받았던 수재 손씨였다. 본명이 손복(孫復, 992~1057)인 그는 산서 평양(平陽) 사람으로 이 무렵에는 이미 뛰어난 경학가로 이름을 날리고 있었다. 그가 쓴 〈존왕발미(尊王發微)〉 등과 같은 작품은 문장의 새로운 경지를 보여주어 널리 인정을 받았다. 그는 호애(胡瑗)·석개(石介)와 더불어 송나라 초기 3인의 스승으로 존경을 받았다.

범중엄은 인재를 아끼고 도와주는 것을 자신의 소임으로 생각했고, 그 도움으로 손복은 크게 성취할 수 있었다. 역사서에는 엄중엄이 세상을 떠나자 사방의 모든 사람이 탄식했다고 기록되어 있다.

어려서부터 힘들게 공부한 범중엄은 어려운 처지의 인재를 무척 아끼고 후원했다. 손복의 사례는 그중 하나에 지나지 않는다. 가정 형편이 어렵거나 실의에 빠진 인재를 조건 없이 후원할 수 있는 사회적 풍조와 문화의 정착은 시대를 불문하고 중요하다.

한 집안의 통곡과 한 마을이 통곡하는 것

범중엄은 강직하고 청렴한 성품으로 조정에서는 물론 변방에서 외적을 방어하는 데도 두드러진 능력을 발휘했다. 애증이 분명한 범중엄은 비리를 저지른 관리는 반드시 처벌했다. 반면에 재능은 있지만 가난 등으로 곤경에 처한 인재는 흔쾌히 도와주곤 했다.

인종 때 범중엄은 참지정사를 맡으면서 개인적 친분과 집안의 배경에 힘입어 관직을 얻는 풍조를 확실하게 근절함으로써 관료사회와 문화풍토를 정돈했다. 각지의 감사를 선발할 때도 재능 없는 사람은 누구를 막론하고 단호히 제외했다. 범중엄과 막역한 친구였던 부필(富弼)이 너무 무정한 것 아니냐며 "그렇게 붓으로 좍좍 그어 제외하기는 쉽겠지만, 그렇게 되면 그 사람 가족들이 통곡하지 않겠나?"라고 했다. 그러자 범중엄은 다음과 같은 유명한 말로 반박했다.

"한 집안이 통곡하는 것과 한 마을 전체가 통곡하는 것 중 어느 쪽이 나은가?"

한 집안을 울리는 것이 관리 하나를 잘못 뽑아 마을 전체가 수난을 당하는 것보다 낫다는 뜻이었다.

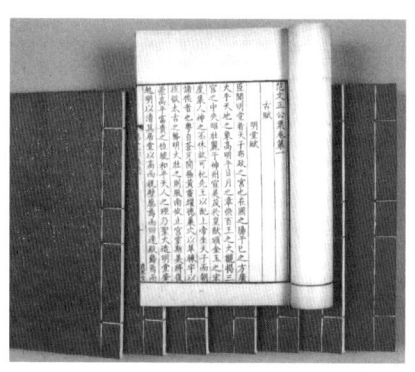

범중엄은 평생 많은 좌절을 겪었다. 그러나 그는 그런 것을 따지지 않고 오로지 나라를 위해 힘을 다할 수 있는 기회만을 희망했다. 죽음을 앞두고 인종에게 남긴 유언을 보면 개인의 사사로운 일에 관한 내용은 단 한 글자도 보이지 않는다. 유언 전체가 당시 정치에 대한 걱정을 피력하면서 "개인의 사사로운 욕망에 얽매이지 말고 상벌을 분명하면서도 신중하게 처리하실 것이며, 유능하고 어진 인재들을 존중하고 요행을 바라지 마시옵소세!"라고 당부했다. 사진은 그의 문집이다.

역사 기록에 의하면 "범중엄은 사람을 쓸 때 기질이나 절개를 많이 보는 대신 작은 일에는 얽매이지 않았다"고 한다. 특히 그가 산서에서 군대 일을 주관할 때는 과실이나 좌천 또는 유배당한 관리라도 그들의 절개를 주로 보아가며 기용했다. 말하자면 사소한 잘못이 있더라도 나라에 도움이 될 수 있는 능력의 인재라면 거시적인 안목에서 당연히 기용해야 한다고 본 것이다. 그러지 않고 작은 과실 때문에 인재를 파묻어 두고 제때에 기용하지 않으면 그 인재는 다시는 자신의 재능을 드러낼 기회를 잡지 못할 것이라 생각했다. 그가 추천한 손위민(孫威敏)·등원발(滕元發) 등이 바로 그런 인재들이었다.

시대마다 도덕적 기준이나 윤리적 잣대가 한결같을 수 없기 때문에 잘못을 저지른 사람을 용서하고 다시 기용하는 문제는 민감하기 마련이다. 그러나 시대의 한계를 떠나 변치 않는 사실은 인간은 누구나 실수할 수 있고, 그 실수에 대해 충분히 뉘우치고 그 이후로 다시는 같은 실수를 반복하지 않는 사람이라면 과거의 잘못은 용서받아야 한다. 물론 같은 실수를 반복하거나 비슷한 잘못을 계속 저질렀는데도 재주 하나 때문에 모든 것을 덮고 용서하거나 권력을 행사할 수 있는 자리에 앉히는 것은 절대 금물이다. 일부러 잘못을 저지르는 자는 더더욱 용서해서는 안 된다. 그것은 차라리 강도에게 칼을 쥐어주는 것이나 다름없다. 범중엄은 이 점을 충분히 헤아린 다음 사람을 기용했다.

● 용인보감 24 ●

직원과 좋은 소통관계를 유지하려면 직원들을 참여시키고, 형식에 매이지 않고 기업 안에 좋은 소통문화를 만들어라. 그러면 진정한 관리를 실현할 수 있다. 한마디로 말해 직원들로 하여금 일이 즐겁게 만들어라.

─── 제25계명 ───
리더는 훈련되어야 하는 존재다

리더가 갖추어야 할 기본 리더십

중국의 기업관리출판사(企業管理出版社)가 2003년에 출간한 《領導者必須具備的22種能力》(우리말로 번역하면 '리더가 반드시 갖추어야 할 22가지 능력')에 나열된 리더가 갖추어야 할 22가지 리더십 항목을 소개하고, 거기에 필자의 간략한 생각을 덧붙여 보았다.

1. 솔선수범하는 능력

본보기의 힘은 무궁무진하다. 자신의 몸으로 모범을 보인다고 '신범(身範)'이라 하는데, 조직을 이끄는 원초적인 힘이 된다. 앞장 서지 않는 리더를 누가 따르겠는가?

2. 실무 능력

행동이 모든 변죽, 어떤 허풍보다 낫다. 리더가 모든 일을 다 할 수는 없고, 또 그럴 필요도 없다. 그러나 일이 돌아가는 전반적인 상황과 모든 일의 핵심은 정확하게 파악하고 있어야 한다.

3. 관철 능력

타인은 방심시키되 타인에 대해 방심해서는 안 된다. 현대 리더십 항목에서 빠지지 않고 등장하는 항목이 바로 관철해 내는 능력이다. 이를 위해 설득의 힘을 함께 갖추어야 한다. 관철력은 통찰력의 결과이다.

4. 조직 능력

인재배치에는 원칙이 있어야 한다. 네트워크의 시대이다. SNS를 비롯한 네트워크를 잘 이용해 조직원들의 개성과 특성을 살펴 합리적이고 효과적인 조직을 만들어야 한다.

5. 총괄 능력

잘 짜인 계획이라야 좋은 효과를 거둔다. 대충대충은 일을 망칠 뿐만 아니라 조직까지 망친다. 세부적인 계획을 남김없이 포괄하는 총괄적인 계획을 수립하는 능력이다.

6. 관리 능력

기존의 관념을 때에 맞추어 바꾸지 않으면 죽음의 길뿐이다. 낡고 편협한 관념으로는 조직을 절대 관리할 수 없다. 관리는 책임이다.

7. 응집 능력

힘으로 누를 수는 있어도 그것이 응집(凝集)은 아니다. 힘으로 억지로 눌러 놓은 조직은 조금만 건드려도 터진다. 거드름이나 위압으로 인심을 얻으려 하지 말라.

8. 공적 관계 능력

사심 없이 서로 도울 수 있는 공적 관계(公的關係)의 형성은 엄청난 자산이 된다. 특히 어려울 때 결정적인 역할을 해낸다. 나쁘게 살아오지 않았다면 도처에 도움을 주는 손이 있다.

9. 지휘 능력

지휘와 명령은 엄연히 다르다. 지휘는 정확한 방향을 요구하고, 수시로 방향을 조정하는 리더십이다. 진지하고 안전하게 다음 수를 두게 하라.

10. 수권 능력

권한을 주는 수권(授權)에는 위임이 함께 따른다. 맡기는 위임은 내버려두는 방임과는 전혀 다르다. 책임진 사람이 책임을 지는지 보게 하라.

11. 집권 능력

권력은 움켜쥐는 것이 아니다. '권(權)'은 저울추다. 힘을 나누어 균형을 잡는 것이 권력의 진정한 의미다. 먼저 놓아준 다음 거두어들이는 지혜를 발휘할 줄 알아야 한다.

12. 인재 변별 능력

'천리마', 즉 인재는 늘 어디에나 있지만 천리마를 고르는 백락(伯樂)은 늘 존재하지 않는다. 인재는 모두 훈련되고 뽑혀 나온다.

13. 인적 관리 능력

고름은 살이 되지 않는다. 추운 겨울 언 발에 오줌 누는 식의 관리능력으로는 조직을 더 병들게 한다. 병의 뿌리를 찾아 근본적으로 치유하라.

14. 격려 능력

격려는 긍정적 자극이다. 격려는 타인이나 외부로부터 받을 수 있는 강력한 힘이기도 하다. 모든 사람으로 하여금 희망을 갖게 하라.

15. 소통 능력

이제 소통은 쌍방을 벗어나 전방위가 되었다. 단순한 대화가 소통이 아니다. 리더의 언행이 함께하는 조직원의 심장에 이르도록 하라.

16. 창조 능력

하늘 아래 새로운 것 없다고 하지만, 하늘 아래 똑같은 것은 하나도 없다. 창조는 인간의 본질이자 존재 이유이다. 뇌를 바꾼 다음 다시 뇌를 세척하라.

17. 임기응변 능력

임기응변은 평소 실력이 뒷받침되지 않으면 갖출 수 없는 능력이다. 난제에 부딪히면 그 난제를 돌파할 지점을 정확하게 찾는 능력이다. 당황에서 나오는 임기응변은 임기응변이 아니다.

18. 사무처리 능력

일처리 능력이란 가볍고, 무겁고, 천천히, 급하게라는 경중완급(輕重緩急)을 조절하는 공력을 말한다. 평소 단련하지 않으면 얻을 수 없는 능력이다.

19. 자기통제 능력

스스로 자신의 권력과 권한에 책임지는 자세를 갖추고 훈련하면 자기통제의 리더십은 자연스럽게 따라온다. 책임을 느끼면 함부로 하지 않기 때문이다.

20. 개회 능력

개회(開會) 능력은 모임을 만들고 주도하는 능력을 말한다. 이때 '피곤해하거나 느슨해지는' 현상이 나타나지 않게 경계하라.

21. 연설 능력

말솜씨는 리더의 매력을 높여주는 좋은 능력이자 무기이다. 무기인 만큼 위험하기도 하다. 독서 등을 통한 인문소양으로 든든히 뒷받침해야만 지속적인 매력을 발산할 수 있다.

22. 담판 능력

팀을 신뢰하면 단호한 자세로 담판에 임할 수 있다. 이때 필요한 것은 '무쇠와 같은 입'이다. 그것으로 상대방을 물리친다.

● 용인보감 25 ●

기업관리의 많은 문제가 불통에서 비롯된다. 양호한 소통은 인간관계를 조화롭게 만들고 맡은 일을 순조롭게 완성하게 하여 원하는 목표를 실현케 한다.

소통이 불량하면 생산력·품질·서비스 등에 문제가 발생해 불필요한 원가를 크게 높인다.

―――― 제26계명 ――――
가르침에 부류란 없다

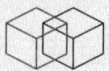

위대한 스승 공자의 인재관

　인재와 관련해 중국 역사에 나타난 중요한 이론, 즉 인재관으로서 공자(孔子)의 인재관을 빼놓고 갈 수 없다. 공자는 본격적인 인재관을 거의 처음으로 제기했을 뿐만 아니라 몸소 문하의 수많은 인재를 길러내는 실천을 보여주었기 때문이다.
　공자는 기원전 551년에 태어나 기원전 479년 72세로 세상을 떠난 유가(儒家)의 창시자이다. 이름을 구(丘), 자를 중니(仲尼)라 했다. 지금의 산동성 곡부(曲阜) 사람으로 춘추 후기를 살면서 평생 교육과 학술 활동을 펼친 사상가이자 교육가였다. 공자의 교육활동은 중국 인재사와 교육사에 있어서 계획적이고 전문화된 대량의 인재창출의 시초를 열었다는 점에 획기적인 의의를 가진다. 공자의 교육관이자 인재관을 중점적으로 살펴보고 오늘날 그것이 어떤 의미를 갖는지 함께 생각해 보고자 한다.

최초로 제시된 '유교무류'

　기록에 의하면 중국은 일찍이 상(商)·주(周) 때부터 국가 차원의 교육기관과 체제를 갖추고 귀족과 그 자제들에게 시(詩)·서(書)·예(禮)·악(樂)을 가르쳐 자질을 높였다(《순자荀子》〈왕제王制〉편). 그러나 국가가 주도해 실행한 이런 교육은 형식적이라 전문적 지식을 갖춘 인재를 대량으로 배출하는 데는 한계가 있었다. 춘추시대와 그 이전의 빼어난 군주를 비롯해 장수와 재상, 기타 인재들치고 귀족학교에서 배출된 사람은 드물었다. 공자는 교육에서 이런 귀족의 독점을 타파해 사학(私學)을 창립하고 수많은 인재를 배출한 최초의 인물이다.

　공자는 사학을 창립해 각계각층의 자제들을 키웠는데, 스스로 '가르침에 부류는 없다'는 뜻의 '유교무류(有敎無類)'라는 유명한 교육관 내지 인재 관련 교육철학을 남겼다(《논어論語》〈위령공衛靈公〉편). 그가 길러낸 제자는 3,000여 명에 이르렀으며 그중 뛰어난 학생만도 70명이 넘었다. 학생들 대부분 노나라 사람이었지만 진(晉)·정(鄭)·송(宋)·오(吳)·초(楚) 등에서 온 사람도 있었고, 맹의자(孟懿子)나 남궁적(南宮適)과 같이 귀족 집안 출신이 있는가 하면, 안연(顔淵)과 증삼(曾參) 등과 같이 가난한 집안 출신도 적지 않았다. 또 중궁(仲弓)은 신분이 최하층민이었고, 공야장(公冶長)은 죄인의 몸이었다. 특히 수제자의 한 사람이었던 자공(子貢)은 상인 출신이었다. 이렇게 다양한 인재를 길러낸 공자의 교육활동은 인재배양

공자의 교육관과 인재관은 당시로서는 획기적이었다. 특히 '유교무류'는 대단히 진보적인 인재 교육관이었다. 그림은 공자와 그 제자들을 나타낸 벽돌 그림(벽돌 부조 탁본)이다.

을 독립된 사회활동으로 발전시켰으며, 인재와 관련한 이론 연구의 시작이기도 했다. 인재 발전사의 중대한 사건이었다.

애인과 존현

인재관과 관련해 공자는 애인(愛人)과 존현(尊賢)을 강조했다. 공자는 "인(仁)이란 사람이다. 어버이를 어버이로 받드는 것이 크고, 의로움이란 마땅한 것이니 어진 사람을 높이는 것이 큰 일이다"라고 했다(《예기》〈중용〉편). 공자의 교육 목적은 유능한 인재, 즉 '현사(賢士)'를 배출하는 데 있었다. 공자가 가르친 내용으로는 앞서 말한 시·서·예·악 외에 어(御, 말타기)와 사(射, 활쏘기)가 있었다. 이를 합쳐 '육예(六藝)'라 한다. 즉 기본 경전과 예악은 물론 말타기와 활쏘기까지 익히게 했다. 학생이 문무를 겸비하는 폭넓은 지식을 익혀 뛰어난 인재로 거듭나게 하려는 의도였다. 공자의 교육법은 생활 속의 활동으로 요약할 수 있으며, 교육에 대한 평가기준으로 문(文, 지식)·행(行, 실천)·충(忠, 국가관)·신(信, 신용)을 내세웠다. 기록으로 남은 최초의 인재에 대한 평가기준이라 할 수 있다.

공자는 일찍부터 정치에 뜻을 두었다. 여러 나라를 돌며 책임 있는 자리에서 일을 해보고 싶었다. 그러나 그의 정치사상은 보수성이 강해 당시 시대 상황과 맞지 않았고, 그 자신도 "내가 막다른 길에 몰렸구나!"라고 한탄하며 교육과 학술활동에 전념했다. 그의 정치사상을 감안할 때 그의 교육활동 역시 현실에서 벗어나 있거나 현실을 탈피하려는 경향이 보인다. 그럼에도 공자는 중국 역사상 전문적인 인재교육의 첫 장을 연 인물로서 그의 학술활동, 교육사상, 인재사상은 두말할 필요 없이 인재 발전사에서 아주 중요한 위치를 차지하고 있다.

공자가 활동했던 춘추 후기는 약육강식으로 대변되는 전국시대로 넘어가기 직전이었다. 봉건제라는 틀 속에서 권위를 유지해 오던 주 왕실은 이미 큰 제후국만도 못한 껍데기만 남은 초라한 신세가 되었고, 제후국들은 저마다 현실에 입각한 개혁정치를 앞세워 부국강병에 돌입했다. 따라서 각국이 원했던 인재는 이상주의자가 아니라 현실주의자였다. 서주시대로의 회귀를 갈망했던 공자의 정치사

공자의 교육 장소는 딱히 정해져 있지 않았다. 수시로 어느 곳에서든 이루어졌다. 그림은 공자가 제자들과 공부하는 〈공자강학도〉이다.

상은 당연히 이런 풍조와 맞지 않았고, 현실 정치에서 철저히 배제될 수밖에 없었다. 그러나 공자는 절망하지 않고 자신의 학문과 경험을 종합해 교육과 학술에 재투자했다. 이것이 공자의 위대한 점이다. 또 자신이 겪었던 불운을 거울삼아 어질고 유능한 인재를 존중할 줄 알아야 한다는 '존현(尊賢)'이란 '용인관(用人觀)'과 인재관을 내세운 점도 높이 평가받아야 할 것이다. 그의 정치적 이상은 처절하게 실패했지만, 교육적 이상은 오늘날까지 살아 현대인의 삶 곳곳에서 빛을 발하고 있다.

문화와 교육 방면의 투자와 육성에 큰 뜻을 두고 있는 리더라면 현실주의자 인재도 필요하지만 원대한 이상을 품고 있는 이상주의자 인재도 눈여겨보아야 할 것이다. 그런 인재는 미래의 부가가치가 무궁무진하기 때문이다. 공자가 '존현'을 강조한 의미도 바로 여기에 있다고 하겠다.

● **용인보감 26** ●

다른 사람에게 자신을 알리고 이야기하는 것은 인간의 천성이다. 반면 다른 사람의 말에 귀 기울이는 것은 일종의 수양이다. 사방팔방으로 귀를 열고 들으면 리더는 때맞추어 함께 나아갈 수 있다.

널리 두루 충고와 직언을 받아들이면 리더는 깨어 있는 두뇌를 유지할 수 있다. 사유(思惟)를 계발하면 리더는 지식과 재능을 높일 수 있다. 물론 이 모든 것의 전제는 경청을 배워야 한다는 것이다.

제27계명
껍데기에 현혹된 용인관은 망국의 길이다

유기의 인재관

절강 청전(靑田) 출신의 유기(劉基, 1311~1375)는 명 왕조의 개국공신이자 주원장의 핵심 참모였다. 명 왕조 건국 초기 그는 어사중승 겸 태사령이란 중책을 맡았는데, 황제 주원장은 일부러 시간을 내어 그를 찾아와 중요한 국사, 특히 인재를 등용하는 문제를 상의하곤 했다. 인재를 아꼈던 유기의 인재관에 초점을 두고 관련 일화와 그의 사상 등을 알아보자. 특히 <u>사심이 없었던 그의 인재관은 지금 보아도 충분히 참고하고 받아들일 만하다.</u>

'지기지피'한 유기

명 왕조 초기 또 다른 개국공신인 이선장(李善長, 1314~1390)은 이런저런 일로 여러 차례 태조 주원장(朱元璋, 1328~1398)으로부터 야단을 맞고, 주원장은 그를 파면하려 했다. 유기는 주원장에게 "이선장은 개국공신으로 장수들 사이의 관계를 잘 조정할 수 있는 사람입니다"라며 그의 파면에 반대했다. 주원장은 "그 사람은 여러 차례 그대에 대해 나쁜 말을 하면서 그대를 해치려 했는데, 어째서 그를 감싸는 것이오? 내가 그대를 승상에 임명할까 하오"라고 하자 유기는 황급히 절을 하며 "승상을 바꾸는 것은 집의 기둥을 바꾸는 것과 같으므로 반드시 큰 목재를 써야 합니다. 만약 작은 목재 여러 개를 묶어 큰 기둥을 대신하려 한다면 집은 삽시간에 무너지고 말 것입니다"라며 극구 사양했다.

얼마 뒤 이선장은 승상 직위에서 해임되었고, 주원장은 양헌(楊憲, 1321~1370)을 승상으로 삼고자 했다. 양헌은 유기와 관계가 좋았기에 유기가 틀림없이 자신을 지지할 것이라 생각했다. 그러나 뜻밖에 유기는 "양헌은 재상의 재능은 있지만 재상 그릇으로는 부족합니다. 재상이라면 마음이 물같이 고요해야 하고 의리(義理)로 시비를 가려야 하는데 양헌은 그런 점이 부족합니다"라며 반대하고 나섰다. 주원장은 다음 후보로 왕광양(汪廣洋, ?~1379)이 어떠냐고 묻자, 유기는 왕광양은 아량이 좁고 천박해 양헌만 못하다고 했다. 이어 주원장은 호유용(胡惟庸, ?~1380)이 어떠냐고 물었고, 유기는 호유용은 마치 수레를 끄는 말과 같아 자칫하면 수레를 엎을 수 있기에 안 된다고 대답했다.

한참을 생각하던 주원장은 승상감으로는 유기를 따를 사람이 없다는 생각이 들어 자신의 생각을 밝혔다. 유기는 "저는 나쁜 일이나 나쁜 사람을 원수처럼 증오하고, 성격이 너무 강직하며 번잡한 일을 처리하는 데 참을성이 없기 때문에 제가 승상 자리를 맡으면 폐하께 심려를 끼칠 수 있습니다. 천하에는 인재가 수두룩하기 때문에 폐하께서 잘 살피신다면 알맞은 사람을 분명 찾으실 수 있을 것입니다만, 말씀하신 인물들 중에는 마땅한 사람이 없습니다"라는 말로 사양했다.

그 뒤 양헌을 비롯해 왕광양·호유용 등이 정도는 다르지만 모두 고위직을 맡았고, 심지어 호유용은 8년 동안 승상 자리에 있었지만 유기가 예언한 대로 잇따라 패가망신했다.

유기는 지혜로운 인물로서 인재를 잘 가릴 줄 알았다. 황제 주원장이 언급한 몇몇 재상 후보들의 자질에 대한 그의 관찰은 아주 치밀했다. 그는 또 자신에 대해서도 잘 알아서 스스로 재상감이 아니라는 것을 인정하는, 이른바 '지기지피(知己知彼)'의 지혜를 발휘했다. 남을 알기보다 자신을 알기가 훨씬 더 어려운데, 유기는 이런 점에서 모범을 남겼다.

<u>유기는 다른 사람의 자질은 물론 자신의 한계도 잘 알았던 현명한 인물이었다.</u> 황제 주원장의

유기는 원말명초의 혼란기 와중에도 정치와 군사 등에 관한 많은 저서를 남겼고, 사회와 인재의 관계를 통찰한 걸출한 사상가로서의 면모를 보여주고 있다.

성격과 기질은 더 잘 알고 있었을 것이다. 사실 그는 자신의 능력 부족도 문제이지만 재상이란 자리가 얼마나 위험한 자리인지 심각하게 고려한 것으로 보인다. 그 뒤 벌어진 주원장의 공신 학살은 유기의 처신이 현명했음을 여실히 입증했다. 급류 앞에서 물러설 줄 아는 것도 용인과 관련해 큰 요령이 아닐 수 없다. 특히 최고 통치자나 경영자의 기질을 정확하게 파악한 참모라면 조직의 격변기에 어떤 처신과 인재 기용이 필요한지 심사숙고할 필요가 있다.

인재의 선악은 약초를 고르는 것과 같다

유기는 명 왕조를 건국하는 데 큰 공을 세운 개국공신의 한 사람으로서 뛰어난 지략으로 주원장의 총애를 받았다. 주원장은 이런 유기를 두고 '나의 장자방(張子房, 장량張良)'이라고 할 정도였다. 유기는 원 왕조 말기에 관료 생활을 하면서 당시 사회의 부패상을 목격하고 자신의 정치적 주장과 철학사상 등을 우화 형태로 표현한 《욱리자(郁離子)》라는 특이한 책을 썼다. 그는 잡문 형식으로 된 이 정치 논평서에서 용인과 관련한 전문적인 글을 스무 편이나 남겼다. 이 글들에서 유기는 인재기용에 관한 개인적 관점을 논술한 다음, 당시 사회실정을 아주 뚜렷하고 절묘하게 결합해 치밀한 용인론을 제기했다. 이 책은 인재의 문제를 담론한 훌륭한 용인서라 할 수 있다.

유기는 먼저 겉치레보다 진정한 인재를 구하라고 말한다. 인재라는 문제와 관련해 현재보다 과거가 나은 점이 있다고 생각하고, 헛된 명성에만 이끌려 실질적인 인재를 추구하지 않은 것은 봉건 통치자들의 편견에서 비롯된 잘못이라고 보았다. 유기는 이런 낡은 관념을 날카롭게 비판했다. 그는 유명한 〈양동(良桐)〉 편에서 다음과 같은 이야기를 들려준다.

거문고를 잘 만드는 공지교(工之僑)라는 사람이 있었다. 그는 좋은 재질의 오동나무를 얻어 거문고를 만들었는데, 그 영롱한 소리가 천하제일이었다. 공지교는 이 거문고를 궁중 음악을 책임진 태상(太常)에게 바쳤다. 그러나 거문고를 본 태상은 오래된 물건이 아니라면서 고개를 저었다. 공지교는 거문고를 가지고 돌아와 옻칠하는 사람을 찾아 무늬를 바꾸고, 글자를 새기는 사람을 찾아 옛날 문자를 새겨 넣게 한 다음 땅속에 파묻었다. 얼마 뒤 공지교는 거문고를 다시 파내 시장에 내놓았는데, 지나가던 귀인이 그것을 보고는 100금을 주고 사 갔다. 귀인은 그 거문고를 다시 조정 태상에게 보였다. 태상은 정말 귀한 물건이라며 감탄을 금치 못했다. 이 이야기를 전해들은 공지교는 "정말 슬프도다! 이런 일이 어디 거문고뿐이겠는가? 하루라도 빨리 조치를 취하지 않으면 함께 망하게 생겼다!"며 깊은 한숨을 내쉬었다.

새로 만든 좋은 거문고는 '오래된 것'이 아니라는 이유로 버림을 받고, 오래된 것처럼 꾸미니 그 값이 백배로 올라간다. 이는 거문고에만 국한된 얘기가 아니라 사회 전반에 널리 퍼져 있는 편견이기도 하다. 공지교는 한탄하며 세상을 피해 깊은 산속에 숨었는데, 이 이야기는 사실 유기 자신을 비유한 것이다. <u>과거 집착 내지 과거로의 회귀인 복고(復古)를 반대했다는 점에서 유기의 용인사상은 혁신적 의미를 갖는다.</u>

　유기는 인재를 준마에 비유하기도 했다. 〈팔준(八駿)〉이라는 문장에는 이런 이야기가 소개되어 있다.

　말을 잘 감별하던 조보(造父)가 죽자, 말의 우열을 감별할 줄 모르던 사람들은 산지에 따라 말을 감별했다. 이들은 기(冀)에서 나는 말만 우수한 품종이고 나머지는 모두 열등한 말로 간주했다. 왕궁의 말들 중에서도 기에서 난 말은 상등으로 분류되어 군주가 탔고, 중등으로 분류된 잡색 말은 전투마로 사용되었고, 기주 이북에서 나는 말은 하등으로 분류해 고관들이 타고 다녔다. 강회(江淮)에서 나는 말은 산마(散馬)라 하여 잡일에 동원되었다. 말을 기르는 담당자는 이런 식으로 말의 등급을 나누어 관리하고 있었다.

　어느 날 강도가 궁중에 침입했다. 강도를 잡기 위해 급히 말을 동원하려는데, 안쪽 마구간에 있는 말들은 "우리는 군왕이 외출할 때 타는 말이라 동원될 수 없다"며 버텼다. 바깥 마구간에 있는 말들도 "네놈들은 먹기는 잘 먹고 일은 적게 하는데, 왜 우리더러 나가라고 하느냐!"며 버텼다. 말들은 서로 미루었고, 그 결과 적지 않은 말이 강도에게 약탈당했다.

 유기는 말을 예로 들어 인재 문제를 비유하고 있다. 인재의 기용에서도 출신지나 종족 따위로 존비귀천을 나눌 것이 아니라 진짜 재능을 따져야 한다는 의미이다. 가상(假像)을 제거하고 진위(眞僞)를 가리듯 겉으로 드러나는 허식(虛飾)을 떨쳐버리고 진정한 재능을 추구해야 할 것이다.
 사람에게 선악이 있듯 인재에게도 진위가 있다. 역대로 악당 소인배들이 유능한 인재로 가장해 온갖 재앙을 저지른 사례가 많았다. 이와 관련하여 유기는 전국시대 초나라의 춘신군(春申君)을 예로 들고 있다. 춘신군 밑에는 식객이 3천이나 있었으나, 그는 인재의 우열을 가리지 않고 다 받아들였다. 그의 문하에는 개나 쥐새끼 같은 무뢰배들로 득실거렸지만, 춘신군은 그들을 과분하게 대접하면서 언젠가 자신에게 보답할 것을 희망했다. 그러나 춘신군은 결국 자신이 그렇게 믿었던 이원(李園)이란 자에게 살해당했다. 놀랍게도 식객들 중 누구 하나 나서서 이원에 대항하거나 성토하는 자가 없었다.
 <u>인재의 선악은 약초나 독초처럼 실제와는 다른 모습이 적지 않기 때문에 겉모습을 꿰뚫고 감별할 수 있어야 한다.</u> 유기는 인재를 약초에 비유하면서 산골의 경험 많은 한 노인의 이야기를 소개하고 있는데, 그 내용은 대체로 이렇다.

민산(岷山)의 응달에 '황량(黃良)'이라는 약초가 자라고 있는데, 이 약초는 맛이 쓸개처럼 쓰고 약성이 강해서 다른 것과 섞이지 않는다. 그러나 황량을 삶아 복용하면 몸의 나쁜 성분을 모두 제거해 증세를 단번에 해결하고 독기를 단숨에 빼낼 수 있다. 맛이 쓰고 약성도 강하지만 효능이 뛰어난 좋은 약이다. 반면 생기기는 해바라기처럼 예쁘게 생긴 어떤 약초는 그 잎에서 떨어지는 이슬방울이 상처에 닿으면 근육과 뼈까지 상하게 할 정도로 독해 이름을 '단장초(斷腸草)'라 부른다. 겉모습은 멋있지만 실제로는 악독한 풀인 것이다. 따라서 그 모습만 보고 잘못 복용하는 일은 없어야 할 것이다.

이렇듯 사실과 실제에 입각하여 인재를 가려야한다는 인식 위에서 유기는 인재를 한껏 활용할 수 있는 조건을 창조하라고 주장한다.
<u>유기는 인재에 대해 너무 각박하게 요구하는 군주의 행위를 비판하면서 인재에게 필요한 조건을 제공해 일을 성사시켜야 한다고 했다.</u> 그는 〈청박득위벌(請舶得葦伐)〉이란 글에서 진시황과 서불(徐市)의 일화를 소개하고 있다.

서불은 바다로 나가 봉래산을 찾아 불사약을 구해올 수 있다고 큰소리를 치면서 진시황에게 큰 배를 마련해 달라고 요구했다. 진시황은 "큰 배를 타고 바다로 나가는 것은 누구나 할 수 있는 일이다. 네가 그렇게 신통하다면 풀로 뗏목을 만들어 나가도 될 것 아닌가?"라고 했다. 서불이 난감해하자 진시황은 "큰 배를 타고 갈

것 같으면 나라도 갈 수 있는데, 네가 무슨 필요가 있겠는가?"라며 면박을 주었다. 각박한 진시황을 본 서불은 혼자 큰 배를 마련하여 동남동녀 3천을 데리고 바다로 나가서는 다시는 돌아오지 않았다. 바다로 나가 선약을 구하여 불로장생하려던 진시황의 꿈은 물거품이 되었고, 얼마 뒤 사구(沙丘)라는 곳에서 병으로 죽었으니 천하의 웃음거리가 따로 없다 하겠다.

위는 역사적 사실과는 다소 다르지만, 문맥이나 내용 전개에 문제가 없어 그대로 인용했다. 인재가 공을 이루고 업적을 남기려면 일정한 물질적 조건이 필요하다. 배 없이 어떻게 바다로 나간단 말인가? 인재와 관련하여 유기는 또 앞서 언급한《욱리자(郁離子)》라는, 고대 중국 사회 속에서의 인재 문제를 논의한 전문적인 저술을 남겼다. '욱리자'란 이름에 대해 당시 사람들은 "《역》에서 '리(離)'는 불이다. 문명의 상징이다. 그것을 잘 사용하면 '문장이 더욱 훤하게 드러나(욱郁)' 문명으로 세상을 다스리는 성세를 맞이할 수 있다"고 해석했다.《욱리자》는 지

유기의 인재관은 대단히 실용적이다. 특히 헛된 명성에 혹해서 인재로 착각하지 말라는 경고는 지금 오히려 더 울림이 크다. 사진은 유기의 고향에 조성되어 있는 공원 안의 유기 동상이다.

나간 역사와 유기 당대의 용인 경험을 종합한 다음, 이론과 실천을 긴밀하게 결합한 한 차원 높은 저술로 유기의 정치적 주장과 철학 사상을 대표한다. 또한 유기 자신을 대변하는 작품이기도 하다.

특히, 세속의 헛된 명성이나 평가 같은 겉모습에 현혹되어 중책을 맡겼다가는 낭패를 보는 것은 물론 심하면 망국을 초래할 수 있다는 유기의 지적은 지금 우리 현실을 침통하게 꾸짖는 것 같아 가슴이 철렁 내려앉는다.

● **용인보감 27** ●

리더가 직원에게 '노(NO)'라고 할 수 있게 하면 직원은 자신이 존중받고 있다고 느낄 뿐만 아니라 소속감을 갖는다. 그러면 직원은 자신의 능력을 한껏 발휘하며 있는 힘을 다해 기업을 위해 일한다.

따라서 리더가 아랫사람을 위해 '아니요'라고 할 수 있는 자리를 깔아주는 리더십의 변혁이자 리더가 리더십을 충분히 발휘할 수 있게 하는 중요한 보증수표이기도 하다.

제28계명
'덕'은 추상적인 개념이 아니다

보편적 개념으로서의 '덕'

흔히들 '덕(德)'은 그 의미가 애매하다고 생각한다. 대부분 추상적인 뜻을 가진 글자로 인식하고 있다는 말이다. 덕이란 글자가 보여주는 정확한 뜻은 '여러 사람의 마음을 얻는다', 바로 이것이다. 많은 사람으로부터 인정을 받는 사람이 곧 덕 있는 사람이다. 당연히 윤리 도덕적으로도 문제가 없는 사람이 덕이 있는 사람이다. 그래서 덕 없는 사람이 높은 자리를 차지해서는 안 된다고 말한다. 한나라 때 사람 왕부(王符, 약 85~약 163)는 《잠부론(潛夫論)》〈충귀(忠貴)〉편에서 다음과 같은 말을 남겼다.

"덕불칭기임(德不稱其任), 기화필혹(其禍必酷)."
"덕과 그 자리가 맞지 않으면 그 화가 가혹할 수밖에 없다."

왕부처럼 옛사람들은 그 사람이 차지하고 있는 자리(권력과 부)가 그 덕행과 어울려야 한다는 점을 크게 강조했다. 이때의 덕행은 그 사람의 고귀한 인품을 가리킨다. 즉, 인간이 되지 않고 권력과 부를 차지하면 그 권력과 부를 악용해 자신의 자리를 지키려 할 것이기 때문이다. 춘추시대 정나라의 정치가 정자산(鄭子産, ?~기원전 522)의 "나는 배운 다음 벼슬한다는 말은 들어봤지만, 벼슬한 다음 배운다는 말은 듣지 못했다"는 말도 같은 맥락이다. 이런 점들을 염두에 두고 현대 경영 이론에서는 '덕'을 어떻게 보고 있는지, 또 이 점을 중시하지 않거나 무시해서 크게 실패한 사례를 알아보고자 한다.

'덕'은 동서양을 막론하고 보편적 개념이다

위에서 본 것처럼 중국을 비롯한 동양의 덕에 관한 관점들에는 시간을 뛰어넘어 그 나름 상당한 일리가 있다. 일반적으로 직위와 권력은 대등하다. 직위가 높을수록 권력도 커진다. 고대 봉건시대 특권을 기반으로 한 계급제도에서는 권력에 대한 단속과 감독 기제가 부족했다. 단속이나 제약이 있어도 감독하는 힘과 감독을 받는 자의 권력 크기가 반비례하는 경우가 많아 제약과 감독이 유명무실했을 뿐만 아니라, 심지어 감독이 죄악을 감추는 수단으로 변질되기도 했다. 관료들의 정치기구가 정상적으로 유지되려면 관리 자신의 도덕적 양심과 지조에 기댈 수밖에 없었다.

현대 관리학의 대가이자 국제 관리연구원 원장을 지낸 해롤드 쿤츠(Harold Koontz, 1908~1984)는 이렇게 지적한다.

"품성과 인덕이 어떤 면에서는 가장 중요하다고 말할 수 있다. 훌륭한 품성과 덕이 꼭 큰일의 성공을 보장하지는 않지만, 큰일을 그르치지 않을 수 있다는 점은 보장할 수 있다."

무수한 사실이 '덕으로 지키지 않으면 오래가지 않는다'는 오랜 교훈을 끊임없이 입증하고 있다. 국제 금융계의 터줏대감이라 할 수 있는 영국의 베어링스은행, 일본의 다이와(大和)은행, 미국의 스미스 바니(Smith Barney) 투자은행, 리먼 브라더스(Lehman Brothers) 투자은행, 드렉셀 번햄 램버트(Drexel Burnham Lambert) 투자은행 등이 최근 몇 십 년 사이 잇따라 큰 상처를 입거나 파산했다. 이들의 스캔들과 파산은 마치 핵폭탄처럼 전 세계에 충격을 주었다. 사람들은 이 국제 금융계의 대형 스캔들이 저 아래쪽의 경리 또는 고급 임원의 개인적 사욕과 심각한 도덕적 해이 때문에 일어난 것임을 새삼 알게 되었다.

〈월 스트리트〉가 생긴 이래 가장 크고 심각했던 증권 스캔들을 한번 보자. 모든 증권 비리는 고위직 임원이 투자은행과 법률 사무소 내부가 장악하고 있는 비밀 정보를 이용해 불법적으로 주식이나 증권 따

쿤츠는 서양인으로서는 드물게 인품과 덕성의 중요성을 크게 강조했다. 동서양을 막론하고 인품과 덕성이 조직과 기업의 성패에 결정적인 영향을 미친다는 사실은 무수히 입증되었다.

위를 사거나 팔아 어마어마한 돈을 챙기는 형태다. 이런 비리가 한 번 터지면 주식시장의 질서와 안정에 영향을 줄 뿐만 아니라 투자자의 이익에 막대한 손해를 끼친다. 투자은행이나 법률 사무소의 신용과 명예에 심각한 타격을 주는 것은 말할 것도 없다.

신용과 명예는 속된 말로 투자은행과 법률 사무소의 밥줄, 즉 생명선이나 마찬가지다. 그것을 '유일한 자본'이라고까지 말하는 사람도 있다. 그러나 미국 드렉셀 번햄 램버트의 전무이사 데니스 레빈(Dennis Levine)은 자신의 개인적 욕심 때문에 대담하게도 결코 용서받지 못할 증권 비리를 저질렀다.

1986년 5월 12일 레빈은 미국 사법부에 의해 맨해튼 사무실에서 증권 사기죄로 체포되었다. 이러한 뉴스가 보도되자 미국 전체에 비난의 여론이 들끓었다. 비난의 화살은 레빈뿐만 아니라 리먼 브라더스 등 세 곳의 투자은행을 직접 겨냥했다. 여론은 이 세 투자은행의 업무능력과 직업윤리, 도덕적 소양을 맹렬하게 공격하며 심각한 의문을 표시했다. 당초 갖고 있던 남다른 신용과 명예는 모두가 코를 움켜쥐게 하는 악취로 변했다. 업무량은 곤두박질했고, 수익률은 가혹하리만치 떨어졌다. 이들은 악몽의 기나긴 터널 속으로 깊이 빠졌다.

리먼, 드렉셀 등 세계적인 투자은행도 도덕성이 결여된 직원의 비리 때문에 하루아침에 문을 닫아야 했다. 인품과 도덕적 양심이 얼마나 중요한지 잘 보여준 스캔들이었다. 사진은 드렉셀이 파산할 당시 짐을 싸서 나오는 직원들의 모습이다.

오늘날 도덕적 양심이나 지조 같은 가치를 유가(儒家)의 진부한 구태로 보는 사람이 상당히 많다. 요즘 기업들은 직원을 뽑을 때 그 사람의 개인적 능력만 본다. '재능만 있으면 천거한다'는 이 원칙과 방법은 '친한 사람을 임명하고' '문벌을 중시'하는 방법보다 당연히 옳고 합리적이다.

그러나 사람의 품성과 소양에 대한 관심은 소홀히 한다. 품성이나 덕은 기업에 하등 이익을 주지 못한다고 생각하기 때문이다. 그것은 직원 개인의 문제일 뿐 기업이 그것까지 고려할 필요는 없다는 인식이다. 그러나 이는 관념상의 심각한 오차구역이 아닐 수 없다. 위 사례들은 이 오차구역을 생생하게 입증하고 있다.

● 용인보감 28 ●

1930년대 유머(humour)라는 단어가 동양으로 전해졌다. 당시 중국에서는 이 단어를 다양하게 번역했다. '어묘(語妙, 위미아오)', '유활(油滑, 요우화)', '우마(優罵, 요우마)', '해목(諧穆, 셰무)' 등이 나왔고, 마지막으로 유명한 수필가 임어당(林語堂)은 '유묵(幽黙, 요우머)'으로 번역했다. 모두 유머라는 발음과 그 뜻을 함께 고려한 흥미로운 번역들이었다. 그러나 초기에는 '우마(優罵)'가 가장 유행했다.

리더들은 왕왕 임어당의 그윽하고 차원 높은 '요우머'를 통해 상대를 욕하는 데 중점을 두고 있는 '요우마'의 목적을 이루기도 한다. 그러나 '요우마'는 '요우머'를 표현하는 형식의 하나일 뿐이다. 어쨌거나 오늘날 유머는 리더가 장착해야 할 필수 조건의 하나가 되었다.

―――― 제29계명 ――――
공적인 일을 법처럼 받들라

조직을 망치는 불치병을 치유하려면

죽은 사람도 살려낸다는 중국 전국시대의 신의(神醫) 편작(扁鵲, 기원전 5세기)은 자신이 아무리 뛰어난 의술을 갖고 있어도 환자가 의사를 불신하거나 쓸데없는 욕심을 부리면 병을 고칠 수 없다고 진단했다. 편작의 전기인 《사기》〈편작창공열전〉을 보면 사마천(司馬遷)은 편작의 입을 빌려 아무리 해도 고칠 수 없는 불치병의 종류와 환자의 행태를 다음과 같이 지적하고 있다.

"성인이 병의 징후를 예견하여 명의로 하여금 일찌감치 치료하게 할 수 있다면 어떤 병도 고칠 수 있고 몸도 구할 수 있다. 사람들은 병이 많다고 걱정하고, 의원은 치료법이 적다고 걱정한다. 그래서 여섯 가지 불치병이 있다고들 한다.
　첫째는 교만하여 도리를 무시하는 불치병이다.
　둘째는 몸(건강)은 생각 않고 재물만 중요하게 여기는 불치병이다.

셋째는 먹고 입는 것을 적절하게 조절하지 못하는 불치병이다.

넷째는 음양이 오장과 함께 뒤섞여 기를 안정시키지 못하는 불치병이다.

다섯째는 몸이 극도로 쇠약해져 약도 받아들이지 못하는 불치병이다.

여섯째는 무당의 말을 믿고 의원을 믿지 않는 불치병이다.

이런 것들 중 하나라도 있으면 병은 좀처럼 낫기 어렵다."

놀랍게도 편작의 여섯 가지 불치병 모두가 지금 우리 현실에 적용해도 이상할 것이 하나 없다. 지금 우리 사회 여러 분야를 보면 도저히 믿을 수 없는 말과 행동들이 정신없이 쏟아져 나온다. 정말이지 모두가 어딘가 병들어 있는 것이 아닌가 하는 생각마저 들 정도이다. 그리고 그중 일부는 도저히 고칠 수 없는 불치병처럼 보인다. 그 불치병은 대부분 편작이 첫 번째로 꼽은 '교만하여 도리를 무시하여' 초래된 정신상의 불치병이 아니겠는가?

특히 우리 사회 지도층의 병은 자신들의 불치병을 넘어 백성과 나라를 병들게 하는 강하고 독한 전염성마저 지니고 있어 더 걱정이다. 리더의 불

편작은 2천 몇 백 년이라는 시간과 공간을 뛰어넘어 지금 우리 사회가 직면한 각종 불치병을 날카롭고 정확하게 진단하고 있다.

통은 이제 일상사가 되었고, 서로가 서로를 증오하며 자기 이익 지키기에만 몰두한다. 백성의 안위, 나라의 미래는 애당초 관심 밖이다. "편작이라도 침과 약을 거부하는 환자는 치료할 수 없고, 아무리 뛰어난 사람이라도 바른말을 듣지 않는 군주는 바로잡을 수 없다"《염철론鹽鐵論》〈상자相刺〉편)라는 말이 있다. 이 말처럼 우리는 국민이 우리 리더와 지도층을 내다 버려야만 하는가 하는 마음을 수시로 들게 만드는 부끄러운 현실에 직면해 있다.

과연 무엇이 문제이며, 우리는 이 중병을 정녕 고칠 수 없을까? 이런 우리 현실을 비추어 보며 옛 현자들의 서늘한 명언과 통찰을 통해 나라와 조직을 망치는 요인이 무엇인지, 우리가 직면한 문제는 무엇이며 이를 해결할 수 있는 방법은 무엇인지 생각해 보고자 한다.

무너진 공사분별 – 사리사욕과 망국의 화근

전국시대 조(趙)나라의 실권자 평원군(平原君) 조승(趙勝, ?~기원전 251)의 집에서 세금을 내지 않는 일이 발생했다. 평범한 세금 징수관에 지나지 않던 조사(趙奢, 생몰 미상)는 관련자 아홉을 잡아들여 법대로 처형했다. 평원군은 몹시 노하여 조사를 잡아 죽이려 했다. 조사는 평원군에게 이렇게 말했다.

"나라에 세금을 내지 않는 당신 집을 그대로 두면 법이 손상됩니다. (중략) 귀하신 몸인 당신께서 '공적인 일을 법처럼 받들면' 위아래 모두가 평안해지고, 위아래가 평안하면 나라가 강해지고, 나라가 강해지면 조나라는 튼튼해집니다."

조사는 평원군에게 '공적인 일을 법처럼 받드는' '봉공여법(奉公如法)'을 강조했고, 평원군은 자신의 잘못을 싹싹하게 인정하는 것은 물론 조사를 요직에 추천했다. 조사는 평원군을 향해 공사를 구별하지 못하고 사리사욕을 채우면 법이 손상되고, 법이 손상되면 나라가 약해져 결국은 망할 텐데 그때도 부귀를 누릴 수 있겠냐고 반문하면서 '봉공여법'을 강조했다.

사마천은 리더의 자질 중에서도 무엇보다 엄격한 공사관(公私觀), 공사분별의 자세를 요구했다. 이것이 무너지면 조사가 지적한 대로 사리사욕에 몰두하게 되고, 사리사욕은 법을 무력화하며, 법이 손상되면 결국 망국으로 간다고 진단했기 때문이다. 이는 단순한 진단이나 분석이 아니다. 3천 년 역사를 깊이 통찰하고 내린 누구도 부인할 수 없는 결론이다.

사마천은 〈염파인상여열전〉에서 전국시대 조나라의 유명한 대신이자 유세가였던 인상여(藺相如)의 입을 빌려 "국가의 급한 일이 먼저이고 사사로운 원한은 나중이다(선국가지급이후사구야先國家之急而後私仇也)"라고 했고, 〈한장유열전〉에서는 "천하를 다스림에 있어서 사사로움으로 공적인 일을 어지럽혀서는 결코 안 된다(치천하종불이사난공治天下終不以私亂公)"고 경고했다(공사 구분에 관해서는 다른 글에서도 자세히 알아보았다. 함께 참고하면 좋겠다).

무치 – 나라와 백성을 절망케 하다

우리 사회 지도층들의 또 다른 고질적 병폐로 부끄러움을 모르는 '무치(無恥)'를 들지 않을 수 없다. 정말이지 우리 국민치고 지도자가 어떻게 저럴 수 있을까? 부끄럽지도 않을까? 이런 생각을 해보지 않은 사람은 없을 것이다. 리더와 지도층의 '무치'는 나라와 백성을 절망케 한다. 더욱이 '무치'는 '공사분별'을 깡그리 무시하기 때문에 그 폐해는 상상을 초월한다.

《성리대전(性理大全)》〈학구學九〉'교인敎人')을 보면 "사람을 가르치려면 반드시 부끄러움을 먼저 가르쳐야 한다. 부끄러움이 없으면 못 할 짓이 없다"고 했다. 자신의 언행이 다른 사람과 사회에 피해를 주는 것을 부끄러워할 줄 알아야만 그릇된 언행을 일삼지 않는다는 뜻이다. 그러기 위해서는 어려서부터 부끄러움이 무엇인지 가르쳐야 한다. 참으로 옳은 지적이 아닐 수 없다. 이 대목에서 계시를 받은 청나라의 학자 고염무(顧炎武, 1613~1682)는 한 걸음 더 나아가 이렇게 말했다.

"불렴즉무소불취(不廉則無所不取), 불치즉무소불위(不恥則無所不爲)."

"청렴하지 않으면 안 받는 것이 없고, 부끄러워할 줄 모르면 못 할 짓이 없다."

지금 우리 사회의 리더와 고위 공직자들이 딱 이렇다는 생각을 절로 하게 하는 명구가 아닐 수 없다. 리더와 지도층에 만연한 '무치'의 근원은 자신들만 크고 높다는 오만에서 비롯된다. 그래서 명나라 때 사람 이몽양(李夢陽, 1473~1530)은 이렇게 진단했다(《공동자空同子》〈논학論學〉중에서).

"자고무비(自高無卑) 무비즉위(無卑則危), 자대무중(自大無衆) 무중즉고(無衆則孤)."
"자기만 높다 하면 아랫사람이 없고, 아랫사람이 없으면 위험하다. 자기만 크다 하면 대중이 따르지 않고, 대중이 따르지 않으면 고립된다."

아무리 크고 높은 자리에 있어도 그것을 뒷받침하는 아랫사람과 대중의 지지가 없으면 사상누각이다. 현재의 자신을 있게 한 근본과 어려울 때 자신을 도운 사람들을 잊고 잘난 척하면 사방에 적을 만드는 꼴이 된다. 때마다 치러지는 각종 선거에서 표출되는 민심은 이몽양의 이 지적이 얼마나 정곡을 찌른 것인가를 여실히 입증하고 있다.

《시경(詩經)》〈소아小雅〉'하인사何人斯'에서는 "불괴우인(不愧于人), 불외우천(不畏于天)"이라 했다. "사람에게 부끄럽지 않으면 하늘조차 무섭지 않다"는 무시무시한 대목이 나온다. 사람으로서 언행이 정정당당하고 떳떳하면 그 무엇도 무서울 게 없다. 예로부터 동양에서는 '괴(愧)'라는 글자를 척도로 삼아 자신의 언행을 점검하곤 했다. 지식인이나 리더는 특히 그랬다. 심지어 '괴'를 문명의 척도로까지 생각했다.

잘못은 부끄러움이라는 마음의 소리를 들을 때 제대로 알고 고칠 수 있다. 명말청초의 혁신 사상가 선산(船山) 왕부지(王夫之, 1619~1692)는 배움과 실천의 관계에 대해 이렇게 말했다.

"학이이호난(學易而好難), 행이이력난(行易而力難), 치이이지난(恥易而知難)."

"배우기는 쉬울지 몰라도 좋아하기란 어렵고, 행하기는 쉬울지 몰라도 꾸준히 하기란 어렵고, 부끄러움을 느끼기는 쉬워도 왜 부끄러운지 알기란 어렵다."

이것이 바로 호학(好學)·역행(力行)·지치(知恥) 삼자의 관계인데, 왕부지는 그중에서도 '지치'를 특별히 강조했다.

누구든 언행에 대해 비판과 질책을 받으면 이내 부끄러움을 느낀다. 그런데 그 부끄러움이 자신의 언행을 바로잡는 것으로 나아가지 못하고 대개는 자신을 나무란 사람을 원망하고 증오하는 적반하장(賊反荷杖)의 반응으로 나타난다. 이것이 바로 왕부지가 말한 '부끄러움을 느끼기는 쉽지만 왜 부끄러워해야 하는지 알기란 어렵다'는 말의 의미이다. 부끄러움을 회복하지 않으면 누가 되었건 미래는 없다.

명장 악비의 쓴소리

지금 우리 사회의 법체계가 엉망이 되었다. 법이 지켜지지 않는 것은 물론 법을 악용하고, 법에 종사했던 자들이 그 법으로 나라를 문란하게 만들고 있다. 이런 현상은 정도의 차이는 있어도 예나 지금이나 비슷하다. 문제의 핵심은 그렇게 법을 문란케 한 결과인 망국(亡國)에 있다. 전국시대 진(秦)나라의 천하통일을 위한 기반을 닦았던 불세출의 개혁가 상앙(商鞅)은 법이 지켜지지 않고 문란해지는 원인을 다음과 같이 명쾌하게 진단했다.

"법지불행자상범야(法之不行自上犯也)!"
"법이 지켜지지 않는 것은 위에서부터 법을 어기기 때문이다!"

공직자와 정치가들의 도덕성이 추락한 지 오래다. 법을 들먹일 필요조차 없을 정도이다. 나라의 미래가 밝지 않은 것도 윗물이 형편없이 흐리기 때문이다. 송나라 시대 구국의 영웅이었던 명장 악비(岳飛, 1103~1142)는 천하가 언제 어떻게 하면 평안해지겠느냐는 물음에 이렇게 대답했다(《송사》〈악비전〉).

"문신불애전(文臣不愛錢), 무신불석사(武臣不惜死), 불환천하불태평(不患天下不太平)!"
"문신은 돈을 좋아하지 않고 무신은 죽음을 아끼지 않으면, 천하가 태평하지 않을까 걱정할 것 없다!"

무슨 말이 더 필요하겠는가? 진(晉)나라 때 사람 유송(劉頌, ?~300)이 무제에게 올린 글을 보면 이런 대목이 있다.

"진공자(盡公者) 정지본야(政之本也) ; 수사자(樹私者) 난지원야(亂之源也)."

"공공을 위해 최선을 다하는 것은 정치의 기본이요, 사욕을 키우는 것은 혼란의 근원이다."

청렴의 대명사 송나라 때의 판관 청천(青天) 포증(包拯, 999~1062)은 부패한 관리를 기용하지 말 것을 부탁하는 글에서 이렇게 밝혔다.

"염자(廉者) 민지표야(民之表也) ; 탐자(貪者) 민지적야(民之賊也)."

"청렴은 백성의 표본이요, 탐욕은 백성의 도적이다."

포증은 공사를 가르는 기준을 탐욕으로 보았다. 사마천이든 악비든 의식 있는 사람은 누구나 모두 사리

명장 악비의 충고는 더 이상의 말이 필요 없는 가장 기본적인 문제를 지적하고 있다. 사진은 악비의 고언을 새긴 비석으로 절강성 항주 악비사당에 있다.

사욕을 버리고 공사를 확실하게 가릴 줄 아는 기본기를 주문하고 있다. 그것이 나라의 존망과 직결됨을 너무나 잘 알고 있었기 때문이다. 또 한나라 때 정치가이자 문장가였던 가의(賈誼, 기원전 200~기원전 168)는 이런 말을 남겼다.

"국이망가(國而忘家), 공이망사(公而忘私)."
"나라가 있음으로 집을 잊을 수 있고, 공적인 일이 있음으로 사적인 것을 잊을 수 있다."

이상은 모두 공사 구별의 기본을 강조한 고언(苦言)이다. 이런 쓴소리를 부끄러운 마음으로 받아들이는 것이 리더가 될 수 있는 최소한의 자격을 갖추는 길이다.

문제 해결의 지름길은 예방

민간에 전하는 편작(일설에는 《삼국지연의》에 나오는 명의 화타華佗라고도 한다)과 관련한 다음 일화는 우리 사회가 앓고 있는 중병들을 어떻게 치유해야 하는지 시사점을 던져준다.

위(魏)나라 군주가 편작에게 "당신 3형제는 모두 의술에 정통하다는데, 대체 누가 가장 의술이 뛰어나오?"라고 물었다. 편작은 뜻밖에 "큰형님이 가장 뛰어나고, 둘째형님이 그다음이며, 제가 가장 떨어집니다"라고 대답하는 것이 아닌가? 이해가 가지 않는다는 듯 위왕은 다시 "그렇다면 어째서 당신의 명성이 가장 뛰어나단 말이오?" 하고 물었다. 편작은 차분한 목소리로 이렇게 말했다.

"큰형님의 의술은 병의 증세가 나타나기 전에 예방합니다. 사람들이 잘 모르는 사이에 형님은 병의 원인을 사전에 제거합니다. 그러다 보니 그의 명성이 외부로 전해질 수가 없지요. 그리고 둘째형님의 의술은 병의 초기 증세를 치료합니다. 사람들은 그저 가볍게 치료했다고 생각하기 때문에 그 명성이 마을 정도에 머물 뿐이지요. 저는 중병만 주로 치료합니다. 사람들은 제가 맥에다 침을 꽂고 피를 뽑고 피부에 약을 붙이고 수술하는 등 법석을 떨기 때문에 제 의술이 뛰어나다고 여깁니다. 그러니 제 명성이 전국에 알려질 수밖에요."

"달무리가 서리면 바람이 불고, 주춧돌이 축축하면 비가 온다"는 속담이 있다. 인간사가 대개 그렇듯 일의 과정에는 징후 또는 조짐이라는 것이 있기 마련이다. 또 많은 경험을 통해 그 징후를 예견하기도 한다. 그래서 보통 사람은 경험에서 배운다고 하지 않던가? 하지만 그보다 더 필요한 것은 경험하기 전에 일의 기미와 징후를 살펴 대비하는, 다시 말해 예방하는 능력을 갖추는 일이다. 더욱이 현재 진행되고 있는 일에는 다가올 일의 징후가 내재되어 있다는 점을 명심해야 할 것이다.

편작이 말하는 명의의 조건은 단지 의술에만 해당하지 않는다.

정치·경영·조직 모두에 해당하는 지극히 상식적인 지적이다. 문제는 이를 무시하는 우리의 무감각과 독선이다. 이 때문에 우리 사회가 몸살을 앓고 있는 것이다.

　이제 우리는 부끄러움을 회복해 사리사욕과 탐욕을 털어내고, 이를 바탕으로 공사분별의 기본을 갖추어 백성과 나라의 미래를 위해 심기일전해야 한다. 이것이 개혁이다. 역사는 준엄하게 경고한다. 이를 해내지 못하거나 거부한 나라와 조직 그리고 기업은 역사에서 예외 없이 퇴출당했다는 것을!

● 용인보감 29 ●

'담담(淡淡)한 마음'은 듣기에 진부하다는 느낌을 주기도 한다. 사실 심리학 응용이 점점 보급되면서 우리는 갈수록 뚜렷하게 깨닫고 있다. 전통적인 '담담한 마음'을 갖는 방식 중에서 자연스럽게 소박한 심리학을 확인하게 되고, 더 중요한 것은 이런 방법이 좋은 효과를 일으키고 있다는 사실을. 리더가 갖추어야 할 마음가짐 가운데 하나로 '담담한 마음'의 비중이 커지고 있다.

―――― 제30계명 ――――
두 마리의 토끼를 다 잡을 수 있나

리더의 딜레마, 이상과 현실

리더가 운명적으로 피할 수 없는 난제가 '이상과 현실'이라는 두 마리의 토끼다. 이상을 앞세우다 보면 현실을 외면해 실질적인 어려움에 빠지고, 현실만 추구하다 보면 꿈이 사라지고 삭막해진다. 현실의 문제를 잘 해결해 내면 그것이 곧 이상적인 결과라 할 수도 있다. 문제는 그 과정이다. 현실을 앞장세워 실적만을 강조하다 보면 인간성을 잃거나 냉혹해지기 쉽기 때문이다. 반대로 이상을 붙들고 놓지 않으면 돈키호테가 되거나 망상가로 흐르기 쉽다. 이상은 집착으로 빠지기 쉽고, 현실은 천박으로 흐르기 쉽다. 따라서 이 둘의 균형을 맞추는 일 자체가 고도의 리더십이다.

이 글에서는 리더의 운명과도 같은 '이상과 현실'이라는 두 마리의 토끼 이야기를 춘추시대 거의 비슷한 시기에 있었던 두 개의 상반된 역사 사례로 살피고, 이를 통해 '리더와 리더십의 딜레마'란 문제를 함께 고민해 볼까 한다.

이상에 집착한 리더

사마천은 《사기》에서 여러 유형의 리더들이 보인 행위를 분석하고 평가하면서 몇 가지 흥미로운 문제를 제기하고 있다. 그중에는 이상에 집착한 리더의 인자(?)한 덕목 때문에 일을 그르친 경우가 눈에 띈다. 리더가 어떤 중대한 일을 결정할 때 부딪히게 되는 딜레마의 문제라 할 수 있는데, 이 딜레마는 흔히 리더의 '인성 약점'에서 생겨난다. 그 대표적인 경우를 권38 〈송미자세가〉에 나오는, 기원전 7세기 송(宋)의 양공(襄公, 재위 기원전 650~기원전 637)을 통해 확인해 볼 수 있다.

송 양공이 군대를 이끌고 홍수(泓水) 강변에서 초나라 군대와 대치하고 있을 때였다. 초나라 군대가 강을 건너기 시작하자, 이 모습을 본 공자 목이(目夷)가 양공에게 다음과 같이 건의했다.

"상대는 우리보다 수가 많습니다. 그러니 강을 건너기 전에 공격합시다."

양공은 남의 위기를 틈타는 것은 옳지 못하다며 목이의 건의를 받아들이지 않았다. 초나라 군대가 강을 건넌 다음, 미처 전열을 가다듬지 못하고 있는 모습을 본 목이는 다시 이렇게 건의했다.

"강은 건넜으나 아직 전열 정비가 안 되어 있으니 공격할 수 있습니다."

이번에도 양공은 고개를 저으며 이렇게 말했다.

"진을 다 갖추길 기다리자."

초나라 군대가 전열을 다 갖추고 나서야 양공은 공격을 명령했으나 결과는 군사 수에서 열세인 송나라가 크게 패하고 양공은 심한 부상까지 입게 되었다.

양공의 이런 행동에 대해 나라 사람들은 모두 의아해했다. 양공은 여전히 "군자는 어려움에 빠진 사람을 곤란하게 만들지 않는 법이다. 전열을 갖추지 못했으면 공격의 북을 울리는 것이 아니다"라며 점잔을 뺐다. 목이는 이렇게 비난했다.

"전쟁은 승리로 공을 세우는 것입니다. 그런데 어찌하여 대왕께서는 실제와 거리가 먼 헛소리만 늘어놓으십니까? 대왕의 말씀대로라면 노예가 되어 다른 사람을 섬기는 것이 차라리 낫지 뭐 하러 전쟁은 한답니까?"

이 일 때문에 후세 사람들은 때와 장소를 생각하지 않고 적에게 인정을 베푸는 행위를 '송양지인(宋襄之仁)'이라는 성어로 비꼬곤 했다.

사마천은 양공의 이런 행동에 대해 다른 생각을 갖고 있었던 모양이다. 그는 일부 사람들의 평가를 인용해 다음과 같이 양공을 두둔하고 있다.

"송 양공이 홍수에서 패하긴 했지만, 어떤 군자는 매우 칭찬할 만하

송 양공은 이상을 앞세우면 고지식과 집착으로 흐리기 쉬운 리더십의 전형을 보여준다.

다고 했다. 당시 중원의 국가들이 예의가 없는 것을 가슴 아파하면서 양공의 예의와 겸양의 정신을 칭찬한 것이다."

이 문제에 대해 좀 더 깊이 있는 토론을 벌인다면 이상과 현실, 원칙과 융통성, 진심과 위선 등 리더들이 부딪히게 되는 서로 모순되는 문제들을 거론하지 않을 수 없다. 바로 리더십의 딜레마이다. 좀 더 깊은 논의는 다음 사례를 먼저 본 다음 마무리로 대신하겠다.

이상과 현실을 다 취한 리더

리더들이 봉착하게 되는 이런 모순된 딜레마를 뛰어난 기지와 균형감각으로 헤쳐 나간 탁월한 사람이 있었다. 기원전 7세기 진(晉)나라를 이끈 문공(文公, 재위 기원전 636~기원전 628)이 그 주인공이었다.

송 양공과 비슷한 기원전 7세기에 살았던 문공은 춘추시대 몇 안 되는 이름난 군주의 하나였다. 내란 때문에 19년 동안이나 국외에서 망명 생활을 하고 돌아와 군주 자리에 올랐을 때 그의 나이는 61세였다. 문공은 자신이 겪은 쓰라린 경험을 거울삼아 국내 정치와 외교를 개혁해 진나라의 힘을 크게 키웠다. 그 결과 기원전 632년 성복(城濮)전투에서 강대국 초나라 군대를 물리치고 천하의 패주가 되었다.

성복전투는 춘추 초기 가장 규모가 컸던 전투이자 적은 수로 많은 수를 이긴 전형적인 본보기였다. 전투가 시작되기 전에 문공은 신하들에게 작전의 기본 방침을 물었다. 호언(狐偃)이 "신의를 잃을 수는 없다"라며 전투를 반대한 반면, 선진(先軫)은 "전쟁에서는 이기고 보는 것이 우선이다"라고 말했다. 호언이 반대한 까닭은 문공의 망명 시절 초나라가 적지 않은 도움을 주었기 때문이다.

결과적으로 문공은 선진의 의견을 받아들여 초나라가 강을 건너기 전에 공격해 승리를 거두었다. 그러나 공을 따져 상을 줄 때 문공은 신의를 강조했던 호언에게 가장 큰상을 내렸다. 누군가가 문공에게 "성복의 승리는 선진의 의견에 따른 것 아닙니까?"라며 의문을 나타냈고, 이에 대해 문공은 이렇게 대답했다.

"선진의 의견은 한때의 공에 지나지 않지만, 호언은 모든 일에 있어서 공을 세울 수 있는 말을 한 것이다. 어찌 한때의 이익이 만세의 공을 따르겠는가?"

이 대목은 《한비자》(〈난일難一〉 편)에도 기록되어 있는데, 한비자는

리더와 리더십의 딜레마를 잘 헤쳐 나간 인물로 평가받는 문공은 무려 19년이나 망명 생활을 한 끝에 군주 자리에 오른, 산전수전 다 겪은 입지전적인 인물이다. 그런 그가 성복전투에서 현실을 택하고도 이상의 가치를 높이 평가한 점은 대단히 돋보인다. 산서성 후마시(侯馬市)에 있는 그의 무덤과 그 앞의 석상이다.

법가의 입장에서 문공을 모순된 인물로 그리고 있다.

  양공은 이상과 현실의 갈림길에서 이상을 선택했고, 문공은 현실을 택했다. 현실을 택한 문공도 이상이 옳은 길임을 알고 있었다. 그렇기 때문에 신의를 지켜야 한다고 주장한 호언에게 더 큰 상을 내렸다. 결과적으로 이상을 선택한 양공은 실패했고 현실을 선택한 문공은 성공했지만, 사마천은 중립적인 입장에서 타인의 평가를 빌려 양공의 이상이 당시로서는 보기 드문 행동이었다며 두둔했다. 사마천 역시 이상의 가치를 인정한 셈이다.

  역사상 리더들은 흔히 이상을 추구하다 현실을 잊고, 현실을 따지다 이상을 버리곤 했다. 통치는 이상과 현실 사이를 왕래하는 '고도의 인간학'이다. 모든 방면에 고르게 마음과 손길이 뻗쳐야 효율적인 통치가 가능하다. 하지만 이것이 가능할까? '이상과 현실'은 늘 같은 선상에 나란히 있는 것 같으면서도, 적당한 거리를 두고 서로를 물끄러미 쳐다보며 서로에게 먼저 가라고 손사래를 치는 관계와 같다.

  리더는 이 순간 선택을 해야 한다. 선택에는 냉철한 판단력이 따르지만 일쑤 인성의 약점이 개입한다. 인성의 약점이란 리더의 성격이기도 하지만, 흔히 명분에 잘 집착하는 리더와 리더십의 함정이기도 하다. 명분은 이상에 가깝고 실리는 현실에 가까우니, 이는 역사를 흥미롭게 수놓고 있는 수많은 리더에게 예외 없이 발견되는 딜레마이다. 어쨌거나 시대는 언제나 두 마리의 토끼를 다 취할 수 있는 리더와 리더십을 요구한다.

● 용인보감 30 ●

당나라 때 문인 유종원(柳宗元, 773~819)은 《재인전(梓人傳)》에서 "능력 있는 사람은 추천하여 쓰고, 무능한 자는 물러나 쉬게 한다"고 했다.
진정한 용인의 대가는 어진 사람이다. 어진 사람이 사람을 쓸 때는 인재를 존중하고, 널리 추천을 받고, 정성을 들여 인재를 기르고, 대담하게 임용하고, 정확하게 격려하고, 인재를 더더욱 아낀다. 또 대담하게 결단하며 취사선택에 과감하다.

― 제31계명 ―

"심보가 곱지 않으면 어디다 쓰겠는가?"

강희제의 인재관

중국 역사상 전성기에 나타나는 일치된 공통점 중 하나는 뛰어난 인재가 몰렸다는 사실이다. 무제(武帝)를 정점으로 문제(文帝) - 경제(景帝) - 무제에 이르는 한나라, 태종(太宗)을 정점으로 태종 - 고종(高宗)과 무측천(武則天) - 현종(玄宗)의 당나라, 강희(康熙) - 옹정(雍正) - 건륭(乾隆)에 이르기까지 약 150년의 청나라 전성기가 모두 인재의 전성기였다. 따라서 전성기를 구가한 이 제왕들의 인재관은 후대에 많은 교훈과 영감을 선사하기에 충분하다. 여기서는 청나라 전성기의 출발인 강희제(1654~1722)의 인

젊은 강희제의 초상화. 강희제는 약 150년에 이르는 중국 역사상 최고 전성기의 문을 활짝 열었고, 그 배경에는 그의 남다른 인재관이 작동했다.

재관에 대해 좀 더 상세히 알아보자.

강희제 인재관의 5대 원칙

강희제는 인재를 다루는 데 대단한 수완을 보였다. 반세기가 넘는 강희제의 정치 경력을 종합해서 전문가들은 그의 인재관을 다음과 같은 다섯 가지 원칙으로 개관하고 있다.

첫째, '인재지상(人才至上)'이다. 인재를 무엇보다 우선시했다. 강희제는 법률과 제도의 작용을 중시했고, 인재의 작용을 더 중시했다. 법률은 죽은 것이고 사람은 살아 있는 존재로 법률을 만들 수도 바꿀 수도 있으니, 나라를 다스리는 관건도 법에 달린 것이 아니라 사람에 달렸다는 것이다. 강희제는 "나라는 인재의 등용을 중시해야 한다"고 명시했다. 그러면서 "나라를 다스리는 사람은 반드시 사람을 다스려야 하며, 법치가 없다고 두려할 것 없다"고 했다(이하《강희정요康熙政要》). 다소 지나친 면이 없지는 않지만, 그가 그만큼 인재를 중시했다는 것만은 확실하다.

둘째, '덕재겸비(德才兼備)'다. 덕과 재능을 동시에 갖춘 인재를 찾았다. 강희는 인재를 덕과 재능 두 방면에서 고찰하고, 재능보다는 덕을 앞세우면서 이렇게 말한다.

"인재를 논할 때는 반드시 덕을 기본으로 삼아야 한다. 재능보다 덕이 앞서야 군자라 하고, 덕보다 재능이 앞서면 소인이라 한다. 짐은 사람을 볼 때 반드시 심보를 본 다음 학식을 본다. 심보가 선량하지 않으면 학식과 재능이 무슨 소용이 있겠는가?"

셋째, '납간초현(納諫招賢)'이다. '솔직한 의견을 받아들이고 유능한 인재를 불러 모았다.' 인재를 등용한다는 것은 먼저 인재의 방략과 솔직한 주장을 받아들이겠다는 뜻으로, 나라를 위해 그의 총명한 재주와 지혜를 한껏 발휘하게 하는 것이다. 이때 주요한 통로가 바로 인재의 솔직한 주장을 받아들이는 '납간'이다. 강희제는 대신들에게 늘 과감하게 자기주장을 내세우라고 했다.

강희 36년인 1698년, 강희제는 신하들에게 "나라의 대계와 민생 그리고 관리의 다스림과 관계된 것이라면 정확한 견해는 즉시 밝혀라. 실행 여부는 조정에서 참작할 것이다. 그 주장이 타당치 않더라도 언관에게 그 죄를 묻지 않으며 … 짐에게 실수가 있더라도 솔직하게 말할 것이며, 짐 역시 절대 문책하지 않을 것이다"라는 의지를 밝혔다.

강희제는 인재가 황제에게 자신의 견해를 과감하게 밝히는 것을 꺼리는 그 이면에 복잡한 이유가 잠재해 있다는 것을 잘 알았으며, 그것이 인재 자신의 완전무결을 뜻하는 것이 결코 아니라는 점도 잘 인식하고 있었다. 그는 신하들을 다음과 같이 비판했다.

"지금 황제가 잘났고 신하가 유능하고 딱히 할 일이 없다고 하는

강희제의 인재관은 지금 보아도 참신해 받아들일 요소가 많다. 만년의 강희제 모습이다.

데, 어찌 나라에 일이 하나 없다고 할 수 있겠는가? 솔직한 충고를 바라는 것은 중요한 일이니 잘나고 못나고를 떠나 모두 각자 자신의 의견을 밝혀 채택에 대비하도록 해야만 비로소 정무에 도움이 될 것이다."

강희제는 신하들이 솔직한 의견을 개진하지 않는 원인을 분석하면서 "짐이 요즘 사람들을 관찰해 보니 만나는 사람마다 아부하는 데만 신경을 팔고 있는데, 걸음은 어떻게 똑바로 걷는지 모르겠다"며 비꼬기도 했다. 강희제는 이렇듯 비교적 깨어 있는 의식을 보여주었으며, 언로를 활짝 열어놓고 솔직한 충고를 받아들이기 위해 무던 애를 썼다.

넷째, '관이대인(寬以待人)'으로 인재를 너그럽게 대했다는 것이다. 강희제는 집정 이후 대신들을 죽이지 않겠다는 의지를 천명했다. 그리고 재위 61년 동안 자신이 한 약속을 지켰다. 강희제는 명 왕조를 세운 태조 주원장(朱元璋)과 같은 황제들이 공신을 무참하게 살육한 사실에 큰 반감을 갖고 있었다. 그는 신하가 잘못해도 너그럽게 대할 수 있어야 한다고 생각했다.

"신하를 대할 때는 반드시 너그럽고 인자해야 한다. 자질구레한 일 때문에 화를 내서는 안 된다. 사람은 재질에 따라 쓰면 되지 그냥 나무라는 마음을 가져서는 안 된다."

이것이 강희제의 기본 인식이었다. 강희제는 재위 50년이 되던 해 자신의 과거를 뒤돌아보면서 이렇게 술회했다.

"짐은 어릴 때부터 책을 읽었지만 자신의 일과 뜻에 시종일관하는 대신들은 많이 보지 못했다. 그래서 대신들을 손과 발처럼 대하겠다고 마음먹었다. 만주족이 되었건 한족이 되었건 몽고족이 되었건 간에 법이 용납하지 못할 정도로 지나치게 간사하거나 악한 사람을 제외하고는 모두 보호할 것이다."

재위 50년 동안 강희제는 대학사 20여 명을 등용했으며, 그중 장혁덕(蔣赫德)·위주조(衛周祚) 등 10여 명은 명예롭게 고향으로 퇴진했다. 강희제는 수시로 사람을 보내 이들을 위로하는 등 대우에 소홀함이 없었다. 그뿐만 아니라 강희제는 자신을 보좌했던 인재들이 그리워 "짐이 옛 대신들을 생각해 보니 어떤 이들은 벌써 세상을 떠났고, 어떤 이들은 은퇴했다. 이들을 생각하노라면 마음이 상하고 눈물이 난다"며 눈시울을 붉히곤 했다. 가식이 아니라 강희제의 진심에서 나온 말이었다.

다섯째, 있는 그대로 실적을 살피는 '종실고핵(從實考核)'이다. 관리들의 실적을 제대로 살피려고 노력했다. 강희제는 자신이 궁중에서 주로 생활하기 때문에 외부의 일은 제대로 알 수 없다고 인정했다. 특히, 전국 각지에 나가 있는 관리들의 업적에 대한 우열을 평가하기 힘들다고 보았다. 그래서 수시로 전국 각지를 순시했으며, 이 순시를 통해 관리들의 실적을 살피고 인재를 선발하기 위해 애를 썼다.

강녕지부 우성룡(于成龍, 1638~1700)이 청렴하다는 정보를 입수한 강희제는 강남을 순시하면서 그를 잘 살폈다. 하급 관리와 백성들에게서 우성룡에 대한 평가를 듣고 자신이 입수한 정보가 정확한지 확인했다. 그런 다음 직접 우성룡에게 글을 보내 격려하면서 안휘안찰사로 발탁했다. 이와 함께 우성룡의 아버지를 불러 자식 교육을 잘했다며 칭찬하고 상을 내렸다. 강희제가 관리를 조사하는 데는 나름대로 비결이 있었다.

"그가 정말 유능하다면 백성들에게 물었을 때 틀림없이 칭찬할 것이다. 유능하지 못하다면 백성들은 적당히 얼버무린다. 관리의 유능함 여부를 이렇게 해서 가려낼 수 있다."

억압적 분위기의 봉건시대에 백성들이 자신들을 단속하고 있는 관리에 대해 솔직하게 평가한다는 것은 거의 불가능에 가깝다. 그래서 강희제는 적당하게 얼버무리는 백성들의 말에서 해당 관리의 업적이 어떤지 파악할 수 있다고 보았다. 이는 강희제의 신중함과 명석함을 말해준다.

강희제의 인재관에서 가장 눈길을 끄는 대목은 인재등용의 원칙 가운데 덕과 재주를 모두 고려하되 재능보다는 덕을 반드시 앞세웠다는 점이다. 심보가 곱지 않거나 나쁜 사람은 아무리 뛰어난 재능과 학식을 갖고 있다 한들 무슨 쓸모가 있겠느냐는 강희제의 지적은 원칙도 없고 덕과 재능의 의미조차 가릴 줄 모르는 조직의 인사(人事) 작태를 비웃고 있는 것 같다.

● 용인보감 32 ●

직원들의 능력과 인품을 잘 아는 기초 위에서 적절한 권한과 충분한 신임을 주어 자유롭게 능력을 발휘하게 하는 것, 이는 관리학의 가장 본질적 이념의 하나이다.

___ 제32계명 ___

사사로운 생각으로 사람을 쓰면
크게 잃을 수밖에 없다

인재 기용에서 바른 원칙의 중요성

"모든 길은 로마로 통한다"는 말이 있듯이 어느 시대를 막론하고 인재를 뽑을 때는 일정한 기준이 있기 마련이다. 앞서 소개한 청 왕조의 황제 강희제(재위 1661~1722)는 〈위고시탄(爲考試嘆)〉, 즉 〈고시를 위한 탄식〉이란 시에서 "인재는 공평하고 정의롭게 취하면 되거늘 선왕이 남기신 좋은 전통을 어째서 자주 바꾼단 말인가?"라고 했다.

《관자》에서는 "원칙이 없으면 근본이 위태로워진다"고 했고, 《한비자》에서는 "그림쇠와 자가 없었더라면 해중(奚仲)은 바퀴를 만들지 못했을 것이다"라고 했다(해중은 바퀴를 발명하고 수레를 만든 인물이다). 한 왕조 때의 학자 유향(劉向, 기원전 77~기원전 6)은 다음과 같은 말을 남겼다.

"직의용인필대실(直意用人必大失)!"

"법도도 없이 자기 멋대로 사사로운 생각으로만 사람을 쓰면 크게 잃을 수밖에 없다!"

이상은 모두 인재를 선발하고 인재를 활용하는 데 원칙이 대단히 중요하다는 점을 강조한 말들이다. 그럼에도 이런 잣대와 균형을 버리고 자기 멋대로 잣대를 구부리고 원칙을 포기한 채 내 기준을 만들어 사사로이 사람을 쓰는 것은 예나 지금이나 드물지 않다. 이 글에서는 그런 문제를 집중적으로 다루어 본다.

유향의 지적이 아니더라도 사사로운 욕심으로 사람을 기용해 실패한 생생한 사례는 수도 없이 많다. 그림은 유향의 초상화이다.

인재 선발에서의 난맥상

기준과 표준, 그리고 원칙을 잃은 인재 선발과 기용을 살펴보면 다음과 같은 몇 가지 현상이 나타난다.

첫째, 내게 고분고분한 자를 기용하는 현상이다. 개인의 좋고 싫음으로 취하고 버리는 현상을 말한다. 비위를 맞추고 아부하는 자를 좋아하는 반면 자기 주관을 고집하고 면전에서 직언하는 사람을 미워한다. 이렇게 사람을 쓰는 리더 밑에서는 무엇이든지 리더가 옳다고 말하는 아첨배가 많이 꼬일 수밖에 없다. "천하의 근심에 앞서 걱정하고, 천하의 기쁨은 나중에 기뻐한다"는 명언을 남긴 송 왕조 때의 명재상 범중엄(范仲淹, 989~1052)은 "충신은 꼬장꼬장하기에 멀리하기 쉽고, 아첨배는 유순하기에 가까이하기 쉽다"고 경고했다. 가깝고 먼 관계가 뒤바뀌면 필패는 뻔하다. 기업을 이끄는 리더도 이 이치를 반드시 새기고 있어야 한다.

둘째, 가문이나 권세로 인재를 기용하는 현상이다. 이와 관련해 《순자》에서는 "조상이 잘나면 자손들은 반드시 출세하므로 그 행실이 걸·주처럼 포악해도 조정에서의 자리는 높아질 수밖에 없다. 이는 가문에 근거하여 인재를 기용하기 때문이다"라고 한 다음, 이어서 "가문에 근거하여 인재를 기용하니 어지러워지지 않을 수 있겠는가?"라고 반문했다(〈군자〉편).

이렇게 가문을 중시하고 족보를 따지는 용인법이 갈수록 사족들이 허영을 추구하는 중요한 경로가 되어 '고관대작에 미천한 출신 없고, 말단관리에 권세 높은 집안 없다'는 '상품무한문(上品無寒門), 하품무세족(下品無勢族)'이라는 불량한 현상이 형성되었다. 이것이 오늘날에 와서는 '권세와 부'로 사람을 취하는 것으로 변했을 뿐 본질은 똑같다.

어떤 자는 기업의 인사권을 가지고 거래를 한다. 오로지 상대에게 권세가 있는지, 배경이 있는지에만 초점을 맞추어 그런 사람의 자녀나 친인척을 자리에 배치해 상급자의 비위를 맞춤으로써 자신의 승진을 위한 계단으로 이용한다. 이 때문에 사회 상류층에서는 "공부할 필요 없다. 그저 좋은 아버지만 있으면 된다"는 한심한 말이 나도는 것이다. '유능한 인재가 세상에 나가지 못하는 것은 그 길이 막혔기 때문이다.' 별다른 능력이나 실력도 없이 자기 기업에 들어가 권한이 있는 자리를 차지하면 진짜 실력 있는 인재는 배제당할 수밖에 없다. 이는 그 기업은 물론 사회적으로도 엄청난 손실이다.

셋째, 유능한 인재를 시기하고 질투하는 현상이다. 유능하고 뛰어난 인재를 시기하고 질투하는 것은 사유제의 필연적이고 어그러진 산물이다. 삼국시대인 3세기 초반에 활동한 위(魏)의 이강(李康, 생몰미상)은 이런 사회현상을 심각하게 분석한 다음 이렇게 지적했다.

"두드러진 성취를 이룬 인재는 세속으로부터 손가락질을 당하는데, 세상 이치가 그렇다. 그래서 숲에서 가장 크게 자란 나무는 바람에 뽑히고, 물가까지 밀려온 흙은 급류에 휩쓸리며, 인품과 행실이 남다른 인재는 늘 많은 사람의 시기 질투와 비난에 시달린다."

유능한 인재에 대한 시기와 질투가 만연한 용인 방면에서 흔히 나타나는 현상은 '좋은 인재는 다루기 어렵다'거나 '말을 듣지 않는다'는 구실을 붙여 인재를 탄압하고 공격하는 것이다. 심지어는 일부러 못난 자나 쓸모없는 자를 사사로이 기용하기도 한다. 정말이지 '무대랑이 개업하자 자기보다 키 큰 사람은 절대 기용하지 않았다'는 소설《수호지(水滸志)》의 한 대목을 떠올리게 한다. 이런 저열한 현상은 서양에서 말하는 '파킨슨의 법칙(Parkinson's Law)'과 같다.

파킨슨(Cyril Northcote Parkinson, 1909~1993)은 영국 해군 출신 역사학자인데, 오랫동안의 조사와 연구를 거쳐《파킨슨의 법칙》이란 작은 책자를 출간했다. 이 책은 어리석고 쓸모없는 관료가 자신의 능력 부족을 보충하기 위해 유능한 인재에게 자리를 양보하거나 자신의 일을 돕는 인재를 모시는 대신, 자기보다 떨어지는 자들을 조수로 쓰는 바람에 필연적으로 조직이 병들고 조직원들의 질적 저하를 초래한다는 점을 밝히고 있다.

넷째, 패거리를 지어 자기들과 다른 사람을 배척하는 현상이다. 두드러진 특징은 사사로운 용인을 통해 공공의 이익을 해치는 것이다. 자신들과 가까운 사람을 기용해 패거리를 짓는 데 몰두한다. 그들에게 공심(公心)은 없고 사심(私心)만 가득할 뿐이다. 오로지 패거리만 따지고, 너와 나만 있지 옳고 그름은 없다. 자기 패거리라면 원칙이고 뭐고 다 팽개치고 끌어들이는 반면, 자기 패거리가 아니면 무조건 배척하고 공격한다. 이들은 사람을 보고 자리와 일을 만들고, 사람에 따라 일과 자리를 없앤다. 이런 자들은 오로지 자신과 집안의 부귀를 위해 패거리를 지어 사사로이 재물을 긁어모은다. 나라의 공적인 일은 안중에 없는 데다, 그마저도 자기 멋대로 처리한다. 은밀히 위세를 키우기 위해 권력자의 이름을 판다.

충직한 사람은 자리에 머물기 어려울 뿐만 아니라 오려고도 하지 않는다. 바른 기운이 쇠퇴하고 사악한 기운이 조직과 나라를 덮어 패망으로 이끈다.

   원칙을 버리고 사사로이 자기 뜻대로만 사람을 기용하는 현상은 이상 네 가지뿐만 아니라 얼마든지 더 있을 수 있지만, 크게 네 가지 현상으로 개괄해 보았다.

● 용인보감 32 ●

사람과 인재를 '쓰는 것'과 '쓰임을 당하는 것'은 일종의 이익관계다. 이익이 되면 만나고, 이익이 없으면 갈라선다. 많은 상황에서 이 관계는 의심할 바 없이 일시적이고 때로는 허상이자 가상이기도 하다.

'의심'은 객관적 존재이다. 온갖 이익이 충돌하는 중에 의심은 정상적이다. 의심하지 않는 것이 상식과 이치에 반하는 것이다. 물론 근거가 있어야 하고, 합리적이어야 한다. 그것이 아니라면 그 의심이 도리어 의심받는다.

―― 제33계명 ――
무능한 관리는 있어도 무용한 인재는 없다

'사무(四毋)'가 던지는 계시

《여씨춘추》〈용중(用衆)〉 편에 이런 대목이 있다.

"무추불능(無醜不能), 무오부지(無惡不知)."
"무능하다고 미워하지 않고, 무지하다고 미워하지 않는다."

여러 사람의 장점을 취해 자신의 부족함을 보충해야 한다는 취지에서다. 《여씨춘추》는 그러면서 <u>"무능하다고 미워하고, 무지하다고 미워하는 것은 병이다"</u>라고 꼬집는다. 이 대목의 요지를 오늘날에 적용하자면 재능과 지식이 좀 떨어진다고 무시하거나 경시해서는 안 된다는 것이다. 그런 사람에게도 나름 장점이 있기 때문이다. 그 장점을 찾아내는 것이 리더의 안목이자 리더십이다. 여기서는 '사무(四毋)'의 고사를 통해 이 문제를 좀 더 심사숙고해 보고자 한다.

사무와 용인

중국의 유구한 문화전통에는 용인과 관련하여 수천 년 동안 사람들 입에 오르내리는 상당히 과학적인 사상과 의미심장한 고사가 아주 많다. '사무(四毋)'와 용인에 관련한 다음 고사도 그중 하나이다.

춘추시대 제나라에 영척(甯戚)이라 불리는 은자가 있었다. 그는 제나라 국군 환공을 만나려 했으나 뜻을 이루지 못했다. 어느 날 환공이 외출해 지나가는 길에서 영척은 쇠뿔을 두드리며 노래를 부르고 있었다. 노래가 어찌나 애절했던지 환공은 재상 관중에게 무슨 사연인지 물어보게 했다. 영척은 시원하게 설명하지 않고 그저 '호호호백수(浩浩乎白水)'라는 한 구절만 읊어댔다.

집으로 돌아온 관중은 영척이 읊은 구절이 무엇을 뜻하는지 풀어보려고 애를 썼으나 도무지 알 길이 없었다. 관중은 닷새 동안 입조하지 않고 끙끙거리며 영척이 한 말의 뜻을 알아내려 애썼다. 조정에도 가지 않고 속앓이를 하고 있는 관중을 보다 못한 관중의 첩 정(婧)이 그 까닭을 물었다. 관중은 네가 관여할 바가 아니라며 잘라 말했다. 그러자 정은 이렇게 말했다.

"제가 '무노노(毋老老, 늙었다고 무시하지 말라), 무천천(毋賤賤, 천하다고 깔보지 말라), 무소소(毋少少, 어리다고 무시하지 말라), 무약약(毋弱弱, 약하다고 얕보지 말라)'의 '사무(四毋)' 이야기를 들은 바 있습니다."

솔깃해진 관중이 그 뜻을 묻자 정은 다시 이렇게 말했다.

"그 옛날 강태공(姜太公)은 나이 70에 조가(朝歌) 저자에서 소를 잡고 있다가 80에 천자의 스승이 되었고, 90에 제나라에 봉해졌습니다. 이를 보면 나이든 사람을 깔볼 수 있겠습니까? 이윤(伊尹)은 원래 탕(湯)임금 아내의 혼수품으로 딸려 온 천한 사람이었지만, 탕임금은 그를 재상으로 기용하여 천하를 태평하게 다스렸습니다. 이를 보면 천한 사람을 어찌 깔보겠습니까? 또 고(皐)의 아들은 다섯 살 때 이미 우(禹)임금을 도왔으니 어찌 어리다고 깔보겠습니까? 나귀는 태어난 지 7일이면 어미보다 더 빨리 달립니다. 그러니 약하다고 얕잡아 볼 수 있겠습니까?"

관중은 정의 말에 일리가 있다고 여기고는 자세를 바로잡고 영척이 쇠뿔을 두드리며 부른 노래 이야기를 들려주었다. 이야기를 다 듣고 난 정은 싱긋이 웃으며 말했다.

"영척이 재상께 이미 자신의 뜻을 전했는데 아직 모르시겠습니까? 옛날에 〈백수(白水)〉라는 시에서 '호탕하게 흐르는 백수, 헤엄치는 물고기여. 임금께서 나를 부르시니 내가 임금을 편안케 하리라. 나라가 아직 안정되지 못했으니 내가 어찌하면 될까'라고 했습니다. 이는 영척이 나라를 다스리는 일을 하고 싶다는 뜻입니다."

관중은 크게 깨달은 바가 있어 바로 환공에게 영척을 추천했다. 과연 영척은 환공의 큰 힘이 되었다. 이밖에 영척에 관한 고사로는 《동주열국지(東周列國志)》의 '영척이 소를 먹이다'는 뜻을 가진 '영척반우(寧戚飯牛)'가 있다.

영척은 세상에 나오기 전 소를 키우며 시골에서 살았다. 그는 세상사람 모두가 제나라 환공의 패업을 칭송할 때 "요·순을 만나지 못했도다", "밤이 길어 새벽이 오지 않는다"며 환공의 업적을 깎아내렸다. 환공이 그 까닭을 묻자 제후의 배반이 잇따르며 군대 동원이 계속돼 백성들의 부담이 가중되는데 무슨 업적이냐며 대놓고 직언했다. 좌우에서 영척을 잡아 죽이려 하자, 영척은 "걸(桀)은 관용봉(關龍逢)을, 주(紂)는 비간(比干)을 죽였다. 지금 이 영척이 세 번째가 되겠구나!"며 탄식했다.

이 말에 정신이 번쩍 난 환공이 그를 풀어주고 대화를 나누었더니 큰 인재였다. 환공이 예를 갖추어 그를 대하자 영척은 관중의 추천서를 꺼냈다. 왜 진작 보여주지 않았느냐고 환공이 묻자 영척은 "신이 듣자 하니 현명한 군주는 인재를 선택하여 보좌하게 하고, 현명한 신하는 군주를 선택하여 보좌합니다"라며, 군주가 직언을 싫어하고 아부만 좋아하여 신하를 홀대한다면 죽어도 추천서

영척은 노래를 통해 자신의 뜻을 전달했지만, 보잘것없는 존재로 여겨졌던 관중의 첩만이 그 뜻을 알아챘다. 여기서 '사무' 외에 여자라고 해서 얕봐서는 안 된다는 원칙 하나가 또 나왔다. 그림은 환공 일행이 영척을 모셔 오는 모습을 묘사한 청나라 때의 채색 판화이다.

를 내놓지 않았을 것이라고 했다. 영척은 소를 키우며 자신의 뜻을 펼칠 기회를 줄 수 있는 리더를 기다렸다. 리더만 인재를 선택하는 것이 아니다.

　위 고사들은 대단히 의미심장하다. 관중은 춘추시대 약 300년을 통해 가장 뛰어난 정치가요 사상가였다. 그러나 그는 〈백수〉라는 시가 뜻하는 바를 잘 몰랐다. 위대한 정치가가 이 작은 시 한 수 앞에서 문맹이 되어버린 것이다. 관중의 첩인 정은 관중이 보기에 보잘것없는 존재였지만, 뜻밖에 그녀가 관중으로 하여금 눈앞의 안개를 걷고 '사무'의 큰 이치를 깨닫게 했다.
　여기서 꼭 짚고 넘어갈 것은 정이 말한 '사무'가 가리키는 대상은 주로 그 나름 특별한 능력을 가진 사람들이라는 사실이다. 다만 약자는 오늘날 능력과 지식이 낮은 진정한 약자와 같은 존재로 보아도 무방할 것 같다. 기업 경영에서 이와 유사한 사례를 소개할까 한다.

　1940년대 미국의 한 설탕 공장에 카라스라는 노동자가 있었다. 그는 배운 것이 거의 없어 물리나 화학의 기초 지식조차 갖추지 못했다. 그러니 설탕을 만드는 원리 같은 것을 알 턱이 없었다. 당시 백설탕은 습기를 막는 종이로 포장했는데, 밀봉용 종이의 두께와는 상관없이 어느 정도 시간이 지나면 설탕이 습기에 녹았다.
　습기 문제를 해결하기 위해 회사는 전문가를 초빙해 연구하게 했으나 해결 방법을 찾지 못했다. 급기야 회사는 회사 노동자와 직원들에게 방법을 내보게 했다. 어느 날 카라스는 이 문제를 놓고 고민을 거듭하다가 문득 한 가지 묘수가 떠올랐다.

'만약 포장지에 작은 구멍을 내면 설탕에 습기가 차지 않을 수 있겠다.'

회사 리더의 지지를 받아 카라스는 실험을 거듭했고 결과는 아주 긍정적이었다. 그는 특허를 신청하는 한편, 이 특허권을 미국 설탕 제조업체에 팔아 100만 달러를 벌었다.

이상의 사례들은 일본 기업들 사이에서 유행하던 "무능(無能)한 관리는 있어도 무용(無用)한 인재는 없다", "쓰레기는 자리를 잘못 찾은 재부(財富)이다", "쓰레기는 발견되지 못하고 사용되지 않은 보물이다" 등과 같은 격언들을 떠올리게 한다. 사람은 누구나 쓸모가 있고, 관건은 사람을 기용하는 사람이 제대로 잘 활용하느냐에 달려 있다는 요지이다. 재능이 떨어지는 사람들의 그 서투름 뒤에는 남들이 모르는 어떤 재능이 숨어 있다. 사람들이 중시하지 않고 발견하지 못했을 뿐이다.

사람들은 늘 말한다. "총명한 자는 일에 진지하지 못하고, 바보는 일을 할 줄 모른다"고. 기업을 경영하는 리더의 중요한 일 가운데 하나는 직원들의 지식과 지혜를 높이고 그들의 활력을 자극해 기업의 인력을 적극 개발하고 활용할 줄 아는 것이다. 이것이 한 차원 높은 리더십을 보여주는 리더의 능력이기도 하다.

● **용인보감 33** ●

감독(監督)은 불신임이 결코 아니라 권한을 나눠 주는 수권(授權) 행위와 걸음을 같이하는 관리 행위이다. 감독은 '사람을 썼으면 의심하지 말고, 의심스러워도 써라'고 하는 사상의 구체적 실현이다. 감독이 없으면 '의심' 또한 종이 위에서만 논하는 병법에 지나지 않는다.

제34계명
리더의 매력은 어디에서 오는가?

초나라 장왕의 리더십 종합 분석

중국 역사상 가장 매력이 넘치는 리더를 꼽으라면 많은 인물이 후보로 떠오를 것이다. 일정한 기준이 없는 한 시대적 상황과 개인의 자질에 따라 평가가 저마다 달라질 수 있기 때문에 의견일치를 보기란 불가능에 가깝다. 시대를 춘추시대로 한정시켜 놓고 골라보라면 필자는 초나라 장왕(莊王, ?~기원전 591)을 몇 손가락 안에 꼽겠다. 장왕의 리더십을 상세히 살펴보고자 한다.

먼저 장왕 전후 초나라의 상황과 장왕이 어떤 인물인가 간략하게 알아보도록 하자. 남방 장강 이남에 위치한 초나라는 중원의 제후국과는 다른 문화와 풍토를 가진 강국이었다. 춘추시대가 시작되는 기원전 8세기 초나라는 주(周) 왕실과 대등한 관계임을 과시하기 위해 '왕'을 자칭했고, 기원전 7세기 후반부터 6세기 초반까지 장왕이 춘추시대 패자의 하나로 군림하면서 위세를 떨쳤다.

장왕은 초 장왕 또는 형(荊) 장왕으로 불린다. 성은 미(羋), 이름은

춘추시대 초나라 장왕의 리더십에는 오늘날 리더들이 충분히 참고할 만한 요소가 많다. 사진은 장왕의 조각상이다.

려(旅), 또는 려(呂)로 쓴다. 기원전 613년부터 591년까지 23년 동안 재위했다.

장왕은 즉위한 뒤 왕권을 신장하는 한편 여러 과감한 조치를 취했다. 약오씨(若敖氏)의 반란을 평정하고 청백리의 대명사 손숙오(孫叔敖)를 중용해 내정 개혁을 벌여나갔다. 수리사업을 일으키고 군비를 강화했다.

기원전 606년에는 육혼(陸渾) 지역의 융(戎, 지금의 하남성 숭현嵩縣 북부)까지 정벌하고, 군대를 주나라 왕도 교외에 사열시킨 다음 사람을 보내 천자의 상징인 구정(九鼎)의 안위 여부를 묻는 등 기세를 높였다(여기서 '솥의 무게를 묻는다'는 뜻의 '문정경중問鼎輕重'이란 고사성어가 파생되었다).

기원전 597년 필(邲, 지금의 하남성 형양滎陽 동북)에서 또 다른 강대국 진(晉)나라 군대를 대파하고, 그 여세를 몰아 정(鄭)·송(宋) 등을 귀순시킴으로써 제 환공, 진 문공에 이어 춘추오패의 하나가 되었다.

'문정경중(問鼎輕重)', '불비불명(不飛不鳴)' 등 중국 역사상 가장 유명한 고사성어의 주인공인 초 장왕은 춘추시대 패자의 위상을 바꾸는 데 큰 역할을 한 인물이다. 주 천자의 상징인 구정의 무게를 물었다는 '문정경중'의 고사는 제 환공에 의해 제기된 주 왕실을 호위한다는 최소한 명분마저 거두어들이고, 모든 것을 힘의 강약에 따라 국제 정세를 좌우하는 시대적 분위기와 새로운 리더와 리더십에 대한 시대적 요구를 반영하는 것이었다. 장왕이 남긴 고사성어를 중심으로 그의 리더십을 하나하나 분석해 보겠다. 글이 꽤 길지만 긴 호흡으로 읽어 주었으면 한다.

심세(審勢) – 삼년불언

고대 중국의 리더들 중 몇몇은 즉위한 뒤 3년 동안 말을 하지 않고 지냈다는 '삼년불언(三年不言)' '삼년무언(三年無言)'이란 흥미로운 일화를 남기고 있다. 심하게는 무려 9년을 말하지 않고 지낸 임금 이야기도 전한다.

초나라 장왕은 즉위 후 3년을 말하지 않고 지낸 리더들 중에서 가장 유명하다. 장왕은 즉위한 다음 무려 3년 동안 나랏일은 도외시한 채 밤낮없이 향락에 빠져 헤어나질 못했다. 신하들에게는 자신에게 이래라저래라 충고하는 자는 죽음으로 다스리겠노라 엄포까지 놓았다. 모두 왕의 눈치를 살피느라 안절부절못하고 있을 때 오거(伍擧)가 나섰다. 오거는 중국 역사상 복수의 화신으로 이름난 오자서(伍子胥)의 할아버지로 알려진 강직한 인물이다. 그런 그가 장왕을 찾았으니 모두 숨을 죽인 채 초조하게 두 사람의 만남이 어떻게 끝날지 기다렸다. 장왕을 만난 오거는 직언이 아닌 뜻밖의 수수께끼 하나를 내며 대화를 이끌어 갔다. 두 사람의 대화를 들어보자.

오거 : 지금 우리 초나라 궁정 뜰 앞 큰 나무에 큰 새 한 마리가 날아와 둥지를 틀었습니다. 그런데 이 새가 어찌 된 일인지 3년 동안 날지도 울지도 않습니다. 3년을 날지도 울지도 않는 새가 있다면 대체 그 새는 어떤 새입니까?

장왕 : 3년을 날지 않았다면 장차 '날았다 하면 하늘을 찌를(일비충천一飛沖天)' 것이며, 3년을 울지 않았다면 '한 번 울었다 하면 사람들을 놀라게(일명경인一名驚人)' 할 것이오. 무슨 말씀인지 알았으니 그만 물러가도록 하시오.

이 두 사람의 대화에서 저 유명한 '날지도 울지도 않는 새'란 뜻의 '불비불명(不飛不鳴)'과 '한 번 울었다 하면 사람을 놀라게 하고, 한 번 날았다 하면 하늘을 찌른다'는 '일명경인, 일비충천'이란 고사성어가 동시에 탄생했다.

그러나 몇 달이 지나도 장왕이 방탕한 생활을 청산하지 않자, 이번에는 곁에서 장왕을 모시던 대신 소종(蘇從)이 참지 못하고 왕에게 직간했다. 장왕은 노기 띤 얼굴로 이렇게 말했다.

장왕 : 만약 그대 말을 듣지 않겠다면?
소종 : 이 몸이 죽어 군주가 현명해진다면 무엇을 더 바라겠습니까?

그 뒤로 장왕은 놀이를 중단하고 오로지 정무에만 힘을 쏟기 시작했다. 장왕은 사실 3년 동안 놀고먹은 것이 아니었다. 차분히 조정의 동태와 신하들의 면면을 꼼꼼히 살펴왔던 것이다. 이를 '심세(審勢)'라 한다. 형세를 깊게 살핀다는 뜻이다. 장왕은 그렇게 누구와 함께 일할 것인지, 누구를 내칠 것인지 고심하며 때를 기다렸다.

장왕은 3년 만에 인사를 전격 단행해 오거와 소종을 재상으로 발탁함으로써 백성들의 지지를 받았다. 초나라의 국력은 하루가 다르게 강해져 단숨에 정나라를 정벌해 천하의 패자가 되었다. 장왕은 춘추시대 세 번째 패자의 자리에 올랐다.

'불비불명'이라는 고사성어는 장왕에게서 나왔다. 이로써 이 성어는 장차 큰일을 할 사람이 뜻을 숨긴 채 남모르게 준비하는 모습을 비유하는 말이 되었다. 좀처럼 속내를 드러내지 않고 신중하게 큰일을 준비하는 속마음을 표현할 때 중국인들이 흔히 쓰는 '도광양회(韜光養晦)' 줄여서 '도회(韜晦)'라고 하는 표현도 비슷하다. '도광양회'는 '빛(실력)을 숨기고 어둠 속에서 (실력을) 기른다'는 뜻이다.

장왕이 당초 술과 여자에 빠져 살았던 3년은 문제가 아니다. 우리가 관심을 가져야 하는 대목은 장왕이 어떻게 효과적으로 '시간'을 이용했는가 하는 점과, 또 '기회를 기다려' 행동으로 옮겼다는 사실이다. 물론 그동안 장왕은 자신의 속내를 철저히 숨기는 '도회'의 전략을 굳게 견지했다.

식견은 준비된 기다림을 통해 갖추어질 수 있는 리더십이다. 노력하지 않고 준비하지 않는 리더는 자격 미달이다. 자신이 이끄는 조직의 구석구석을 살피고 나아가 세상의 흐름을 파악해 유사시를 대비하는 리더가 되어야 한다. 이것이 '계기(契機)를 예견(豫見)하는 식견(識見)'의 리더십이다.

식견과 임기응변

말이 나왔으니 식견에 대해 좀 더 알아보자. 한자 문화권에서 식견이란 단어는 상당히 추상적이다. 사물이나 상황을 보아서 그 본질을 파악해 내는 능력을 말하는데, 여기에는 지식·이해력(지성)·판단·견해·관점·통찰력·분별력·예지력 등 매우 다양한 능력이 포함된다. 이렇게 보면 '식견'은 리더십에서 아주 중요한 덕목임을 알 수 있다.

다음으로 임기응변(臨機應變)을 이야기해 보자. 흔히들 임기응변 하면 얄팍한 술수 정도로 알고 리더의 덕목으로 보길 꺼려하지만, 결코 그렇지 않다. 임기응변은 글자 그대로 풀자면 '어떤 계기를 맞아 그 계기의 변화에 따라 대응하는 것'을 말한다. 좀 더 세련되게 말하자면, 위기 또는 긴급한 상황을 극복하거나 그에 과감히 맞서 해결해 나가는 능력, 즉 상황 조절능력이다. 조직을 이끄는 리더에게 이 능력은 유용할 뿐만 아니라 필수적이다. 다만, 이 능력을 얄팍한 꼼수나 천박한 기만과 혼동해서는 안 된다.

그런데 이 임기응변과 식견은 동전의 앞뒷면과 같은 관계이다.

요컨대 식견 없이는 적절히 임기응변할 수 없거나 아예 못하기 때문이다. 상황을 조절하는 임기응변의 능력은 앞에서 언급한 식견의 리더십에서 요구하는 거의 모든 능력이 동원될 수밖에 없다.

이제 식견과 임기응변이 어떻게 유기적으로 상호작용하는지, 그리고 그것이 리더에게 얼마나 필요한 자질인지 매력적인 리더 장왕의 사례를 통해 살펴보겠다(이하의 내용은 《여씨춘추》〈사순似順〉 편, 《설원》〈권모權謀〉 등을 참고해 정리했다).

장왕이 배신을 일삼는 소국 진(陳)을 정벌하러 나섰을 때의 일이다. 장왕은 공격에 앞서 몰래 사람을 보내 진나라 성의 상황을 엿보게 했다. 세작(細作, 스파이)들의 보고에 따르면 지금 상황으로는 진나라를 치기 힘들다는 것이었다. 세작들은 그 이유로 진나라의 성이 높고 견고한 데다 해자가 대단히 깊으며, 성안의 식량도 넉넉하게 비축되어 있다는 사실을 들었다. 장수들의 의견도 마찬가지였다.

이 상황에서 장왕은 어떤 판단을 내렸겠는가? 평소 주위의 충고나 직언을 허심탄회하게 받아들이는 장왕이고 보면 세작과 장수들의 의견을 따르는 것이 당연해 보였다. 하지만 장왕은 바로 진나라를 공격하겠다고 했다. 모두는 그 이유가 궁금할 수밖에 없었다. 장왕은 그 첫 번째 이유로 작은 나라인 진의 성이 그렇게 높고 견고하며 해자까지 깊은 것으로 미루어 백성들이 노역에 시달렸을 것이란 점을 꼽았다. 둘째, 넉넉한 식량 비축 역시 세금이 과중하다는 증거이며, 따라서 현재 백성들의 원성이 높아 충분히 공략할 수 있다고 보았다.

모두가 겉으로 드러난 상황에 근거해 공략 불가를 이야기할 때 장왕은 같은 물질적 조건을 통해 상대국 백성들의 민심을 파악했다. 요컨대 장왕은 자기 역량을 벗어나 지나치게 물질적 조건을 강구하는 것은 결국 민심을 해치는 자충수이자 악수임을 정확하게 간파했다. 장왕의 진나라 공략이 성공했음은 물론이다. 이런 것이 리더의 식견이다.

다음으로는 장왕의 임기응변과 관련한 사건이다. 집권 초기 장왕의 개혁정치에 반발해 영윤(令尹, 재상에 해당) 두월초(斗越椒)가 반란을 일으켰다. 장왕이 군대를 이끌고 진압에 나섰다. 장왕은 직접 북채를 잡고 북을 두드리며 군사들을 격려했다. 멀리서 이 모습을 바라보던 두월초가 활을 쏘았다. 화살은 장왕이 타고 있는 전차를 향해 날아들어 북을 뚫었다. 장왕이 급히 화살을 피하기가 무섭게 두월초의 두 번째 화살이 날아들어 이번에는 전차의 지붕을 뚫었다. 병사들은 너무 놀란 나머지 허둥지둥 퇴각했다.

진영으로 퇴각한 초나라 군사들은 두월초가 쏜 두 대의 화살을 뽑아서는 서로 돌려가며 구경했다. 화살은 별나게 크고 날카로웠다. 모두가 이 화살이야말로 '신전(神箭)'이라며 놀란 입을 다물지 못했다. 두월초의 '신전'에 잔뜩 겁을 먹은 병사들을 본 장왕은 야간에 군영을 순시하는 책임자를 불러 병사들에게 이렇게 말하도록 했다.

"우리 선군이신 문왕(文王)께서 당시 식(息)이란 나라를 공격하여 세 대의 날카로운 '신전'을 얻었다. 문왕께서는 그것을 국고에 보관하셨는데 두월초란 놈이 그중 두 대를 훔쳐 갔고, 오늘 그 두 대를 다 써버렸다."

이 말을 들은 병사들은 마음을 놓았고, 이튿날 장왕의 군대는 용감하게 싸워 두월초의 반란을 물리쳤다.

두월초의 '신전'이 초나라 군대에 공포를 가져다줌으로써 군심이 전반적으로 동요하는 예상치 못한 돌발상황이 발생했다. 따라서 '신전'이 몰고 온 어두운 그림자를 없애야만 했다. 장왕이 이 상황을 수습하는 데 보여준 임기응변은 대단한 고단수였다.

먼저, 장왕은 '신전'의 존재를 부정하지 않았다. 병사들이 자기 눈으로 똑똑히 본 사실을 부인했다간 도리어 거짓말한다는 의심만 사게 되고, 이것으로는 병사들을 설득할 수 없기 때문이다. 장왕은 '신전'의 존재를 인정하는 동시에 기지 넘치게 화살을 날린 '사수(射手)'와 '화살'을 분리했다. 그는 활을 쏜 사수 두월초는 입에도 담지 않았다. 그저 '화살'이 대단하다는 것을 담담하게 언급함으로써 활을 쏜 두월초의 실력을 자연스럽게 깎아내렸다. 반란군에 대한 병사들의 미신과 두려움은 이로써 사라졌다.

여기에 장왕은 일부러 두월초가 두 대의 '신전'을 훔쳐 갔다는 말을 흘림으로써 두월초를 나쁜 도둑으로 모는 동시에, 오늘 전

대외정벌에 나선 장왕의 모습을 나타낸 조형물이다.

투에서 그 두 대의 화살을 다 사용했기 때문에 더는 두려워할 필요가 없다는 것을 암시하게 했다.

물론 다음 날 전투에 두월초의 '신전'이 다시 등장했더라면 상황은 더욱 악화되었을 것이다. 다른 기록들을 참고해 볼 때, 장왕은 이에 대비해 이튿날 명사수 양유기(養由基)를 두월초와 겨루게 해 두월초를 죽였다. 상황이 더욱 악화될 가능성이 있음에도 그 상황에서 당장 필요한 것은 군심의 안정이었다. 이 점을 잘 알고 있던 장왕은 아주 절묘하게 상황을 일단 수습했고, 그런 다음 이튿날 전투를 위한 대비책을 강구했다.

장왕의 임기응변은 리더의 자질과 관련해 많은 것을 생각게 한다. 상황이 어렵다고 무조건 현상을 부정하고 보자는 리더가 적지 않기 때문이다. 급작스럽게 닥친 어려운 현상을 인정하되 그 현상을 안정시키는 것은 물론, 그것을 극복하고 나아가 반전시킬 수 있는 시간과 대책을 마련해 내는 임기응변의 힘은 장왕에게서 보다시피 높은 식견과 예리한 상황 판단력이 아니면 나올 수 없다. 또한 사실이든 아니든 과거 문왕 때 얻은 '신전' 세 대의 이야기를 장왕이 평소 숙지하고 있지 않았더라면 나올 수 없는 임기응변이기도 했다.

리더가 위기 상황이나 급작스러운 상황에서 적절하게 임기응변할 수 있다는 것은 달리 말해 백성들을 불안에 떨지 않게 만드는 리더십이기도 하다. 작은 일에도 호들갑을 떨거나 상황을 과장하는 리더를 바라보는 백성들의 마음은 불안할 수밖에 없기 때문이다. 장왕의 임기응변 리더십은 리더의 안정감이란 면에서도 많은 것을 생각하게 한다.

나라의 삼보(三寶)

어느 날 장왕은 급한 일로 태자를 궁으로 불렀다. 추적추적 내리는 빗속에서 태자는 급한 김에 궁문에서 마차를 멈추지 않고 그냥 궁 안으로 들이쳤다. 형법을 관장하고 있는 관리가 태자의 마차를 가로막고 나섰다. 마차를 타고 들어서서는 안 될 문을 태자의 마차가 무단으로 넘어버렸기 때문이다. 이는 엄격하게 법으로 규정되어 있었다. 이 법을 어기면 마차의 끌채를 자르고 마부는 목을 베었다. 태자는 왕이 급하게 부르기 때문에 하는 수 없이 마차를 몰고 궁문으로 들어올 수밖에 없었다고 강변했다. 담당관은 눈썹 하나 까딱 않고 태자의 마부를 끌어내어 목을 베고, 마차의 끌채를 잘라버렸다.

궁으로 들어와 장왕을 만난 태자는 울먹이면서 그 담당관을 처벌해 달라고 애원했다. 장왕은 태자를 향해 이렇게 말했다.

"법령은 종묘사직을 경건하게 지키고 국가의 정권을 존엄하게 만드는 도구다. 법제를 지켜 국가 정권과 조상의 강산을 보호하는 사람은 나라의 충신이다. 그런 사람을 어찌 처벌한단 말이냐? 법령을 무시하고 개인의 이익을 국가의 이익 위에 놓는 사람은 반역자와 같아 국가의 가장 큰 적이자 군주의 지위를 뒤엎는 가장 큰 근심거리다. 법제가 일단 흔들리면 정권도 흔들리고, 법제가 보장을 받지 못하면 정권도 보장을 받을 수 없다. 그럴 경우 내가 네게 무엇을 전할 것이며, 너는 또 무엇을 후손에게 전할 것이냐?"

말귀를 알아듣는 태자의 표정을 확인한 장왕은 계속 이렇게 말했다.

"그 담당관은 설사 내가 앞에 있었더라도 나 때문에 너를 봐주지 않았을 것이며, 네가 장차 내 뒤를 이을 후계자라서 네게 잘 보이려고 하지도 않았을 것이다. 정말 덕과 능력을 갖춘 충신이 아니겠느냐? 이런 신하가 있다는 것이야말로 우리 초나라의 복이다!"

태자는 자신의 잘못을 깨닫고 사흘 동안 한데서 잠을 자며 죄를 뉘우쳤다. 훗날 왕위에 오른 태자는 그 담당관을 두 등급이나 승진시킴으로써 표창했다고 한다.

장왕은 국가를 유지하는 법령과 그 법령을 엄격하게 집행하는 충직한 신하, 그리고 그런 인재를 중시하는 정책이야말로 진정한 보물이라고 확신했다. 후세 사람들은 이 세 가지를 '장왕의 삼보(三寶)'라 부르며 그의 탁월한 리더십을 칭송한다.

장왕의 삼보는 나라를 제대로 작동시키는 세 가지 큰 축을 의미한다. 아울러 이 세 가지가 유기적으로 결합해 작동될 때 국가의 기틀이 제대로 선다는 점도 명확하게 지적하고 있다. 장왕이 괜히 매력적인 리더가 아니다. 그가 인재를 얼마나 중시하고 갈망했는지 다른 일화를 통해 좀 더 확인해 본다.

먹지도 자지도 않고 걱정하다 – 불식불침(不食不寢)

전국시대 개혁가이자 군사 전문가 중 한 사람이었던 오기(吳起)가 위(魏)나라 무후(武侯)와 나눈 대화에 초 장왕이 등장한다《오자吳子》〈도국圖國〉,《신서新序》〈잡사雜事〉). 무후가 신하들과 국사를 논의하는데, 신하들 중 그 누구도 무후의 생각을 따르지 못했다. 조회가 끝난 뒤 무후의 얼굴에는 웃음이 떠나질 않았다. 그 많은 신하 누구도 자기를 뛰어넘지 못한 사실에 무한한 자부심과 자신감을 느꼈기 때문이다. 이를 본 오기는 춘추시대 패주의 한 사람이었던 장왕의 다음과 같은 일화를 꺼냈다.

초 장왕은 신하들과 나랏일을 상의한 뒤 자신의 식견을 뛰어넘는 신하가 없으면 울적해했다. 대신 신공(申公)이 그 까닭을 묻자 장왕은 다음과 같이 답했다.

"내가 듣기에 모든 시대마다 성인이 계시고 나라마다 인재가 있다고 했소. 성현을 스승으로 모실 수 있는 사람이라야 왕이 될 수 있고, 성현을 친구로 둘 수 있는 사람이라야 패주가 될 수 있다고. 지금 내 능력이 보잘것없는데 신하들조차 나를 뛰어넘지 못하니 초나라가 위기에 처할 조짐이 아닌가 두려울 뿐이오!"

이야기를 마친 오기는 무후에게 "장왕은 그 때문에 먹지도 자지도 않으며 근심하고 우울해했는데 왕께서는 오히려 의기양양하시니 신은 심히 두려울 따름입니다"라 했고, 무후는 부끄러워 어쩔 줄 몰라 했다.

군주와 신하는 나라와 천하를 다스리는 사람들로 재능이란 면에서 객관적으로 높고 낮음이 있을 수밖에 없다. 군주의 재능이 신하를 앞지를 때 무후와 같은 군주는 아주 득의만만했다. 반면 장왕은 매우 걱정스러워했다. 이렇게 서로 다른 두 심리상태는 두 유형의 서로 다른 인식 상태를 반영한다.

위나라 무후가 보기에 신하들이 자신을 뛰어넘지 못하는 것은 다름 아닌 자신의 재능이 남다르다는 뜻이고, 이 때문에 당연히 군주가 되는 것임을 나타내는 표지라는 것이다. 이런 상황이 그 자신의 자긍심을 만족시켰을 뿐만 아니라 신하들의 능력에 대한 걱정을 떨쳐버리게 했다. 그래서 무후는 다행과 기쁨을 함께 표출했다.

그러나 장왕이 보기에 신하들이 자신을 따라잡지 못하는 것은 인재의 부족과 국가의 허점이었다. 장왕은 이런 현실이 천하의 패주가 되려는 자신의 객관적 요구를 만족시킬 수 없을 뿐만 아니라 나아가서는 국가의 생존을 위협할 수 있다고 보았다. 이 때문에 장왕은 초조하고 불안해서 밥도 먹지 못하고 잠도 자지 못했다. 물론 이런 상반된 인식은 그 나름대로 성립할 수 있는 이유가 있다.

무후와 장왕은 모두 한 나라의 군주라는 최고 리더이다. **군주를 보다 큰 사회적 관계 속에 넣고 살펴보면 군주가 이런 사회적 역할에서 성공할 수 있느냐 없느냐는 결국 그가 국가의 건설과 발전에**

적극적인 추진 작용을 할 수 있느냐가 관건이다. 따라서 뛰어난 군주라면 늘 주의력을 나랏일에 쏟는 한편, 나라가 지속적으로 발전해야만 자신의 가치도 최대한 실현된다는 점을 인식하는 것이다. 이런 시각에서 보자면 무후의 인식은 진정으로 요구되는 군주의 역할에서 한참 벗어나 있다. 그가 추구한 것은 한 차원 낮은 심리적 욕구에 지나지 않는다. 반면 장왕의 시야는 보다 넓고 그의 인식은 더욱 우월했다. 바로 이 지점에서 두 군주의 지혜와 능력 차이가 갈라진다. 이 차이는 결국 역사가 결과로서 여실히 입증했다.

사실 군주와 신하는 서로 다른 사회적 역할을 갖는다. 사회는 이들에게 다른 역할을 요구한다. 군주가 갖추어야 할 재능은 구체적인 일 하나하나를 모두 꾀하는 데 있지 않고 주로 신하들이 제기한 일들을 조정하고 판단하는 데 있다. 군주가 신하들을 능가하는 출중한 재능과 신하들에게 일을 충분히 위임하길 좋아하는 성격이라면 그가 추구하는 사업은 무한한 생기와 활력을 가질 것이며, 동시에 성공의 조건과 기반을 갖추게 될 것이다.

무후는 구체적으로 일을 기획하는 면에서 어쩌면 정말로 신하들보다 뛰어났을지 모른다. 하지만 그는 개개인이 뛰어난 것만 볼 줄 알았지 수하 인재들의 부족한 점이 무엇인지는 보질 못했다. 이는 리더의 주의력이 한쪽으로 치우쳐 있다는 사실과 거시적 인지력와 파악 능력이 부족하다는 것을 의미한다. 오기는 장왕의 고사를 꺼내 이를 깨우쳐 주려 했고, 무후는 부끄러워했다. 이는 적어도 무후가 잘못을 알고 부끄러워할 줄 아는 리더의 풍모까지는 잃지 않았음을 말한다.

입만 열었다 하면 "내가 해봐서 아는데" "내가 겪어봐서 아는데"를 남발하는 우리 주변의 리더들을 장왕은 말할 것 없고 무후와 비교해 보아도 낯이 뜨거워진다. 경험에도 유효기간이 있고, 유통기한이 있다. 경험이 리더의 소중한 자산임에는 틀림없지만 그것이 리더십으로 승화되려면 부단한 자기노력과 자기성찰이 그 경험에 동반되어야만 한다. 유효기간과 유통기한이 지난 경험에 매몰되어 진즉 화석화된 경험으로 모든 일을 진단하고 판단하려는 것은 정말이지 위험하다. 해봐서 아는 것이 중요한 게 아니라 해보고 그 일로부터 어떤 지혜와 통찰력을 얻은 것이 중요하다.

리더 개인의 경험을 일반화해서는 안 된다. 개인적 경험의 과장과 일반화는 조직원과 국민의 마음을 다치게 하기 때문이다. 지난 경험은 참고의 대상이지 무조건적 자랑과 맹목적 추종의 대상이 결코 아님을 리더는 단 한시도 잊어서는 안 될 것이다.

믿고 맡길 인재이자 멘토를 찾다

장왕의 인재관이 어떠했는지는 바로 앞의 일화 하나만으로 충분할 것이다. 그는 나라의 세 가지 보물 중 하나로 인재를 중시하는 정책을 꼽았고, 자기를 뛰어넘는 인재가 보이지 않으면 먹지도 자지도 않고 걱정했던 리더였다. 그런 리더에게서 손숙오(孫叔敖, 생몰 미상)라는 역사상 최고의 청백리(淸白吏)가 나온 것은 어쩌면 당연했다.

손숙오는 중국 역사상 손에 꼽히는 명재상의 반열에 오른 인물이다. 그는 초 장왕 때 재상에 해당하는 영윤(令尹)이란 고위급 벼슬을 지냈다. 민간의 처사로 있던 손숙오를 영윤 우구(虞丘)가 자신의 후임으로 장왕에게 추천함으로써 불과 석 달 만에 영윤이 되었다. 그가 영윤이 되자 초나라에는 새로운 기풍이 생겨났다. 손숙오가 영윤으로 있을 당시 상황에 대해 사마천은 다음과 같이 기록하고 있다.

"관료사회는 평화롭게 단합되었고, 풍습은 훌륭하게 유지되었다. 정치는 느슨했으나 단속하는 대로 지켜졌고, 사사로운 이익을 취하는 하급 관리도 없어졌다. 도적 떼도 사라졌다. … 모든 사람이 편익을 얻게 되면서 백성들은 모두 자신의 생활에 만족했다."

대체 손숙오가 어떤 인물이었기에 한 나라를 이런 경지로까지 끌어올렸을까? 이와 관련해 《열자(列子)》에 실린 일화를 소개한다.

호구장인(狐丘丈人)이란 은자가 손숙오를 찾아와 몇 가지를 물었다.
"사람에게는 세 가지 원망이 있는데 아시오?"
"세 가지 원망이 무엇입니까?"
"작위가 높은 자는 사람들이 질투하고, 권력이 큰 자는 군주가 미워하고, 녹봉이 많은 자는 원망이 뒤따릅니다."
"저는 작위가 높아질수록 뜻을 더욱 낮추었고, 권력이 커질수록 마음을 작게 먹었고, 녹봉이 많아질수록 더 많이 베풀었으니 세 가지 원망을 피할 수 있겠지요."

　벼슬하는 사람에게 일반적으로 따르기 마련인 작위·권력·녹봉은 관직의 높낮이에 비례한다. 사람들이 더 높은 관직을 원하는 이유도 이런 것들이 관직의 높고 낮음에 따라 달라지기 때문이다. 더 높은 작위, 더 큰 권력, 더 많은 녹봉이 있다면 보다 많은 것을 누리고 더 큰 만족을 얻을 수 있다.
　그러나 인간사란 양면성을 갖기 마련이다. 먼저, 보다 높은 작위일수록 그 수는 적을 수밖에 없다. 그리고 보다 높은 작위일수록 많은 사람이 목표로 삼는다. 높은 작위에 있는 사람은 결국 출세를 꿈꾸는 사람들이 오르려는 좁은 길을 막고 있는 것과 같다. 따라서 필연적으로 여러 사람의 시기와 질투를 받을 수밖에 없다.
　정권이 공신과 관료, 관료조직에 베풀 수 있는 권력의 총합은 객관적으로 한계를 가질 수밖에 없다. 따라서 어느 한 사람이 아주 큰 권력을 갖고 있다면 군주의 권력을 감소시킬 수밖에 없고, 나아가 군주의 지위를 위협하게 되니 군주의 미움을 살 수밖에 없다.
　마지막으로 많은 녹봉을 받게 되면 보통 사람들의 생활수준과 격차가 벌어지게 되고 사치와 안일한 생활에 쉽게 빠져든다. 많은 사람에게 위화감을 주어 원망을 사게 된다. 호구장인은 이런 점을 염두에 두고 손숙오에게 사람들의 인식을 전면적으로 통찰하고 깊이 생각해 볼 것을 권유했던 것이다.
　손숙오는 세 가지 원망 자체를 부정하지 않았다. 그 역시 그런 원망을 듣고 싶지 않았다. 한 시대의 명재상으로서 그는 고위직에 있으면서도 세 가지 원망을 피할 수 있는 방법을 이야기한다.

먼저, 그는 작위가 높아질수록 마음가짐을 더욱 낮게 가진다고 했다. 낮은 작위와 무작위는 높은 작위가 존재할 수 있는 기초이다. 한 사람이 영광스러운 고위직을 차지하고 있다는 것은 본질적으로 그렇지 못한 다수의 사람이 존재함으로써 가능하다. 따라서 손숙오는 백성들을 제멋대로 대하거나 능멸하지 않고 늘 존중하는 마음으로 백성들에게서 나온 영광을 최대한 다시 돌려주려고 했다. 손숙오는 이런 마음가짐을 유지했기 때문에 자리로부터 오는 시기와 질투를 피할 수 있었다.

다음으로, 권력이 커질수록 손숙오는 더 조심스럽게 처신했다. 그는 자신의 권력이 갖는 한계를 잘 알았다. 자신의 행위를 조심스럽게 이 한계선상에 올려놓고 통제했으며, 한계를 넘어 권력을 남용하는 일을 하지 않았다. 군주가 충분히 자신의 의지를 발휘할 수 있는 여지를 남겨놓음으로써 철저하게 위협을 피했다. 이와 동시에 그는 자신에게 주어진 권력의 양을 잘 알고 있었다. 따라서 정해진 예의규범과 각종 현실적 요구에 맞추어 신중하게 처신하면서 평온과 적절함을 유지하는 데 최선을 다했다. 이렇게 그는 최고 권력의 자리에서 군주의 미움이나 증오를 피했다.

마지막으로, 그는 녹봉이 많아질수록 백성들에게 그만큼 더 많이 베풀었다. 손숙오에게 많은 녹봉은 향락과 안일한 생활의 밑천이 아니었다. 빈민을 구제하고 백성들에게 은혜를 베푸는 자본이었다. 이렇게 손숙오는 백성을 위해 일하는 공평무사한 관리로서의 고상한 정조를 나타냈고, 백성들 역시 이런 그에게 어떤 원망도 품지 않았다.

이러니 손숙오가 다스린 나라가 어땠겠는가? 손숙오의 통치는 또 유연했다. 늘 백성들을 염두에 두고 정책을 시행했다. 다음 일화는 통치나 정책의 시행과 관련하여 유용한 지혜를 우리에게 선사한다.

초나라 민간에서는 바퀴가 작고 몸체가 낮은 수레인 비거(庳車)가 유행하고 있었다. 장왕은 비거가 말에게 불편하니 수레를 높이라는 법령을 하달하라고 지시했다. 손숙오는 "법령이 자주 내려가면 백성들은 어떤 것을 지켜야 할지 모릅니다. 수레의 높이를 올리고 싶으시다면 마을 입구로 들어오는 문의 문턱을 먼저 높이십시오. 수레를 타는 사람은 대개 높은 사람들로서, 솔직히 이들이 문턱 때문에 번번이 수레에서 내릴 수는 없는 것 아니겠습니까?"라는 대응책을 내놓았다. 반년이 지나자 백성들은 스스로 수레를 높였다. 손숙오의 이런 통치 방법에 대해 사마천은 이렇게 평가한다.

"결국 이는 가르치지 않아도 백성들이 절로 감화되어 따르는 것이다. 즉 가까운 곳에 있는 사람은 직접 보며 본받고, 먼 곳에 사는 사람은 주변에 보이는 것을 모방하게 되어 있다."

관리와 지도층의 솔선수범이야말로 순조로운 통치와 정책 시행을 위한 최상의 방법임을 강조한 것이다. 손숙오는 세 차례나 재상 자리에 올랐어도 기뻐하지 않았는데, 이는 자신의 재능이 그 자리에 오르게 했다고 믿었기 때문이다. 동시에 세 번이나 파면되었지만 후회하지 않았다. 그것이 자신의 허물이 아니라는 것을 알았기 때문이다.

손숙오가 얼마나 청렴결백한 관리였는가는 그가 세상을 떠난 뒤 자손들이 끼니를 걱정할 정도였다는 것만 보아도 알 수 있다. 손숙오와 함께 신분을 뛰어넘는 우정을 나누었던 악인(樂人, 궁중 연예인) 우맹(優孟)은 손숙오의 식솔들이 형편없이 가난하게 사는 것을 보고는 손숙오처럼 분장해 장왕 앞에서 이런 노래를 불렀다고 한다.

탐관오리 노릇은 해서는 안 되는데도 하고,
청백리는 할 만한데도 하지 않는구나.
탐관오리가 되면 안 되는 까닭은 더럽고 비천해서인데,
그래도 하려는 까닭은 자손들의 배를 불릴 수 있기 때문이지.
청백리가 되려는 까닭은 고상하고 깨끗해서인데,
그래도 하지 않으려는 까닭은 자손들이 배를 곯기 때문이라네.
그대여, 초나라 재상 손숙오를 보지 못했는가?

장왕은 앞서간 청백리 손숙오가 새삼 그리워 눈물을 뚝뚝 흘리

장왕이 마음 놓고 안팎으로 자신의 통치를 펼칠 수 있었던 것은 손숙오라는 청렴결백한 재상이 국내를 안정시켰기 때문이다. 손숙오는 장왕의 정신적 멘토이기도 했다. 사진은 무한시 초문화 유람구의 손숙오 조각상.

며 손숙오 분장을 한 우맹을 향해 정중한 예를 갖추어 절을 올렸다. 장왕은 진심으로 앞서간 청백리 손숙오와 그런 손숙오를 새삼 상기시켜 준 우맹을 공경했기 때문이다. 그리고 그 이튿날 바로 손숙오의 후손들이 끼니 걱정을 하지 않고 살 수 있게 충분한 배려를 해주었다.

장왕에게 손숙오는 부하 관리이기에 앞서 평생 마음에 품고 살아갈 정신적 멘토였다. 리더와 그를 따르는 인재와의 관계는 장왕과 손숙오처럼 담담해야 한다. 두 사람은 물질적 풍요와 권력이 가져다주는 편리를 초월해 나라와 백성을 위해 함께 봉사한다는 차원 높은 경지에서의 감동적인 조우를 2,600년이란 시간을 초월해 우리에게 선사하고 있다.

충고의 수용과 소통의 함수관계

직언과 충고를 허심탄회하게 수용하는 리더는 드물다. 역사적으로도 그렇다. 우리 사회의 리더들 역시 마찬가지다. 직언과 충고를 수용한다고 하면서 그것을 이용해 인재들의 약점을 잡고 그들을 통제하려는 불순한 리더도 적지 않다.

장왕은 지도자가 갖추어야 할 필요한 요소 가운데 하나인 남의 말을 잘 듣는 그런 리더였다. 충고도 잘 받아들였는데, 하찮고 보잘것없는 사람의 충고조차 무시하지 않고 받아들였다. 이와 관련한 재미있는 일화가 있다. 역대 익살꾼(지금으로 치면 코미디언)들의 행적을 모아 놓은 《사기》〈골계열전(滑稽列傳)〉에 나오는 이야기다.

장왕은 말을 아주 좋아했다. 옛날에는 말이 전쟁에 절대적으로 필요한 동물이었기 때문에 당연히 귀한 대접을 받았지만, 장왕은 그것이 좀 지나쳤다. 사람도 먹기 힘든 대추와 마른고기를 먹이로 주고 비단옷을 입혀 침대에서 자게 했다. 이 때문에 장왕의 애마는 운동 부족에 비만으로 일찍 죽었다. 상심한 장왕은 관을 잘 짜서 대부(大夫)의 예로써 장사를 지내주라고 명령했다. 신하들이 들고일어났다. 장왕은 막무가내로 "내가 아끼던 말을 가지고 감히 말하는 자는 목을 베겠노라!"고 엄포를 놓았다.

키가 8척에다 변설에 능하고 언제나 담소로 세상을 풍자하기 즐기던 악사 우맹이 이 이야기를 듣고는 조정에 뛰어 들어와 하늘을 우러러 통곡했다. 장왕이 그 까닭을 묻자 우맹은 이렇게 말했다.

"그 말은 대왕께서 정말 좋아하신 영물입니다. 이 막강한 초나라에서 무엇인들 얻지 못하겠습니까? 그럼에도 대부의 예로 장사를 지내는 것은 너무 야박합니다. 임금의 예로 장사를 지내야만 합니다."

장왕은 우맹에게 그 방도를 물었다. 우맹은 이렇게 청했다.

"옥을 다듬어 속 널을 만들고, 무늬가 있는 가래나무로 바깥 널을 만들며, 단풍나무·느릅나무·녹나무 등으로 횡대를 만드십시오. 군사들을 동원하여 큰 무덤을 파게 하고, 노약자들로 하여금 흙을 져 날라 무덤을 쌓게 하며, 제나라와 조나라의 조문단을 앞에 세우고 한나라와 위나라의 조문단을 뒤에서 호위하게 하십시오. 사당을 세워 태뢰(太牢, 소·양·돼지 한 마리씩을 바치는 최고의 제사)를 지내고, 1만 호의 봉읍을 내리소서. 제후들이 이런 모습을 보고 듣게 되면 너 나 할 것 없이 대왕께서 사람보다 말을 더 귀하게 여긴다는 것을 확실하게 깨닫게 될 것입니다!"

이 통렬한 풍자에 장왕은 "과인의 잘못이 그렇게 크단 말인가?" 하고 후회하면서 죽은 말은 그냥 묻어주게 했다. 장왕은 우맹의 통렬한 풍자를 통한 충고를 바로 수용했다.

장왕과 우맹 중에 누가 더 매력적일까? 장왕도 부럽고 우맹도 부럽지만, 더 부러운 것은 그런 보잘것없는 익살꾼까지 나서서 최고 권력자와 소통할 수 있었던 그 시대의 분위기다. 물론 이런 분위기를 만드는 데 가장 중요한 역할을 한 사람은 장왕이었다. 이렇게 상하가 서로 소통이 되는 민주적 분위기가 결국은 초나라를 부강하게 만들었다. 그렇지 않고 언로가 막혀 있거나 리더가 귀를 꼭꼭 닫고 있으면, 그 나라의 미래는 암울할 수밖에 없다.

우리 사회의 리더들은 입이 아프도록 소통을 이야기한다. 이는 소통의 부재를 역설적으로 입증하는 것이다. 소통이 일상적으로 이루어진다면 굳이 소통을 거론할 필요가 어디 있겠는가? 소통은 일방통행이 아니라 상호작용이다. 중국 속담에 "마음이 맞지 않으면 반 마디 말도 많다"고 했다. 마음이 맞아야 소통의 길이 열린다는 것은 당연한 말이다. 그리고 서로 마음이 맞으려면 준비가 되어 있어야 한다. 그 준비가 상호작용을 위한 최소한의 필요조건이기 때문이다. 리더는 더 나아가 이 필요조건을 뛰어넘어 소통을 위한 충분조건은 무엇인지 고민하는 사람이어야 한다.

천하 패권을 가늠하다 – 문정경중(問鼎輕重)

기원전 606년 초나라 장왕은 주 왕실 변경에서 군대를 사열하며 시위를 벌였다. 주의 정왕(定王)은 대신 왕손만(王孫滿)을 초군으로 보내 상황을 살피도록 했다. 초 장왕은 왕손만에게 주 천자의 상징물인 세발솥 '정(鼎)'의 무게가 얼마나 나가냐고 물었다(여기서 왕권에 대한 도전이나 중앙 최고권력을 탈취하려는 의도를 뜻하는 '문정경중'이란 고사성어가 탄생했다. 이 고사는 '문정중원問鼎中原'이라고도 쓰며, '문정'이라고 줄여서 사용하기도 한다). 주나라의 세발솥은 천자의 상징이자 지존무상(至尊無上)으로 타인이 함부로 물을 수 없는 것이었다. 장왕의 질문은 실질적으로는 주 천자의 권력에 대해 물은 것이자 천자의 권위를 손상시키는 무례한 언동이었다.

왕손만은 장왕의 의도를 간파했다. 그는 엄숙한 표정으로 주 왕실의 통치는 덕에 있지 세발솥의 무게에 있는 것이 아니라고 응수했다. 국가의 정치가 밝고 분명하면 세발솥이 작아도 함부로 옮길 수 없으며, 국가의 정치가 어지러우면 세발솥이 아무리 크다 해도 언제든지 옮겨질 수 있다. 주나라가 700년 동안 지속할 수 있었던 것은 천명이다. 지금 주왕의 권력이 쇠퇴했다고는 하지만 천명이 아직 바뀌지 않았으니 아무도 세발솥의 무게를 물을 권리는 없다. 왕손만의 응수는 이런 뜻을 담고 있었다. 왕손만의 조리정연한 말에 장왕은 더 이상 고집부리지 않고 싹싹하게 군대를 철수시켰다.

장왕은 중원의 패권에 큰 관심을 가진, 야망이 큰 군주였다. 그래서 기회를 잡아 천자의 권위에 우회적으로 도전해 보았다. 하지만 천자의 신하인 왕손만의 당당한 태도와 빈틈없는 언변에 자신의 생각을 바로 접었다. 아직은 때가 아니라고 판단했다. 크게 추락했다고는 하지만 주 천자의 권위가 여전해 중원의 패권을 넘보기에는 역부족이었기 때문이다.

장왕이 무력으로 주 왕실을 공격해 쓰러뜨리는 일은 어렵지 않았다. 하지만 춘추시대를 관통하는 가장 중요한 가치관의 하나는 대의명분(大義名分)이었다. 이것을 확보하지 않으면 누구에게도 인정받지 못했다. 장왕은 아직 주 왕실을 넘볼 대의명분이 축적되지 않았음을 잘 알고 있었다. 장왕은 흔히 무(武, 군사력)를 중시한 군주로 알려져 있지만, 실은 그렇지 않다. 《좌전》 선공(宣公) 12년(기원전 597년)조에 보이는 다음 일화는 장왕이 어떤 리더인지 잘 보여준다.

반당(潘黨)이 말했다.

"… 신이 듣기로는 적을 물리치면 반드시 자손들로 하여금 그것을 보게 하여 그 공을 잊지 않게 한다고 했습니다."

초나라 장왕은 이에 대해 이렇게 응대했다.

"그건 내가 알 바 아니오. 대저 글자를 가지고 말한다면 '지과(止戈)', 이 두 글자가 '무(武)'라는 한 글자를 구성한다는 것이오."

초 장왕의 말인즉, 무력을 뜻하는 '武' 자는 '止'(그친다, 그만둔다) 자와 '戈'(창·무기·무력) 자로 이루어진 글자로서, 난을 평정하고 군대(무기로 대변되는)를 쉬게 하는 것이야말로 진짜 무력이라는 것이다. 훗날 이 말은 무력을 사용하지 않고 적을 굴복시키는 뜻으로 바뀌었다. 2,600년 전 장왕이란 리더의 식견이다.

장자의 풍모 – 절영지연(絶纓之宴)

◇◇◇◇

장왕은 즉위 초기 앞서 언급한 바 있는 권신 두월초의 반란으로 곤욕을 치렀지만, 명사수 양유기의 공으로 반란을 힘겹게 평정했다. 승리를 축하하기 위한 잔치가 궁중에서 열렸다. 장왕은 오랜만에 실컷 즐겨보자며 무희들까지 동원해 밤이 이슥하도록 마셨다. 날이 어두워지자 사방에 등불이 켜졌다. 그런데 갑자기 일진광풍이 몰아쳐 등불이 모두 꺼져버리고 주위는 칠흑 같은 어둠에 빠졌다. 그 순간 장왕이 아끼는 애첩의 비명이 들려왔다.

"이 무슨 해괴한 짓이냐? 대왕, 얼른 불을 밝히십시오. 어둠 속에서 어떤 자가 첩의 몸을 더듬었습니다. 첩이 그자의 갓끈을 끊어서

쥐고 있느니 불이 켜지면 어떤 작자인지 알 수 있을 겁니다."

순간 좌중은 찬물을 끼얹은 듯 조용해졌다. 왕이 가장 아끼는 애첩의 몸을 더듬었다니, 그자가 누군지는 몰라도 죽음을 면키 어려워 보였다. 침묵에 이어 웅성거리는 소리가 들렸다. 이윽고 장왕의 우렁찬 목소리가 뒤따랐다.

"아직 불을 켜지 마라! 그리고 장수들은 모두 갓끈을 끊고 갓을 벗어 던져라. 오늘 밤 신나게 놀아볼 것이다. 만에 하나 갓끈을 끊지 않은 장수가 있으면 흥을 깬 벌로 당장 이 자리에서 내쫓을 것이다!"

이렇게 해서 애첩의 몸을 더듬은 자는 찾을 수 없게 되었다. 술자리가 끝나고 침실로 돌아온 장왕에게 애첩은 볼멘소리를 했다. 장왕은 왕과 신하들이 실로 오랜만에 관례를 깨고 밤늦게까지 술을 마시는 중에 장수 하나가 취기에 여인의 몸을 더듬는 것은 큰일이 아니거늘, 그걸 가지고 범인을 잡는다고 소란을 떤다면 한창 흥이 오른 장수들을 무시하는 처사이자 왕의 체통을 깎는 일이 아니겠냐며 애첩을 다독거렸다. 이 일화가 유명한 '절영지연(絕纓之宴)'이다. '갓끈을 끊고 벌인 연회'라는 뜻이다.

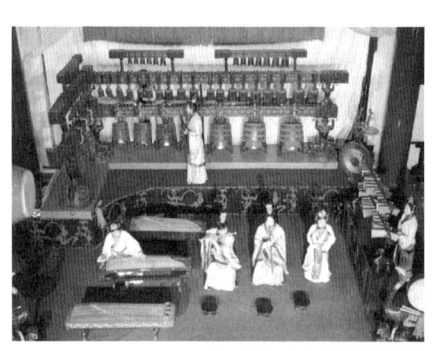

장왕은 2,500년 전의 인물이지만, 리더로서 엄청난 매력의 소유자였다. 사진은 초문화유람구에서 초나라 음악을 연주하는 장면이다.

이 일화는 뒷이야기가 더 남아 있다. 그 뒤 장왕이 다른 나라와의 전투에서 악전고투하는 곤경에 빠졌다. 그때 웬 장수 하나가 나서 자신의 목숨을 돌보지 않고 정말 용감하게 적진을 유린해 마침내 승리를 거두었다. 장왕이 그 장수를 불러 공을 치하하자, 장수는 그때 갓끈을 끊고 술자리를 계속하게 하여 자신의 실수를 감추어준 왕의 은혜에 보답하게 되어 기쁘다며 장왕에게 공을 돌렸다. 애첩의 몸을 더듬은 그 장수였다.

장왕은 인간의 얼굴을 한 리더였다. 실수도 했고, 또 그 실수를 지적하는 보잘것없는 궁중 연예인 우맹의 충고도 흔쾌히 받아들였다. 부하 장수를 곤경에 빠뜨리지 않게 하려고 모든 장수에게 갓끈을 끊게 한 대목에서는 가슴이 넓은 장자(長者)로서의 풍모가 느껴지기도 한다. 여러모로 매력적인 리더로서 손색이 없다. 무엇보다 장왕의 진정한 매력은 그가 한 나라를 이끄는 최고 리더로서 식견과 자기성찰의 자세를 갖추고 있었다는 데서 찾아야 할 것이다.

● 용인보감 34 ●

일류의 인재가 일류의 회사를 만들고, 이류의 인재가 이류의 기업을 만든다. 기업의 발전이 병목위기를 만났을 때 리더는 먼저 자신의 좌우를 살피며 이런 질문을 던져야 한다.
"우리는 대체 어떤 인재를 갖고 있는가? 우리는 왜 일류 인재를 모시지 못하는가?"

제35계명
"나는 천성이 반대하는 의견을 듣지 못한다"

인재를 해쳐 나라를 망친 수 양제

300년이 넘는 위진남북조의 오랜 분열기를 마감하고 589년 천하를 다시 통일한 주인공은 수(隋) 왕조였다. 그러나 수 왕조는 정확하게 30년 만인 618년에 어이없게 멸망했다. 2대를 넘기지 못했다. 이 단명의 주역은 2대 황제인 양제(煬帝) 양광(楊廣, 569~618)이었다.

양제는 자질이 떨어지는 리더가 아니었다. 그러나 그는 자신의 능력을 과대평가하는 과대망상증 환자였다. 과대망상증은 민간의 속된 말로 '대두증(大頭症)'이라 하는데, 극단적이고 발작적인 자기 과시 증세를 보이는 미치광이를 형용하는 표현이다. 양제는 꿈에도 바라던 황제 자리에 오르자 14년 동안 눌러 놓았던 짐승 같은 성품을 활화산처럼 외부로 폭발시켰다. 쇠사슬로 꽁꽁 묶어 두기 전에는 어떤 것으로도 막을 수 없는 기세였다. 재위 15년은 곧 과대망상증이 발작한 15년이었다.

618년 양제의 최측근인 대장 우문화급(宇文化及)이 금위군(禁衛軍)

을 이끌고 궁으로 들어왔다. 양제는 작은 골방에 몸을 숨겼으나 양제에게 원한을 품고 있던 미녀의 고자질로 발각되었다. 금위군이 양제를 끌고 나왔다. 양제는 부끄러움도 모르고 "내가 무슨 죄가 있다고 이렇게 대하느냐?"며 악을 썼다. 금위군은 양제가 가장 아끼는 열두 살 난 아들을 양제가 보는 앞에서 죽였다. 그제야 양제는 모든 것이 물 건너갔다는 사실을 알았다. 그는 독약을 먹고 자살하게 해달라고 애걸했으나 금위군은 시간 낭비라며 바로 목을 매달아 죽였다. 그때 양제의 나이 50, 황제 노릇 15년 만이었다.

양제의 결말은 우리에게 다음과 같은 《이솝우화》를 생각나게 한다.

농부가 노새를 몰다가 어찌해서 절벽에까지 이르렀다. 농부는 노새가 절벽 아래로 떨어질까 봐 노새를 안쪽으로 끌어당겼으나 노새는 한사코 버텼다. 농부가 당기면 당길수록 노새는 절벽 쪽으로 힘을 쓰며 버텼다. 결국 노새는 절벽 아래로 떨어져 온몸이 부서졌다. 농부는 절벽 쪽으로 머리를 내밀면서 "그래, 네놈이 이겼다!"라고 중얼거렸다.

일찍이 양제는 대신들에게 "나는 천성이 반대하는 의견을 듣지 못한다. 바른 소리 하는 자들은 모두 자신이 충성스럽다고 말하지만, 나는 그것을 가장 견디지

그림은 당나라 화가 염입본(閻立本)이 그린 〈역대제왕도〉에서의 수 양제.

못한다. 승진하고 싶으면 이 말을 잘 기억해야 할 것이다"라고 말한 적이 있다. 양제도 승리했다!

이제 통일 왕조를 자신이 재위한 15년 만에 철저하게 망가뜨린 양제의 행태를 살펴본다. 그를 통해 그의 몰락과 왕조의 멸망을 초래한 원인을 이끌어 내는 한편, 리더 한 사람이 조직과 나라를 얼마나 어떻게 망칠 수 있는지 깊이 성찰해 보고자 한다. 그러면서 이 책을 관통하는 핵심 키워드인 '인재'를 해치면 어떤 결과가 초래되는지도 함께 제시해 보겠다.

역사의 데자뷔

수 왕조는 건국 직후 생기발랄하게 천하를 이끌어 나갔고, 2대 황제 양제 양광이 즉위할 때만 해도 상황은 낙관적이었다. 양제가 나라를 제대로 다스리겠다는 생각으로 인재를 잘 기용했더라면 총명했던 그는 역사에 큰 업적을 남겼을 것이다. 그러나 양제는 자신의 고집만 앞세운 채 인재들을 질투하고 해침으로써 아버지 세대가 창립한 수 왕조를 한순간에 붕괴시켰다.

역사에서는 양제를 두고 문장이 박식하고 깊이가 있었다고 평가했고, 스스로도 재능과 학식을 뽐내며 천하제일로 자처했다. 그는 여러 차례 "사람들은 내가 아버지 덕에 황제가 되었다지만 사실은 그렇지 않다. 내 학문과 재능은 사대부들과 견주어도 제일이다!"라며 으스댔다. 그래서인지 그는 주변의 충고를 듣지 않고 혼자 독단적으로 일을 처리함으로써 스스로를 고립시켰다. 수 왕조의 몰락을 직접 목격한 당나라 초기의 공신 위징(魏徵, 580~643)은 양제가 실패한 원인을 종합하면서 이렇게 분석했다.

"군주로서 총명하지 못하면 적어도 자신의 마음을 비우고 사람을 아낄 줄 알아야 한다. 그래야 재능 있는 자가 정책을 올리고, 용맹한 자는 힘을 다한다. 수 양제는 자신의 재주만 믿고 자만심이 하늘을 찔렀다. 입으로는 요·순과 같은 고상한 말을 내뱉지만, 실제로는 걸·주의 행동을 보였다."

위징의 지적에서 문득 드는 생각은 역사의 기시감(旣視感), 즉 데자뷔다. 양제는 그 자체로 걸·주의 데자뷔였다. 걸·주 역시 상당한 재능을 소유한 군주였지만 결국은 과대망상에 사로잡혀 인재를 질투하고 박해하다가 나라를 망친 주역이었기 때문이다.

<u>자기 능력을 실제에 맞지 않게 지나치게 평가하는 자는 다른 사람의 재능을 질투하기 마련이다.</u> 고영(高熲, 541~607)은 업적이 빛나는 개국공신이면서 조정에서도 위상이 높아 양제의 질투를 샀다. 607년, 어떤 소인배가 고영이 하약필(賀若弼)과 함께 조정의 일을 지나치게 많이 떠들고 다닌다며 고자질했다. 양제는 두 사람이 개국 원로임에도 불구하고 '조정을 비방'한 죄로 살해했다.

설도형(薛道衡, 540~609)은 전대의 신하로 시를 비롯한 문장에 뛰어난 인물이었다. 먼저 설도형의 대표적인 작품 〈석석염(昔昔鹽)〉을 한번 보자.

늘어진 버드나무 방죽을 덮고
향초는 풀과 어우러졌네.
부용 연못엔 물이 넘실거리고
복숭아 자두 길에는 흩날리는 꽃잎.
뽕 따는 처녀
비단 짜는 저 아낙.
관산에서 방탕한 임을 떠나보내고
고요히 빈 규방을 지키노라.
웃음을 거둔 여인
두 줄기 눈물만 흐르네.
움츠린 용이 거울에 들어와 숨고
아름다운 봉새는 휘장 따라 내려오네.
떠다니는 마음 한밤의 까치와 함께하고
지루한 잠자리 새벽닭만 기다리네.
<u>어둑한 창문엔 거미줄이 드리우고</u>
<u>빈 들보 위엔 제비가 집을 짓네.</u>
지난해엔 대북에 갔었다 하니
올해엔 요서로 향할 건가.
한번 가버리면 종무소식이니
옛 발자취 기억할 수 있으랴.

이 시의 후반부 중 '어둑한 창문엔 거미줄이 드리우고, 빈 들보 위엔 제비가 집을 짓네'라는 구절이 유달리 세상 사람들의 입에 오르내리며 칭찬을 받았다. 양제는 이를 질투해 고영이 죽자 설도형이 고영을 추모했다는 죄명을 씌워 그를 살해했다. 그러고는 "빈들보 위엔 제비가 집을 짓네 하고 말할 자 또 있는가?"라며 사나운 표정으로 씩씩거렸다. 이 얼마나 속 좁고 비열한 인간인가?

재능과 지혜로운 인재를 질투한 것과는 달리 양제는 아첨하는 소인배는 총애했다. 양제의 이런 성격을 잘 알고 있던 광록대부 곽연(郭衍, 554~611)은 양제를 즐겁게 하는 데 도사였다. 그는 "폐하와 같은 천재는 매일 조정에 나갈 것 없이 닷새에 한 번만 나가도 충분합니다. 나머지 시간은 시름 놓고 즐기면 그만입니다"라며 알랑거렸다. 양제는 "곽연만이 나와 한마음이로구나!"라며 그를 칭찬했다.

양제는 또 좋은 소식만 믿고 나쁜 소식은 들으려 하지 않았다. 내사시랑 우세기(虞世基, ?~618)는 반란을 알리는 봉화가 사방에서 일어나고 관군이 계속 패하고 있음에도 각지에서 올라온 다급한 보고를 조작해 사실을 보고하지 않았다. 양제에게는 도적들이 사소한 행패를 부리고 있을 뿐이니 걱정할 일이 아니라고 보고했다. 이 말만 믿은 양제는 위급한 상황을 보고하는 사람에게는 벌을 주었다.

국가의 형세가 위기에 처했는데도 양제는 바른말과 충고를 받아들이지 않으며, 충성과 의리를 바치는 의로운 사람들을 더 혹독하고 잔인하게 대했다. 그는 우세기에게 "나는 원래 입바른 소리 하는 자를 싫어한다"고 밝힌 바 있다. 그 결과 조정의 그 누구도 바른말을 하지 못하고 그저 눈만 멀뚱멀뚱 뜬 채 서로를 바라볼 수밖에 없었다.

616년, 나라가 거의 멸망할 상황에서 양제는 수도 낙양을 떠나 자신이 좋아하는 강도(江都)로 놀러 가겠다고 발표했다. 건절위(建節尉) 벼슬에 있는 임종(任宗)이 글을 올려 간곡하게 충고했다. 양제는 들을 것도 없다는 듯 버럭 성을 내며 조정에서 임종을 때려 죽였다. 출발할 무렵 봉신랑(奉信郎) 최민상(崔民象)이 또 애절하게 말렸다. 양제는 그의 낯가죽을 칼로 벗긴 다음 죽였다. 사수(汜水)에 도착하자 봉신랑 왕애인(王愛仁)이 양제에게 도성으로 돌아갈 것을 권했다. 양제는 왕애인도 죽이고, 계속 동쪽으로 길을 재촉했다. 양군(梁郡)이란 곳에 도착하자 한 신하가 "폐하께서 계속 강도로 가시길 고집하신다면 천하를 잃게 됩니다!"라고 경고했다. 양제는 그 사람마저 죽였다.

양제는 강도로 남행하는 길에서만 네 사람을 연거푸 죽였다. 이렇게 그는 스스로를 눈 멀고 귀 먼 사람으로 만들었다. 그로부터 며칠 지나지 않아 천하는 무너졌고, 양제는 패가망신 신세가 되었다.

인재에 대한 태도가 관건이다

수 왕조 말기 농민 봉기의 수령들 중 한 사람이었던 이밀(李密, 582~619)은 양제를 토벌하는 격문에서 "저 남산의 대나무를 모조리 붓으로 만들어 적어도 그 죄악은 다 쓸 수 없고, 저 동해의 파도로 죄악을 씻어도 다 씻을 수 없다!"고 욕을 퍼부었다. 그 격문에는 또 "군자의 혀는 굳었고, 현명한 자의 입은 얼어붙었으며, 군자는 쫓겨나고 소인배가 그 자리에 있구나!"라는 대목이

역사는 많은 데자뷔를 보여준다. 이 때문에 인간이 역사에서 얻을 수 있는 유일한 교훈은 '그 교훈을 받아들이지 못한다'는 교훈이라는 자조 섞인 격언도 있다. 사진은 양주(揚州)에 남아 있는 수 양제의 무덤이다.

있는데, 양제가 인재를 어떻게 대했는가에 대한 적절한 총평이다. 지금 되새겨도 그 의미가 만만치 않다.

사실 아무리 언로가 개방되어 있고 협의 시스템이 잘 갖추어져 있어도 최종 결정에는 리더의 의중이 가장 많이 반영되기 쉽다. 따라서 관건은 최종 결정이나 판단에 이르기까지의 과정에 달려 있다. 이 과정에서 참모나 조직원의 충심 어린 건의나 충고를 받아들이지 못하면 최종 판단이나 결정은 치명적인 결함을 가질 수밖에 없다. 더욱이 그 과정에서 직언이나 합리적 건의 자체를 봉쇄한다면 문제는 더욱 커진다. 인재의 입을 막는 것은 그들의 마음을 닫게 만든다.

수 양제 사례에서 또 한 가지 생각할 점은 자신이 이 세상 누구보다 잘났다고 생각하는 리더의 문제점이다. 흔히 총명하면서 부지런한 리더, 총명하면서 게으른 리더, 멍청하면서 부지런한 리더, 멍청하면서 게으른 리더 중에 최선과 최악을 골라 보라는 이야기

를 한다. 최선은 총명하면서 게으른 리더이고, 최악은 멍청하면서 부지런한 리더라고 한다. 그런데 이보다 더 최악인 리더는 수 양제와 같은 자신이 세상에서 제일 잘났다면서 남들의 충고나 충언을 무시하는 과대망상형 리더다. 이런 리더가 얼마나 되겠냐고 하겠지만, 현실에서 이런 리더가 의외로 많다. 이런 리더는 결국에 가서는 조직이나 나라를 망하게 만드는데, 망하는 것도 문제지만 그 과정에서 조직이나 나라를 회복 불능의 상태로 만드는 것이 더 큰 문제다.

● **용인보감 35** ●

중국의 대표적인 가전제품 대기업인 하이얼은 인력자원의 개발과정에서 관념의 창신, 제도의 창신을 견지하고 있다. 또 공평·공정·공개의 '삼공(三公)'을 창조하는 용인(用人) 문화를 견지한다. 이렇게 해서 개인의 잠재력을 충분히 발휘할 수 있는 기제를 수립해 기업의 목표를 실현하는 동시에 개개인에게 자기가치를 충분히 실현할 수 있는 공간을 제공했다.

"당신이 더 많은 더 큰 성과를 올리기 위해 우리는 더 큰 무대를 제공할 것이다."

이런 이념과 실천은 리더가 충분히 배울 가치가 있다.

제36계명
말이 적절하면 다툼도 해결한다

유머의 대가, 안영

"담언미중역가이해분(談言微中亦可以解紛)."
"말이 적절하면 다툼도 해결할 수 있다."《사기》〈골계열전〉

"세상 사람들이 과연 유머의 중요성이나 유머가 우리 전체 문화 생활을 변화시킬 가능성, 즉 유머의 정치·학술·생활에서의 기능을 체험한 적 있을까? 그 기능은 물질적이라기보다는 차라리 화학적이다. 그것은 우리의 사상과 경험의 근본적인 조직을 변화시킨다. 따라서 국민 생활에서 유머의 중요성을 인정하지 않으면 안 된다."

"민주주의 국가의 대통령은 웃을 줄 알지만, 독재자는 입을 한일 자로 굳게 다물고 무슨 결의에 찬 듯 아래턱을 내밀고는, 마치 그 어떤 일도 등한히 할 수 없으며 자신이 아니면 세상이 곧 세상이 될 수 없다는 표정을 짓는다는 것, 독재 정권이 좋지 않다는 가장 나쁜 이유는 바로 여기에 있다."(이상 임어당林語堂의 〈유머 감각〉 중에서)

리더에게 유머 감각은 이제 선택이 아닌 필수가 되었다. 유머는 별 의미 없는 썰렁한 우스갯소리나 천박한 개그와는 질적으로 다르다. 유머에는 그윽한 인생의 깊이가 함축되어 있고, 때로는 촌철살인으로 문제의 핵심을 찌른다.

역사상 언변과 유머 하면 단연 안영(晏嬰. ?~기원전 500)이다. 춘추시대 후반 제나라의 재상이었던 그는 많은 일화를 남기고 있는데, 그의 유머 감각을 잘 보여주는 대목이 적지 않다. 여기서는 편하게 안영의 촌철살인 언변과 유머를 감상해 보려 한다.

하나 : 귤화위지

◇◇◇◇

'귤이 (회수를 건너면) 탱자로 변한다'는 뜻의 '귤화위지(橘化爲枳)'라는 유명한 속담이 있다. 같은 식물이나 사람이라도 풍토와 환경이 바뀌면 그 본성이 달라진다는 의미이다. 이 속담에는 재미난 일화가 딸려 있다.

이야기는 2,500여 년 전 춘추시대로 거슬러 올라간다. 당시 제나라 재상으로 있던 안영이 외교 사절로 남방의 강대국 초나라를 방문했다. 초나라 영왕(靈王)은 왜소하고 못생긴 안영을 깔보고는 고의로 그에게 모욕을 주려고 작정했다. 연회가 시작되고 술이 몇 잔 돌고 있을 때였다. 갑자기 주변이 시끄러워지더니 느닷없이 초나라 병사가 오랏줄에 묶인 웬 남자 하나를 끌고 들어오는 게 아닌가? 이야기인즉 도둑질하다가 붙잡힌 자인데, 알고 봤더니 안영과 같은 제나라 출신이라는 것이었다. 초왕은 거만한 자세로 제나라 사람들은 질이 나쁘다며 경멸의 눈초리로 안영을 노려보았다. 이는 제나라를 대표해서 온 안영과 제나라에 일부러 모욕을 주려고 사전에 짜놓은 각본이 분명했다.

초왕의 천박한 의도를 단번에 간파한 안영은 조금도 당황하지 않고 더할 수 없이 부드러운 목소리로 "귤이 강을 건너면 탱자로 변한다더니, 원래 순박하고 착한 제나라 사람이 초나라에 와서 도둑으로 변했습니다그려! 초나라의 풍토가 사람을 이렇게 만들다니요!"라고 반박했다. 초왕은 겉으로는 껄껄 웃으며 안영을 칭찬했지만, 안영의 이 통렬한 반박에 속이 뜨끔했다. 안영은 후한 대접을 받고 귀국했다.

참으로 절묘하고 통쾌한 반박이 아닐 수 없다. 이 일로 안영의 명성은 제후국들 사이에 널리 퍼졌다. 춘추시대 초기 제나라를 부국강병으로 이끌고 환공을 춘추 5패의 선두 주자로 만들었던 명재상 관중(管仲)과 더불어, 관중 이후 쇠락을 면치 못했던 제나라를 중흥시킨 또 한 사람의 명재상으로 꼽히는 안영의 외교 활동과 관련한 일화이다.

안영은 춘추시대 후기 제나라 국정의 전반은 물론 국제 외교를 주도한 중요한 인물로 기록되어 있다. 그림은 청나라 때 간행된 《고성현상전략(古聖賢像傳略)》에 수록된 안영의 모습이다.

둘 : 술의 이치를 깨우치게 하다

안영은 기원전 556년 국정에 참여해 세 국군 영공(靈公)·장공(莊公)·경공(景公)을 보좌했다. 그중 경공과 함께한 시간은 장장 50년에 이른다. 술을 좋아한 경공은 지나친 음주로 국정을 그르치곤 했다. 안영이 몇 번이고 충고했지만, 경공은 나쁜 습관을 고치지 못하고 수시로 잘못을 범했다. 경공의 신임이 두터웠던 안영은 바른 소리를 했다. 경공이 자신의 말을 더 잘 받아들이게 하기 위해 늘 물 흐르듯 자연스럽게 충고해 좋은 효과를 거두었다.

한번은 경공이 술자리를 베풀어 많은 사람을 불러들었다. 그렇게 시작된 술자리가 7일 동안 밤낮없이 계속되었다. 마시고 놀다가 자고 또 마시고 이렇게 하길 며칠, 함께 마시던 관료와 궁녀들도 지치고 피곤해졌다. 그러나 경공은 피곤도 모르고 주색에 빠져 그칠 줄 몰랐다. 홍장(弘章)이란 경대부가 이 꼴을 두고 볼 수 없어 궁으로 들어가 술자리를 그만 끝내십사 권유했다. 경공은 들은 척도 하지 않았다. 강직한 성품의 홍장은 속을 부글부글 끓이며 "국군께서 더 이상 내 말을 들으려 하시지 않는다면 차라리 저를 죽여주십시오!"라고 큰소리를 쳤다. 경공은 껄껄 웃으며 "술은 과인의 생명과 같거늘 어떻게 끊나"라며 모른 척했다.

홍장이 죽기를 각오로 다시 아뢰려 할 때 안영이 들어왔다. 홍장을 본 안영은 황급히 두 손을 모아 예를 갖추며 "축하드립니다, 대부! 정말 축하드립니다, 대부!" 하고 인사를 드렸다. 홍장은 영문을 모른 채 깜짝 놀라 고개를 갸웃거렸고, 경공도 이상하다는 듯 연신 안영의 눈치를 살폈다. 정작 안영은 아무렇지도 않다는 듯 미소를 흘리면서 다음과 같이 말했다.

"신하의 충고와 의견을 잘 받아주시는 우리 대왕을 주군으로 만난 것을 천만다행으로 아십시오. 행여 걸·주와 같은 폭군을 만났더라면 진즉 목이 어디론가 달아났을 테니까요."

이 말에 정신이 번쩍 든 경공은 진지하게 "홍장 대부, 그대의 고충을 내가 어찌 모르겠소. 그대의 충고를 받아들여 최대한 절제하도록 하겠소이다"라고 말했다. 이 틈에 안영은 한 걸음 더 나아가 경공에게 다음과 같이 충고했다.

"음주는 사람과 사람의 감정을 소통시켜 우의를 다지게 합니다. 하지만 지나치면 일을 그르치게 됩니다. 환공 때 남자는 음주 때문에 농사일을 그르쳐서는 안 되고, 여자는 베 짜는 일을 그르쳐서는 안 된다고 명확하게 규정해 놓았습니다. 이 규정을 지키지 않으면 처벌을 받았습니다. 그래서 그 당시 기풍은 순박하고 곧았습니다. 밖으로 도적이 늘지 않았고, 안으로 음탕한 짓이 없었습니다. 지금 대왕께서는 조정 일은 팽개치고 음주에만 빠져 계시고 근신들도 따라서 못된 짓을 저지르니, 이는 나라에 매우 좋지 못합니다."

안영의 충고에 감동한 경공은 잘못을 고치기로 결심했다. 그러나 이 결심은 얼마 가지 못했다. 안영은 경공의 술버릇을 고쳐야겠다고 마음먹고는 자신의 집에 상다리가 휘어지도록 술상을 차려놓고 경공을 초청했다. 안영과 경공은 술을 마시며 국가와 세상사에 대해 이런저런 이야기를 나누었다. 평소 안영의 검소한 생활을 잘 아는 경공인지라 이런 파격적인 접대에 몹시 감격하며 한 잔 두 잔 계속 술잔을 기울였다. 두 사람은 대낮부터 날이 어두워질 때까지 마셨다. 취기가 돌자 경공은 사람을 불러 등불을 밝히게 하고는 계속 통쾌하게 마셨다. 이때 안영이 간절한 목소리로 경공에게 말했다.

"《시경》에는 우리에게 술에 관해 이렇게 충고하는 대목이 보입니다. '음주는 수양이 뒷받침되어야 한다. 적당할 때 그칠 줄 알아야 하며, 마시고 나면 자리에서 일어설 줄 알아야 한다. 그래야 손님과 주인의 예를 잃지 않는다'고 말입니다. 마시고 취했는데도 자리를 뜰 줄 모르면 손님의 예의를 잃는 것입니다. 저는 오늘 대왕을 초청하여 낮까지만 술자리를 안배했지 밤까지는 안배하지 않았습니다. 대왕께 밤늦게까지 술을 권한다면 이는 신하가 대왕의 잘못을 부추기는 꼴이 됩니다. 오늘 대왕을 모신 뜻이 바로 여기에 있습니다. 부디 깊게 살펴주십시오."

안영의 정치 생애는 거의 대부분 경공과 같이했다. 경공은 결점이 많은 군주였지만 안영의 충실한 보좌로 제나라를 비교적 안정되게 이끌었다. 안영이 경공을 만나는 모습을 나타낸 벽돌 그림(벽돌 부조 탁본)이다.

경공은 안영의 성의에 깊이 감동해 바로 술자리를 파하고 나랏일에 대해 이야기를 나누었다. 이로부터 경공은 안영의 충고를 가슴속에 새겨 두고 자신을 절제함으로써 철야 음주를 크게 줄었다.

　안영은 특히 통치자의 그릇된 행동이나 명령을 절묘한 충고로 멈추게 하거나 고치게 만드는 데 남다른 능력을 보였다. 가히 '안영의 지혜' 내지 '안자어록'(안자晏子는 안영을 높여 부르는 말)이라고 할 정도로 그의 충고에는 지혜가 충만했다. 또 그의 충고에는 발랄하고 유쾌한 유머와 위트, 그리고 익살이 들어 있었다. 이 때문에 통치자는 마음 상하지 않고 흔쾌히 충고를 받아들였다. <u>지혜 속에 번득이는 유머 감각이라고 할 수 있고, 유머 속에 번득이는 지혜의 칼날</u>이라고도 할 수 있겠다.

셋 : 외교무대에서 더욱 빛난 안영의 유머

　안영은 대단히 수준 높은 정치력을 발휘해 국내를 안정시켰을 뿐만 아니라 외교 방면에서도 수준 높은 책략을 구사했다. 그는 거만하지 않았고 비굴하지도 않았다. 당당하고 평등하게 상대를 대했고, 평화로운 분위기로 관계를 이끌었다. 그의 발자취는 제후국 여러 나라에 미쳤는데, 그 나라가 크든 작든 그는 수준 높은 외교수단과 빛나는 외교적 언어에 소박하고 절도 있는 자세로 상황에 대처했다. 몇 가지 사례를 들어 외교에서 보여준 안영의 외교철학과 그에 깃들어 있는 그의 유머 감각을 알아본다.

외교 무대에서 안영은 무엇보다 자신에게 주어진 사명을 결코 소홀히 하지 않았다. 앞서 소개한 '귤화위지'의 장면으로 돌아가 보자.

당시 초나라 영왕은 초나라가 대국이라는 사실만 믿고 작은 나라를 깔보는 등 매우 오만했다. 제나라에서 사신으로 온 안영이 작은 몸집에 비쩍 말라 볼품없다는 말을 들은 그는 이 기회를 이용해 안영에게 수치심을 주어 초나라의 위엄을 과시하고자 했다.

안영은 평소처럼 베옷에 마른 말이 이끄는 가벼운 마차를 탔다. 수행원들도 모두 소박한 차림이었다. 안영 일행이 초나라의 수도 영도(郢都) 동문에 도착했다. 그러나 성문은 잠겨 있었다. 일행은 하는 수 없이 마차를 멈추고 큰 소리로 문지기를 불렀다. 그러자 문지기가 임시로 뚫은 한쪽의 작은 쪽문을 가리키며 "상국께서는 그 문이면 충분히 출입하실 수 있을 겁니다. 굳이 성문을 열었다 닫았다 할 필요가 없을 듯합니다"라고 말하는 게 아닌가. 영왕이 일찌감치 이렇게 일을 꾸며놓았던 것이다. 자기 몸집만 하게 뚫려 있는 쪽문을 본 안영은 모든 것을 분명하게 알 수 있었다. 이는 초왕의 수작이다. 한 나라를 대표하는 사신을 이런 식으로 모욕을 주다니! 하지만 안영은 아무렇지도 않다는 듯 고함을 쳤다.

"이건 개구멍 아닌가! 개구멍으로 사람이 드나들 수는 없지. 개의 나라에 사신으로 왔다면 개구멍으로 출입하겠지만, 인간의 나라에 사신으로 왔으니 인간이 출입하는 문으로 들어가는 것이 당연하지 않은가!"

놀란 문지기가 재빨리 초왕에게 이 일을 보고했다. 초왕은 안영에게 한 방 먹었음을 알았고, 서둘러 성문을 열고 안영 일행을 맞이하도록 했다. 안영은 이렇게 순간적인 기지와 역공으로 기선을 제압했다.

궁으로 들어온 안영은 초나라 백관과 상견례를 가졌다. 초 영왕이 미리 말 잘하는 교윤(郊尹) 두성연(斗成然)을 보내 안영을 맞이하도록 조치해 놓은 참이었다. 안영을 맞이한 두성연은 "선생께서는 제나라의 상국 안평중(晏平仲, 평중은 안영의 자) 아니십니까?"라고 말했다. 안영은 예를 갖추어 "그렇습니다만, 혹 무슨 가르침이라도?" 하고 정중하게 대답했다. 두성연은 기다렸다는 듯이 청산유수처럼 말을 뱉어내기 시작했다.

"듣자 하니 제나라는 강태공이 봉해진 나라로 무력은 진(晉)·초(楚)와 맞먹고 재력은 노(魯)·위(衛)도 따르지 못했다는데, 제 환공이 패자로 군림한 이후 갈수록 쇠퇴하여 궁정에서 정변이 잇따르는가 하면 송(宋)·진(陳)이 얕잡아보고 공격하질 않나, 신하들은 아침에는 진으로 저녁에는 초로 도망치는 등 하루도 편안할 날이 없으니 어찌 된 일입니까? 지금 경공의 의지는 환공 못지않고 선생의 유능함은 관중에 비견될 정도인데, 한마음 한뜻으로 힘을 모아 발전을 꾀하여 지난날의 대업을 다시 한 번 펼치지 않고 노복처럼 큰 나라를 섬기고 있으니 도무지 이해가 가질 않습니다."

명백한 조롱이었다. 아주 지독한 조롱이었다. 안영은 태연하게 두성연의 말을 되받아 공격했다.

"때를 맞추어 힘쓸 줄 아는 사람을 준걸이라 하고, 틀의 변화에 통달한 사람을 영웅호걸이라 합니다. 주 왕조가 힘을 잃은 이래 제(齊)·진(晉)이 중원의 패자로 군림했고, 진(秦)은 서융(西戎) 지역에서, 초는 남만(南蠻) 지역에서 패자로 군림했습니다. 이들 나라에서 인재가 배출되었다고는 하지만, 기운과 대세가 그렇게 만든 면이 많습니다. 진(晉) 문공은 웅대한 포부를 가지고 있었으나 여러 차례 침략을 당했고, 진(秦) 목공은 강성함을 자랑했으나 그 자손 때는 쇠약해졌으며, 그대의 나라 초는 장왕 이후 여러 차례 진(晉)·오(吳) 두 나라에 멸시를 당했습니다. 사정이 이러한데 그대가 감히 지금 제나라가 지난날만 못하다고 말할 수 있습니까? 우리 제나라 국군께서는 천운의 성쇠를 잘 알고 있고, 틀의 변화에 따라 때맞추어 힘써야 할 것을 파악하고 있습니다. 그래서 장수와 병사들을 훈련시키면서 움직일 때를 기다리고 있습니다. 오늘 그대 나라에 온 것은 주 왕조가 마련한 의례에 관한 기록에 따라 이웃 나라를 왕래하는 외교 행위인데, 어찌하여 노복 운운하시는 겁니까? 그대의 조상 자문(子文) 선생께서는 초나라의 명신으로 시세의 변화에 통달하신 분인데, 지금 보니 그대가 과연 그분의 후손이 맞는지 의심이 가는군요. 그렇지 않고서야 이렇게 사리에 맞지 않는 말을 하실 수가 없는데 말입니다."

안영의 논리 정연하고 날카로운 반박에 두성연은 벌게진 얼굴로 고개를 움츠린 채 자리를 뜨고 말았다. 이때 초나라의 대부 양개(陽匄)가 나서 다시 안영을 비꼬았다.

"안영 선생께서는 스스로 때를 알아 힘쓰고 변화에 통달하고 있다고 자부하시는데, 귀국의 최저(崔杼)라는 자가 군주를 시해하고 난을 일으켰을 때 제나라의 명문가인 선생의 집안은 최저를 토벌하지도 않았고, 벼슬을 버리지도 않았고, 죽지도 않았습니다. 왜 이렇게 명예와 이익, 그리고 자리에 연연해하는 것입니까?"

이 무례한 도발에 안영은 주저 없이 다음과 같이 대답했다.

"대의를 가슴에 품은 사람은 자잘한 일에 얽매이지 않습니다. 멀리 내다보는 사람이 어떻게 눈앞의 득실을 따지겠습니까? 제가 듣기에 국군이 나라를 위해 죽으면 신하는 그를 따른다고 합니다. 그러나 우리 선왕 장공은 나라를 위해 죽은 것이 결코 아닙니다. 그러니 그를 따라 죽은 자들은 모두 장공이 총애하던 자들이지요. 이 몸이 덕이 있는 사람은 아니지만, 어찌 그런 총애를 받는 사람들의 대열에 끼일 수 있겠습니까? 어찌 한 번 죽음으로 명예를 건져 올릴 수 있겠습니까? 신하가 국가의 위기를 만나면 달려가 그 위기를 구하는 것이 당연합니다. 능력이 없으면 떠나면 그만입니다. 제가 제나라를 떠나지 않은 것은 새로운 왕을 세워 사직을 지키고자 했기 때문이지 개인의 욕심을 채우기 위함이 아니었습니다. 모두가 떠나면 나라의 큰일은 누구에게 의지합니까? 하물며 군주가 시해당하는 정변 같은 변고가 일어나지 않은 나라가 어디 있습니까? 귀국에 그런 정변이 발생하지 않았다고 해서 대신들 모두가 도적을 토벌하고 희생할 열사라 할 수 있습니까?"

안영의 반박은 강력하고 근엄했다. 양개는 입을 다물지 못한 채 아무 대꾸도 할 수 없었다. 이어 또 몇몇 대신이 나와 안영을 향해 인신공격을 가했다. 안영이 너무 인색하고 지독하다는 비난부터 풍채가 보잘것없어 상국을 감당할 재목이 못 된다는 말도 있었고, 심지어는 닭 잡을 힘조차 없다는 어처구니없는 숙덕거림도 있었다. 안영은 상대방의 비열한 인신공격에도 전혀 화를 내지 않고 차분하게 논리적으로 반박했다. 그는 초나라의 대부 낭와(囊瓦) 등의 비난에 다음과 같이 반박했다.

"그대들의 견해가 참으로 천박하구려! 내가 상국이 된 이래 본가는 물론 외가·처가의 생활이 전보다 훨씬 좋아졌소이다. 그뿐만 아니라 나는 70호 이상의 백성들을 구제할 수 있게 되었습니다. 내 집은 비록 근검절약하며 살지만 친족들은 부유해졌고, 나는 비록 인색하다는 소리를 듣지만 나머지 모두가 풍족해졌지요. 내가 이렇게 해서 국군의 은혜를 드러낼 수 있다면 더 좋은 일 아니겠소이까?"

"내가 듣기에 저울추는 작지만 천 근을 누를 수 있고, 노는 길지만 물에서 사용될 뿐이라고 합니다. 교여(僑如)는 키가 크고 몸집이 좋았지만 노나라에서 피살되었고, 남궁만(南宮萬)은 힘이 센 역사였지만 송나라에서 처형되었습니다. 낭와(囊瓦) 선생께서는 키도 크고 힘도 세니 이들과 같은 전철을 밟지 않도록 조심하십시오! 저는 스스로 무능하다는 것을 잘 알지만, 질문을 받으면 곧바로 대답합니다. 어찌 감히 말재주 따위를 부린단 말입니까?"

안영은 진작부터 자신을 골탕 먹일 준비를 하고 있던 초나라 대신들에 맞서 차분하게 예의를 지켜가면서 하나하나 물리쳤다. 이

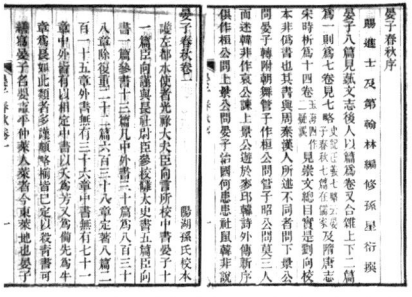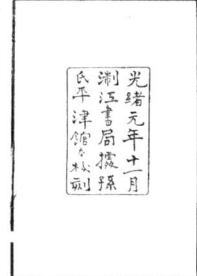
번득이는 안영의 언변과 지혜는 그의 어록인 《안자춘추(晏子春秋)》에 잘 남아 있다.

는 그의 말재주가 좋았기 때문만이 아니라 그의 박학다식함이 큰 위력을 발휘했기 때문이다. 그는 상대방의 신분과 질문 등에 근거해 정확하게 반박했으며, 논리에 근거가 있었기 때문에 상대를 굴복시켰다.

이어 초 영왕이 궁전에서 안영을 접견했다. 영왕은 말로만 듣던 볼품없는 안영의 모습을 보고는 싸늘한 미소를 지으며 "제나라에 인물이 없긴 없는 모양이군" 하고 비꼬았다. 안영은 영왕의 오만방자한 언행에 분노가 치밀었지만, 자신이 지금 나라를 대표하는 사신이라는 신분을 상기하고는 마음을 가라앉혔다. 그런 다음 정중하게 초 영왕을 향해 이렇게 말했다.

"저희 제나라는 땅이 넓고 인구가 많습니다. 도성 임치(臨淄) 사람들이 내뿜는 입김만으로 구름이 되고, 그들이 흘리는 땀은 비가 오듯 합니다. 사람들이 길거리에 나와 걸으면 어깨를 서로 스치지 않고는 걸을 수가 없습니다. 무슨 근거로 제나라에 사람이 없다고 하십니까?"

영왕은 안영이 자신을 비꼬고 있는 것도 몰랐다. 그저 안영을 기만할 수 있다고 생각해 더욱 무례하게 "인재가 그렇게 넘치는데 어째서 그대를 우리에게 파견했단 말인가?"라고 몰아붙이며 고개를 한껏 젖힌 채 미친 듯이 웃었다. 안영은 냉정하게, 그러면서도 정중하게 영왕의 말을 맞받아쳤다.

"우리 제나라에는 한 가지 규칙이 있습니다. 조정에서 사신을 파견할 때는 늘 그 대상을 살펴 보내는 것입니다. 상대국의 군주가 예의가 있으면 그에 맞추어 덕이 고상하고 명망이 높은 사람을 사신으로 보내고, 무례하고 거친 나라의 어리석은 군주라면 역시 그에 맞는 재주도 없고 비루한 자를 골라 보내지요. 제나라에서 저는 덕도 능력도 없는 인물이기 때문에 초나라에 이렇게 사신으로 파견된 것입니다!"

초 영왕은 부끄러움에 얼굴이 벌겋게 달아올랐다. 쥐구멍이라도 있으면 숨을 판이었다. 영왕은 어쩔 줄 몰라 하다가 손을 휘휘 저으며 빨리 술상을 차려 안영을 접대하라고 명령했다.

넷 : 당당함 속에 감추어진 유머
◇◇◇◇

큰 나라의 오만함에 안영은 약한 모습을 결코 보이지 않고 '눈에는 눈, 이에는 이'라는 식으로 과감하게 대처했다. 이런 일이 있었다. 안영이 남방의 강국 오(吳)나라에 사신으로 파견되었다. 오나라

왕 부차(夫差)는 자존심이 대단한 인물이었다. 부차는 안영을 한바탕 놀리는 한편 외교상으로도 제나라를 압박할 생각이었다.

안영이 오나라에 도착하자 접대를 책임진 시종관이 안영에게 "천자께서 (당신을) 보고자 합니다!"라고 큰소리를 치는 것이 아닌가? 안영은 심기가 불편했다. 제나라와 오나라는 모두 제후국이거늘 '천자'라니? 가당치 않은 말이었다. 안영은 즉각 부차의 의도와 야심을 알아챘다. 그는 순간적으로 적절한 대응책을 생각해 냈다. 안영은 먼저 못 들은 척 아무 대답도 하지 않았다. 오나라 관리가 연신 고함을 질러댔지만 들은 척도 하지 않았다. 오나라 관리는 제풀에 지쳐 그만두고 부차에게 가서 보고했다. 부차는 안영이 보통이 아니라는 것을 직감하고 자신이 직접 나가 안영을 맞이했다. 부차를 본 안영은 그에게 예를 갖추어 인사하고는 바로 이렇게 말했다.

"저는 제나라 군주의 명을 받고 귀국에 온 사신입니다. 제가 사람이 못나 늘 남에게 속길 잘합니다. 오늘도 방금 전 시종관이 '천자께서 만나고자 합니다'라고 고함을 지르는 것이 아니겠습니까? 왕께서 벌써 천자로 자청하신다면 오늘 저는 천자께 조회를 드리러 온 셈이군요. 하지만 감히 한 가지 대왕께 여쭙겠습니다. 그렇다면 원래 오왕 부차는 지금 어디에다 두셨습니까?"

안영의 기막힌 반박에 말문이 막힌 부차는 화가 치밀어 올랐지만 마땅한 대책이 떠오르지 않았다. 부차는 하는 수 없이 그저 어색한 웃음으로 위기를 모면하는 수밖에 없었다. 그러고는 바로 '국군'으로 호칭을 바꾸고 제후의 예로 안영과 정식으로 회담을 가졌다. 그 자리에 있던 오나라 관리들은 "안영이야말로 정말 기지 넘치는 외교가로다!"라며 감탄을 감추지 못했다.

다섯 : 천 리 밖에서 상황을 절충하다

강국 진(晉)나라 평공(平公, ?~기원전 532)이 중원의 패권에 욕심을 갖고 제나라를 공격하고자 했다. 평공은 대부 범소(范昭)를 제나라로 보내 상황을 살피도록 했다. 안영은 이미 대처 방안을 마련해 놓고 있었다. 제나라 경공은 범소를 위해 연회를 베풀었다. 모두들 술기운이 돌자 범소는 일부러 손에 들고 있던 술잔을 바닥에 떨어뜨리고는 경공의 술잔으로 술을 마시겠다고 했다. 경공은 별다른 생각 없이 범소의 요구를 받아들여 자신의 술잔에 술을 따라 범소에게 건네주었다. 잔을 받아 든 범소가 술을 들이키려는 찰나 안영이 범소의 술잔을 빼앗아 술을 버린 다음 다른 잔에 술을 따라 범소에게 주었다.

기분이 몹시 언짢아진 범소는 술에 취한 듯 비틀거리다가 악사를 향해 큰 소리로 "나를 위해 성주(成周, 주나라의 수도 낙읍)의 악곡을 연주할 수 있겠는가? 내가 너희들을 위해 춤을 추겠다!"라고 고함을 질렀다. 악사는 "신은 연주할 수 없습니다" 하고 거절했다. 두 차례나 예를 벗어난 행동에 제동이 걸리자 범소는 서둘러 그 자리를 떠났다. 범소가 불쾌하게 자리를 떠나는 모습을 본 경공은 자리가 끝난 뒤 안영에게 말했다.

"대국인 진나라가 사신을 보내 우리의 정세를 살피고자 했는데, 오늘 대국 사신의 심기를 불편하게 만들었으니 장차 군대를 이끌고 우리를 공격하면 어쩌겠소?"

안영은 침착한 말투로 다음과 같이 대답했다.

"범소는 예의를 모르는 무지한 사람이 결코 아닙니다. 오늘 그자가 술자리에서 한 행동은 고의로 우리의 군신관계를 시험해본 것입니다. 우리가 그자의 수에 걸려들 수는 없지요. 그래서 제가 일부러 대왕의 잔을 그자가 사용하지 못하도록 한 것입니다."

경공이 이번에는 악사를 향해 왜 요청한 곡을 연주하지 않았냐고 물었다. 악사는 "성주의 악곡은 주나라 천자의 것으로, 국군을 위해 연주할 뿐입니다. 범소가 신하로서 감히 천자의 곡을 요청한 것은 예를 벗어나는 것이어서 연주할 수 없었던 것입니다"라고 답변했다.

안영은 죽는 날까지 있는 힘을 다해 나라와 백성들을 위해 봉사했다. 사마천은 이런 안영을 흠모해 "그가 살아 있으면 그를 위해 말채찍이라도 들겠다"고 했다. 사진은 제나라의 도성이었던 산동성 치박시(淄博市) 임치구(臨淄區)에 있는 안영의 무덤이다.

자기 나라로 돌아간 범소는 바로 평공에게 다음과 같이 보고했다.

"지금으로서는 제나라를 공격할 수 없습니다. 제나라는 군주와 신하가 한마음으로 뭉쳐 있는 데다 지혜롭습니다. 술자리에서 제가 그 국군에게 모욕을 주자 안영이 바로 나서 저를 저지했고, 제가 예제(禮制)를 무시하자 그 악사가 즉각 제 의도를 간파해 버렸습니다. 이렇게 볼 때 제나라는 현재 정치가 투명하고 법도가 문란하지 않습니다. 신하들은 용감하고 상황을 잘 헤아리고 있습니다."

안영의 높은 통찰력과 비굴하지도 거만하지도 않은 외교 수완에 대해서는 공자도 높이 칭찬했다.

"훌륭하도다! '술자리를 벗어나지 않고 천 리 밖의 일을 절충하다'니, 안자가 바로 그렇구나!"

공자의 이 칭찬의 말에서 '준조절충(樽俎折衝)'이란 성어가 탄생했다. 안영은 춘추시대에 살았다. 그의 사상과 정치적 주장, 그리고 외교력은 춘추시대라는 시대적 제한을 받을 수밖에 없었다. 하지만 안영은 평생을 정치에 종사하면서 뛰어난 재능과 풍부한 지모(智謀)를 발휘했고, 늘 공평무사하게 혼신의 힘을 다해 나라와 군주에 충성했다. 또 백성을 위하는 일을 천명으로 여겼다. 외교에서도 커다란 성과를 남겼다. 그의 명성과 업적은 청사에 길이 남을 것이다. 이와 함께 수많은 상황에서 그가 보여준 깊이 있고 수준 높은 유머 감각과 기지가 번득이는 언변은 정말 배워두면 큰 도움이 될 것이다.

"가까이 있는 신하는 침묵하고, 멀리 있는 신하는 벙어리가 된다 해도 백성들의 수많은 입이 쇠를 녹인다."《안자춘추》)

● 용인보감 36 ●

"잘라야 할 때 자르지 못하면 도리어 화를 당한다"는 말이 있다. 권력과 권한을 내려놓는 일과 권력과 권한을 거두어들이는 일 모두 리더가 발전적 안목으로 문제를 보는 전략이다.

놓고 거두기를 자유자재로 할 수 있는 리더는 결코 무시당하지 않는다. 권력을 사용하는 데 합리적이고 필요한 자세이다.

제37계명
무취향이 더 큰 문제다

리더의 취미와 취향

　리더로서 취미와 취향이 없는 사람은 거의 없을 것 같다. 놀거리와 취미거리가 주위에 널린 세상이 되었기 때문이다. 놀거리가 다양하지 않았던 고대 사회에서 통치자의 놀이나 취향은 대개 술·여자·사냥 이 세 가지에 집중되었다. 그런데 이 세 가지 모두는 심할 경우 사람을 미치게 만드는 것이어서 통치에 피해를 주지 않으려면 강한 절제력이 필요했다. 그럼에도 이를 절제하지 못한 통치자가 적지 않았다.

　이 글에서는 지나친 놀이와 기이한 취향 때문에 자신을 망치고 나아가 나라까지 망친 통치자들의 사례를 소개한다. 이를 통해 오늘날 리더의 취미와 취향이 자신과 조직에 어떤 영향을 미치고 있는지 생각해보는 기회를 갖고자 한다.

놀이 때문에 나라를 망친 리더들

사마천은 《사기》에서 나라를 파멸로 이끈 통치자들의 여러 망국적 취향을 소개해 후대의 귀감으로 삼게 했다. 잘 알다시피 하나라와 은나라의 마지막 임금인 걸(桀)과 주(紂)는 '주지육림(酒池肉林)'이라는 만고에 회자되는 고사성어를 남겼을 뿐만 아니라, 폭군과 망국의 리더를 대변하는 '걸주'라는 오명으로 남았다. 극단적으로 말해 술과 여자 때문에 나라를 망친 경우라 할 수 있다.

사냥에 빠져 수도를 비웠다가 정권을 빼앗긴 사례도 적지 않다. 하 왕조의 제3대 군주인 태강(太康)은 정치보다 사냥에 훨씬 더 흥미를 가진 인물이었다. 한번은 수도에서 한참 떨어진 중조산(中條山)을 지나 망산(邙山)을 거쳐 궁석(窮石)이란 곳까지 갔다가 태강을 단단히 벼르고 있는 후예(后羿)의 군대를 만나 고립무원의 신세가 되었다. 간신히 빠져나와 다른 곳으로 도망쳤지만 수도 안읍(安邑)은 이미 후예에게 빼앗긴 뒤였다. 사냥에 미쳐 나라를 빼앗긴 경우였다.

주나라 유왕(幽王)은 좀처럼 웃지 않는 후궁 포사(褒姒)를 웃기기 위해 오늘날로 말하면 공습경보에 해당하는 봉화 놀이에 빠졌다. 거짓으로 봉화를 올려 제후들의 군대가 허탕을 치게 했던 것이다. 제후들은 한두 번 이 놀이(?)에 놀아났지만 정작 융적이 쳐들어왔을 때는 아무도 유왕을 구하러 달려오지 않았다. 또 장난이라고 생각했기 때문이다. 유왕과 포사는 잡혀 죽고 나라는 유린당했다.

춘추시대 진(晉)나라 영공(靈公)은 백성의 삶을 돌보지 않고 과중한 세금으로 호화롭고 사치스러운 생활에 빠졌다. 높은 누각을 지어 그곳에 올라가서는 지나다니는 사람들을 향해 탄환을 쏘아, 숨거나 다치는 모습을 보며 즐겼다. 대신 조돈(趙盾)이 여러 차례 충고했으나 영공은 듣기는커녕 조돈을 두 차례나 죽이려고까지 했다. 결국 조천(趙穿)에게 피살당했다.

리더들의 독특한 취향

중국 역사상 유명한 리더들의 독특한 취향을 좀 더 알아보자. 관중과 포숙의 도움을 받아 춘추시대 최초의 패주로 천하를 호령했던 제나라 환공은 붉은색 옷을 선호하는 취향이었다. 이 때문에 궁중과 도성 사람들이 앞을 다투어 붉은색 옷을 입으려 했고, 덩달아 붉은색 옷감의 값이 폭등하는 현상이 나타났다. 물가에 비상이 걸리자 환공은 관중의 충고를 받아들여 바로 공개석상에서 자신은 붉은색을 좋아하지 않는다고 발표하고 붉은색 옷을 벗었다. 물가는 안정되었고, 생활은 평상을 되찾았다.

역시 춘추시대 사람인 초나라 영왕(靈王)은 여성에 대한 미적 감각이 유별났다. 영왕은 여성의 아름다움을 허리에서 찾았다. 그중에서도 가는 허리를 가진 여성을 선호했다. 여기서 '탐연세요(貪戀細腰)'라는 유명한 고사성어가 탄생하는데, '가는 허리를 지나치게 좋아한다'는 뜻이다. 그뿐만 아니라 영왕은 허리는 물론 가슴과 엉덩이가 모두 같은 사이즈로 비쩍 마른 여성을 탐하는 엽기적 취향의 소유자였다. 그리고 허리·가슴·엉덩이가 같은 사이즈를 '삼위(三位)'라 표현하며, '삼위'의 여성을 아주 특별히 더 선호했다(《묵자》, 《한비자》 등에 그 취향의 일단이 남아 전한다).

국가 최고 리더가 가는 허리의 여성을 선호하자 궁중의 여성들은 물론 도성의 여성들이 죄다 가는 허리를 만들기 위한 다이어트 열풍에 휩싸였고, 그 결과 굶어 죽는 사람이 속출했다. 가는 허리에 대한 집착은 굵은 허리에 대한 혐오 풍조를 부추겨 허리가 굵은 남자들까지 다이어트에 동참하는 희한한 사태가 발생했다. 여기서 '초궁요(楚宮腰, 초나라 궁중의 허리)', '초궁세요(楚宮細腰, 초나라 궁중의 가는 허리)' 등과 같은 표현들이 가지를 치고 나왔다.

'삼위'의 여성을 유별나게 탐했던 초 영왕의 취향은 훗날 그림으로도 그려졌다. 이 그림이 〈열국초영왕탐연세연궁(列國楚靈王貪戀細腰宮)〉이다.

춘추시대 위(衛)나라 의공(懿公)의 취향은 또 달랐다. 그는 사치와 향락은 물론 학(鶴)을 유별나게 좋아했다. 많은 학을 사육하게 한 것은 물론 잘생긴(?) 학에게는 벼슬까지 내리는 기행을 서슴지 않았다. 여기서 '의공호학(懿公好鶴)'이란 고사성어가 유래했다. 기원전 660년 다른 나라가 위나라를 침공했다. 의공은 군에 동원령을 내렸으나 군사들 상당수가 반기를 들었다. 대신들은 "국군께서는 학을 좋아하시니 학더러 적을 공격하라고 명령하시지요!"라며 비꼬았고, 적군은 궁궐에 난입해 의공을 죽였다.

　전국시대 약소국이었던 송(宋)나라의 왕 언(偃)은 가죽 주머니에 피를 잔뜩 넣고 활로 쏘면서 '사천(射天)', 즉 하늘을 쏜다며 기고만장했다. 포악한 정치는 덤이었다. 주변국들은 이런 언의 송나라를 '걸송'이라 부르며 손가락질했고, 결국 그는 나라를 멸망으로 이끌었다.

리더의 무취향은 더 문제다

　수많은 역사적 사례가 보여주듯 리더의 별난 취미나 정도를 벗어난 취향은 조직에 좋지 않은 영향을 주기 십상이다. 정신건강에 좋은 건전한 취미나 취향은 그 반대로 조직의 활력소가 된다. 그러나 이런 별난 취향을 가진 리더보다 더 심각하고 큰 문제의 리더는 어떤 취미도 취향도 없이 일밖에 모르는 일 중독자이다. 이런 리더는 오로지 조직원들에 대한 감시와 통제에만 몰두하기 십상이기 때문이다. 십중팔구는 독선과 독재로 흘러 조직원들을 질식시킨다. 우리 주변에 의외로 이런 리더가 많다.

조직도 나라도 마찬가지이다. 인생의 철리(哲理)를 터득한 넉넉한 유머 감각과 적당한 선을 지키는 취미와 취향은 무엇보다 조직원들의 마음을 편하게 한다. 그 자체로 조직의 활력소이자 조직 발전에 긍정적인 영향을 주기 때문이다.

● 용인보감 37 ●

직원들을 '귀찮게(?) 하려면' 반드시 '정도(定度)'라는 문제에 주의해야 한다. '귀찮게'가 정도를 넘어서면 탈이 난다. 직원들은 리더에게 반감을 가지며, 리더가 직권을 남용한다고 생각한다. 직원에게 이런 인상이 한 번 자리 잡으면 좀처럼 없어지지 않는다.

―― 제38계명 ――

"단간목은 의로움이 넘치지만, 나는 재물만 넘칠 뿐"

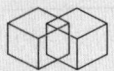

용병술로 인식된 위 문후의 인재 존중

인재를 우대하는 여러 방법 중 가장 중요한 기본은 '존중'이다. 관중은 천하의 패주가 되고 싶어 하는 환공에게 "사람을 알고 기용하되 중용(重用)"하라고 했다. 관중이 말한 '중용'에는 높은 벼슬이나 많은 녹봉도 포함되겠지만 더 중요하게는 '소중하게 쓰라'는 뜻이다. 인재는 존중해야 소중하게 쓸 수 있다.

전국시대 초반 일약 강대국으로 떠오른 위(魏)나라가 있었다. 이 위나라를 이끈 군주는 문후(文侯, ?~기원전 396)였다. 문후가 위나라를 당대 최강국으로 만들었던 요인은 여러 가지가 있지만, 인재 정책이 특별히 눈길을 끈다. 이 글에서는 문후의 인재정책과 인재관, 특히 인재에 대한 존중에 초점을 두고 관련 일화를 소개한다.

나는 재물만 넘칠 뿐이다

⋘⋙

　주 왕국 위열왕(威烈王) 23년인 기원전 403년 중원의 강국이었던 진(晉)나라가 한(韓)·조(趙)·위(魏) 세 나라로 쪼개졌다. 주 왕실은 천자의 책명으로 이 세 나라를 인정했고, 이로써 중국 역사는 전국 시대로 접어들었다.

　이해는 위나라를 획기적으로 바꾼 문후가 집정한 지 22년째 되던 해였다. 문후는 그 뒤로도 16년 동안 쉼 없이 개혁을 추진해 위나라의 경제와 국력 전반을 몰라보게 강하게 만듦으로써 전국 초기 위나라는 가장 강력한 나라가 되었다. 문후는 30년 넘게 개혁을 실행하는 과정에서 유능한 인재를 존중하고 기용하는 정책을 견지했으며, 이는 위나라의 번영에 절대적인 작용을 했다.

　인재를 존중하고 우대하는 문후의 태도는 말 그대로 지극정성이었다. 그의 스승인 전자방(田子方)은 일찍이 "제후가 교만하면 나라를 잃고 대부가 교만하면 집을 잃는다"고 충고한 바 있다. 문후는 이 말을 굳게 믿었다. 위나라에서도 백성의 존경을 받는 단간목(段干木)을 문후가 어떻게 대했는지 보면 인재에 대한 그의 태도를 잘 알 수 있을 것이다.

　하루는 단간목의 집 앞을 지나던 문후가 수레를 멈추게 하더니 단간목의 집 안쪽을 향해 정중하게 절을 하는 것이 아닌가? 문후의 수행원들이 하도 이상해서 그 까닭을 물었더니 문후는 이렇게 일렀다.

　"여기가 단간목의 집 앞이 아니더냐? 단간목은 누구도 따를 수 없을 만큼 어질고 훌륭한 분이니 내가 어찌 수레를 세우지 않을 수 있겠느냐? 단간목이 아직 내게 몸을 맡기지 않았는데, 내가 어찌 거만하게 굴 수 있겠느냐? 단간목은 높은 덕으로 천하에 이름을 떨치고 있지만, 나는 넓은 땅으로 이름을 떨치고 있을 뿐이다. 단간목은 의로움이 넘치지만, 나는 재물만 넘칠 뿐이니라!"

하인은 "그렇다면 어째서 단간목을 재상으로 모시지 않는 것입니까?"라고 물었다. 문후가 그 말대로 단간목을 재상으로 모시려 했지만, 단간목은 사양했다. 문후는 몸소 단간목의 처소를 찾아가서 후한 녹봉으로 그를 모시려 했다. 이렇듯 문후는 뛰어난 인물을 존중했으며, 거절당하더라도 변함없이 예의와 겸손으로 대했다. 전하는 말에 따르면 문후는 단간목을 만나면 늘 겸손하게 가르침을 부탁했는데, 아무리 힘들어도 선 채로 가르침을 받았다고 한다. 문후의 이런 태도는 당연히 나라 사람들로부터 칭찬을 받았다. 위나라 백성들은 "우리 국군이 정의를 좋아하기에 단간목이 존경을 받는 것이고, 우리 국군이 충성을 좋아하기에 단간목이 융숭한 대접을 받는 것이다"라며 칭송했다.

문후의 이런 행동과 인재에 대한 대우는 뜻밖에도 다른 나라를 두렵게 만들었다. 진(秦)나라가 군대를 발동해 위나라

위 문후의 인재관은 인간에 대한 존중이라는 가장 기본적인 사상과 자세가 뒷받침되어 있다. 이는 다른 정책에도 그 위력을 발휘할 수 있는 원동력이기도 하다.

를 치려 하자 사마당(司馬唐)은 "단간목은 어진 인물로 위나라는 그를 매우 소중하게 생각하고 있습니다. 이를 모르는 사람은 없습니다. 무턱대고 전쟁을 일으켰다간 우리에게 불이익이 돌아올 수 있습니다"라며 공격을 만류했다. 진왕은 일리가 있다고 판단해 계획을 취소했다. 후세 사람들은 문후가 예의와 겸손으로 단간목을 우대한 것을 용병술의 하나로 보고는 "그 실체를 드러내지 않고도 공을 이루었다"라고 평가했다.

이상과 현실을 함께 고려한 문후의 인재관

문후는 유능하고 현명한 자를 그저 겉으로만 존경한 것이 아니라 진심으로 존중하고 장점에 맞추어 알맞은 자리에 임명했다. 그의 인재 등용에서 나타나는 가장 큰 특징은 인재의 장점을 충분히 발휘하게 하되 끝까지 의심하지 않는 것이었다.

오기(吳起, ?~기원전 381)는 당시 유명한 군사가였지만 품행에 허물이 많다는 세평이 있었다. 그중 하나가 이런 것이었다. 오기가 노나라의 장군으로 있을 때 마침 제나라가 노나라를 공격해 왔다. 노나라는 오기를 총사령관으로 임명해 제나라의 공격을 막으려 했으나 오기의 아내가 제나라 사람이라서 쉽게 결단을 내리지 못했다. 오기는 자기 아내를 죽여 제나라와 아무런 관계가 없음을 증명했다. 노나라는 오기를 총사령관에 임명해 제를 물리치고 승리를 거두었다(여기서 '아내를 죽여 장수 자리를 구하다'라고 하는 '살처구장殺妻求將'이란 고사성어가 나왔다).

전쟁에서 승리했지만 오기에 대한 험담이 끊이질 않았다. 오기는 노나라 국군의 의심을 참지 못하고 위나라로 건너가 몸을 맡기려 했다. 문후는 재상 이극(李克)에게 오기가 어떤 사람인지 물었다. 이극은 오기가 욕심이 많고 여색을 좋아하지만 군대를 다루는 능력은 제나라의 장군 사마양저(司馬穰苴)를 능가할 정도라고 대답했다. 이극은 오기에 대한 뒷공론을 듣고 오기를 '욕심이 많고 색욕이 강한 사람'이라고 평가했지만, 그것 때문에 오기의 군사적 재능을 감추진 않았다. 문후는 오기의 결점을 문제 삼지 않고 그를 대장군에 임명하고 진나라를 공격해 다섯 개 성을 되찾았다(여러 기록을 비교 검토해 보면 오기에 대한 험담과 비난은 대부분 사실과 달랐다. 그의 재능에 대한 시기와 질투 때문에 나온 것으로 보인다).

그 뒤 오기는 실적으로 자신의 능력을 증명했다. 그는 대장군의 몸으로 "가장 계급이 낮은 병사와 같은 옷을 입고 같은 음식을 먹었으며, 누울 때는 자리를 깔지 않고 다닐 때는 수레를 타지 않았으며, 자신의 짐과 식량은 자신이 직접 지고 다니며 병사들과 고락을 같이했다"(《사기》〈손자오기열전〉). 문후는 오기가 군사적 재능을 갖고 있을 뿐만 아니라 겸손하고 온화한 인품으로 병사들의 지지를 받고 있음을 확인하고는 오기를 서하(西河) 태수에 임명해 진나라와 한나라를 막았다.

전국시대 초기 각국은 부국강병을 위해 저마다 전면 개혁에 돌입했다. 도미노 현상처럼 이어진 개혁을 '변법(變法)'이라 불렀으며, 전국시대는 '개혁의 시대'라는 또 다른 평가를 받게 되었다. 위나라는 개혁의 선봉장이었고, 문후는 개혁에 있어서 인재의 작용이 얼마나 중요한가를 제대로 인식하고 많은 인재를 초빙해 '변법개혁'을 성공적으로 이끌었다.

문후의 인재관에 대한 인식

문후가 지극한 정성으로 단간목을 대우한 것은 지금 보아도 여러 가지를 생각하게 하는 의미심장한 행동이었다. 어떤 사회나 조직이든 그 사회와 조직을 떠받치는 정신적 지주와 같은 존재가 있기 마련이다. 그런 존재를 어떻게 대우하느냐는 궁극적으로 그 조직이나 사회의 건전한 역량을 나타내는 표지가 된다. 한 사회나 한 시대를 상징하는 정신적 스승이나 도덕적 모범이 되는 인물을 존경하고 대우하는 것은 당연한 일처럼 생각되지만, 그것을 제대로 실천한 경우는 드물었다.

한편, 아내까지 죽이며 장수 자리를 구

우리가 '정신적 스승'이라 부르는 상징적 인물을 존중하는 사회적 분위기는 그 사회를 건전한 방향으로 이끄는 원동력으로 작용할 수 있다. 초상화는 단간목이다.

걸한 오기의 경우는 결코 정상이라 할 수 없다. 만에 하나 그것이 사실이라면 전국시대라는 무한경쟁의 시대가 만들어 낸 부득이한 행위로 봐야 할 것이다. 물론 오기에 대한 세간의 평가는 다른 기록들로 볼 때 신빙성이 떨어진다. 문후도 이 점을 충분히 고려했던 것 같다.

오기에 대한 악의적 헐뜯기는 논외로 하더라도 사람을 쓸 때 무조건 재능만 보는 것은 지나친 실용주의다. 상대와의 경쟁에서 승리하겠다는 승부에만 집착해 도덕이나 윤리적으로 결점이 많은 인물을 발탁하는 경우는 자본주의가 맹위를 떨치는 현대사회에서 흔히 볼 수 있는 일이다. 하지만 그와 동시에 능력만 보고 발탁한 그 인물에게 다시 배반당하는 사례도 얼마든지 있는 것도 사실이다. 자질이 비열한 자는 언제든지 신의를 헌신짝처럼 버릴 수 있기 때문이다. 부도덕한 인물을 기용할 경우, 그와 관련한 비난과 평가는 고스란히 기용한 사람의 몫이 된다는 점도 심각하게 가슴에 새겨야 할 것이다.

> ● **용인보감 38** ●
>
> 승진은 유효한 격려기제이긴 하지만 만능은 아니다. 이런 명언이 있다.
> "장군이 되려는 생각이 없는 병사는 좋은 병사가 아니다."
> 이 때문에 일부 기업에서는 '좋은 병사'를 격려할 때 왕왕 그를 리더의 자리에까지 올려 이른바 '장군'이 되라고 격려한다. 그러나 알다시피 '좋은 병사'가 꼭 '좋은 장군'이 되는 것은 아니다. 이런 격려는 자칫 무수히 많은 '좋은 병사'를 죽이는 결과를 초래할 수도 있다.

―― 제39계명 ――

훌륭한 목수는 재목을 버리지 않는다

우열에 맞게 사람을 쓰는 용인관

"비령기우열소득(非令其優劣所得), 불능진인지용(不能盡人之用)."

"우열에 맞추어 얻게 하지 않으면, 그 사람을 충분히 활용할 수 없다."

청나라 때의 정치가이자 군사가인 좌종당(左宗棠, 1812~1885)의 말이다. 좀 더 풀이하자면, 뛰어나고 조금 모자람이 있더라도 각자에게 맞는 일을 맡겨야만 모두의 능력을 합리적으로 사용할 수 있다는 뜻이다. 인재의 작용을 충분히 발휘하게 하는 것 또한 용인에 있어서 중요한 원칙이자 방법이다. 이 문제를 역사 사례와 현대 경영 사례를 통해 좀 더 생각해 보자.

공자의 일화

◇◇◇◇

이 방면에서 공자가 모범적인 사례를 남기고 있다. 공자가 제자들과 함께 여러 나라를 떠돌 때의 일이다. 타고 다니던 말이 도망가서 농민의 농작물을 뜯어 먹었다. 성이 난 농민은 말을 붙잡아 놓고 돌려주지 않았다. 자공(子貢)이 가서 농민에게 사정했지만 말을 돌려받지 못했다. 공자는 "이해하지 못할 말로 사람을 설득하는 것은 종묘 제사에 쓰는 최고급 희생물들을 들짐승에게 바치는 것과 같고, 가장 아름다운 음악으로 나는 새를 기쁘게 하려는 것과 같으니 무슨 소용이 있겠느냐!"며 탄식하고는 말을 모는 사람을 그 농부에게 보냈다. 말을 모는 사람은 농부에게 이렇게 말했다.

"당신은 동해에서 서해에 이르기까지 (넓은 땅에) 농사를 짓고 나는 말을 잃어버렸는데, 어찌 당신의 곡식을 먹지 않을 수 있겠는가?"

이 말에 농부는 흔쾌히 말을 풀어 그에게 넘겨주었다. 공자의 남다른 점이 바로 여기에 있다. 그는 사람마다 특징과 역할이 다 다르다는 점에 근거해 사람을 보내고 사람을 활용함으로써 그 사람의 능력을 충분히 발휘하게 했다. 이렇게 해서 일은 쉽게 풀렸다.

개인과 집단의 역량을 합쳐야

◇◇◇◇

'우열에 맞게 성과를 얻어 내려면' 관건은 그 '집단'을 제대로 활용하는 데 있다. 어떤 인재를 활용하든 간에 그 집단을 떼어놓고 생각할 수 없기 때문에 개체의 자질과 집단의 자질이 서로 맞물려야 한다는 점에 주의해야 한다. 요컨대 인재를 적합한 '위치'에 기용하려 할 때 그 인재의 개인적 자질이 특정한 집단에 받아들여질 수 있는지, 전체적으로 그 집단의 다양한 개개인의 자질과 조화를 이루어 보다 이상적인 집단적 자질로 조합될 수 있는지 충분히 고려해야 한다. 이래야만 인재는 이 집단 속에서 자신의 위치를 찾아 충분히 재능을 펼칠 수 있기 때문이다.

집단을 제대로 활용하는 것은 실제로는 인재의 조합 또는 인재의 조화 문제이기도 하다. 한 사람만을 고려한다면 당연히 능력 있고 지혜로운 사람을 찾는다. 그러나 대부분의 일은 집단으로 진행된다. 능력 있고 지혜를 갖춘 인재들을 한데 모아 놓는다고 해서 가장 이상적인 조합이 된다는 보장은 없다. 오히려 개인의 능력, 일의 성질과 요구되는 요소에 근거해 우열의 배합으로 집단을 이룬다면 최상의 능력을 발휘할 수 있는 가장 좋은 조합이 될 수도 있다.

예를 들어 어떤 일에 열 명의 사람이 필요한데, 열 명 모두 재능이 뛰어난 청년으로만 배치한다면 결과는 어떨까? 모르긴 해도 자신의 재능과 능력만 믿고 맡은 일에 대해 제각각 자신의 견해와 주장을 내세울 것이다. 모두가 자기 생각과 주장대로 일이 진행되길 바랄 것이니 의견만 분분하고 집행은 되지 않는 상황이 벌어지기 십상이다. 심하면 서로 옳다고 우기고 다투다가 날이 샐 수도 있다. 사실 재능 있고 지혜로운 인재는 열에 한둘이면 충분하다. 나머지는 그저 평범한 재능의 보통 사람이면 된다. 그러면 뛰어난 사람의 의견을 따를 것이고, 일도 순조롭게 진행될 것이다.

시스템 과학의 원리로도 이 점을 설명할 수 있다. 시스템 이론에 따르면, 시스템을 구성하는 요소가 성능이란 면에서 뛰어나더라도 조합이 불량하면 전체 시스템의 성능이 불량하게 나올 수도 있다. 과거 동남아 일부 국가들이 전자제품을 생산하기 시작하던 초기에 이런 상황이 적지 않게 발생했다. 선진국으로부터 비싼 값으로 성능 최고의 기본 부품을 수입해 조립했는데도 완제품은 성에 차지 않게 나왔던 것이다. 그래서 선진국의 전문가를 초빙해 그 원인을 추적한 결과 이런 분석이 나왔다. 선진국에서는 사실 모든 부품을 최고급으로 사용하지 않는다. 그런데도 좋은 제품이 나오는 것은 선진국 기업들은 각 부품의 전체적인 성능에 각별히 주의를 기울이며, 각 부품을 어떻게 조립하는 것이 최상인지 특별히 연구하기 때문이었다. 동남아 몇몇 나라는 이 점을 소홀히 했던 것이다.

인재의 조합은 대단히 복잡한 시스템 공정이다. 인간 자체가 대단히 복잡하기 때문이다. 사람마다 생활환경이 다르고 문화적 소양이 다르면 개성도 다르다. 좋아하고 싫어하는 기호와 특기가 다르며 결점도 다 다르다. 능력과 지력, 용기와 열정, 방법과 책략, 대담과 소심, 진보와 보수, 적극과 소극 등등 다 다르다. 따라서 기업을 경영하는 리더는 사람을 쓰는 용인에서 반드시 재능에 맞게 기용해야 하며, 심지어 남녀의 성비도 합리적으로 안배해야 한다. 속담에 "남녀가 잘 어우러지면 일이 밀리지 않는다"고 했는데, 일리 있는 말이다. 요컨대 인재의 운용에 대해 기업은 그 사람의 본성에 맞는 일을 배합하는 데 신경을 기울여 기업 전체가 유기적으로 작동해 끊임없이 발전할 수 있도록 해야 한다.

훌륭한 목수는 재목을 버리지 않는다. 재목에 맞게 깎고 다듬는다. 당 태종은 버리는 인재 없이 크든 작든 각자에 맞게 활용하는 용인의 대가였다. 그가 거느린 대신 중에서 방현령(房玄齡)은 일을 꾀하기는 잘했는데 결단력이 부족했다. 반면 두여회(杜如晦)는 결단력이 남달랐다. 당 태종은 이들을 각각 좌복야(左僕射)와 우복야(右僕射)에 임명해 서로 합심해 자신을 보좌하게 함으로써 '정관지치'라는 번영을 이룰 수 있었다. 이 두 사람으로부터 '방현령이 일을 꾀하면 두여회가 결단을 내린다'는 고사성어 '방모두단(房謀杜斷)'이 나왔다.

당나라 최고 전성기를 대변하는 '정관지치' 이면에는 당 태종의 남다른 용인술이 있었다. 사진은 '방모두단'의 고사를 나타내는 조형물이다.

마쓰시타 고노스케와 피에르 가르뎅

◇◇◇◇◇

'경영의 신'으로까지 불리는 일본의 저명한 기업가 마쓰시타 고노스케(松下幸之助, 1894~1989)는 인재들을 교묘하게 배합해 기업의 각 단위에서 각자의 특기를 발휘하게 만드는 데 고수였다. 그는 인재의 선발과 조합을 그 자체로 하나의 학문으로 보았다. 조합이 적절하면 1+1이 3 또는 5가 될 수 있고, 그 반대면 제로나 마이너스가 될 수도 있다. 인간의 능력은 영원불변이 아니다. 그 위치에 따라 10의 능력으로 20의 실적을 내는가 하면, 20의 능력으로 10의 실적밖에 못 낼 수도 있다. 일본 소니(SONY)의 총재 모리타 아키오(盛田昭夫, 1921~1999) 역시 같은 맥락에서 기업 경영인은 교향악단의 지휘자와 같다면서 모든 연주자가 그 재능을 충분히 발휘하게 해야 완벽한 화음을 얻을 수 있다고 했다.

프랑스의 피에르 가르뎅(Pierre Cardin, 1922~2020)은 대단히 독특한 인물이다. 그는 '프랑스 문명의 두 가지 핵심(패션과 요리)을 쥐고 세계를 향한다'는 기업의 모토로 세계 시장을 공략했다. 그는 인재를 활용하는 용인에 남다른 안목이 있었다. 누군가에게서 어떤 특기나 장점을 발견하면 주저하지 않고 그를 기용했다. 관련 사례를 하나 소개한다.

1983년 그는 중국 수도 베이징에다 맥심 레스토랑(Maxim's)을 열었다. 처음 업무 능력이 뛰어난 사장이 파견되었지만, 그는 중국 현지 상황에 어두워 임기응변 능력이 떨어졌다. 이 때문에 상당 기간

현상을 타개하지 못하고 레스토랑의 정상 영업에까지 지장이 있었다. 이 사실을 안 피에르 가르뎅은 즉시 28세의 젊은 경영자와 중국 정황에 밝은 숭화이궈(宋懷桂, 송회계) 여사를 물색해 경영을 맡겼다. 두 사람은 각자의 특기

패션계의 거물 피에르 가르뎅은 과감한 인재 기용으로 자신의 이름을 딴 피에르 가르뎅을 세계적인 기업으로 키웠다.

를 발휘해 경영을 정상화시켰다. 피에르 가르뎅은 두 사람이 동시에 결재하면 자신이 결재한 것과 같은 효력이 가진다고 규정했다. 이렇게 전폭적인 신임을 표시함과 동시에 두루 살피지 못하고 혼자 결정하는 데서 발생하는 착오를 막을 수 있었다. 실제로 피에르 가르뎅의 이 방법은 정확했다. 두 사람은 말없이 협조하면서 뛰어난 성과를 냈다.

피에르 가르뎅은 사람을 과감하게 잘 기용해 성공적으로 '가르뎅 왕국'을 이루었다. 오늘날 전 세계 100여 개 나라에 대략 1천 곳의 공장과 기업이 들어섰고, 가르뎅 패션과 맥심 레스토랑은 세계 대도시에서 모르는 사람이 없을 정도로 명성을 얻었다. 가르뎅이 이처럼 사업 성공을 거둔 것에는 인재의 능력을 최대한 발휘하게 한 그의 남다른 용인술이 당연히 크게 작용했다.

● **용인보감 39** ●

'모범의 힘은 무궁하다'는 말은 두 방면에서 헤아려야 한다. 하나는 좋은 모범, 또 하나는 나쁜 모범이다. 좋은 모범은 자연스럽게 타인에 대한 정신적 격려가 된다.

마찬가지로 나쁜 모범의 위력도 엄청나다. 조직에 '나쁜 모범'이 나타나면 일찍 발견해 일찍 처리하는 것이 유일하고 정확한 조치이다.

─── 제40계명 ───

솥 안에서 일어나는 미묘한 변화는
쉽게 보이지 않는다

세계 최초의 리더 유형론, 이윤의 '구주론'

상나라 건국의 최대 공신이자 역사상 가장 뛰어난 참모였던 이윤(伊尹)은 무려 3천 500여 년 전 세계 최초로 군주, 즉 최고 리더의 유형을 아홉 가지로 분류한 '구주론(九主論)'을 제시했다. 이 글은 이윤과 그가 제시한 '구주론'을 분석한 것이다.

요리로 정치의 요체를 논한 이윤

역사상 성공한 리더의 뒤에는 거의 예외 없이 특출한 참모가 자리 잡고 있다. 춘추시대 환공(桓公)을 도와 제나라를 부국강병으로 이끌고 환공을 최초의 패자(霸者)로 이끌었던 관중(管仲)이 가장 대표적인 경우다. 더욱이 환공과 관중 사이는 원수지간이었다. 정권을 놓고 다투던 중 관중이 활로 환공을 암살하려 한 적이 있기 때문이다. 그러나 환공은 포숙(鮑叔)의 건의를 받아들여 지난날의 원한을 잊고 관중을 용서한 것은 물론 재상으로 전격 발탁했다(여기서 '외부에서 인재를 구하되 필요한 사람이라면 원수라도 피하지 말라'는 '외거불피구外擧不避仇'라는 용인 원칙 하나가 나왔다). 포숙의 사심 없는 양보와 환공의 통 큰 포용력, 그리고 관중의 재능이 결합함으로써 제나라는 제후국들을 호령하는 최강국이 될 수 있었다.

상나라를 건국한 탕임금도 역대 명군의 반열에 올라 있는 리더다. 탕에게는 이윤이라는 뛰어난 참모가 있었다. 탕이 무려 다섯 차례나 이윤을 찾아가 발탁했다는 이야기가 전하는데, 이것이 유명한 '오청이윤(五請伊尹)'이란 고사다.

탕임금과 이윤에 관한 설화는 이 밖에도 여러 가지가 전한다. 가장 흥미로운 것은 '이윤부정(伊尹負鼎)'이다. 글자대로 풀이하자면 '이윤이 솥을 짊어졌다'는 뜻이다. 고대의 세 발 달린 솥을 정(鼎)이라 했는데, 고기 같은 것을 삶는 조리 기구로 사용되었다. 말하자면 이윤이 요리사 출신이었다는 이야기에서 비롯된 고사다(《사기》에 따르면 '부정조負鼎俎'로 나오는데, 솥과 도마를 짊어지고 왔다는 뜻이 된다. 모두 같은 맥락이다).

이 설화에 따르면 이윤은 자신의 큰 뜻을 펼칠 수 있는 리더로 탕을 마음에 두었다. 그러나 좀처럼 탕을 만날 수가 없었다. 생각다 못한 이윤은 탕에게 접근하기 위해 요리 기구를 전부 싸 들고 탕의 아내가 될 유신씨(有莘氏)의 혼수품에 딸린 노예가 되었다(이윤도 유신 부락 출신이며, 역대 이윤의 초상화가 대부분 세발솥을 들고 있는 모습으로 그려진 것도 그가 요리사 출신이었음을 말해주는 것이다).

이렇게 탕에게로 온 이윤은 훌륭한 요리 솜씨로 우선 탕의 마음을 사로잡았다. 기회 있을 때마다 요리의 방법을 비유해 나라를 다스리는 도를 탕에게 이야기했다. 당시 이윤이 탕에게 들려준 치국의 도는 다음과 같았다.

"나라를 다스리는 것과 맛있는 요리를 만드는 것은 같은 이치입니다. 모든 요리는 그에 맞는 요리법을 필요로 합니다. 나라를 다스리는 것도 다스리는 방법을 알아야 합니다. 음식을 만들 때 솥 안에서 일어나는 미묘한 변화는 쉽게 보이지 않습니다. 조미료는 언제 넣어야 하며 얼마나 써야 하는지 등이 모두 알맞아야 합니다. **정치도** 마찬가지입니다. 시국의 발전에 어떻게 순응할 것이며, 어떤 법도를 시행할 것이냐는 모두 **형세에 대한 관찰이 전제되어야 합니**다. 이는 요리를 할 때 불의 온도와 화력의 정도를 통제하는 것과 같은

이윤은 고요(皐陶)·기자(箕子) 등과 함께 중국 역사상 최고의 리더십 이론가이자 실천가의 반열에 오를 정도로 뛰어난 리더십 이론을 제시했다. 그는 중국사 최초의 명재상으로, 알아듣기 쉬운 언어로 통치의 본질과 리더의 자질론을 설파해 탕 임금을 명군의 길로 이끌었다. 초상화는 이윤(위)과 탕임금이다.

이치입니다. 공을 성취하고 천하를 얻으려면 조건이 무르익은 상황에서 시기를 잘 파악하여 과감하게 결단할 줄 알아야 합니다."

이윤은 정치의 요체란 정세 변화에 대한 정확한 인식에 있다고 보았다. 정세 변화의 낌새를 제대로 파악하면 그에 맞추어 적절한 시기에 적절한 정책을 과감하게 실행할 수 있다는 것이다. 이윤은 요리법을 치국의 도에 비유하면서 탕임금에게 통치와 치국의 본질을 강론했고, 이윤의 수준 높은 정치론에 깊이 감명 받은 탕은 그를 재상에 임명해 국정 전반을 이끌게 했다. 이렇게 해서 이윤은 중국 역사상 리더를 가장 훌륭하게 보필한, 최초의 성공한 재상으로 남게 되었다.

'구주론'+1

《사기》〈은본기〉에 나오는 이윤과 탕임금의 관련 기록을 가만히 살펴보면 이윤이 탕의 신하가 된 다음 '소왕(素王)'과 '구주(九主)'에 대해 논했다는 대목이 눈에 띈다. 다만 그것이 어떤 내용인지 더 이상의 언급은 없다. 그 뒤 여기에 많은 사람이 주석을 달면서 이런저런 자료들을 끌어다 '구주'에 대해 비교적 상세한 내용을 보탰고, 이것이 이윤의 '구주론'이 되었다.

특히 한나라 때 학자 유향(劉向)이 편찬한 《별록(別錄)》의 기록이 가장 상세하며, 후대의 기록들은 대부분 유향의 주석을 인용하고 있다. 유향이 기록으로 남긴 이윤의 '구주'란 법군(法君)·전군(專君)·수군(授君)·노군(勞君)·등군(等君)·기군(寄君)·파군(破君)·고군(固君)·삼세사군(三歲社君) 등 아홉 가지 유형의 리더다. 이 아홉 유형의 리더와 그 각각이 갖는 특징, 그리고 그에 해당하는 역사상의 대표적인 군주를 보기 쉽게 표로 정리했다.

리더 유형	특징(현대 유형)	대표적인 리더	비고
법군(法君)	엄격하게 법을 적용하는 리더(엄격형)	진 효공, 진시황	▲
전군(專君)	독단적이고 인재를 배척하는 리더(독단형)	한 선제	×
노군(勞君)	천하를 위해 부지런히 일하는 리더(근면형)	하우, 후직	●
수군(授君)	권력을 신하에게 넘겨준 리더(무능형)	연왕 쾌	×
등군(等君)	논공행상이 공평한 리더(평등형)	한 고조 유방	●
기군(寄君)	백성을 고달프게 하면서 교만하게 굴어 패망을 눈앞에 둔 리더(교만형)	하 걸, 은 주	×
파군(破君)	적을 경시하다가 몸이 죽고 나라를 망친 리더(망국형)	오왕 부차	×
고군(固君)	덕과 수양은 무시한 채 무력만 중시하는 리더(저돌형)	지백	×
삼세사군(三歲社君)	어린 나이에 리더가 됨(유아형)	주 성왕, 한 소왕	◎

● 바람직한 리더 / ▲ 중간 정도의 리더 / × 나쁜 리더 / ◎ 판단 유보

이 '구주'를 좀 더 설명해 보면 이렇다. 우선 '법군'은 비상한 시기에 필요한 리더의 유형이긴 하지만, '전군'으로 흐를 위험성이 큰 유형이다. '기군'과 '파군'은 망국의 리더로 최악이며, '수군'은 무능력한 리더의 전형이다. '고군'은 자기 수양은 등한시한 채 무력으로

주변을 위협하거나 정복하려는 유형으로 매우 위험한 리더이다. '삼세사군'은 어린 나이에 통치자가 된 리더로, 어떤 대신이 보필하느냐에 따라 리더의 자질이나 리더십이 전혀 다르게 나타날 수 있는 유형이다. 가장 바람직한 리더의 유형으로는 백성들을 위해 노심초사 부지런히 일하는 '노군'과 모든 사람을 공평하게 대하며 논공행상 역시 원만하게 처리하는 '등군'을 들 수 있다.

이상 '구주'의 내용을 보면 대단히 현실적인 리더십 이론가로서 이윤의 모습이 그려진다. 이윤은 이 아홉 가지 유형의 리더 외에 '소왕(素王)'을 언급했다고 하는데, 소왕이란 말 그대로 '무관의 제왕'을 말한다. 이윤은 제왕은 아니었지만 덕망이 높아 모든 사람으로부터 존경을 받았던 사람을 예로 들며 탕임금에게 리더로서 갖추어야 할 자질을 강론한 것 같다. 그러면서 보다 구체적으로 역대 리더들을 아홉 가지 유형으로 분류하면서 그 장단점을 상세히 피력해 탕임금의 통치 철학을 정립하는 데 이론적 근거를 제공한 것이 아닌가 추측된다.

나는 어떤 유형의 리더일까?

이윤이 제시하고 있는 리더의 유형은 수천 년의 시차에도 불구하고 오늘날 우리 사회의 리더 유형으로 치환해도 별 무리가 없을 정도로 참신하다. 특히 아홉 가지 리더의 유형은 조건과 환경, 그리고 자기 수양 여부에 따라 언제든지 바뀔 수 있다는 사실을 잊어서는 안 된다. 또한 나쁜 리더에 속하는 유형들은 대개 리더 한 사람에 여러 유형이 한꺼번에 겹쳐 나타난다. '법군'과 '전군'의 경계는 사실 종이 한 장 차이나 마찬가지다. 그래서 이윤은 '구주'와 함께 '소왕'을 거론하며 고매한 인품과 덕을 갖춘 인물들을 본받거나 이런 인물의 도움을 받아 리더 자신의 언행을 바로잡으라고 충고한 것인지 모른다.

모든 사람이 주체적으로 리더의 삶을 살아야 한다고들 한다. 이른바 셀프 리더십(self leadership)의 시대다. 그리고 누구든 리더가 될 수 있다는 에브리바디 리더(everybody leader)의 시대이기도 하다. 하지만 시대를 막론하고 리더에게 요구되는 가장 기본적인 자질은 '자신을 아는' 능력이다. 자신의 능력과 한계, 그리고 장단점을 정확하게 아는 것이야말로 제대로 된 리더로 성장하고 발전할 수 있는 필수불가결한 단계이다. 이 단계가 빠지거나 제대로 거치지 않을 경우 리더는 나쁜 길로 빠지기 십상이다. 이런 점에서 이윤의 '구주론'은 리더의 유형론이자 리더의 변화 내지 변질의 단계까지 보여주는 의미심장한 리더십 이론이라 할 수 있다.

● 용인보감 40 ●

징벌해야 할 때는 징벌해야 한다, 귀천을 가리지 말고 상을 주어야 할 때는 상을 주어야 한다, 가깝고 멀고를 따지지 말고.

제41계명
'스스로를 떠벌리는 자는 공이 없다'

명언명구로 성찰하는 수신·치국·인재

처신(處身)이란 단어가 있다. 자신의 몸을 어디에 어떻게 둔다는 뜻이다. 지금 우리 사회는 거대 담론보다는 개개인의 처신과 수양이 더 강조되고 있다. 스포츠에 비유하자면 개인기를 더욱 중시한다. 거대 담론에 묻혀 소홀히 했던, 개개인이 갖추어야 할 기본적인 윤리와 도덕의 문제가 점점 더 심각하게 불거지는 상황을 보자면 당연한 과정이라 하겠다.

《악부시집(樂府詩集)》에 실린 시 〈군자행(君子行)〉을 보면 '과전이하(瓜田李下)'라는 흥미로운 구절이 나온다. 말 그대로 '오이 밭, 자두나무 밑'이란 뜻이다. "오이밭에서 신발 끈 매지 말고, 자두나무 밑에서 갓끈 매지 말라"는 속담의 출전이다. 해당 원문을 풀이하면 다음과 같다.

"군자는 미연에 방지한다. 의심을 살 만한 곳에는 처하지 않는다. 오이밭에서는 신발을 신지 않고, 자두나무 밑에서는 의관을 정제하지 않는다."

　요컨대 의심을 살 만한 장소에는 가지 말고, 또 그런 행동도 하지 말라는 것이다. 남의 오이밭과 자두나무 밑은 의심을 사기 쉬운 장소가 된다. 옛사람들은 이렇듯 '처신(處身)'에 있는 주의 없는 주의를 다 기울였다. 다소 지나친 감이 없지는 않지만 충분히 새겨둘 만한 대목이다. 공직자나 사회 지도층의 처신이 워낙 형편없는 세상이라 더 그렇다. 수신(修身)에 앞서 처신에 주의하라는 말인데, 이와 관련해 굴원(屈原)은 좀 더 엄격한 자세를 요구한다.

"신목자필탄관(新沐者必彈冠), 신욕자필진의(新浴者必振衣)."
"새로 머리를 감은 사람은 반드시 모자를 털어서 쓰고, 새로 몸을 씻은 사람은 반드시 옷을 털어서 입는다."(《사기》 권84 〈굴원가생열전〉)

　오이밭이나 자두나무 밑은 사람의 눈에 쉬이 띌 수 있기에 당연히 조심해야 하겠지만, 굴원은 남이 보지 않는 곳에서도 자세를 바로잡으라고 말한다. 어찌 보면 수신보다 처신이 더 어렵다는 생각마저 든다. 별생각 없이 말하고 행동하는 상황이 일상에서는 더 많이 더 쉽게 벌어지기 때문이다. 이런 점을 생각하면서 《사기》를 비롯한 고전에 나오는 수신·치국·인재와 관련한 명언명구들을 음미해 보고자 한다. 결론부터 말하자면 이 셋은 떼려야 뗄 수 없는 관계에 있다. 이 셋의 관계를 마음에 새긴 다음 글을 읽으면 좋겠다.

수신

  자신의 몸(마음)을 가다듬는 수신(修身)은 많은 사람과 관계를 맺으며 살아가는 개개인에게 반드시 필요한 기본자세라 할 수 있다. 그런데도 가장 어려운 기본기가 되어버렸다. 금전만능이나 무조건 일등하고 이기기만 하면 그만이라는 승자독식 등과 같은 못된 가치관으로 인해 세태와 민심이 좋지 않은 쪽으로 많이 변질되어 개인의 윤리와 도덕이 한쪽으로 밀려난 탓이다.

  수신에도 단계가 있고 수준이 있다면 그 첫걸음은 무엇이 될까? 사마천은 '벌공긍능(伐功矜能)'하지 말 것을 제안한다. '벌공긍능'이란 '공을 자랑하고 유능함을 떠벌린다'는 뜻이다. 사마천의 말을 들어보자.

  "법을 받들고 이치에 따르는 벼슬아치(공직자)는 공을 자랑하지 않고, 유능함을 떠벌리지도 않는다. 백성들의 입에 오르내리지 않으며 잘못도 범하지 않는다. 그래서 여기〈순리열전〉을 짓는다."(권130〈태사공자서〉)

  이 단계의 수신이 된 사람은 "불긍기능(不矜其能) 수벌기덕(羞伐其德)"할 수 있는 것이다. 즉 "유능함을 자랑하지도 않았고, 그 덕을 떠벌리는 것을 부끄러워한다"(권124〈유협열전〉)는 것이다. 이와 관련해서는 아래《노자》의 몇 대목도 눈길을 끈다.

  "부자현고명(不自見故明), 부자시고창(不自是故彰), 부자벌고유공(不自伐故有功), 부자긍고장(不自矜故長)."(22장)

"스스로 드러나지 않으므로 오히려 밝게 빛나고, 스스로 옳다고 여기지 않기에 도리어 공이 두드러진다. 자신의 공을 자랑하지 않으므로 오히려 공이 두드러지고, 자기의 능력을 떠벌리지 않기에 도리어 오래갈 수 있다."

"자벌자무공(自伐者無功), 자긍자무장(自矜者無長)."(24장)
"스스로를 떠벌리는 자는 공이 없고, 자신을 과시하는 자는 오래가지 못한다."

"상덕부덕(上德不德), 시이유덕(是以有德), 하덕불실덕(下德不失德), 시이무덕(是以無德)."(38장)
"덕이 뛰어난 사람은 덕이 있다고 내세우지 않으며, 덕이 아주 없는 사람은 덕을 떠벌리는 처음부터 덕이 없는 사람이다."

따라서 이 단계의 수신이 가능한 사람의 언행은 다음과 같을 수밖에 없다.

"언필신(言必信), 행필과(行必果), 이낙필성(已諾必誠), 불애기구(不愛其軀), 부사지액곤(赴士之厄困)."
"말에 믿음이 있고, 행동에는 결과가 있고, 한번 약속한 일은 반드시 성의를 다해 실천하고, 자기 몸을 아끼지 않고 남에게 닥친 위험 속으로 뛰어든다."(권124〈유협열전〉)

사마천은 〈이장군열전〉에서 공자의 말을 빌려 "그 몸이 바르면 명령하지 않아도 알아서 행동하지만, 그 몸이 바르지 못하면 명령해도 따르지 않는다(기신정其身正 불령이행不令而行, 기신부정其身不正 수령부종雖令不從)"고 했다. 자기 한 몸의 수신 여부가 타인의 행동과 동기부여에까지 영향을 미칠 수 있다는 말이다. 또 이런 말도 했다.

"부귀자송인이재(富貴者送人以財), 인인자송인이언(仁人者送人以言)."
"돈 많은 자는 재물로 사람을 대하고, 어질고 덕 있는 사람은 좋은 말로 사람을 대한다."(권47 〈공자세가〉)

처신과 수신의 출발점은 '좋은 말'이 될 수도 있다. 여기서 말하는 '좋은 말'이란 경험에서 우러나오는 교훈으로, 앞의 재물과 연계시켜 보자면 '사상(思想)의 재물'이라 할 수 있겠다.

우리 사회의 현실을 보면 자질이 떨어지는 공직자의 추악한 처신 때문에 온 나라가 망신을 당하는 일들이 끊임없이 벌어지고 있다. 사마천은 "나라의 안위는 어떤 정책을 내는가에 있고(안위재출령安危在出令), 흥망은 어떤 사람을 쓰는가

사마천의 인재관은 처절한 경험에서 우러난 절박함으로 가득 차 있다. 그래서 인재를 나라의 존망과 연계시켰다. 사진은 '사마천사묘(司馬遷祠墓)' 사마천광장의 사마천 동상이다.

에 달려 있다(존망재소용存亡在所用)"라고 했다. (권112 〈평진후·주보열전〉) 정말이지 구구절절 가슴을 파고든다. 사람을 쓰는 리더의 책임이 얼마나 큰지 잘 지적하는 명언이다. 나라를 발전시키는 데는 열 충신으로도 모자라지만, 나라를 망치는 데는 간신 하나만 족하다고 했다. 정치가를 비롯해 공직자들이 특히 마음을 다잡아야 할 때다.

자현(自賢)에서 지현(知賢)으로

사마천은 사회적 존재로서 한 인간이 평생 추구해야 할 목표와 목적은 대체로 입신(立身)·입언(立言)·입덕(立德)으로 수렴될 수 있다고 보았다. 이것이 이른바 사마천의 '삼립(三立)'이란 것인데, 그 자체로 발전단계가 될 수 있다. 입신은 말 그대로 세속적 출세를 말한다. 입언은 좀 어려운 표현이지만 자신의 주장을 말이나 글, 특히 글로 남기는 것을 말한다. 입덕은 삼립의 최고 단계로 세상을 위해 정말 가치 있고 의미 있는 일을 해냄으로써 사회적 존경을 받는 경지를 말한다.

사마천은 자신이 추구하는 삶의 목표는 입신이 아니라고 했다. 입덕의 경지는 언감생심(言敢生心)의 단계이므로, 입언을 통해 하고 싶은 말과 생각을 남기겠다고 했다. 그렇게 해서 남은 것이 지금 우리가 보고 있는 《사기》라는 위대한 역사서이다. 사마천은 겸손하게 입언의 단계를 성취하는 것만으로 자신이 할 일을 다한 것이라

했지만, 그가 남긴《사기》는 입언의 단계를 뛰어넘어 입덕의 경지에 올랐다고 해도 과언은 아닐 것이다.

사마천은 어느 단계가 되었건 전제되어야 할 첫 번째 조건은 '자현(自賢)'이라고 생각했다. '자현'이란 자신의 실력을 기르는 것을 말한다. 세상에 쓸모 있는 인재로 성장하기 위한 자기 노력의 단계이다. 다음으로 사마천은 함께 뜻을 합쳐 일할 다른 인재를 구하는 '구현(求賢)'을 제기했고, 그다음 단계로는 자신들의 재능을 세상을 위해 펼쳐 보이는 '포현(布賢)'을 제안했다.

이것이 사마천의 '삼현(三賢)'의 논리이다. 여기서 사마천은 자현의 단계에 인재의 역할이 한정되어서는 안 된다고 보았다. 그래서 구현과 포현을 언급한 것인데, 이러한 인식은 나라를 다스리는 치국과 인재의 관계로까지 범위가 넓어지고 깊이가 깊어진다. 그리고 이 '삼현'의 세 단계를 실천하기 위한 전제는 유능하고 어진 인재를 알아보는 '지현(知賢)'이다. 이를 바탕으로 인재와 치국의 함수관계를 더 알아본다.

치국과 인재

춘추시대 제나라를 최고 강대국으로 성장시키는 데 가장 큰 역할을 한 관중은 "나라를 다스리는 원칙은 가장 먼저 백성을 부유하게 하는 것이다(치국지도治國之道, 필선부민必先富民)"라고 강조했다《관자》

〈치국〉 편). 이를 위해서는 무엇보다 인재가 필요한데, 제갈량은 이와 관련해 "나라를 다스리는 방법으로 가장 중요한 것은 인재를 추천하는 데 있다(치국지도治國之道, 무재거현務在擧賢)"는 말로 명쾌하게 정리한 바 있다.

한편《열자(列子)》에서는 "나라를 다스리는 어려움은 유능한 인재를 알아보는 데 있지 자신이 유능해지는 데 있지 않다(치국지난治國之難, 재우지현在于知賢, 이부재자현而不在自賢)"고 했다(〈설부說符〉 편).

통치자가 아무리 잘나도 유능한 인재를 알아보고 그들을 기용하지 않으면 나라를 다스리기 어렵다는 요지이다. 이는 조직이나 기업의 경영에 그대로 적용될 수 있는 지적이다. **리더가 아무리 유능해도 그와 함께하고 있는 사람들이 무능하다면, 이는 차라리 무능한 리더에 유능한 인재들이 있는 것만 못하다. 특히 리더가 일부러 자기보다 못한 사람을 부리려 한다면 그 피해는 고스란히 조직과 나라 전체로 돌아간다.**

그래서 사마천은 "유능한 인재가 있는데도 기용되지 못하는 것은 나라를 다스리는 자의 치욕이다(사현능이불용士賢能而不用, 유국자지치有國者之恥)"라고까지 말한 것이다(권130 〈태사공자서〉). 나라를 다스리는 관건이 인재와 인재 기용 여부에 달려 있다는 말이다. 나라에 유능한 인재가 있는데도 기용되지 못하는 것은 인재의 잘못이 아니라 나라를 다스리는 통치자가 부끄러워해야 할 일이다.

치국과 인재 관련 명구들

위의 내용들을 정리할 겸 치국과 인재가 갖는 함수관계를 다른 명구들을 통해 짚어 보자. 앞에서 인용한 대목도 있지만 한 번 더 강조하는 의미에서 인용해 본다.

"국이현흥(國以賢興), 이첨쇠(以諂衰)."
"나라는 인재가 중용되면 흥하고, 아첨 소인배가 중용되면 쇠망한다."(《잠부론潛夫論》〈실공實貢〉 편)

"국유삼불상(國有三不祥), 유현이부지(有賢而不知), 지이불용(知而不用), 용이불임(用而不任)."
"나라에 세 가지 상서롭지 못한 일이 있으니, 유능한 인재가 있는데도 알아보지 못하는 것, 알고도 기용하지 않는 것, 기용하고 맡기지 않는 것이다."(《안자춘추晏子春秋》〈간하諫下〉)

"국유현량지사중(國有賢良之士衆), 즉국가지치후(則國家之治厚) ; 현량지사과(賢良之士寡), 즉국가지치박(則國家之治薄)."
"나라에 유능하고 어진 인재가 많으면 나라의 통치가 든든해지고, 유능하고 어진 인재가 적으면 나라의 통치가 약해진다."(《묵자墨子》〈상현尙賢〉 상)

"국지광보(國之匡輔), 필대충량(必待忠良), 임사득인(任使得人), 천하자치(天下自治)."

"통치자를 바로잡고 보좌하려면 충성스럽고 어진 인재를 기다려야 하며, 그런 인재를 얻어 기용한다면 천하는 절로 다스려질 것이다."(당 태종 이세민의《제범帝範》〈구현求賢〉)

"국지장흥(國之將興), 필유정상(必有禎祥), 군자용이소인퇴(君子用而小人退). 국지장망(國之將亡), 현인은(賢人隱), 난신귀(亂臣貴)."

"나라가 흥하려면 반드시 상서로운 조짐이 나타나는데, 군자는 기용되고 소인배는 쫓겨난다. 나라가 망하려면 유능한 인재는 숨고 나라를 어지럽히는 자들이 귀한 몸이 된다."(《사기》〈초원왕세가〉)

이상의 명언명구들은 모두 나라의 흥망이 진정한 인재를 알아보고 그들을 중용해 마음 놓고 세상과 백성을 위해 능력을 발휘할 수 있도록 맡기느냐에 달려 있다는 것이다.

모두가 리더가 될 수 있는 세상이다. 그렇다고 아무나 리더가 되어서는 안 된다. 리더가 되기 위해서

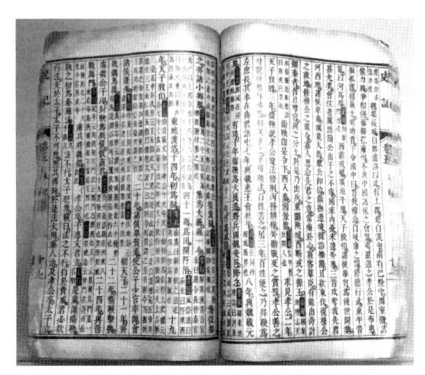

고전은 인간과 세태, 치국의 방법을 통찰할 수 있는 보물창고와 같다. 과거는 단순히 흘러간 시간이 아니라 오래된 미래. 사진은《사기》〈상앙열전〉의 부분이다.

는 자기 한 몸의 처신과 수양으로 시작해서 자신의 역할이 나라의 흥망을 좌우할 수 있다는 강한 사회적 책임감을 가지고 삶을 적극적으로 개척해 나가는 자세가 그 어느 때보다 절실히 요구된다. 지금 우리의 상황이 안팎으로 어렵고 위기에 처해 있기 때문에 더욱 그렇다. 고전 속 시대를 초월한 현자들의 통찰력에 마음을 열어보는 것도 좋은 방법이 될 것이다.

● **용인보감 41** ●

리더가 직원을 격려할 수 있길 희망한다면 반드시 그 직원의 마음을 읽고 이해해야 한다. 그래야만 직원이 무엇을 필요로 하는지 알 수 있고, 가장 가치 있는 격려를 줄 수 있으며, 가장 좋은 격려의 효과를 거둘 수 있다.

───── 제42계명 ─────
덕은 재능을 이끄는 장수와 같다

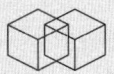

인재의 근본은 무엇인가

앞서 우리는 동양의 전통사상에서 끝없이 등장하는 '덕(德)'이 결코 추상적인 개념이 아니라 '많은 사람의 마음을 얻는' 실질적인 의미를 지닌다는 점을 살펴본 바 있다. 이 부분을 좀 더 생각해 보고자 한다.

"사유백행(士有百行), 이덕위수(以德爲首)."
"선비의 모든 품행 가운데 덕이 으뜸이다."

《삼국지》〈위지〉에 나오는 구절이다. 4세기 초반 활동한 손성(孫盛, 생몰 미상)이 편찬한 《위씨춘추(魏氏春秋)》에는 "사유백행(士有百行), 이덕재선(以德在先)"이라 했고, 뜻은 똑같다. 인재의 언행을 볼 때 무엇보다 덕을 중시하라는 것이다.
전국시대 초나라의 애국 시인 굴원(屈原, 기원전 339~기원전 278)은

〈이소(離騷)〉라는 작품에서 "유능한 인재를 선발하고 중용하려면 법도를 따라야지 그것에서 벗어나서는 안 된다"고 했다. 인재 기용에서 원칙이나 법도를 견지하라는 지적이다.

그렇다면 고대에 인재를 발탁해 쓰는 용인의 원칙이나 기준은 무엇이었을까? 관중은 《관자》(〈입정立政〉 편)에서 "군자가 살펴야 할 세 가지가 있다. 첫째 덕이 그 자리에 합당한지, 둘째 세운 공이 그 녹봉에 합당한지, 셋째 능력이 그 벼슬에 합당한지이다. 이 셋은 다스림의 근본이다"라고 했다. 관중은 그러면서 덕·공·능력 이 셋을 '삼본(三本)'이라 했다. 이는 근본적인 원칙이자 나라를 다스리는 근본적인 조건이라는 뜻을 함축하고 있다.

덕재겸비의 인재관

'삼본'은 중국 고대사의 상당히 이른 때에 전면적으로 나타난 인재선발과 기용의 기준이라 할 수 있다. 관중이 활동한 시기가 기원전 7세기 초중반이기에 지금으로부터 약 2,700년 전이다. 소박하지만 상당히 실질적인 인재 선발과 기용법에 관한 이 기준은 오랫동안 동양 사회에 적용되어 왔다. 물론 시대와 상황에 따라 그 구체적인 내용과 의미는 다소 차이를 보이긴 했다.

실질적으로 이 '삼본'의 내용과 의미를 탐구해 보면, 다시 덕과 능력(재능), 그리고 공(功)의 관계로 좁혀진다.

덕이란 그 사람의 도덕과 지조를 가리킨다. 세계관, 성품, 사상 경향, 이상, 의지, 하고자 하는 일에 대한 동기와 목적 등을 포괄한다. 능력(재능)은 그 사람의 재주를 가리키는데, 여기에는 일에 대한 능력과 업무 수준, 기초 지식, 기능, 문제 해결력,

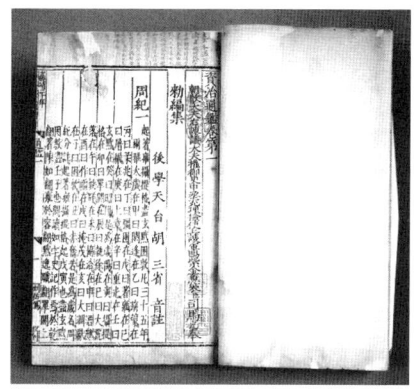

인재의 자격 요건으로 덕성을 강조한 옛 현인들의 관점과 인식은 오늘날 더욱 수용해야 할 필요성이 커졌다. 약 천 년 전의 역사가 사마광은 이런 관점을 가졌던 대표적인 인물이었다. 그가 편찬한 《자치통감》은 이 같은 사상으로 충만해 있다.

건강한 신체 등을 포함한다. 공은 덕과 재능이 합쳐져 밖으로 드러나는, 말하자면 능력의 표현으로서 실천 중에 덕과 재능을 발휘해 얻어내는 사업상의 성적이다. 인재를 선발하고 기용하는 데 따르는 기준을 이야기할 때 일반적으로 '덕재겸비(德才兼備)'를 거론하는 것은 이 때문이다.

그렇다면 '덕재겸비'는 덕과 재능이 나란히 똑같다는 의미인가? 송나라 때의 유명한 역사가 사마광(司馬光, 1019~1086)은 덕과 재능을 함께 살필 것을 주장하면서, 동시에 그 순서를 구분해야 한다고 했다. 사마광은 이렇게 말한다.

"재자(才者) 덕지자야(德之資也) ; 덕자(德者) 재지수야(才之帥也)."
"재능은 덕의 밑천이요, 덕은 재능을 이끄는 장수와 같다."

좀 더 풀어보자면 덕은 재능에 기대어 발휘되고, 재능은 덕으로 이끄는 것이다. 그래서 사마광은 "인재를 얻는 방법으로는 당연히 덕행이 먼저여야 한다"고 했다. 인재를 선발하고 기용하는 원칙에서는 당연히 덕행을 맨 앞에 놓아 살피고, 재능은 반드시 덕을 근본으로 삼아야 한다는 뜻이다.

<u>덕이 어째서 재능보다 중요한가? 이에 대해서 사마광은 한 사람의 도덕관념은 가진 재능으로 좋은 일을 하느냐 나쁜 일을 하느냐를 결정한다고 보았다.</u> 그리고 나쁜 자의 능력이 크면 클수록 그로 인한 결과가 엄중해진다고도 했다. 즉, 나쁜 자에게 재주가 있으면 난폭한 맹수가 날개를 얻은 것과 같다. 그래서 사마광은 덕과 재능을 겸비한 인재를 얻지 못하는 것은 소인이나 어리석은 자를 얻느니만 못하다고 생각했다.

덕과 재능을 연계시킨 사마광의 이런 관점은 사실 춘추시대 진(晉)나라 대부 지백(知伯)의 멸망이라는 역사적 교훈을 종합한 결과이다. 진나라 대부 지백의 아버지 지선자(知宣子)는 자신의 후계자를 선정하면서 재주만 중시하고 덕을 가볍게 여겼다. 바로 이 때문에 덕이 모자라는 지백에 와서 집안이 망했다. 이에 대해 <u>사마광은 "지백의 멸망은 재주가 덕을 이겼기 때문이다"</u>라고 명쾌하게 분석했다.

당초 지선자가 후계자를 선정할 때 요(瑤, 지백의 본래 이름)냐, 아니면 다른 아들 소(宵)에게 물려주느냐 하는 문제에 직면했다. 같은 집안사람인 지과(知果)는 소를 세우라고 하면서, 재주는 있지만 덕이 모자라는 요를 반대했다. 지과는 요가 다섯 방면에서 사람들보다 뛰어나지만 덕은 소에 비해 한참 떨어진다면서, 요는 '정말 어질지 못하니' 만약 요를 세우면 지씨 집안은 틀림없이 망할 것이라고 예언했다. 지선자는 지과의 의견을 듣지 않았다. 아니나 다를까, 지백은 온갖 전횡을 일삼았다. 결국 자신은 죽고 집안이 망하는 화를 당했다.

역사가 주는 교훈과 계시는 참으로 무겁고 침통하다. 역사라는 무대에서 남다른 학식과 재능을 가지고도 누구는 만고에 명예를 떨치고, 누구는 그저 평범하게 사라지고, 누구는 악취를 풍긴다. 대체 그 최후가 이렇게 갈라지는 까닭은 무엇이며, 어디에서 갈라지는가? 어째서 굴원은 그 숱한 시인들 사이에서 우뚝 솟아 있는가? 세상에 둘도 없는 재주를 가졌던 히틀러는 왜 세상사람 모두가 이를 가는 원수가 되었는가?

송나라 때의 명장 악비(岳飛, 1103~1142)와 그를 해친 간신 진회(秦檜, 1091~1155)를 보자. 문무를 겸비하고 지혜와 용기를 두루 갖춘 악비는 고군분투 전쟁터를 누볐다. 진회는 장원급제해 조정의 정치와 정책을 주물렀다. 그런데 어째서 한 사람은 그 공명이 조국 산천과 함께 나란히 기억되고, 나머지 한 사람은 천년 동안 무릎을 꿇은 채 속죄하고 있는가?

역사의 페이지를 넘겨 그들이 만들고 해놓은 것을 보면 어렵지 않게 발견하고 확인할 수 있다. 굴원이 청사에 이름을 영원히 남기고 있는 까닭은 그가 조국을 사랑하고 백성을 사랑하며 죽는 날까

악비의 무덤 앞에 영원히 무릎을 꿇은 채 사죄하고 있는 진회의 철상(160쪽 사진)은 인재와 리더에게 역사의 평가가 얼마나 준엄한지 일깨우고 있다. 리더와 인재는 능력에 앞서 사람이 되어야 한다. 사진은 악비 부자의 무덤이다.

지 그 마음이 변치 않았기 때문이다. 히틀러는 개인의 사사로운 야심 때문에 국민을 적으로 대했고, 이 때문에 결국 천추의 오명을 뒤집어쓰고 있다. 악비는 온몸이 부서지도록 나라와 백성을 위했기 때문에 그 이름이 만고에 길이 전해지고 있다. 반면 진회는 자신의 부귀영화를 위해 나라를 팔고 충신을 팔고 백성을 해쳤다. 이 때문에 만고의 죄인이 되어 무릎을 꿇은 채 악비와 역사 앞에서 사죄하고 있다.

요컨대 역사에 공을 남기느냐 죄를 짓느냐는 그들 각자의 도덕적 수양이라는 경계에서 갈라진다. 온갖 재주를 다 갖고도 덕이 모자란 사람은 영웅이란 칭호를 결코 얻을 수 없을 뿐만 아니라 왕왕 재능과 그 악취 나는 오명이 정비례한다. 오직 품성과 덕성이 고상한 사람만이 나라의 희망이요 민족의 대들보가 될 수 있다.

'덕'의 현대적 의의와 가치

◇◇◇◇

　옛사람들이 제창한 도덕의 구체적 내용, 즉 봉건사회의 덕은 오늘날 우리 시대에는 그대로 맞지 않는다. 하지만 그들이 논증한 재능과 덕의 관계에 대한 원칙은 현실적으로 여전히 큰 의의를 지니고 있다. 그 까닭은 어떤 사회가 되었건 발전하기 위해서는 다음 세 가지가 필요하기 때문이다. 첫째는 과학적 이성이고, 둘째는 법과 규범이며, 셋째는 도덕이란 알맹이다.

　경제 역시 사회현상의 하나이고, 사회는 인간들의 조합이다. 오늘날 조직이나 국가는 과학적 이성 단계를 거쳐 법과 규범을 소환하고 있다. 하지만 이는 어디까지나 일반적인 구조이자 층위이자 단계일 뿐이다. 경제행위 역시 최종적으로는 인간의 도덕적 내용에 따라 설계되어야 하며, 이 단계를 지금 우리가 걷고 있다. 과학기술과 그 과학기술의 혁명이 마지막으로 도달할 지점은 도덕에 복종하는 것이며, 자아를 찾는 것으로 귀결되어야 한다. 따라서 도덕의 내용은 우리가 궁극적으로 추구하는 공간이라고 해야 할 것이다.

　한 개인을 놓고 도덕적 수양을 강조하는 것 역시 대단히 중요한 의미를 갖는다. 도덕이란 품성은 개인이 일을 대하는 근본이며, 기업이 인재에 대해 요구하는 기본이다. 아무리 뛰어난 능력을 갖고 있어도 도덕이란 품성이 좋지 않으면 기업에 아주 큰 손해를 끼치기 때문이다. 현실생활에서 한 기업의 직원이 회사에 사기를 치고 고객에게 막대한 손해를 끼쳐 기업의 이미지를 망치는 일이 수시로 일어나지 않는가. 그래서 일반 여론은 기업에 대해 사회적 책임을 다하라고 목소리를 높이고 있다.

일본 세이부(西武)그룹의 초대 회장 쓰쓰미 야스지로(堤康次郞, 1889~1964)는 고대 중국의 사상과 학설을 중시하는 정치가이자 기업인이었다. 야스지로가 좌우명처럼 삼은 원칙은 '학력이 중요한 게 아니라 인품이 가장 우선이다'라는 것이었다. 그는 한 사람이 중요한 자리를 맡으려면 반드시 실용적인 재능, 사람으로서의 겸허함, 고상한 인품을 겸비해야 한다고 강조했다. 이런 관점은 충분히 본받을 필요가 있다. 기업은 그 기업의 이미지와 발전을 위해 모셔 오는 인재에 대해 무엇보다도 도덕적 인품을 요구할 수 있어야 한다.

● **용인보감 42** ●

어떤 기업이든 성공을 바란다면 모든 구성원의 자주적 책임감과 고군분투하는 주인 정신이 필요하다. 현명한 리더는 자신의 실제 상황에 맞추어 다양한 방식으로 구성원이 이런 정신을 충분히 발휘해 구성원과 기업이 함께 성장할 수 있게 한다.

제**43**계명

"아주 참신해, 희망이 보여"

말 그림보다 '천리마'를 더 잘 골랐던 쉬베이훙

 예술계 인재들에 대한 영원히 변치 않는 요구들 가운데 하나는 '참신(斬新)'일 것이다. '아주 매우 새롭다'는 뜻이다. 남달라야 한다는 뜻도 되고, 전에 없던 것이란 의미도 들어 있다. 문제는 그 '참신'함을 누가 보고 누가 판단하느냐다. 참신함을 볼 줄 아는 사람의 안목이 중요하다는 말인데, 이런 안목은 예술 영역에만 국한된 것은 아닐 것이다.
 여기서는 중국 현대 미술계의 역사를 바꾸어 놓았던 쉬베이훙(徐悲鴻, 서비홍, 1895~1953)을 통해 단순히 자신의 예술세계를 개척하는 것을 뛰어넘어 새로운 인재를 보고 그를 돕고 그를 추천하는 일이 얼마나 귀중한 일인가 생각해 보고자 한다.

미술계의 '백락(伯樂)'

중국 현대 미술계의 대가 쉬베이훙에게 힘찬 기상의 말은 영원한 작품 제재이다. 화가의 붓끝에서 재현된 말의 모습은 실로 다양하고 기묘하다. 머리를 치켜들고 울부짖는 모습이 마치 큰 뜻을 품은 장부 같은가 하면, 바람처럼 빠르게 하늘로 솟아오르는 녀석도 있고, 고개를 숙인 채 여기저기를 배회하며 길을 찾는 듯한 모습도 있고, 힘든 것도 꾹 참고 순종하는 녀석도 있다. 이렇듯 천차만별의 모습을 보노라면 화가의 심오한 관찰력과 예술적 경지에 감탄하지 않을 수 없다.

전 세계에 명성을 떨친 쉬베이훙은 말을 그리고 말을 사랑했다. 게다가 그는 미술계의 '천리마(千里馬)'를 발굴하고 육성하는 데 더 큰 관심을 보였다. 날카로운 통찰력으로 평범한 일상에서 특별한 것을 보았고, 이를 통해 많은 '천리마'를 길러냄으로써 미술계의 '백락'이 되었다.

쉬베이훙의 인재 발굴과 대가의 진면목

1927년 쉬베이훙은 상해(上海)예술대학의 초청을 받고 특별 강연을 하게 되었다. 강연을 마친 뒤 쉬베이훙은 학생들의 작품을 보고 싶다고 했다. 깊은 눈빛으로 학생들의 작품을 꼼꼼하게 살피던 쉬베이훙은 순간 그다지 숙련되지 못한 작품 하나에 시선을 멈추었다. 그러더니 연신 "아주 참신해! 희망이 보여!"라며 칭찬을 아끼지 않았다. 쉬베이훙은 그 그림을 한참 들여다보며 들뜬 목소리로 그림을 그린 학생

스승이 아닌 인재가 인재를 알아보고 돕는 일은 매우 드물다. 쉬베이훙은 이런 점에서 스승의 안목과 뛰어난 인재의 재능을 겸비한 고귀한 품격의 소유자였다. 쉬베이훙이 27세 때 그린 연필 소묘 〈자화상〉이다.

의 이름을 물었다. 그림을 그린 주인공은 19세의 청년 우쭤런(吳作人, 오작인, 1908~1997)이었다.

쉬베이훙은 따뜻하게 우쭤런을 칭찬하고 격려한 다음 그를 난징 중앙대학(中央大學)으로 데려가 청강생 자격을 주었다. 얼마 뒤 우쭤런은 무슨 일 때문에 청강생 자격을 취소당하고 학교에서 쫓겨나게 되었다. 우쭤런은 눈물을 흘리며 쉬베이훙에게 작별의 인사를 하러 왔다. 쉬베이훙은 우쭤런에게 프랑스로 가서 일을 하면서 그림 공부를 더 하라고 했다.

며칠 뒤 쉬베이훙은 우쭤런을 도와 여권을 만들어 주고, 또 아는 사람에게 부탁해 싼값에 프랑스로 가는 배표를 사 주었다. 이렇게 해서 우쭤런은 파리 국립 고등미술학교에 입학하게 되었다. 그러나 가진 것 없었던 우쭤런은 생활이 곤란해 공부를 계속하기 어렵게 되었다. 쉬베이훙은 자신의 프랑스·벨기에 예술계 인맥을 활용해 우쭤런의 유학을 지원했으며, 특히 벨기에 왕립예술학교

(Académie Royale des Beaux-Arts de Bruxelles)를 추천했다. 쉬베이훙의 알뜰한 도움 아래 우쭤런은 '백락'의 기대를 저버리지 않고 중국화와 유화 방면에서 큰 성과를 거두어 중국 미술계의 거목으로 우뚝 서게 되었다.

1950년대 중국 건국 초기 쉬베이훙은 우연히 한 학생에게서 어떤 화가가 그린 중국화를 보게 되었다. 작품은 선이 뚜렷하고 간결하면서도 생동감이 넘쳐흘렀다. 쉬베이훙은 급히 그 화가를 수소문했고, 그가 이제 막 나이 스물을 넘긴 황웨이(黃胄, 황위, 1925~1997)란 것을 알게 되었다. 황웨이는 서부 지역 모 부대에서 선전위원 일을 하고 있었다. 당시 중국 미술가협회 주석 겸 중앙미술학원 원장을 맡고 있던 쉬베이훙은 즉시 황웨이에게 그림 몇 장을 더 그려 보낼 것을 부탁했다. 참신한 예술 정신이 담긴 여러 폭의 그림이 바로 쉬베이훙에게 전달되었고, 노년의 화가는 희열에 찬 눈으로 작품을 감상했다. 쉬베이훙은 '인재 하나가 또 나왔구나'라고 감격스러워하면서 문화부 간부에게 편지를 써서 아직 세상에 알려지지 않은 이 젊은이를 적극 추천했다.

쉬베이훙과 루쉰(오른쪽)

쉬베이훙의 적극적인 노

쉬베이훙은 말 그림, 특히 개성 넘치는 여러 마리의 말을 한 폭에 담는 자신만의 예술세계를 개척해 전 세계적으로 큰 명성을 얻었다. 그림은 그의 〈군분(群奔)〉이다.

력 덕분에 황웨이는 북경으로 발령이 났고, 오래지 않아 독특한 화풍을 지닌 중국화 화가로 명성을 떨치기에 이르렀다.

중국 화단의 대가로 꼽히는 푸바오스(傅抱石, 부포석, 1904~1965)는 일찍이 1930년대 초 일본에 유학했으나 생활이 어려워 학업을 중단할 처지에 놓였다. 급기야 푸바오스는 쉬베이훙에게 편지를 써서 도움을 요청했다. 일찍부터 푸바오스의 재능을 아끼던 쉬베이훙은 사방으로 뛰어다니며 방법을 강구했다. 끝내는 자신이 그렇게도 아끼는 그림까지 팔아 푸바오스가 학업을 마치도록 도왔다.

한 사람이 위대한 성과를 거두는 일은 물론 중요하다. 그러나 빛나는 성과를 거둔 다음, 다시 말해 돈과 명예를 한 몸에 거둔 이후의 행보에 대해 깊이 고민하는 대가는 흔치 않다. 인재를 발굴하고 기용하고 아끼는 일도 중요하지만, 인재가 인재를 길러낼 수 있는 다음 단계에까지 관심을 기울여야만 인재의 공급이 끊어지지 않는다. 인재의 수요는 영원하기 때문이다. 도움의 손길을 필요로 하는 인재를 적시에 도울 수 있다면 그 성과는 상상을 초월한다. 쉬베이홍은 이 점을 실천으로 보여주었다.

● 용인보감 43 ●

"한마디 칭찬의 말은 나의 열흘 식량과 같다."
마크 트웨인의 이 말은 칭찬의 작용과 힘을 생생하게 말해준다.

제44계명

"영웅의 지략으로
삼고초려에 보답하리라"

삼고초려의 현대적 의미

"서장웅략수삼고(誓將雄略酬三顧)."
"영웅의 지략으로 삼고초려에 보답하겠노라 맹서했다."

당나라 시인 호증(胡曾, 약 840~?)의 영사시(詠史詩) 〈노수(瀘水)〉를 보면 "영웅의 지략으로 삼고초려에 보답하겠노라 맹서했다"라는 구절이 나온다. 만고의 충절 제갈량(諸葛亮)이 자신의 초가집을 세 번이나 찾았던 유비(劉備)의 은혜에 보답하려는 심경을 시인은 이렇게 대변했다.

'삼고초려(三顧草廬)'는 모르는 사람이 없을 정도로 유명하다. 제갈량이라는 인재를 얻기 위한 유비의 지극정성이 잘 나타나 있는 고사이다. 이후 이 고사는 좋은 인재를 얻기 위한 기본자세와 최선의 방법을 상징하기에 이르렀다. 현대경영에서도 좋은 인재를 스카

우트하기 위해 리더가 정성에 정성을 기울이는 사례는 얼마든지 찾아볼 수 있다. 이런 점에서 '삼고초려'는 인재의 역사에 길이 남을 고전적 사례로서 손색이 없다. 새삼 그 의미를 한번 짚어볼까 한다.

'삼고초려'와 '천하삼분지계(天下三分之計)'

삼국시대 역사기록을 보면 유비는 신야(新野)에서 당대의 인재 서서(徐庶)를 얻었다. 서서는 유비에게 제갈량을 추천했다. 마침 원대한 천하대계를 구상할 수 있는 모사를 갈구하고 있던 유비는 의형제 관우(關羽)와 장비(張飛)를 데리고 제갈량을 찾았다. 첫 방문 때 시동은 제갈량이 외출했는데 어디로 갔는지 모른다고 했다. 두 번째는 외출에서 돌아오긴 했는데 아침 일찍 친구와 놀러 나갔다고 했다. 세 번째 방문에서는 집에 있기는 한데 마침 낮잠을 자고 있다고 했다. 유비 일행 세 사람은 문밖에서 한참 기다린 끝에 제갈량이 낮잠에서 깨어난 뒤 집 안으로 안내를 받았다.

사실 제갈량은 교만하거나 불손한 사람이 결코 아니었다. 그가 유비를 세 번이나 푸대접한 것은 유비가 인재를 끌어안을 성심과 아량이 있는지 살피기 위해서였다.

"난세에 목숨을 보전하려 했을 뿐, 제후에게 몸을 맡겨 이 한 몸 영달할 생각은 전혀 없었다."

훗날 〈출사표(出師表)〉에서 이렇게 밝혔던 젊은 인재 제갈량은 유비의 진심과 인재를 대하는 겸손한 인품을 확인한 다음, 흔쾌히 유비의 청을 받아들여 세상에 나왔다. 당시 그의 나이 27세였다.

융중의 초가에서 제갈량은 앞으로 갈 길을 찾지 못해 고민하고 있던 유비에게 천하의 형세를 분석해 주었다. 그리고 형주(荊州)와 익주(益州)를 통제해 동쪽으로 손권(孫權)과 연합한 다음 북으로 조조(曹操)에 맞서며 남으로 오랑캐를 달래는, 나아가면 공격할 수 있고 물러나면 지킬 수 있는 큰 전략을 제시했다. 이것이 저 유명한 융중에서의 대책, 즉 '융중대(隆中對)'이다. 이후 유비의 모든 행동은 이 설계에 따라 진행되었고, 융중대의 핵심인 '천하삼분'을 이루어냈다.

융중을 나온 제갈량은 박망(博望)에서 중대한 승리를 거두었다. 이 한 판은 제갈량이 진정한 인재임을 확실하게 보여준 사건이었다. 당초 제갈량을 미심쩍어하던 관우와 장비도 인정할 수밖에 없었다. 그 뒤 제갈량의 활약은 적벽대전(赤壁大戰)을 정점으로 실로

제갈량은 자신의 초가를 세 번이나 찾은 유비의 정성과 진심을 확신하는 순간 죽는 날까지 충정을 다하리라 결심했다. 그림은 명나라 화가 대진(戴進)의 〈삼고초려도〉(부분)이다.

눈부시게 펼쳐졌고, 그 결과 자신이 그린 대로 천하삼분의 국면이 형성되었다. 제갈량은 유비를 도와 창업의 기틀을 마련했을 뿐만 아니라 유비의 아들인 유선(劉禪)까지 보좌해 촉나라가 위기에서 버티게 했다. 이렇게 제갈량은 두 군주를 모시며 죽는 순간까지 몸과 마음을 바쳐 충정을 다했다.

'삼고초려'와 현대 경영

사람은 누구나 자신이 관심을 받거나 중시되길 바란다. 오늘날 기업경영에서도 경영자가 아래 직원에게 진정으로 관심을 보이고 유능한 인재를 중용하면 직원들은 타오르는 불속이라도 뛰어드는 행동으로 그 관심에 보답하는 사례를 수도 없이 보여주고 있다. 그래서 '기업의 리더가 직원에게 10퍼센트의 관심과 애정을 주면 직원은 100퍼센트의 애정과 충성을 다한다'는 말까지 나왔다.

광저우 출신의 홍콩 기업가로 중국 대륙에 최대의 화장품 기업인 뤼단란(綠丹蘭, 녹단란, 영문 이름 LUDANLAN)을 창립해 다국적 기업으로 성장시킨 리구이후이(李貴輝, 이귀휘, 1951~)는 사람을 성심성의껏 대우하기로 유명하다. 그는 직원들을 자기 몸처럼 아껴 직원의 월급을 줄 때 50퍼센트만 직접 주고 나머지는 회사에서 책임지고 집으로 보내는 규정까지 만들었다. 통장 이체가 보편화되지 않았던 시기였기 때문에 이 규정은 회사 직원의 가족들로부터 크게 환영을 받았다.

리 회장이 직원을 아낀 사례는 이 밖에도 많이 전하는데, 공장 직원의 어머니를 돌본 일이 특히 잘 알려져 있다. 자기 공장 직원의 어머니가 중병으로 병원에 입원하자 이 소식을 들은 리 회장은 병원 원장에게 직접 장거리 전화를 걸어 모든 방법을 다 동원해 치료할 것을 부탁했다. 직원들의 생활과 경제에 대해 이렇듯 깊은 관심을 보이자 직원들은 다른 걱정을 하지 않고 일에 전념할 수 있었다.

리 회장의 관심에 직원들은 존중과 지지로 보답했다. 직원들은 너 나 할 것 없이 자기 기업의 신용과 명예를 지키기 위해 최선을 다했다. 리 회장은 쟈리(嘉麗, 가려)라는 회사를 차려 자기 고향인 광저우 매현(梅縣) 출신을 천 명 넘게 고용했다. 이들은 리 회장의 성의에 보답하기 위해 전국을 뛰어다니며 일거리를 가져왔고, 1년 만에 수백만 위안의 수익을 올렸다. 그들은 일을 위해 술과 도박 금지, 야간에 돌아다니지 않기 등과 같은 엄격한 자체 규율을 만들어 지키면서 모든 일을 스스로 해냈다. 사업 파트너와의 약속을 어기는 일은 상상도 할 수 없었다. 이렇게 해서 모두의 신임을 얻었고, 사람들은 이 직원들을 '객가대군(客家大軍)'으로 부르며 칭찬을 아끼지 않았다.

사실 부하 직원의 능력을 최대한 발휘하게 하고 좋은 인간관계를 유지하는 일은 특별히 많은 힘이 들지 않는다. 또 돈이 많이 드는 것도 아니다. 때로는 한마디 위로와 몇 마디 말의 관심이 알아서 리더에게 복종하게 만든다. 심지어 목숨까지 바치며 일과 임무를 완수하길 자청한다.

미국의 한 전자회사가 폐쇄회로 TV를 연구 개발하기 위해 젊은 인재 빌을 스카웃했다. 빌은 회사에 출근하자마자 실험실에 들어앉아 머리를 파묻고 일에 열중했다. 일주일 내내 일하는 것은 보통이고, 어떤 때는 40시간을 내리 실험실에서 나오지 않아 음식을 다른 사람이 갖다 줄 정도였다.

어느 날 일을 끝낸 빌은 실험실 안에 마련된 침대에 쓰러져 깊은 잠에 빠졌다. 이틀을 내리 잠에 곯아떨어진 빌이 눈을 뜨자 뜻밖에 회사의 대표가 침대 맡에 앉아 있었다. 대표는 빌의 손을 잡고는 "내가 이 일을 접을지언정 자네 목숨의 빚을 질 수는 없지. 연구자들의 수명이 짧다고 하는데, 나는 자네가 충분히 스스로를 통제할 수 있다고 보네. 연구가 성공하지 못해도 탓하지 않겠네. 자네 마음을 내가 잘 알고 있으니!"라고 말했다.

회사의 리더인 대표의 이 말 한마디가 빌의 마음을 크게 바꾸어 놓았다. 빌은 더 이상 연봉이나 받아먹고 사는 것 때문이 아니라 대표와 회사를 위해 함께 신제품을 연구하고 개발한다는 생각으로 일에 임했다. 그 결과 반년이 채 되지 않아 신제품 개발은 성공했고, 회사의 앞날에는 탄탄대로가 활짝 열렸다.

동양의 전통 리더십 항목 가운데 하나로 '포양(褒揚)'이란 것이 있다. '포'는 칭찬한다는 뜻이며, '양'은 드날린다는 뜻이다. '포양'은 갖은 방법으로 인재를 드러내놓고 칭찬함으로써 격려하는 방법이다. 그 특징은 구두 또는 서면 형식으로 격려하는 것이다. 선행과 공을 공개적으로 표창함으로써 자극 격려하는 수단은 인재를 구하고 기용하는 좋은 방법이다.

'포양'은 경제적이고 편리하며 효과도 빠르게 나타난다. 특히 진정을 담은 리더의 '포양'은 그것을 받는 당사자는 물론 주위 사람들까지 격려할 수 있는 부수적인 효과까지 볼 수 있다. 다만 형식적인 차원에 머무르거나 남발하면 효과는 미미해질 뿐만 아니라 심하면 반발까지 산다.

'사람(인재)'은 조직을 구성하는 기본 세포와 같다고 한다. 세포가 조직에 충분한 활력을 불어넣고, 또 기꺼이 자신의 역할을 발휘하게 하려면 조직을 이끄는 리더는 자신의 세포를 잘 보호하고 길러야만 한다. 그래야 조직을 건강하게 성장시킬 수 있기 때문이다. 이런 점에서 '포양'이나 '삼고초려'는 인재에 대한 좋은 격려이자 진정한 태도로서 적지 않은 영향과 작용을 해낼 수 있다. 시대에 맞게 그 방법과 형식을 바꾸면 그 효과는 더욱더 커질 것이다.

● 용인보감 44 ●

사실, 방식의 좋고 나쁨은 상대적이다. 모든 구성원의 요구조건이 같지 않기 때문이다. 방식의 좋고 나쁨은 리더가 격려하고자 하는 구성원이 무엇을 필요로 하느냐에 달려 있다.

그러나 기업으로 말하자면 오로지 구성원에 대한 격려 효과만을 고려할 수 없다. 기업의 자본도 고려해야 한다. 여기서 말하는 자본이란 얼마나 많은 상금이나 격려금을 줄 것이냐가 아니라 관리 인원의 비용 등과 같은, 격려를 위해 기업이 치르는 숨어 있는 자본이다.

제45계명
"대신들이 나를 망쳤다"

의심을 품고 인재를 기용한 숭정제

역사는 결과를 알려준다. 역사를 연구하거나 공부하는 사람은 그 결과를 놓고 그런 결과가 나오게 된 원인을 비롯한 과정 등을 분석한다. 이 과정에서 종종 결과론 또는 결정론의 우를 범한다. 쉽게 말해 그럴 수밖에 없었구나 하고 더 이상 추구하지 않는다. 정해진 결과에 영향을 많이 받기 때문이다.

그럼에도 불구하고 뻔한 이유 때문에 뻔한 결과가 도출되는 경우가 많다. 특히 성공과 실패, 흥성과 멸망의 원인을 분석할 때 이런 경우가 많다. 여기서는 명 왕조의 멸망 원인을 인재와 연계해 살펴볼까 한다. 뻔한 원인과 결과이지만 사실 우리 자신, 특히 리더들이 이런 잘못을 일쑤 범한다는 점을 안다면 뻔한 이야기로만 볼 수 없다.

괜찮았던 황제, 숭정제의 실책들

명 왕조의 마지막 황제인 숭정제(崇禎帝) 주유검(朱由檢, 1611~1644)은 무언가 대단한 일을 해내고 싶어 했던 리더였다. 강산을 얻는다는 것이 쉽지 않다는 것을 알았기 때문에 정사에 힘쓰고 생활도 지난 황제들에게 비해 사치스럽지 않았다. 숭정제는 17세에 과감한 결단과 기지로 전대인 희종(熹宗) 때 권력을 오로지했던 간신 위충현(魏忠賢)을 처치함으로써 '적절한 시기에 결단해 간신을 제거했다'는 칭찬을 받았다.

아무리 총명해도 의심이 많으면 일을 그르치기 쉽다. 인재에 대한 리더의 의심은 리더와 인재는 물론 조직 전체를 망칠 수 있다. 숭정제는 이 의심 때문에 인재를 잃은 것은 물론 나라까지 망하게 했다. 도판은 1906년 상하이에서 발간된 문학 잡지 〈월월소설(月月小說)〉에 실린 숭정제 초상화이다.

그러나 숭정제는 결과적으로 나라를 망하게 만든 망국 군주라는 오명을 남긴 채 자금성 북쪽 매산(煤山)에서 목을 매어 자결하는 비극의 주인공이 되었다. 그 원인을 따져보면 명 왕조의 봉건제도가 말세에 이른 것 외에 그의 인재기용과 관련한 정책상의 오류, 특히 인재를 기용하면서 너무 의심이 많았던 점이 중요하게 작용한 것으로 보인다. 이 부분을 검토해 보고자 한다.

원칙을 잃은 인재 선발 원칙

숭정제는 우선 인재기용에서 망설이다가 결단을 내리지 못함으로써 선발의 원칙을 잃었다. 숭정제는 의심이 많아 인재를 임용하는 기준을 자꾸 바꾸었다. 여러 사람 앞에서는 유능하고 충성스러운 신하들이 정치를 보필해 주길 희망했지만, 사실상 황제 자신이 무엇이 유능한 것이고, 재능 있는 인재가 어떤 인재인 줄 제대로 몰랐다. 숭정제는 시험 문제를 출제해 조정 대신들을 살피고 인재를 선발하고자 했다. 그러나 이런 낡은 방식의 시험은 문장에만 얽매이기 마련이라 인재의 수준을 제대로 가려낼 수 없었다. 낡은 방식으로는 명 왕조 말기 계급과 민족 간의 모순이 격화되는 절박한 상황에 맞는 인재들이 출현하기 어려웠을 뿐만 아니라 교활한 자들이 농간을 부리고 부정을 저지르는 빌미까지 주었다.

진연(陳演)은 '학식도 없는 못난' 자였지만 사람을 농락하고 비위를 맞추는 데는 재주가 뛰어났다. 그는 조정의 시험을 앞두고 몰래 환관들을 매수해 황제가 제출한 시험 문제를 알아냈다. 그의 답안지는 당연히 황제의 구미에 맞을 수밖에 없었고, 이렇게 선발되어 입각한 다음 얼마 되지 않아 내각의 재상이 되었다. 그는 나랏일은 나 몰라라 했을 뿐만 아니라 비리와 뇌물수수로 악명이 높았다.

숭정제는 또 6부와 지방 관원들 중에서 한 사람을 선발해 내각에 입각시켜 인원수를 맞추려는 평균주의 방식을 취했다. 그러나 입각한 사람들이 생각처럼 그렇게 우수한 인재들이 아니었다. 예를 들어 외각에서 추천되어 입각한 장지발(張至發)은 조정의 제도를 잘 몰라 한림학사들이 그의 말을 따르지 않았다. 무엇이든 자기 방식대로 밀어붙였지만 자질이 그 고집을 따르지 못했다. 숭정제도 장지발이 그 자리를 책임지기 힘들다는 것을 알고는 건강을 이유로 사직시킴으로써 또 한 번 웃음거리가 되었다. 그 뒤 숭정제는 성인(聖人)의 후손이라는 이유로 공자의 63대손인 공정운(孔貞運)을 재상에 앉혔지만, 그 역시 헛된 명성만 무성했지 실무에는 무능해 얼마 되지 않아 사직했다.

황당한 내각 구성법

숭정제는 또 황당하게 점을 치는 방식으로 내각 구성원들을 결정하기도 했다. 조정 대신들 중에서 내각 후보자를 추천하게 한 다음 그 명단을 금항아리에 넣었다. 향을 피우고 엄숙하게 절을 한 뒤 항아리에서 명단 쪽지를 뽑아 그 순서대로 선발과 순위를 결정했다. 요즘 식으로 말하자면 완전히 뽑기 방식이었다. 이는 명 왕조가 인재 선발을 위한 정상적인 능력을 상실했다는 것을 의미한다. 이런 상황에서 인재를 제대로 알아보고 기용하는 문제는 논의할 여지조차 없었다.

인재에게 의심을 품은 채 어쩔 줄 몰라 하는 이런 상황에서 조정 대신들은 주마등처럼 순간순간 교체되었지만, 내각이나 6조는 시종 뛰어난 인재를 배출하지 못했다. 숭정제가 집권한 17년 동안 내각 구성원은 무려 50명이 바뀌었는데, 관직을 박탈당하거나 해직된 자가 10명, 사퇴해 낙향한 자가 25명에 이르렀다. 정상적으로 퇴직하거나 임기 중 사망으로 교체된 사람은 모두 합쳐 6명에 지나지 않았다. 형부상서 17명, 병부상서 14명 중에서 끝까지 직책을 다한 사람은 극소수였다.

옹고집과 인재에 대한 시기

다음으로 숭정제는 외고집이어서 신하들의 의견을 들으려 하지 않고 도리어 충직한 사람들을 의심했다. 손승종(孫承宗)은 재상의 신분으로 요동(遼東) 지역을 다스려 나름대로 성과를 거두었고, 유홍(劉鴻)은 과감하고 박력 있게 일을 처리했으며, 전용석(錢龍錫)은 자신의 일에 전력을 다함으로써 조정이 그나마 모습을 갖출 수 있었다. 이들은 자질이 뛰어난 데다 대신다운 품격을 갖추고 있었다. 그러나 숭정제는 이들이 자신을 비판한 동림당(東林黨) 편을 든 적이 있다는 전력을 문제 삼아 흑백을 가리지도 않고 모두 나쁜 놈이라 의심해 파면시켰다.

전략적인 측면에서 숭정제가 만회할 수 없는 치명적 손실을 초래한 사건은 원숭환(袁崇煥, 1584~1630)을 시기해 죽인 일이었다.

원숭환은 광동 출신으로 자를 원소(元素)라 했다. 만력제(萬曆帝)

신종(神宗) 때 진사에 급제한 그는 1622년 홀로 말을 몰아 동북 지방을 시찰한 다음 요동을 지키겠다고 자원했다. 원숭환은 영원(寧遠, 지금의 흥성興城) 등에 성을 쌓아 누르하치가 통솔하는 후금(後金, 청 왕조의 전신) 군대의 공격을 막아냈다. 그는 영원전투에서 누르하치를 크게 무찌르는 영원대첩을 이끌었고, 영금(寧錦)전투에서는 홍타이지(皇太極, 황태극)의 야망을 좌절시킴으로써 병부상서에 임명되었다. 그러나 원숭환에 대한 숭정제의 신임은 오래가지 못했다. 후금의 뛰어난 리더 홍타이지는 원숭환을 제거하는 것이 급선무이며, 이를 위해서는 이간책이 가장 효과적이라고 판단했다.

숭정 2년인 1629년, 홍타이지는 몽골부와 연계해 명을 공격했다. 홍타이지는 산해관(山海關)과 금주(錦州) 일대를 지키고 있는 원숭환이 두려워 장성의 희봉구(喜峰口)를 에둘러 입관해 준화(遵化)를 공격한 다음 수도로 곧장 쳐들어갔다. 산해관에 있던 원숭환은 이 소식에 깜짝 놀라 대군을 이끌고 수도 북경으로 되돌아왔다. 그때 마침 후금의 군대도 도착해 양군이 맞닥뜨렸다. 후금으로서는 도저히 승산이 없었다. 이때 홍타이지는 명 조정의 환관들을 매수해 원숭환이 후금과 오래전부터 내통해 왔다는 유언비어를 퍼뜨리게 했다. 이 말도 안 되는 유언비어에 마음이 흔들인 숭정제는 대학사 손승종(孫承宗)을 통주(通州)로 보내 모든 병마를 관리하게 했다.

그런데 이때 마침 황제의 유지를 전달하러 통주로 가던 환관 두 명이 후금군에게 붙잡히는 사건이 터졌다. 홍타이지는 하늘이 주신 절호의 기회라 판단해 일단 환관들을 막사에 가두어 놓고 감시하게 했다. 이들을 감시한 자들은 후금에 항복한 명의 장수들인 고홍중(高鴻中)·포승선(鮑承先)·영완아(寧完我) 이 세 사람이었다. 밤중이 되자 이 세 사람은 소곤소곤 대화를 나누기 시작했고, 환관 둘은 이 대화를 엿듣게 되었다. 대화의 내용인즉, 후금의 칸(홍타이지)이 어제 혼자 군영을 벗어나 북경에서 말을 타고 누군가와 오랜 시간 이야기를 나누었다는 것이었다. 또 자기들은 원숭환과 전투를 하기 싫으며, 이와 관련해 원숭환과 칸이 이미 밀약을 했다는 말도 들렸다. 이 대화 내용을 엿들은 환관들은 경비가 소홀한(?) 틈을 타서 탈출했다.

북경으로 돌아온 환관들은 자신들이 들은 내용을 숭정제에게 보고했다. 어제와 오늘이 다른 긴장된 상황인데도 숭정제는 이 보고의 진위 여부를 가릴 생각은 않고 다짜고짜 의논할 일이 있다면서 원숭환을 소환해 처형했다. 그러고는 내부의 근심거리를 제거했다면서 우쭐댔다. 눈 밝은 세상 사람들은 이것이 얼마나 억울한

숭정제는 죽는 순간까지도 의심이란 굴레에서 벗어나지 못했다. 지나친 의심은 자신의 생각과 판단을 절대시하게 만들어 결국 누구의 말도 듣지 않게 된다. 사진은 숭정제가 목을 맨 매산(경산) 현장이다.

444

사건인지 잘 알고 있었다. 이 사건의 진상은 청 태종 홍타이지가 죽은 뒤 그가 남긴 기록을 통해 반간계의 실상이 드러남으로써 만천하에 밝혀졌다.

인재를 시기하고 의심해 앞날을 망친 숭정제로서는 이자성(李自成)이 일으킨 농민 봉기군의 공격이나 청의 공격에 저항할 힘이 없었다. 이자성의 군대가 자금성을 공격하자 환관 조화순(曹化淳)이 성문을 열고 이자성의 군대를 들여보냈다. 다급해진 숭정제가 종을 치며 백관을 집결시키려 했으나 누구 하나 거들떠보지도 않았다. 숭정제는 자금성 북쪽의 매산(지금의 경산景山)으로 도망쳤다가 결국 그곳의 나무에 목을 매어 자살했다. 그는 죽는 순간에도 '대신들이 나를 망쳤다'며 남을 탓했다. 자신이 인재를 기용하는 문제에서 얼마나 큰 잘못을 저질렀는지 최후의 순간에도 깨닫지 못했던 것이다.

일이 어긋나거나 실패하면, 리더들 중 상당수는 주위 참모나 관계자 탓을 한다. 평소 그들을 믿지 못했기 때문에 나오는 반응이다. 잘못된 결과는 잘못된 과정에서 비롯된다. 과정이 옳으면 설사 결과가 좋지 않게 나오더라도 서로서로를 탓하는 우는 범하지 않는다. 인재의 기용과 인재의 성장, 그리고 그 결과는 모두 과정에서 비롯된다. 과정이 공평무사하고 투명해야 한다.

● 용인보감 45 ●

시장 경쟁이 격렬한 경제 환경에서 기업은 더 나은 발전을 위해 '마태 효과(Mattew Effect)*'라는 원리를 채용해 직원의 작업 열정을 자극한다. 이 방식이 나쁘지는 않지만, 반드시 공정(公正)이란 문제에 주의해야 한다.

*마태 효과란 1960년대 미국 사회학자 로버트 K. 머턴(Robert K. Merton, 1910~2003)이 《성경》〈마태복음〉 25장 29절의 "무릇 있는 자는 받아 풍족하게 되고, 없는 자는 그 있는 것까지 빼앗기리라"는 대목을 따서 세운 이론이다.
이름난 연구자가 지원금 등 더 많은 혜택을 가져가는 반면 무명의 연구자는 지원이나 혜택을 받지 못함으로써 격차가 점점 더 벌어지는 현상을 말한다.

제46계명
몸이 아닌 마음을 잡아라

초나라 인재를 역이용한 진(晉)나라

우리는 앞에서 '초한쟁패'의 승부를 가른 중요한 요인으로 인재유출이란 문제를 짚어본 바 있다. 인재유출은 단순히 유출로만 끝나지 않는다. 유출된 인재의 능력과 그가 가진 정보가 경쟁상대에게 넘어갈 경우 그 결과는 심각할 수밖에 없다. 사람은 보다 높은 곳을 향해 나아가기 마련이고, 물은 높은 곳에서 낮은 곳으로 흐르기 마련이다. 그 사람의 몸을 붙잡는 것보다 그 마음을 얻는 것이 중요하다. 초한쟁패보다 수백 년 앞선 춘추시대 인재유출과 이를 역이용한 사례를 통해 이 문제를 한 번 더 생각해 볼까 한다.

사람이든 사물이든 재원은 활용이 중요하다

채성자(蔡聲子, 생몰 미상)는 춘추시대 소국이었던 채(蔡)나라 사람으로 탁월한 웅변가이자 외교가였다. 그는 초(楚)나라의 인재를 진(晉)나라가 역이용한 사건에 대한 논평으로 역사에 이름을 남겼다(기록에 따라 이름이 약간 차이가 난다).

기원전 547년 채성자는 초와 진 두 나라를 넘나들며 양국의 갈등을 조정하고 있었다. 그가 진나라를 떠나 초나라를 방문했을 때 초나라의 영윤(令尹, 재상)으로 있는 자목(子木)과 대화를 나눈 적이 있었다. 자목은 진나라의 정황을 물은 다음, 진나라의 대부와 초나라의 대부를 비교해 어느 쪽이 더 낫냐는 질문을 던졌다. 곤란한 질문이었지만 채성자의 대답은 명확하면서도 의외였다. 진나라 대신들은 초나라 대신들에 미치지 못하지만, 진나라 대신들은 모두 대업을 이룰 인재들이라는 대답이었다. 예를 들면 초나라에서는 구기자나무·가래나무·가죽 등이 많이 생산되어 끊임없이 진나라로 수출되고 있는데, 이는 초나라에 원자재가 많지만 그 활용은 오히려 진나라가 하고 있다는 것이다.

그러자 자목은 진나라의 군주는 자신의 인척만 높은 자리에 앉히지 않느냐고 물었다. 채성자는 물론 그런 경우가 있지만, 그보다는 초나라의 인재들을 더 많이 기용했다고 답했다. 채성자는 계속 자신이 듣고 생각하는 바를 밝혔다. 채성자는 다양한 역사적 사례들을 들어가며 자신의 정치관과 인재관, 그리고 용인사상 등을 밝혔다. 그 주요 내용을 요약하면 이렇다.

나라를 잘 다스리는 사람은 상을 적절히 내리고 형벌을 함부로 사용하지 않는다. 상을 마구 내리면 나쁜 사람에게도 상을 내릴 수 있고, 형벌이 지나치게 엄격하면 자칫 좋은 사람도 처벌할 수 있기 때문이다. 《시경》〈상송(商頌)〉에 보면 "상탕은 상과 벌을 명확하게 사용하여 사람을 씀으로써 모두가 자신의 직책에 충실했고, 결국은 천명을 받아 천하를 얻게 하였다"라고 했다. 고대의 성군들은 신중하면서도 정성껏 예의와 법을 지켰다. 그런데 지금 초나라의 정황은 좀 다르다. 초나라는 사람을 함부로 구박하고 형벌을 남용하여 모두가 위태로움을 느낀다. 그러다 보니 인재들이 끊임없이 다른 나라로 도망쳐 그 나라를 위해 일하는 바람에 초나라에 나쁜 영향을 미치고 있다. 그럼에도 초나라는 이런 잘못에 속수무책이다. 이는 결국 인심이 형벌의 남용에 대해 더 이상 참지 못하고 있다는 뜻이다.

이렇게 초나라의 상황을 설명한 채성자는 이어 신공(申公) 자의(子儀)의 난을 거론했다. 당시 초나라의 대부 석공(析公)이 이에 연루되어 진나라로 도망쳐 오자, 진나라는 그를 중용했다. 이후 초나라와 진나라가 싸움을 벌였는데, 진나라 국군은 석공을 자기 바로 뒤에 서게 함으로써 자신이 석공을 얼마나 중시하는지 과시했다. 이윽고 진나라 군대는 싸움에 불리해져 철수하지 않으면 안 되는 상황에 놓였다. 이때 석공은 초나라 군대는 의지가 굳지 못하고 교만하기까지 하다면서 야밤에 군사를 정돈해 우렁차게 고함을 지르며 공격하는 작전을 제안했다. 그러면 초나라 군대는 두려워 도망칠 것이라고 했다. 진나라는 그의 건의를 받아들였고, 석공의 예상대로 초나라 군대는 도망쳤다. 진나라는 그 기세를 타고 채(蔡)나라와 심(沈)나라를 잇달아 공격해 심의 국군을 사로잡았고, 초나라의 속국인 신(申)과 식(息) 두 나라를 공격해 승리했다. 이 여파로 정(鄭)나라는 초나라와의 연맹을 포기했고, 초나라는 결국 중원을 잃게 되었다. 이 모두가 석공이 초나라의 정황을 꿰뚫고 있었기 때문이 아니겠는가?

다양한 사례를 통찰한 정교한 분석

채성자의 분석은 다음 사례로 이어졌다. 초나라의 대부 옹자(雍子)는 아버지와 형이 자신을 모함하는 등 가족 간의 갈등에 시달렸다. 초나라 국군이 이 일을 제대로 처리하지 못하자 옹자는 진나라로 달아났다. 진나라는 그에게 토지를 주고 책사로 등용했다. 진나라는 초나라와 팽성(彭城)에서 전투를 벌였는데, 이번에도 초나라에 밀려 철군하지 않으면 안 되는 상황에 처했다. 그러자 옹자는 혼란스러운 군대를 정비하고 사기를 높이게 했다. 동원된 병력 가운데 늙은이와 어린이, 고아와 환자를 집으로 돌려보냈고, 한 집에서 두 사람이 징집된 경우에도 한 사람은 돌려보냈다. 이어 군량을 풀어 군사들을 배불리 먹이고 군영을 불태워 버림으로써 결사항전의 의지를 굳혔다. 진나라 군사들은 사기가 올라 그날 밤 초나라군과 싸워 이겼다. 초나라는 동이(東夷)를 잃고, 영윤 자신(子辛)은 그 책임을 지고 처형당했다. 초나라의 기세는 팽성전투로 꺾였다. 이 모든 것이 옹자의 공로였다.

채성자의 이야기는 계속되었다. 기원전 589년 초나라 대부 자영(子靈)과 사마자반(司馬子反)은 하희(夏姬)라는 여자를 두고 갈등을 빚었다. 이 여자 때문에 자영은 배척당해 진나라로 도망하게 되었다. 진나라에서는 그에게 형(邢, 지금의 하남성 온현溫縣 평고平皐)이라는 곳을 하사하고, 그를 국군의 자문 역할에 해당하는 모신(謀臣)으로 중용했다. 자영은 북으로 융적(戎狄)을 막았고, 남으로 오(吳)나라와 연합해 오나라와 초나라를 이간시켰으며, 나아가 오나라를 위해 활쏘기와 수레 몰기를 가르치는 등 군사력을 차츰 강화해 초나라가 사방으로부터 위협을 받게 했다. 이러한 모든 것이 자영의 공이라 할 수 있다.

기원전 605년 초나라의 영윤 분황(賁皇)이 진나라로 도망갔다. 언릉(鄢陵)전투에서 진나라는 새벽에 거센 기세로 공격해 온 초나라에 패배 직전까지 몰렸다. 분황은 초나라의 정예부대는 왕족이 거느린 중군이므로 진나라의 군대가 결사적으로 적군의 공격을 막는 한편, 난서(欒書)·사섭(士燮) 등을 시켜 적을 매복 지점으로 유인해 집중 공격하면 틀림없이 초나라의 군대를 물리칠 수 있을 것이라고 건의했다. 결국 초나라 군대는 크게 패하고 물러났다.

채성자의 이야기를 다 들은 자목은 한동안 말을 못 하다가 "당신 말이 옳소!"라며 인정했다. 채성자는 그럼에도 불구하고 안타깝게 이런 상황에 아무런 변화가 없다고 지적한 다음 이야기를 이어갔다.

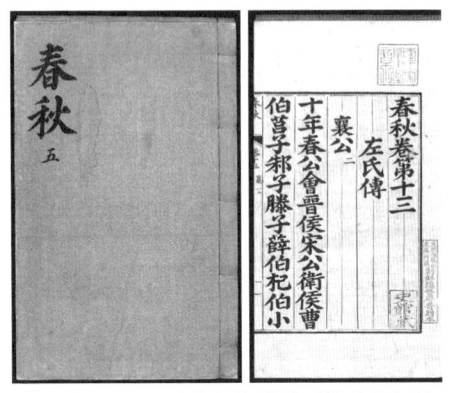

인재유출과 유출된 인재의 역이용에 관한 채성자의 논리는 당시 정세를 정확하게 파악한 뒤 다시 방대한 역사 지식으로 입증하고 있어 설득력이 매우 강하다. 전문적인 논리로 손색이 없어 보인다. 《춘추좌전》〈양공(襄公)〉편 등에서 채성자의 용인 사상을 엿볼 수 있다.

얼마 전 오거(伍擧)가 신자모(申子牟)의 딸을 아내로 맞이했는데, 신자모가 죄를 지어 도망가자 초나라는 오거가 신자모를 도와 달아나게 했다고 억지를 부리는 바람에 오거도 어쩔 수 없이 정나라로 도피하지 않았던가? 그는 매일 초나라가 자신의 결백을 알고 다시 조국으로 불러 나라를 위해 헌신할 기회를 줄 것으로 믿었다. 그러나 초나라는 본체만체했다. 오거는 최근 다시 진나라로 건너갔고, 진나라는 이름난 숙향(叔向)과 나란히 그를 중용했다. 만약 그가 자신의 조국인 초나라에 원한을 품고 적대시할 경우 그 결과가 어떨지는 말하지 않아도 알 만하지 않은가?

채성자의 분석은 자목을 불안하게 했다. 자목은 이 사실을 곧바로 초나라 강왕(康王)에게 보고했다. 강왕도 채성자의 말이 일리가 있다고 판단해 오거의 명예와 직위를 회복시킨 다음 다시 초나라로 돌아오는 것을 허락했다.

기업이나 국가를 이끄는 과정에서 빈번하게 나타나는 인재유출은 해당 기업과 국가의 존망을 결정할 정도로 심각한 문제다. 그런데 더 황당한 사실은 인재유출의 상당 부분이 사소한 일 때문에 일어난다는 것이다. 요컨대 인제에 대한 대우의 문제로 귀착된다.

　인재의 유출은 현대사회에서 국가와 사회적 차원에서 논의될 정도로 심각한 문제다. 길을 걷다 보면 작은 돌부리에 걸려 넘어지지 산에 걸려 넘어지는 법은 없다.

　인생도 마찬가지다. 사소한 문제를 소홀히 하거나 무시하다가 큰 낭패를 보는 경우가 적지 않다. 사람을 쓰는 용인에서 인재의 대접이란 문제는 대단히 미묘하기 때문에 리더는 인재의 심기 변화를 놓치지 않고 살펴야 하고, 인재 주변의 상황에 대해서도 파악하고 있어야 한다. 그 인재가 기업의 핵심기술이나 국가의 기밀에 접근할 수 있는 요인이라면 더욱 그렇다. 인재유출과 그 결과에 관한 숱한 역사적 사실에서 큰 교훈을 얻어야 할 것이다.

● **용인보감 46** ●

눈이 어지러울 정도의 각종 훈련에 직면해서 기업의 리더는 오차구역에 빠지지 않도록 반드시 주의해야 한다.
기업의 리더는 낡은 관념을 바꾸어 훈련을 계통적인 공정으로 인식하고 과학적 훈련과 기제를 구축해, 훈련이 기업발전을 진정으로 촉진하는 지렛대가 될 수 있도록 해야 한다.

─────── 제**47**계명 ───────

태산은 단 한 줌의 흙도 마다하지 않는다

천하통일의 중대한 축을 담당한
진(秦)의 인재 정책

    중국 역사상 최초의 통일제국을 세운 진나라가 승상 제도를 도입한 이후 그 이름을 남긴 25명 중 17명이 외국 출신이었다는 놀라운 자료가 있다. 나머지 7명은 국적이 밝혀져 있지 않고, 진나라 출신은 단 한 명이었다. 국적 불명의 7명도 외국 출신이었을 가능성이 높다. 그렇다면 진나라는 승상이란 자리를 외국 출신의 인재를 위해 마련한 것은 아니었을까? 이런 추측까지 가능해 보인다. 그뿐만 아니라 진나라에 건너와 진나라에 기여한 여러 방면의 인재들은 승상의 수보다 훨씬 많았다.

    통일 제국을 수립한 주인공 진시황(秦始皇)을 도왔던 승상 이사(李斯, ?~기원전 208) 역시 초나라 출신이었다. 그는 진나라로 건너와 조정의 실세 여불위(呂不韋) 집에서 식객으로 있다가 추천을 받아 진나라에서 벼슬을 시작했다. 그러나 얼마 되지 않아 젊은 진왕(훗날

454

의 진시황)이 내린 '축객령(逐客令)' 때문에 쫓겨날 위기에 처한다. 이사는 진왕에게 〈간축객서(諫逐客書)〉, 즉 〈객(외국 출신의 인재)을 내쫓으라는 명령에 대해 한 말씀 올립니다〉라는 글을 올렸고, '축객령'은 취소되었다. 대체 이사는 이 글에서 무슨 말을 어떻게 했길래 왕의 명령이 바로 취소되었을까? 〈간축객서〉의 내용을 중심으로 인재의 중요성에 대해 논의해 보고자 한다.

진왕의 '축객령'과 이사의 〈간축객서〉

장장 550년에 걸친 춘추전국시대의 난국을 수습하고 최초의 통일왕조를 수립하는 진나라는 일찍이 기원전 7세기 춘추시대 목공(穆公)이 집정하면서부터 유능한 인재들을 끌어 모으는 정책을 실행했다. 그 뒤 기원전 4세기 전국시대 효공(孝公) 때는 전국 7웅 중 나머지 6개국에서 노골적으로 인재를 빼내(?) 오기 시작했다. 상앙(商鞅)·장의(張儀)·범수(范睢)·감무(甘茂)·채택(蔡澤)·위료(尉繚)·한비(韓非) 등과 같은 각국의 인재들이 줄줄이 진으로 들어와 문전성시를 이루었고, 이에 따라 정치는 물론 경제와 상업도 활기를 띠었다.

그러나 진나라의 수구 기득권층은 외국에서 들어온 인재를 끊임없이 배척하고 질시했다. 위(衛) 출신인 상앙이 진에 들어오자 대신 감룡(甘龍)과 두지(杜摯)가 결사반대하고 나섰으며, 범수를 몰래 모시고 오려 하자 소왕(昭王)의 외숙부인 위염(魏冉)은 진나라로 들어

오는 수레를 엄격하게 검사해 타국의 인재가 들어오는 것을 막고자 했다. 진왕 10년인 기원전 237년, 한(韓)에서 온 정국(鄭國)이란 인물을 그대로 두느냐 추방하느냐를 두고 한 차례 평지풍파가 일었다.

정국은 한나라의 수리 전문가였는데, 진나라 관중 일대의 지리와 물줄기를 살핀 다음 서쪽 경수(涇水)의 물을 동쪽 낙하(洛河)로 끌어들이는 길이 300여 리에 이르는 수리공사를 시행할 것을 제안했다. 진왕은 이에 동의하고 정국을 시켜 수리공정을 시작하게 했다. 하지만 공정이 끝나갈 무렵에 누군가가 진왕에게 정국은 한의 간첩이고, 수리공정은 진의 국력을 소모시켜 진의 6국 정복을 막기 위해 파견되었다는 첩보를 보고했다. 진왕은 깜짝 놀라 정국을 잡아들이고 수리공사를 중단하게 했다. 진나라 대신들은 이 틈을 타서 한 걸음 더 나아가 6국에서 온 자들 모두가 진을 약하게 만들기 위한 간첩이니 모두 현직에서 파면시킬 것을 강력하게 주장했다. 결국 진왕은 외국에서 들어온 모든 '손님'들을 내쫓으라는, 이른바 '축객령(逐客令)'을 내렸다.

이 절박한 상황에서 역시 외국 출신인 이사는 진왕에게 글을 올려 외국 출신 인재들을 내치는 결정에 반대하고 나섰다. 이때 이사가 올린 글이 《사기》〈이사열전〉에 실린, 저 유명한 〈간축객서〉이다.

초나라 출신인 이사는 진나라가 다른 나라에서 온 유능한 인사들을 배척하는 것은 옳지 않다고 보았다. 이사는 진나라의 비약적인 발전과 차별 없는 인재등용의 관계를 지적하면서 이렇게 말했다.

"옛날 목공께서 유능한 인재를 원하시어 서쪽 서융에서 유여(由

餘)를 얻었고, 동쪽 완(宛)에서는 백리해(百里奚)를 얻었으며, 송(宋)에서는 건숙(蹇叔)을 맞이했고, 진(晉)에서는 비표(丕豹)와 공손지(公孫枝)를 모셔 왔습니다. 이 다섯 인재는 진에서 태어나지 않았지만 목공께서는 그들을 기꺼이 기용하여 20개의 제후국을 합병하고 서융을 제패했습니다. 그 뒤 효공께서는 상앙의 변법을 시행함으로써 부국강병을 이루어 백성들을 따르게 했고, 나아가 초와 위를 물리쳐 제후들의 복종을 받아냈습니다. 또 수천 리의 땅을 차지하여 지금까지 강성하게 태평을 누리고 있습니다. 혜왕(惠王)은 장이의 계략으로 삼천(三川)의 땅을 공격하여 점령했습니다. 이렇게 해서 서쪽으로 파촉(巴蜀)을 겸병하고, 북쪽으로 상군(上郡)을 가졌으며, 남쪽으로 한중(漢中)을 함락시키고 초 경내의 소수민족을 손아귀에 움켜쥐었습니다. 동쪽으로는 성고(成皋)라는 험악한 지대를 점령하고 풍요로운 토지를 소유했습니다. 그 위세로 6국의 연맹을 와해시키고 6국으로 하여금 서방의 우리 진을 섬기게 하면서 지금에 이른 것입니다. 또 소왕께서는 범수를 얻어 양후(穰侯)를 폐하고 화양(華陽) 부인을 내쫓아 왕실의 권력을 강화했으며, 대신이 권력을 마구 흔드는 것을 막고 점차 제후 열국을 관할함으로써 우리 진이 대업을 이룰 수 있었습니다. 이 네 군왕께서는 모두 객경(客卿)들의 힘을 빌렸건만, 객경에게 무슨 잘못이 있단 말입니까? 당초 네 군왕께서 객경을 거절해 받아주지 않고, 유능한 인사들을 멀리해 기용하지 않았더라면 우리나라가 어떻게 부국강병을 이룰 수 있었겠습니까?"

이어 이사는 또 다른 예로 현재 진이 사용하고 있는 귀중한 물자들 대부분이 다른 나라에서 건너온 것들인데, 이것들을 물리치지 않고 계속 받아들여 갈수록 많아진다면 더 좋지 않겠냐고 했다. 그런 다음 이사는 "이제 와서 사람을 기용함에 있어서 재능을 따지지 않고, 시비를 가리지 않고, 정의와 사악함을 분별하지 않은 채 그저 진 출신이냐 아니냐만 따져 타국에서 온 사람들을 모조리 쫓아낸다면, 진은 미녀와 귀한 물건들만 중시하고 사람은 무시하는 꼴이 됩니다. 이렇게 해서는 다른 제후국들을 이길 수 없습니다"라고 했다. 나아가 이사는 객경을 내치는 폐단을 다음과 같이 날카롭게 지적했다.

"백성들을 버리는 것은 적국을 돕는 것이요, 빈객들을 내치는 것은 다른 제후국들에게 공업(功業)을 세울 기회를 주는 것입니다. 이렇게 되면 천하의 유능한 인재들이 서쪽에 있는 우리 진으로 감히 들어오지 못하게 될 것이니, 이것이야말로 적들에게 무기와 양식을 제 손으로 갖다 바치는 꼴이 아니고 무엇이겠습니까?"

그는 마지막으로 이렇게 글을 맺었다.
"진에서 태어나지는 않았지만, 진에 한 몸 바치려는 인재는 많습니다. 지금 그 많은 객경을 내친다는 것은 우리의 힘을 감소시켜 남의 힘을 키우는 것이니, 내부적으로는 자신의 힘이 약화되고 외부적으로는 제후들과 원한을 맺게 되어 나라가 위기에 처할 것입니다."

〈간축객서〉의 의미

 이사의 〈간축객서〉는 먼저 진이 천하의 유능한 인재들을 초빙해 부국강병을 일군 지난 역사를 돌이켜보면서 외부의 인재들이 진에 와서 잘못보다는 공을 많이 세웠다는 점을 상기시키고 있다. 이를 강조하기 위해 이사는 귀한 물자와 미녀를 예로 들었다. 이런 것들이 진에서 나지는 않지만 잘 활용하는 것과 같은 이치로, 물자와 미녀는 거부하지 않으면서 유능한 외부 인재들은 내친다면 이는 미색은 중시하고 인재는 가볍게 여기는 것을 자인하는 게 아니고 무엇이냐며 반문한다.

 이사의 〈간축객서〉는 지난 역사의 총결이라 해도 과언이 아니다. 특히 상호대비의 수사법을 사용해 간절한 마음으로 인재기용의 깊은 이치를 설명하고 있다. 이사의 문장에 마음이 움직인 진왕은 마침내 '축객령'을 취소하고 이사의 직무를 회복시켰다. 또 억울하게 감옥에 갇힌 수리 전문가 정국을 석방해 계속 수리공사를 관리하게 했고, 정국은 끝내 이 공사를 완성시켜 진의 발전에 크게 이바지했다.

 이사는 초나라 상채(上蔡) 사람으로 순자에게서 제왕술을 배워 당초에는 초왕을 섬기려 했다. 그러나 초왕이 큰일을 해내지 못할 것으로 보았고, 나아가 6국의 왕 모두가 대업을 이룰 만한 그릇이 되지 않는다고 판단해 서방의 진에 들어와 객경으로 지냈다. 객경을 내친다는 '축객령'은 그에게도 해당되는 것이었지만, 그는 과거의 역사적 사실과 설득력 넘치는 웅변으로 진왕을 설득해 진이 자칫 큰 실수를 저지르는 것을 막았다. 그는 결국 진왕을 도와 6국을 통합하고 마침내 승상 자리에 올랐다. 그 뒤 간신 조고(趙高)의 모함을 받아 비참하게 죽긴 했지만, 그가 남긴 〈간축객서〉의 심오한 이치와 힘이 넘치는 웅변은 인재의 역사와 문화사에 길이 남을 유산이 되었다.

타국 출신의 인재가 많다는 것은 그 나라의 흥성을 나타내는 지표다. 들어오기 전에는 손님이지만, 들어온 다음에는 자기 나라의 자원이다. 주객은 언제든지 바뀔 수 있다. 유능하고 현명하면 기용하는 것이고 그렇지 못하면 내치는 것이니 주객을 가려서 무엇 하겠는가!

이사는 폭넓고 차별 없는 인재 기용과 관련해 다음과 같은 명언을 남겼다. "태산은 단 한 줌의 흙도 마다하지 않기에 그렇게 웅장한 것이며, 바다는 작은 시내를 가리지 않기에 그렇게 깊은 것이다." 그림은 〈간축객서〉를 올리는 이사의 모습을 그린 것이다.

오늘날 외부로부터 인적자원과 기술을 빌리거나 합작하는 일은 보편화되었다. 이것이 이른바 아웃소싱(outsourcing)이며, 아웃소싱을 못 하면 심지어 경쟁사회에서 살아남을 수 없을 정도다. **우리의 인재기용 상황을 보면 지독히 폐쇄적이며 각종 차별이 난무한다. 학연·지연·혈연·학벌·인종차별 등등…** 사회와 국가의 경쟁력을 떨어뜨리는 온갖 장애요인들이 앞을 가로막고 있다. 이 때문에 유능한 인재들이 여건이 나은 타국으로 발걸음을 옮긴다.

춘추시대 중국 서방의 야만국으로 무시당하던 진나라가 전국시대에 들어 7웅의 하나로 비약적 발전을 이루고, 끝내 나머지 6국을 통합해 중국사 최초의 통일 왕조를 이룬 데는 타국에서 건너온 유능한 인재들을 적극 활용한 것과 결코 무관하지 않다. **진의 부국강병과 통일제국 건설 과정에서 우리는 차별 없는 인재의 기용이 얼마나 중요한지 목격하게 된다.** 이사는 바로 이 점을 정확하게 간파하고, 진이 과거에 인재를 어떻게 기용해 부국강병을 이룩했는지 인재의 역사를 의미심장하게 회고한 것이다.

● **용인보감 47** ●

입사 훈련의 방식과 방법은 갈수록 다양하고 기발해지고 있다. 기존의 강의식을 비롯해 연구와 토론은 물론 외부에서 훈련하는 방식 등이 보편화되고 있다. 어떤 방식을 채택하든 직무의 필요성과 맞아야 구성원이 팀의 일원으로 융합될 수 있다.

― 제48계명 ―

좋은 재목과 그릇은 용도를 다하게 하라

인재의 능력차와 재능 발휘의 함수관계

"양재미기(良材美器), 의재진용(宜在盡用)."
"좋은 재목과 그릇은 그 용도를 다하게 해야 한다."

위 명구는 역사서 《남사(南史)》〈소사화전(蕭思話傳)〉에 나오는 말로 사람을 쓰는 용인의 요지를 잘 드러낸다. 즉, <u>인재의 활용은 기물을 사용하는 것과 같아 그 기물의 용도를 다하게 하듯이 인재도 그 능력을 한껏 발휘하게 해야 한다</u>는 뜻이다. 여기서 말하는 능력은 덕·재능·부지런함·실적 등을 포함하는 총칭이다. 보다 구체적으로 실력, 일에 대한 적극성, 창조성, 일의 성과를 포함하는 통일체를 가리킨다는 견해도 있다.

송나라 때의 문학가 구양수(歐陽脩, 1007~1072)는 "선비를 얻는 방법으로는 반드시 그 실력을 보아야 하고, 사람을 쓰는 기술로는 그 재능을 충분히 발휘하게 해야 한다"고 했다. 나폴레옹의 말을 빌리자면 "재능으로 길을 연다"는 것이다. 요컨대 능력은 사람을 쓰는 기술의 전제와 출발점을 장악하는 것이며 기업이 성공하는 길이기도 하다. 앞에서는 인재가 갖추어야 할 도덕성의 문제를 깊이 논의했고, 여기서는 재능에 초점을 맞추어 이론과 사례들을 살펴보고자 한다.

리더십과 조직 관리에 관한 나폴레옹의 논리와 실천은 오늘날 각 방면의 리더와 기업에 유익한 통찰력을 제공하고 있다. 그가 남긴 명언을 살펴보는 것만으로도 상당한 도움이 된다. 그림은 자크 루이 다비드가 그린 〈나폴레옹 1세의 대관식〉의 나폴레옹 모습이다.

능력의 활동범위를 돌파하라

◇◇◇◇◇

속담에 "부담을 많이 지면 더 많은 힘을 낸다"고 했다. 사람의 재능을 충분히 발휘하게 할 생각이라면 먼저 인재가 자신의 능력을 충분히 펼칠 수 있는 자리를 마련해 주어야 한다. 즉 '마땅한 자리'에 기용해야 한다는 것이다. 마땅한 자리란 인재의 능력과 자리가 요구하는 능력이 서로 맞는 자리를 말한다.

그런데 능력은 인재가 발휘하게 될 효능 면에서 질적인 차이를 보인다. 또 자리는 그 일과 관련해 인재에 대해 질적으로 다른 선택을 할 수 있다. 쉽게 말해 인재의 능력 자체와 자리가 요구하는 능력이 딱 일치할 수 없다는 것이다. 자리가 인재의 능력에 비해 낮다면 인재를 낭비하는 꼴이다. 이를 '대재소용(大材小用)'이라 한다. 큰 재목을 작은 데 사용한다는 뜻이다. 반대로 인재의 능력이 자리를 감당하지 못한다면 인재를 잘못 쓴 셈이 된다. 이는 '소재대용(小材大用)', 즉 작은 재목을 큰 데다 사용하는 것이다. 인재의 능력과 자리가 서로 맞지 않는 상황을 흔히들 '전공과 직업이 맞지 않다'고 한다. 이런 경우에는 인재가 능력을 발휘하기 아주 어렵다.

사실 그 자리, 즉 전공과 직업을 맞추기는 그리 어렵지 않다. 그러나 능력과 자리가 완전히 맞아떨어지기란 불가능하다. 실제로는 '대재소용'하거나 '소재대용'하는 두 가지 상황이 흔히 나타난다. 이는 고용자와 피고용자 사이의 모순과 충돌이 빚어내는 두 개의 심리상태이기도 하다. 고용자는 일반적으로 자신이 기용한 사람이 '대재소용'하길 바란다. 그래서 인재의 남는 힘이 자신을 위해 쓰여야 마음을 놓는다. 반면 피고용자는 대부분 '소재대용'하길 바란다. 이런 심리는 자연스러운 것으로 어느 쪽을 탓할 수는 없다.

그렇다고 우리가 그저 할 수 있다는 '능력의 활동범위'에 머물러서는 안 된다. 할 수 없다는 불능에서도 배워야 한다. 또 쉬운 일의 틀에서만 맴돌아서는 안 된다. 어려움 속에서도 노력할 줄 알아야 한다. 이렇게 보면 '대재소용'보다는 '소재대용'이 더 의미가 있다. 인재가 그 재능을 충분히 다 발휘하게 하면 된다. 일로 보자면 '대재소용'이 상대적으로 안전하다. 그러나 사람으로 보자면 '소재대용'이 스스로 분발하면서 앞으로 나아갈 수 있다.

기업 경영자는 인재를 지휘해 충분히 활용할 권리와 책임이 자신에게 있음을 잘 알고 있어야 한다. 동시에 인재를 길러내야 하는 의무도 있다. 그렇다면 어떻게 해야 인재를 길러내는 의무를 다할 수 있을까? 인재를 기용하는 과정에서 잠재적 재능을 가진 인재에 대해 손실과 실패의 위험을 무릅쓰고 '소재대용'하는 시도를 마다 하지 않아야 한다. 그렇게 해서 인재로 하여금 자신의 잠재된 남다른 능력을 발휘할 기회를 주어야 한다.

'소재대용'의 역사 사례와 현대 경영 사례

이와 관련해 '영작호조(寧爵好刁)'라는 고사를 소개한다. 춘추전국시대 지금의 산동반도 바닷가에 위치한 제나라의 습속은 노비를 천시했다. 생각하는 노비는 더욱 싫어했다. 그러나 조한(刁閑)이라는 상인은 달랐다. 그는 노비를 대량 기용했을 뿐만 아니라 생각하고 머리를 쓸 줄 아는 노비를 전문적으로 찾았다.

그렇게 해서 기용된 노비들은 먼 곳으로 나가 소금 매매업에 종사했다. 그들은 용기와 지혜로 자기 한 몸을 지켜내는 것은 물론 조한의 사업을 번창하게 만들었다. 조한은 그들을 믿었고, 또 그에 맞는 대우를 해주었다. 이 때문에 노비들은 조한을 위해서라면 기꺼이 목숨까지 바칠 각오로 일했다. 조한은 이렇게 해서 억만금을 버는 대부호가 되었다. 당시 제나라에는 '벼슬하기보다 조한의 노비가 되라'는 말이 유행할 정도였다. 여기서 '벼슬하기보다 조한을 좋아한다'는 '영작호조'라는 고사성어가 나왔다.

　일본 소니(SONY) 기업은 인재에게 기회가 얼마나 중요한지 잘 알고 있는 기업이었다. 인재를 선발할 때도 이 점을 충분히 고려했다. 소니는 직원의 기용방침을 정해놓고 주로 예상하고 기대하는 능력에 집중해, 즉 한 사람의 현재와 특히 미래의 능력을 함께 평가해 기용했다. 그런 다음 힘든 일을 주고 그를 격려함으로써 반드시 자신이 할 수 있는 최대한의 노력으로 일을 완수하게 했다. 이 과정을 거치면 인재는 빠르게 성장할 수 있다.

　다음으로 인재로 하여금 재능을 다할 수 있게 하려면 그 사람의 힘을 다하게 해야 할 뿐만 아니라 더 중요하게는 그 사람의 지혜도 다하게 해야 한다. <u>인간의 주관적 능동성은 주로 그 사상과 지혜에 집중되어 있다.</u> 과학적 분석에 근거하면 사람의 몸은 수십 개의 화학 원소로 구성되어 있다. 그 원소들을 적출해 일용품으로 만든다면 대체로 다음과 같은 일용품을 만들 수 있다고 한다. 지방은 일

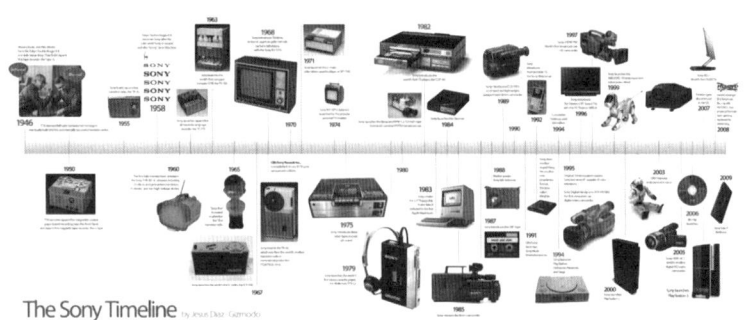

일본 굴지의 기업 소니는 인재와 인재에게 있어 기회의 중요성을 제대로 인식해 잘 활용했다. 사진은 소니 제품을 연대순으로 배열한 것이다.

곱 장의 비누를 만들 수 있고, 인으로는 성냥 2,200개비를 만들 수 있다. 철분은 쇠못 하나를 주조할 양밖에는 없다. 이밖에 약 9킬로그램의 초단, 소량의 유황, 석회 등을 만들 수 있다. 돈으로 따지면 정말이지 얼마 되지 않는다.

인재의 재능 발휘와 그 조건

인간의 몸과 체력은 다른 동물과 비교해 결코 우세하지 않다. 이는 인간의 가치가 몸뚱이나 체력에 있지 않고 지혜와 지식, 그리고 그것을 운용하는 창조적 노동에 있다는 것을 말한다. 전국시대 사상가 한비자(韓非子)는 이 점을 제대로 인식해 "3류 군주는 자신의 힘을 다 쓰고, 2류 군주는 타인의 힘을 다 쓰고, 1류 군주는 타인의 지혜를 다 쓴다"고 했던 것이다. 뛰어난 리더는 타인의 힘을 최대한 쓸 뿐만 아니라 타인의 지혜를 충분히 쓴다는 뜻이다.

누군가의 재능을 한껏 발휘하게 하려면 반드시 그 사람이 원하는 것을 다하게 해야 한다. 무수한 사람이 직업 선택을 통해 이 점을 적나라하게

한비자는 인재를 어떻게 활용하느냐를 두고 군주를 세 등급으로 나누었다. 기업을 경영하는 경영자에게 그대로 적용되는 탁월한 인식이다. 그림은 현대 중국 화가 판쩡(范曾)의 작품 〈한비자상〉이다.

경험했다. 누구든 자신이 흥미를 느끼고 좋아하는 일을 하고자 한다면 그 일은 시기의 차이는 있어도 언젠가는 하게 된다. 그러나 일의 필요성에만 굴복해 자신의 흥미와 호기심을 눌러버리면 이상적인 생활방식을 찾기 어렵다. 따라서 조건이 허락하는 상황에서 기용한 인재의 흥미와 애호, 개인의 뜻과 바람에 근거해 일을 안배해 주는 것이 훨씬 효율적이다. 인재의 뜻을 무시하고 그저 단순하게 행정수단으로 압박해 일을 맡기는 것보다 훨씬 큰 사회적 효과를 얻을 수 있기 때문이다.

이를 위해서는 다음 세 가지 조건을 잘 파악해야 한다. 첫째, 개인의 선택권을 충분히 존중해 가능한 한 그의 뜻에 맞추어야 한다. 둘째, 잠재적 인재를 열정적으로 격려하고 자신을 추천하게 해야 한다. 이는 인재를 발굴하는 좋은 방법이다. 셋째, 충분히 믿고 직권을 주어 제대로 활용해야 한다.

요컨대 인재의 뜻과 바람, 그리고 목표 선택에 있어서 정당한 요구를 가능한 한 만족시키고, 그들을 위해 물질적 심리적 조건을 포함한 모든 조건을 제공하도록 노력해야 한다. 이렇게 해서 인재가 가장 편한 심리상태에서 자신의 뛰어난 재능과 지혜를 충분히 발휘해 기업을 위해, 사회를 위해 최대한의 공헌을 할 수 있게 해야 한다.

나폴레옹은 "기회 없는 능력은 쓸모가 없다"고 했다. 인재의 능력을 제대로 충분히 발휘하게 하려면 무엇보다 우선 기회를 주어야 한다. 인재의 능력발휘에서 기회부여의 중요성을 결코 소홀히 해서는 안 된다.

● **용인보감 48** ●

낮은 단계의 직원 훈련은 주로 직능이나 기능 중심으로 이루어진다. 중간 단계의 훈련내용은 관리에 관한 훈련이다. 최고 단계의 훈련내용은 가치관과 정신상태의 훈련이다.

제49계명
논자배배(論資排輩)

자격을 따져 사람을 기용하는 폐단

사람을 쓰는 '용인'에서 자기 멋대로 사람을 기용하는 폐단으로, '자격과 나이를 따지는' '논자배배(論資排輩)'라는 것이 있다. 여기서 말하는 자격이란 주로 근무기간을 가리킨다. 이는 봉건사회가 남긴 해독으로 그 영향이 깊고 오래되었다. 지금도 우리 사회 곳곳에 이 해독이 스며들어 인재들을 질식시키고 있다. 과거제를 비롯한 동양의 인재선발 제도의 역사를 통해 이 폐단의 문제점을 살피고, 지금 이런 폐단은 없는지 되돌아보고자 한다.

전통적 인재 선발 제도의 문제

중국을 비롯한 동양 봉건사회에서는 관리를 선발하는 제도가 일찍부터 있었다. 수나라 때 처음 시행되고 당나라 때 정착한 '과거제'가 대표적인데, 이 제도는 실은 그 이전부터 몇 차례 중대한 개혁을 거쳤다. 진·한 시기에는 주로 '찰거징벽(察擧徵辟)'이라는 방식으로 인재를 추천했다. 주로 행실과 인품을 가지고 관에서 추천하는 방식이었는데 비과학적이고 주관적 판단이 개입될 여지가 다분했고, 실제로 얼마 가지 못해 각종 폐단을 낳았다. 위진남북조시대에는 '구품중정제(九品中正制)'를 제도화했다. 인재를 품평하는 관리를 두어 아홉 등급으로 인재를 나누어 중앙에 추천하면 이에 따라 관리로 등용하는 방식이었다. 이 역시 기득권 계급인 문벌세족이 농단을 부려 온갖 비리와 문제점을 낳았다.

위진남북조라는 300년이 넘는 분열기를 통일한 수나라는 구품중정제의 문제와 폐단을 시정하기 위해 589년 처음으로 '과거제'를 시행했다. 이는 당시로서는 획기적이고 진보적인 인재 기용책이었다. 이 과거제가 이후 당·송·원·명·청까지 장장 1,300년 넘게 유

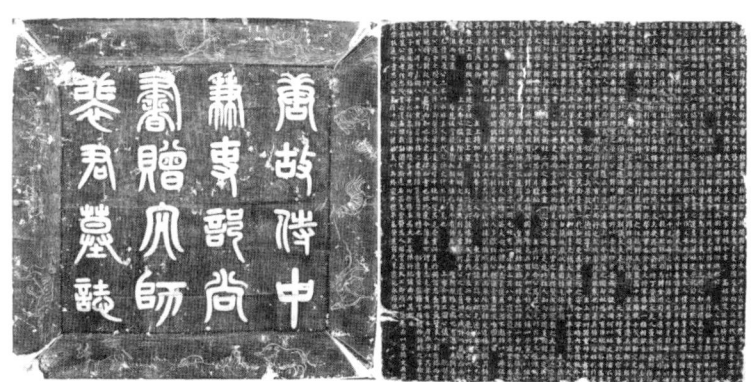

자격론을 제기해 인재 기용에 따른 폐단의 단초를 제공한 사람은 당나라 때 시중을 지낸 배광정이다. 사진은 그의 묘지명(墓誌銘)이다.

지되었다. 그러나 어떤 제도를 채택하든, 어떻게 개혁하던 왕조의 관료체제를 바탕으로 하는 봉건사회에서는 늘 자격과 이력이 압도적으로 중요한 위치를 차지할 수밖에 없었다. 자격이 없으면 봉건사회의 관료판에 진입하기란 거의 불가능했다.

북위 때 최량(崔亮, 460~521)이 '정년격(停年格)'이라는 관리선발 제도를 창안한 적이 있었다. 이 제도에 따르면 인재의 능력과는 상관없이 관직에 머문 기간에 따라 성적을 매기고 그 연한으로 승진을 확정하는 것이었다. 사실 이 방식은 지금도 여전히 우리 관료사회에 뿌리 깊게 박혀 있다. 속된 말로 '어영부영 시간만 때우면 승진한다'는 것이 바로 이 폐단을 적나라하게 드러내고 있다. '정년격'은 이런 점에서 자격과 나이를 따지는 원조라 할 수 있다.

그러나 '논자배배'라는 개념을 처음 정식으로 제기한 사람으로는 당나라 현종 개원 연간(713~741)에 시중 겸 이부상서, 오늘날로 말하자면 국무총리 겸 내무부장관을 지낸 배광정(裴光庭, 678~733)을 꼽아야 한다.

《신당서》 기록에 따르면 배광정은 이력이 오래되었는지를 기준으로 삼아 어떤 자리로 승진시킬 것인가를 결정하자고 했다. 이 기준을 '순자격(循資格)'이라 했는데 잘나고 못 나고는 상관없이 경력, 즉 근무 기간을 가장 중시해 거기에 맞으면 관리로 뽑는다는 것이었다. 자격의 유무가 관직의 크기와 정비례했다. 이렇게 보면 '순자격'이 진정한 '논자배배'의 유래라 할 수 있다.

'자격론'의 유래와 의미

인재기용에서 자격을 주로 따지는 것이야말로 가장 큰 폐단이 아닐 수 없다. 이 때문에 북송 때의 문학가 손수(孫洙, 1031~1079)는 〈논자격(論資格)〉이란 글을 써서 이 폐단들을 열거하고 있는데, 그 요지를 정리하면 이렇다.

'지금 유능한 인재가 자기만 못한 자 아래에 있는 것은 자격이 가로막고 있기 때문이다. 일은 형편없이 못하는 자가 높은 자리에 있는 것은 자격이 연루되어 있기 때문이다. 공부하는 자들이 부끄러움을 모르는 것은 있는 힘을 다해 자격을 얻으려 하기 때문이다. 각종 사업이 일그러지는 것은 관리들이 마땅히 해야 할 일을 하지 않기 때문이다. 이런 온갖 폐단이 나타나는 까닭은 자격만 따진 잘못된 관행 때문이다.'

'논자배배'는 보수적인 봉건주의의 진부한 관념이다. 인재를 썩혀 두고 일을 그르치게 하는 등 그로 인한 피해가 결코 만만치 않다. 동서고금의 역사는 실제 경험을 통해 인재기용에서 가장 큰 걸림돌과 최대의 낭비가 다름 아닌 '논자배배'라는 사실을 교훈적으로 아주 생생하게 보여준다. 그 때문에 진정한 능력과 실용적인 학문을 갖춘 인재가 억압받고 파묻혔다. 어쩌다 관료판에 진입해도 제때 승진하지 못하고 능력을 발휘할 기회조차 갖지 못한 채 사장되었다. 그야말로 사회발전에 정말 해로운 방법이 아닐 수 없다.

먼저 '논자배배'는 실질적인 인재발전과 인재활용에서 한참 벗어나 있다. 실체도 없고 근거도 없는 관념에 지나지 않는다. 자격은 실제 재능과 결코 정비례하지 않기 때문이다. 재능의 높낮이는 경력의 길고 짧음, 이력의 질량과 나름 관련이 있기는 하지만, 경력과 이력이 재능과 그대로 일치할 수는 없다. 이런 문제에 대해 송나라 때 사람인 이구(李覯, 1009~1059)는 "3년에 한 번 승진한다고 하는데, 그렇다면 3년에 인재의 재능이 한 번씩 변한단 말인가?"라고 반문하면서 "만약 그렇다면 소나 말을 키우는 사람도 시간만 지나면 기용할 수 있다는 말 아닌가?"라고 직격했다.

다음으로 '논자배배'는 인재활용의 원칙에 어긋난다. 옛사람들은 "사람을 기용하는 용인법은 심신의 정력이 한창 왕성할 때 기용하는 것이다"라든가 "꽃이 피면 꺾어야 할 때 꺾어야지 꽃도 없이 빈 가지만 남을 때까지 기다려서는 안 된다"라고 했다.

일본 도쿄대학교의 명예교수 와타나베 시게루(渡邊茂)는 '세 단계'로 인재의 재능이 포물선을 그리는 과정을 나타냈다. 1단계는 태어나서부터 27세까지, 2단계는 28세에서 54세까지, 3단계는 55세에서 81세까지다. 각 단계는 공교롭게 날수로 1만 일, 모두 3만 일이다. 그리고 이 세 단계를 각각 커 나가는 성장단계, 재능을 한껏 발휘하는 활약단계, 마무리하는 총결단계라 불렀다. 물론 지금은 평균수명이 늘어나 단계의 길이가 조정될 필요가 있긴 하지만 여전히 적용 가능한 이론이다.

어떤 통계에 따르면 1500년부터 1960년까지 세계적으로 걸출한 과학자를 1,249명 배출했고, 과학기술에서 1,228항목의 중대한 발명이 있었다고 한다. 그러면서 과학 창조의 가장 적합한 연령이 25세에서 45세 사이, 특히 37세가 가장 이상적인 연령이라는 통계도 덧붙였다.

또 다른 통계에 따르면 300여 명의 노벨상 수상자 중 대략 40퍼센트가 35세에서 45세 사이였다. 이런 통계에 따르면 뛰어난 과학자들로 팀을 꾸릴 경우 평균 나이가 50을 넘으면 과학적으로 질병을 얻을 가능성이 크다.

끝으로 '논자배배'는 옳고 그른 것을 뒤바꾸고 우열을 마구 섞어 인재의 환경을 심각하게 오염시킨다. 순자는 "덕과 재능을 겸비한 유능한 인재는 통상적인 순서에 따라 발탁해서는 안 되고 파격적으로 기용해야 한다. 못나고 무능한 자는 즉각 파면해야 한다"고 했다. 그래야만 "유능한 인재와 못난 자가 섞이지 않고 옳고 그름이 어지러워지지 않는다. 유능한 인재와 못난 자가 섞이지 않으면 영명한 인걸이 나타나고, 옳고 그름이 어지러워지지 않으면 나라가 다스려진다"(《순자》〈왕제王制〉편)라고 했다.

순자의 이 말은 '논자배배'가 아니라 덕과 재능을 유일한 기준으로 삼아 재능의 우열이 뒤섞이지

송나라 때 문인 이구는 나이와 근무 연수만 따져 인재를 평가하고 승진시키는 폐단에 대해 가장 강력한 비판을 남겼다.

않고 옳고 그름이 뒤바뀌지 않아야만 뛰어난 인재가 나오고 나라를 다스리는 좋은 환경이 조성된다는 뜻이다.

반대로 '논자배배'로 자격과 경력만 주로 따지면 덕도 재능도 없는 자들이 중용될 가능성이 커지는 반면, 덕과 재능을 갖춘 인재는 배척당한다. 이것이 이른바 재능과 덕을 구분하지 않고, 옳고 그름이 뒤섞이는 추악한 현상이다. 아직도 나이와 근무 연수 그리고 빈 껍데기나 마찬가지인 자격증만 따지는 우리 사회의 적폐 현상이 이와 다르지 않다.

● 용인보감 49 ●

날마다 사회가 변화하는 가운데 경제와 과학기술의 발전 속도를 우리가 따라잡기는 어렵다. 이때 기업이 직원을 훈련시키지 않는 것은 자멸이다. 직원들이 그저 단순하게 수동적으로 기업의 조직 훈련에 임한다면 효과는 어디에서도 찾기 어렵다.

직원이 스스로 진지하게 학습의 중요성을 인식한다면 어떤 형식으로 훈련을 진행한다 해도 힘들이지 않고 몇 배의 효과를 거둘 수 있다.

―――― 제50계명 ――――

상대를 키워야 내가 큰다

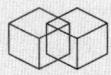

'윈-윈(win-win)'에서 '프레너미(frenemy)'까지

현대경영에서 경쟁하는 모두가 승리한다는 윈-윈(win-win)은 이제 보편적인 인식이 되었다. 상대를 무조건 꺾으려는 단순하고 무지막지한 경쟁으로는 살아남을 수 없는 풍토가 조성되고 있기 때문이다. 윈-윈과 그 뜻이 정확하게 일치하지는 않지만 비슷한 개념의 단어로 '프레너미(frenemy)'란 것이 있다.

'프레너미'란 'friend(친구)'와 'enemy(적)'의 합성어로 당초 여성들의 친구 관계를 나타내는 용어였지만 지금은 기업을 비롯해 사회 각 방면에 두루 통용되고 있다. 무한경쟁에만 몰두하던 기업들 사이의 관계가 점점 '프레너미'의 관계로 바뀌는 현상이 두드러져 보인다. 따라서 이런 현상에 대한 다양한 접근과 관계 설정이 요구된다고 하겠다.

역사에서도 이런 관계는 어렵지 않게 발견할 수 있다. 특히 중국의 춘추전국이라는 활기찬 경쟁시대에서 프레너미 관계는 다반사였다. 어제의 적이 오늘 동지가 되고, 오늘의 동지가 내일 적이 되는 일은 각국의 이해관계와 국제사회의 역학구도에 따라 수시로 발생했고, 개인 사이에서도 이런 현상은 적지 않았다.

이제 전국시대 말기 천하를 종횡으로 누비며 때로는 경쟁하고 때로는 도우며 천하 정세를 좌우했던 소진(蘇秦)과 장의(張儀) 두 사람의 행적을 통해 바람직한 프레너미 관계에 대해 생각해 보기로 하자.

혼란스러운 전국시대, 유세가들의 출현

기원전 4세기에서 기원전 3세기 초에 걸친 전국시대 말기는 초강대국 진(秦)과 그에 맞섰던 나머지 6국의 극한경쟁의 시대였다. 생존을 건 사생결단에 국가의 모든 정책이 집중되었다. 이에 따라 진과 6국의 대외정책이 각각 어떤 방향으로 설정되느냐가 관건이었다. 이런 상황에서 각국을 돌며 자신의 주장과 능력을 설파하는 소위 '유세가(遊說家)'들이 우후죽순처럼 등장하는데, 사마천은《사기》에 소진과 장의라는 대표적인 두 유세가를 비롯한 여러 유세가의 전기를 마련했다.

유세가에게는 무엇보다 천하정세를 정확하게 파악하는 능력이 중요했다. 즉 대세를 파악하고 그에 맞는 대응책을 마련하는 능력에 따라 우열이 갈렸다. 이 과정에서 유세가들은 각국의 지도자들을 대상으로 자신의 식견과 주장을 말로 설득해야만 했기 때문에 언변술(言辯術)이 거의 절대적으로 작용했다.

유세가들의 언변술 공부에는 상대의 심리를 꿰뚫는 오늘날 심리학과 유사한 '췌마술(揣摩術)'이란 과목도 포함되어 있었다. 언변이 위력을 발휘하려면 상대의 속마음을 헤아리는 능력이 필수적이기 때문이다. 기록에 따르면 소진과 장의 두 사람은 젊어서 제나라로 유학을 가서 당시 이름을 떨치고 있던 귀곡자(鬼谷子)에게 함께 유세술을 배웠다.

귀곡자는 귀곡이란 골짜기에 은거하며 후진을 양성했기 때문에 귀곡자라 불렸고, 중국 사상사에서는 유세가를 가리키는 또 다른 단어인 종횡가(縱橫家)의 시조로 알려져 있다. 그는 소진과 장의를 비롯해 손빈(孫臏)·방연(龐涓) 등 당대 최고의 인재들을 길러냈다고 한다. 주로 교육시킨 과목은 유세·병법·음양·술법 등이었고, 그 자신의 이름과 같은 《귀곡자》라는 책략서를 저술해 남겼다고 전한다.

소진, 자신만의 공부법으로 최고 유세가로 등극하다

귀곡자 밑에서 공부를 마친 소진은 자신이 배운 바를 현실에 적용하기 위해 여러 나라를 돌아다니며 유세했지만 아무것도 얻지 못한 채 고향 낙양(洛陽)으로 돌아왔다. 하지만 소진은 포기하지 않았다. 천자의 나라인 주나라의 수도 낙양에서 태어난 그는 조국이 주위 열강에 둘러싸여 껍데기만 남은 채 몰락해 가는 모습을 지켜

보면서 천하 정세를 자신의 힘으로 바꾸어 천자국의 체면을 회복하려 했다. 훗날 그가 당시 초강국 진나라에 맞서 나머지 6국이 동맹해 대항하자는 '합종책(合縱策)'을 제안한 것도 이런 배경에서 나왔다.

고향으로 돌아온 소진은 다음 단계 공부로 《음부(陰符)》라는 책을 택했다. 소진은 이 《음부》를 1년 정도 공부했는데, 완전히 책에 머리를 파묻고 집중 연구했다. 《전국책(戰國策)》에 따르면 공부하는 중에 졸음이 오면 송곳으로 허벅지를 찔러가며 잠을 쫓았는데, 피가 발꿈치까지 흘러내릴 정도였다고 한다. '송곳으로 허벅지를 찌른다'는 뜻의 '추자고(錐刺股)'라는 유명한 고사가 여기서 나왔고, 소진 공부법의 트레이드마크가 되었다. 소진은 이 밖에 '두현량(頭懸樑)'이란 공부법도 남겼다. 역시 졸음을 쫓기 위한 방법으로, 졸리면 '머리카락을 대들보에 매달았다'는 것이다. 소진은 이런 자기만의 독특하고 독한 공부를 거쳐 당대 최고의 유세가로 거듭날 수 있었다.

그렇다고 소진이 단번에 성공한 것은 아니었다. 췌마술을 터득하고도 몇 차례 유세에서 실패했다. 자신의 조국에서조차 환영받지 못했다. 소진의 공부에 문제가 있었던 것이 아니라 당시 정세의 변화 때문이었다. 몇 차례 유세에 실패한 끝에 소진은 마침내 천하정세에 대한 보다 정확한 인식과 판단을 내릴 수 있었고, 이어 자신의 유세 상대를 정확하게 선택해 '합종책'을 전파하기 시작했다. 그 결과 그는 마침내 6국의 공동 재상이 되어 천하를 누비는 당대 최고의 유세가로 올라섰다.

장의, 일인자 소진을 벤치마킹해 연횡책을 수립하다

소진과 동문수학한 장의는 소진에 이어 천하를 주름잡았던 유세가였다. 소진처럼 그가 어떻게 공부했는지 기록은 없지만 유세가로서 철두철미한 프로 정신을 잘 보여주는 일화가 전한다.

여러 나라를 떠돌며 유세하던 장의는 초나라 재상의 식객으로 있다가 도둑으로 몰려 흠씬 두들겨 맞았다. 만신창이가 되어 집으로 돌아온 장의를 본 아내는 "아이고! 당신이 쓸데없이 책만 읽고 유세만 일삼지 않았더라면 이런 치욕은 당하지 않았을 것 아니오!"라며 끌을 찼다. 장의는 뭐라 대꾸하는 대신 입을 크게 벌리며 혀를 쑥 내밀더니 "내 혀가 아직 그대로 붙어 있소?" 하고 물었다. 아내가 "혀는 아직 그대로 있네"라고 하자 장의는 싱긋 웃으며, "그럼 됐소"라고 했다.

유세가는 다른 것은 몰라도 혀만 살아 있으면 된다는 사실을 이 일화는 아주 생생하게 잘 전해준다. 여기서 저 유명한 '혀는 아직 있다'는 '설상재(舌尚在)'의 고사가 탄생했다. 유세가들이 오늘날에 살았다면 아마 혀에다 거액의 보험을 들었을 것이다.

장의의 일생을 차분히 추적하다 보면 그의 출세와 관련해 흥미로운 점을 발견할 수 있다. 유세가로서의 출세는 소진이 빨랐다. 조금 늦게 시작한 장의는 처음에 소진이 그랬던 것처럼 가는 곳마다 문전박대를 받았다. 동문수학한 친구 소진에게조차 인격적으로 수치심을 느낄 정도로 심하게 홀대를 당했다(당시 조나라에서 크게 위세를 떨치고 있던 소진은 자신을 찾아온 장의를 며칠 동안 허름한 객사에 처박아 놓고 만나주지 않았을 뿐만 아니라 음식도 형편없는 수준으로 대접했다). 장의는 설움을 삼키며 당시 최강국 진나라로 발걸음을 옮기면서 복수를 다짐했다.

장의는 천만다행 주막에서 만난 귀인 덕분에 편하게 진나라로 갈 수 있었다. 게다가 그 사람의 주선으로 진나라 왕을 만나 유세하기에 이르렀다. 그런데 놀랍게도 이 모든 것이 친구 소진의 안배였다. 이 사실을 안 장의는 자신은 소진에게 한참 못 미친다며 소진이 죽기 전에는 그의 합종책을 건드리지 않겠노라 선언했다(소진이 장의에 앞서 세상을 떠났다는 기록에 대해 의문이 적지 않다. 몇 가지 설로 논쟁을 벌이고 있지만, 이 글의 요지와는 관련이 없어 기록에 따라 이야기를 전개했다).

소진이 죽자 장의는 소진이 공들여 구축한 6국 합종책을 차례차례 무너뜨리기 시작하는데, 장의가 진나라를 위해 수립한 대외 책략은 '연횡책(連橫策)'이었다. 남북 6국이 종(남북)으로 연합해 강국 진나라에 대항하는 합종에 맞서 진나라는 횡(동서)으로 6국과 각각 외교관계를 수립하고, 여기에 각국의 내분을 조장하는 첩보술을 가미해 각개 격파한다는 책략이었다.

장의의 연횡책은 소진의 합종책이 있기에 가능한 전략이었다. 장의는 소진이 수립한 전략을 반대로 적용해 연횡책을 구상해 낼 수 있었다. 말하자면 장의는 소진으로부터 벤치마킹 내지 아웃소싱을 한 셈이다.

상대가 커야 내가 큰다

◇◇◇◇◇

장의는 자신의 능력이 소진에 못 미친다는 것을 잘 알았다. 그래서 소진의 뒤를 따르되 그가 고안해 낸 전략이나 책략과는 정반대되는 책략을 구사하기로 했다. 소진의 식견과 능력을 잘 알고 있었던 장의로서는 어찌 보면 이것이 최선은 아니더라도 차선책이었는지 모른다. 탁월한 1인자에 정면으로 맞서거나 1인자가 내세운 논리나 상품과 똑같은 것을 들고 나와서는 경쟁력이 없다고 장의는 판단했던 것이다.

소진은 소진 나름대로 계산이 있었던 것으로 보인다. 그는 자신이 내세운 합종책의 치명적인 약점을 잘 알고 있었다. 언젠가는 연횡책에 의해 무너지리라는 것도 예상했다. 그래서 동문 장의를 몰래 보살피며 그가 진나라에서 능력을 인정받을 수 있게 배려했다. 당시 천하 정세를 놓고 볼 때 진나라를 제외한 나머지 6국은 합종이 거의 유일한 외교정책이었고, 진나라는 합종을 각개 격파할 수 있는 연횡책이 필요했다. 소진과 장의는 자신들의 능력과 공부에 따라 각각 합종과 연횡을 선택해 서로 도우면서 경쟁했다. 이것이 바로 '프레너미'의 관계다.

소진과 장의는 단순히 세 치 혀에만 의존해 출세한 것이 아니었다. 젊어서부터 단계적으로 철저한 교육을 받은 데다 그것에 만족하지 않고 자기만의 브랜드를 창출하기 위해 더욱 공부에 매달렸다. 특히 중요한 것은 이들이 하루가 다르게 쉴 새 없이 변화하는

동문수학한 소진과 장의는 서로의 장점을 살리는 특별한 관계를 유지하며 한 시대를 이끌었다. 그림은 《동주열국지》 삽화의 방연·손빈·장의·소진(왼쪽부터)으로, 이들은 귀곡자가 배출한 당대 최고의 인재들이었다.

천하 정세에 대한 정보 분석을 한시도 게을리 하지 않았다는 사실이다. 두 사람은 오늘날로 말하자면 국제 정세를 전문적으로 분석하는 최고 전문가들이었다. 그리고 그 과정에서 두 사람은 상대가 있어야 내가 있고, 상대가 커야 내가 클 수 있다는 '프레너미'의 의미가 어떤 것인지 잘 보여준다.

오늘날 경쟁은 기업이 되었건 국가가 되었건 결코 단순하게 전개되지 않는다. 고려해야 할 부분이 너무 많다. 무조건 공격이나 무작정 수비는 전혀 통하지 않는다. 공수의 전환이 수시로 이루어져야 하고, 상대와 언제든 협력할 준비가 되어 있어야 한다. 필요하면 상대의 도움도 받아야 한다. 이런 상황에서 프레너미는 윈-윈의 좋은 토대가 될 수 있을 것이다. 2,300년 전 소진과 장의가 이 점을 흥미롭게 살펴보게 해준다.

● 용인보감 50 ●

아무리 좋은 기업이라도 완벽할 수는 없다. 나름의 단점이 있기 마련이다. 직원들도 모두 자기만의 단점이 있다.

직원 훈련은 무조건 유행이나 조류를 따를 필요가 없다. 관건은 맞추는 데 있다. 즉, 자신의 가장 약한 곳에 맞추어 실시하면 된다.

──── 제51계명 ────
숨겨진 곳에서 숨은 곳으로

인재는 곳곳에 있다, 방법이 문제일 뿐

사람들이 너도나도 〈삼도부(三都賦)〉를 베껴 읽는 바람에 '낙양의 종이값'을 올렸다는 좌사는 인재가 함부로 버려지는 현실을 안타까워했다. 그림은 현대 중국 화가 시다웨이(施大畏)의 작품 〈좌사조상(左思造像)〉이다.

동한 말 당대 최고의 인재로 정평이 나 있었던 제갈량은 인재 문제에 많은 관심을 기울였고, 또 인재를 직접 발굴하기도 했다. 그는 〈편의십육책(便宜十六策)〉이란 글에서 다음과 같은 내용을 남겼다.

"인군선거(人君選擧), 필구은처(必求隱處)."

"임금의 인재선발은 반드시 숨겨진 곳에서 구해야 한다."

현대 경영학의 아버지로 불리

는 피터 드러커(Peter Ferdinand Drucker, 1909~2005)는 "뛰어난 인재라면 세상 사람들 중에서 쓰고, 평범한 인재라면 가까이 있는 사람을 쓰는 것"이라고 했다. 모두 천하의 인재를 어떻게 구하고 취할까? 이번 글은 이런 문제에 대한 생각들이다. 앞서 소개한 전국시대 연나라 소왕(昭王)처럼 '황금대를 지어' 모두가 보는 앞에서 인재를 구하는 방식도 좋고, 리더가 직접 나서 '숨겨진 곳'을 찾아 인재를 구하는 길도 있다.

서진(西晉) 시기(265~316) 〈삼도부(三都賦)〉라는 걸출한 문장을 남긴 문학가 좌사(左思, 생몰 미상)는 역사를 노래한 〈영사팔수(詠史八首)〉라는 시에서 이렇게 읊었다.

영웅의 어렵고 고달픈 처지,
영웅유둔전(英雄有迍邅),

예로부터 다 그랬다.
유래자고석(由來自古昔).

어느 시대인들 인재가 없었던가,
하세무기재(何世無奇才),

그저 야산에 버려졌을 뿐이지.
유지재초택(遺之在草澤).

이 시는 공교롭게 중국 고대에 보편적으로 존재했던 '은사(隱士)', 즉 숨은 인재의 문제를 건드리고 있다. 이와 관련해 제갈량은 '임금의 인재선발은 반드시 숨겨진 곳에서 구해야 한다'며 인재를 구하는 대책과 방법을 제기했다. 중국 역사상 이런 방식으로 인재를 구한 명군들의 아름다운 미담이 적지 않게 전해온다. 숨은 인재들을 찾았던 역사상 리더들의 사례와 현대의 사례들을 함께 소개한다. 이를 통해 세상 곳곳에 숨어(?) 있는 인재들을 찾고 구하는 일이 얼마나 중요한지 일깨우고자 한다.

인재를 직접 찾아 나선 역사상의 리더들

기원전 1600년 무렵 상(商) 왕조를 연 개국군주 성탕(成湯)은 창업 초기에 천하의 인재를 거두기 위해 마음을 다했다. 한번은 유신씨(有莘氏) 지역에 이윤(伊尹)이라는 뛰어난 인재가 있다는 말을 들었다. 이윤은 그냥 평범한 신분이었다(일설에는 요리사 또는 노예라고도 한다). 천하가 태평했던 요·순시대라면 세상에 나와 벼슬할 사람이 아니었고, 또 벼슬할 수도 없었을 것이다. 성탕은 후한 예물과 함께 사람을 보내 그를 초빙했다. 이윤은 딱 잘라 사양했다. 그렇게 하길 서너 차례, 마침내 성탕은 이윤을 직접 찾아갔다. 성탕의 간절하고 애틋한 요청은 이윤의 마음을 움직였고, 이윤은 성탕을 돕기로 결정했다. 이 고사가 바로 '오청이윤(五請伊尹)'이다. '이윤을 다섯 번 초청했다'는 뜻이다.

이윤은 하(夏)나라의 폭군 걸(桀)임금을 내치는 큰 계획을 성탕에게 올렸고, 역사에서는 이를 '성탕혁명'으로 기록하고 있다. 성탕은 이 계획에 따라 걸을 죽이고 상 왕조를 세웠다. 성탕은 계급관념이 엄격했던 노예제 사회에서 군주가 신분과 지위가 비천한 은자를 직접 초빙해 중용하는 아주 귀중한 선례를 남겼다.

상나라 말기 주(周) 부락의 서백(西伯) 희창(姬昌, 훗날의 문왕文王)이 강자아(姜子牙, 강태공)를 찾은 일은 3천 년 전부터 지금까지 아름다운 고사로 전한다. 서백이 한 번은 외출했다가 위수(渭水) 언저리에서 낚시하고 있는 백발의 노인을 만났다. 노인은 상 왕조가 곧 망하고 새로운 왕조가 일어날 것이라는 노래를 흥얼거리고 있었는

주 문왕은 은자 강태공을 직접 찾아가 그를 정중히 모셨고, 강태공은 그에 대한 보답으로 아들 무왕까지 2대에 걸쳐 혼신의 힘을 다해 주나라를 세웠다. 그림은 강태공을 찾은 문왕의 모습을 그린 것인데, 평민 복장의 문왕이 눈길을 끈다. 강태공이 낚시를 했다는 조어대(釣魚臺) 유적에 있는 전시관 내의 그림이다.

데, 낚싯줄에는 낚싯바늘이 없었다. 서백은 이 노인이 보통 사람이 아님을 직감하고 노인에게 정중하게 인사를 드린 다음 산에서 나가자고 청했다.

노인은 이름이 강자아라 했고, 오랫동안 숨어 살며 공명 따위에는 관심이 없다면서 서백의 청을 거절한 채 낚시에 몰두했다. 자신의 정성이 부족하다고 판단한 서백은 돌아가 목욕재계한 다음 다시 강자아를 찾아 더욱 정중하게 청했다. 강자아는 자신은 이미 80이 넘은 늙은이라 쓸모가 없다며 다시 사양했다(당시 강자아 강태공의 나이는 60부터 80까지 여러 설이 있다). 서백은 이에 아랑곳하지 않고 지극한 말로 강자아를 요청했고, 강자아는 마침내 서백의 요청을 받아들여 산을 나왔다.

강자아는 서백을 보좌했고, 서백이 세상을 떠난 뒤에는 그 아들 무왕(武王) 희발(姬發)을 보좌해 상의 폭군 주(紂)임금을 쳐서 멸망시키고 주 왕조를 세웠다. 무왕은 아버지 서백을 문왕으로 추존했다. 문왕이 지극한 예로 몸을 낮추어 인재를 갈망하고, 80이 넘은 노인을 찾아 중용함으로써 대업을 이룩한 이 사례는 인재와 관련해 수천 년 동안 수많은 사람의 칭송을 받고 있다.

청 왕조의 명장 호림익(胡林翼, 1812~1861)은 "인재가 천하에 쓰이기를 찾아다닐 것이 아니라 천하가 당연히 알아서 인재를 구해야 한다"고 했다. 대범한 인재는 대부분 자존심이 강해 인연이나 요행 따위에 기대어 세상에 나서려 하지 않는다. 그래서 인재는 구하기도 얻기도 힘들다고 하는 것이다. 돌을 깨어 옥을 찾아내고, 조개껍질을 열어 진주를 구하듯 해야 한다. 마음을 열어 정성을 다하고, 필요하면 직접 찾아가야 인재를 얻을 수 있다. 성탕이 이윤을, 문왕이 강태공 강자아를 찾았듯이 말이다. 만약 그들에게 시험 합격에 따라 기용하겠다고 했다면 그들은 평생 낚싯대를 드리울지언정 결코 세상에 나오지 않았을 것이다. 오늘날에도 마음을 열고 인재를 찾는 이런 정신은 여전히 필요하고 또 충분히 효과를 낼 것이다.

인재의 마음을 얻는 최고의 자산은?

보이지 않는 곳에 인재가 숨어(?) 있는 것은 정도의 차이만 있을 뿐 예나 지금이나 마찬가지이다. 인재가 세상에 모습을 드러낼 기회와 통로가 많아지고 다양해졌지만 여전히 신분·민족·출신·학력·자격·기득권 따위의 장애물이 곳곳에서 인재의 앞길을 막고 있다. 이와 관련한 서양의 사례를 참고로 소개한다.

미국 보스턴의 건축설계 회사인 샬레그룹의 회장인 블레어 브라운은 '우연히 좋은 인재를 만난' 경험을 했다고 한다. 어느 해 겨울 늦은 밤에 폭설이 내렸다. 이 때문에 브라운의 자동차가 길에 서버렸다. 하는 수 없이 걸어가다가 택시 한 대를 발견했다. 택시 기사는 퇴근 시간이 지났지만 동정심이 발동해 손에 들고 있던 커피 잔을 내려놓고 브라운을 태워 집으로 데려다주었다.

가는 도중에 기사와 이야기를 나누던 브라운은 뜻밖에 이 택시

기사가 매사추세츠의 명문 사립대학인 애머스트를 졸업한 인재임을 알게 되었다. 그러나 지금은 어떤 사업 계획도 갖고 있지 않았다. 호기심이었는지, 아니면 기사의 인품으로 보아 얻기 어려운 인재라고 생각했는지, 아니면 둘 다였는지 브라운은 그를 자신의 회사로 정중하게 모셔 왔다. 그 뒤 이 택시 기사는 시장을 분석하고 연구하는 전문가가 되어 회사에 적지 않은 공헌을 해냈다.

우연한 기회에 브라운은 숨어 있는 인재를 얻는 행운을 잡았다. 이 경험 때문에 브라운은 외부에서 사람을 만나면 회사 일을 맡길 수 있는 가능성이 있는지 꼼꼼하게 살폈고, 한 걸음 더 나아가 회사 인사부에 이런 '게릴라 전술'로 인재를 기용하는 방법을 연구하라고 지시했다. 이후 브라운과 회사는 이 '게릴라 전술'로 많은 직원을 고용할 수 있었다.

미국에서 자동차 타이어 회사를 경영하는 켄트가 숨어 있는 인재를 구한 이야기는 더 극적이다. 한번은 켄트가 술집에서 술을 마시다가 술에 취한 청년과 부딪쳤다. 청년은 크게 성을 내며 켄트에게 주먹을 휘둘렀다. 술집 주인이 달려와 뜯어말리고 나서야 청년은 주먹을 거두었다. 켄트는 술집 주인으로부터 이 청년이 근처 공장에서 일하고 있으며, 또 타이어의 강도를 높이는 방법을 발명해 특허를 신청했다는 사실을 알게 되었다.

이 청년은 자동차 타이어를 생산하는 몇몇 기업을 찾아다니며 자신의 특허권을 사라고 제안했으나 번번이 거절당했을 뿐만 아니라 황당무계한 발상이라는 비아냥까지 들었다. 이 때문에 낙담해 술로 마음을 달래고 있던 차에 켄트와 시비가 붙었던 것이다.

이런 상황을 알게 된 켄트는 이 청년을 자기 회사에 스카우트하기로 마음먹었다. 어느 날 이른 아침, 켄트는 이 청년이 일하는 공장을 직접 찾아 입구에서 청년을 기다렸다. 켄트를 알아본 청년의 반응은 차가움 그 자체였다. 발명과 특허 이야기는 더 이상 하고 싶지 않다며 딱 잘라 말하며 켄트를 놔둔 채 공장 안으로 들어가 버렸다.

켄트는 화를 내기는커녕 공장 문 앞에서 청년이 퇴근할 때까지 기다렸다. 점심시간이 되자 오전 근무를 끝내고 퇴근하는 사람들이 공장 문을 나왔다. 청년은 보이지 않았다. 켄트는 지나가는 직원들에게 청년에 대해 물었고, 그 청년이 계량과 관련한 일을 하고 있고, 출퇴근 시간이 일정치 않다는 사실을 알게 되었다. 그날 날씨가 유난히 추웠고 바람도 많이 불었다. 그렇다고 켄트는 그 자리를 떠나 쉴 수 없었다. 청년이 언제 퇴근할지 몰랐기 때문이다. 아침 8시부터 저녁 6시까지 켄트는 10시간을 기다렸고, 마침내 청년이 나오는 모습을 보게 되었다.

그런데 청년의 표정과 태도는 아침과 완전히 달랐다. 아주 흔쾌히 켄트의 요청을 받아들였다. 알고 보았더니 점심 식사 시간에 청년은 여전히 문 앞에서 자신을 기다리고 있는 켄트의 모습을 본 것이었다. 그때까지만 해도 마음이 안 풀려 그냥 몸을 돌렸는데 저녁 시간까지 자신을 기다리고 있는 켄트의 모습을 보고는 마음이 완전히 바뀌었다. 하루 종일 먹지도 못한 채 추운 날씨에 바람을 맞으며 자신을 기다린 켄트의 정성에 감동한 것이었다.

켄트는 정성과 진심으로 이 젊은 인재를 찾았고, 그로부터 얼마 뒤 켄트의 회사는 새로운 자동차 타이어를 시장에 내놓아 큰 호평을 받았다. 술집에서의 사소한 시비 끝에 술집 주인으로부터 듣게 된 청년에 대한 정보를 놓치지 않았던 켄트의 촉각도 칭찬할 만하지만, 그보다는 그 청년을 찾은 정성과 진심이야말로 칭찬해야 할 대목이 아닐 수 없다. <u>리더의 진심은 조직원의 마음을 얻는 최고의 자산이다.</u>

● 용인보감 51 ●

나무는 10년, 사람은 100년이라는 말이 있다. 소나무나 잣나무 같은 좋은 나무의 목재를 얻으려면 수십 년이 걸린다. 하물며 인재야?

인재를 대담하게 활용하려면 큰 힘을 들여 길러야 한다. 급하게 공을 세우고 바로 이익을 얻으려는 방법은 아주 잘못된 것이다. 쓰기만 하고 기르지 않으면 자원은 고갈될 수밖에 없다.

―― 제52계명 ――

쓸모없는 사람은 없다

인간과 사물에 내재되어 있는 이중성

　전통적인 용인의 방법이자 원칙 가운데 하나로 '용인묘법(用人妙法), 선용기단(善用其短)'이란 말이 있다. '사람을 쓰는 용인의 묘법은 그 단점을 잘 활용하는 데 있다'는 뜻이다.
　사람을 쓰고 인재를 구하는 동서고금의 여러 사례를 분석해 보면 사람마다 장점과 단점이 다 다르기 때문에 그 장단점을 구별해 활용해야 한다는 사실을 알게 된다. 장점을 활용해야 한다는 것은 두말이 필요 없다. 문제는 단점을 활용할 수 있느냐 여부이며, 활용할 수 있다면 어떻게 활용할 수 있느냐이다.
　사물이든 사람이든 좋고 나쁜 점이 공존하는 이중성을 갖고 있다. 장점을 살리는 일은 어렵지 않지만 단점을 장점으로 바꾸는 일은 매우 어렵다. 그래서 이에 대해서는 역대로 많은 주장과 설이 있었다. 여기서는 인재의 단점이란 부분에 초점을 맞추어 그에 관한 관점과 단점을 버리거나 살리는 방법 등에 대해 살펴본다.

단점을 가진 인재에 대한 인식

단점을 가진 인재를 대하는 전통적인 시각과 방법에는 대체로 세 가지가 있다. 첫째, 장점을 살리고 단점을 피하는 '양장피단(揚長避短)'이다. 둘째, 장점을 활용하고 단점을 포용하는 '용장용단(用長容短)'이다. 셋째는 장점에 맡기고 단점을 보호하는 '임장호단(任長護短)'이다. 이 세 가지 방법을 중심으로 그 의미와 사례를 소개하기로 한다.

여기서 먼저 지적해 둘 점은 이 세 가지 전통적인 방법이 '피하든' '포용하든' '보호하든' 그 실질은 모두 소극적이라는 것이다. 사실 단점을 가진 인재가 객관적으로 대량 존재하는 현실은 불가피하다. 장점과 단점을 함께 지녀 이중적이고, 장점과 단점은 상호 의존적인 측면이 있고 서로 통하기도 한다. 또 일정한 조건에서는 장점과 단점이 서로 뒤바뀔 수 있다.

속담에서 '척단촌장(尺短寸長)', 즉 '한 자가 짧을 때가 있고, 한 치가 길 때가 있다'라는 말이 바로 장점과 단점이 상대적이라는 이치이다. 따라서 적극적인 자세로 이 문제를 직시하고 나름의 조건과 환경을 창출해 단점을 장점으로 바꾸어 활용해야 한다. 이것이야말로 인력자원을 제대로 개발하려는 적극적인 노력이다. 이는 마치 광물자원을 캘 때 풍부한 광물이든 빈약한 광물이든 다 캐는 것과 같은 이치이다.

사람을 활용하는 묘법과 관련해서는 명나라 때 사람 여남(呂柟, 1479~1542)의 《경야자(涇野子)》에 흥미로운 우화가 소개되어 있다.

다섯 아들을 둔 사람이 있었다. 하나는 바보였고, 하나는 똑똑이였으며, 하나는 앞을 보지 못했고, 하나는 곱사등이었고, 하나는 절름발이였다. 아버지는 바보에게는 농사를 가르쳐 하루 종일 농사일에 힘쓰게 했다. 똑똑이에게는 장사를 시켜 돈을 벌게 했다. 앞을 못 보는 아들에게는 점술과 계산을 가르쳐 눈을 감고도 세상 이치를 다 아는 살아 있는 신선이 되게 했다. 곱사등이 아들에게는 새끼를 꼬게 해서 허리와 등의 통증을 잊게 했으며, 절름발이에게는 앉아서 베를 짜게 했다. 아버지의 세심한 안배로 다섯 아들은 각자의 힘으로 죽을 때까지 걱정 없이 편하게 살았다.

우화 속의 아버지는 사람에 맞게 일을 맡기는 이치를 너무 잘 알고 있다. 아버지는 다섯 아들의 각자 특성에서 출발해 각자의 단점을 장점으로 바꾸어 있는 재능을 충분히 발휘하도록 했다. 중국 고대 인재의 역사에서도 이런 방법을 운용한 사례는 적지 않다.

당나라 덕종(德宗) 때의 대신 한황(韓滉, 723~787)은 정직하고 사람을 잘 알아보아 그 장점에 맞추니 얻지 못할 인재가 없었다고 한다. 한번은 그의 친한 친구가 아들을 그에게 보내 무슨 일이라도 시키라고 부탁했다. 한황은 친구 아들과 이야기를 나누어 그에 대해 좀 더 이해하고 그 인품을 알아보려고 했다. 그런데 뜻밖에도 이 젊은이는 아무런 장점을 갖고 있지 못했다. 한황은 젊은이를 집에 머물게 한 다음 함께 밥을 먹었다. 밥을 다 먹었는데도 젊은이는 반듯이 앉아 고개조차 좌우로 돌리지 않았다. 함께 식사한 사람

장단점에 맞추어 적절한 자리를 맡기면 얻지 못할 인재가 없다는 선례를 남긴 한황은 이름난 화가이기도 했다. 그림은 그의 대표작인 〈오우도(五牛圖)〉이다.

들과 이야기조차 나누지 않았다. 사람들은 한황에게 이 젊은이는 쓸 수 없겠다고 입을 모았다.

그로부터 며칠 뒤 한황은 이 젊은이의 장점(?)에 맞추어 군대를 따르는 자리로 창고 문을 지키는 일을 주었다. 이 젊은이는 과연 기대를 저버리지 않고 청렴하게 자신이 맡은 일에 최선을 다했다. 그는 하루 종일 자기 자리를 지켰고, 병졸들은 감히 자기 멋대로 창고를 출입하지 못했다. 이로써 창고에서 빈번했던 도난 사고가 완전히 사라졌다.

청나라 때의 장군 양시재(楊時齋, 1760~1837)는 군대를 이끌고 전투에 나가 늘 승리하는 명장이었다. 그는 군대에 쓸모없는 사람은 없다는 지론을 갖고 있었다. 귀가 들리지 않는 자는 좌우 시종으로 썼다. 들을 수 없기 때문에 아군의 상황을 발설할 염려가 전혀 없었다. 벙어리는 전령으로 썼다. 그에게 소식을 전하게 하다가 만에 하나 적에게 포로로 잡혀도 말하지 못하기 때문에 아군의 상황이 적에게 넘어갈 염려가 없었기 때문이다. 또 청각이 발달한 장님은 진지 앞에 엎드려 적의 움직이는 소리를 듣게 했다.

양시재의 지론은 다소 극단적이긴 하지만 나름대로 일리는 있다. 현대 생리학의 분석에 따르면 인체의 각 기관 사이의 기능은 서로 보완작용을 한다. 청나라 때 사람인 유암(劉岩, 생몰 미상)이 "귀가 안 들리는 사람은 눈이 밝고, 눈이 안 보이는 사람은 귀가 밝다. **하나가 모자라면 집중하여 그 의지를 더욱더 하나로 모을 수 있다.**"고 한 것이 바로 이것이다. 이것이 단점을 장점으로 바꾼다는 말이 아니겠는가!

사물에 내재되어 있는 이중성과 인재

모든 사물에는 이중성이 있다. 인재의 특징을 이 각도에서 보면 단점인 것이 다른 각도에서 보면 장점이 된다. 예를 들어 성질이 급하고 독단적인 사람은 일을 할 때 주관이 뚜렷하고 박력이 넘칠 수 있다. 길들이기 힘들고 도발적인 사람은 원칙대로 자신의 말을 지키는 경우가 많다. 일을 두려워하고 담이 적은 사람은 신중하고 치밀하게 일을 처리할 수 있다. 성질이 급한 사람은 일을 빨리 효율적으로 처리할 수 있다. 온화하고 느긋한 사람은 인내심이 강할 수 있다. 자기 재주를 믿고 교만한 사람은 왕왕 독창적인 생각을 낸다. 단점 중에 장점이 있고, 장점 중에 단점이 있다는 말이다.

바로 이 때문에 전 세계의 많은 기업가가 점점 단점을 가진 인재를 기용하는 경향을 보이고 있다. 도발과 자극을 좋아하고 어떻게 해서든 흠을 잡아내려는 사람은 제품의 품질을 검사하는 일을 맡기면 된다. 소심하고 세심한 사람은 기업의 보안이나 안전 생산과 관련한 일을 맡긴다. 무슨 일이든 계산을 잘하고 따지는 사람에게는 기업의 재무관리나 감독 같은 일을 준다. 영화계나 연예계에서는 재능은 있지만 공손하지 못한 사람이 악역을 맡아 크게 성공을 거둔 사례가 얼마든지 있다. 이렇게 예상과 달리 단점을 취해 인재를 과감하게 기용하면 한 단계를 뛰어넘는 효과를 거둘 수 있다.

요컨대 인간을 포함한 모든 사물에 내재된 이중성과 모순된 점 등을 그냥 흘려 보지 말고 잘 살피면 단점을 피하는 것은 물론 단점을 장점으로 바꾸어 크게 활용할 수 있다. 세상사 이치의 오묘한 점이 이런 것이다.

● 용인보감 52 ●

기업이나 조직에서 일하는 사람이라면 누구든 인생을 그 기업이나 조직과 함께한다. 조직의 성공이 곧 나의 성공이고, 조직의 실패가 곧 나의 실패이다. 성공한 조직에서는 내가 수만 명이 우러러보는 영웅은 아니더라도 나는 여전히 성공한 한 사람이다. 실패한 조직이라면 성공한 사람도 없고, 영웅은 더더욱 없다.

───── 제53계명 ─────
도덕의 힘은 지금도 유효한가?

비권력성 영향력으로서의 도덕

'유덕자필부동소인(有德者必不同小人)'이란 말이 있다. '덕 있는 사람은 소인과 다를 수밖에 없다'는 뜻이다. 여기서 말하는 '덕 있는 사람'은 인재의 관점에서 보자면 능력과 현명함을 다 갖춘 존재이고, '소인'은 능력도 없는 어리석은 존재이다.

전국시대 유가 사상가 맹자는 '덕으로 사람을 승복시켜라' 하는 '이덕복인(以德服人)'을 제창했다. 그는 일찍이 천하를 다스리는 문제를 두고 "백성을 살게 하는 데 경계가 중요하지 않고, 나라의 튼튼함이 계곡의 깊이에 있지 않으며, 천하를 위협하는 것이 날카로운 무기 때문은 아니다. 바른길을 얻으면 돕는 사람이 많아지고, 바른길을 잃으면 돕는 사람이 적어진다"(《맹자》〈공손추〉 하)라고 했다.

또 맹자와 순자는 '천시(天時)'가 '지리(地利)'만 못하고, '지리(地利)'는 '인화(人和)'만 못하다고 했다. 많은 사람의 희망이 향하는 곳, 인심이 가리키는 것이 천하를 얻는 근본적인 조건이다. 인심을 정복

맹자가 말하는 도덕은 오늘날 경영과 리더십 이론에서 말하는 '비권력성 영향력'의 원천이다. 도덕이란 개념이 결코 어려운 것이 아니다. 옳은 길을 향해 몸소 실천해 모범을 보이면 된다. 《지성선현반신상(至聖先賢半身像)》에 수록된 맹자 초상화이다.

하는 방법이 다름 아닌 바른길을 가는 '도(道)'와 사람 마음을 얻는 '덕(德)', 즉 도덕(道德)이다.

'도덕'은 비단 정치 영역에서뿐만 아니라 기업경영과 조직의 리더십에서 보아도 반드시 갖추어야 할 자질의 하나이다. 오랫동안 동양 사회의 전통적 준칙으로 엄청난 영향을 미쳐온 '도덕'을 조직과 리더십 관점에서 그 의미를 재해석해 보고자 한다. 이를 통해 추상적인 개념인 '도덕'이 실제로 영향력을 가질 수 있는지, 그렇다면 그것은 어떤 힘인지 집중적으로 논의해 보았다.

권력성 영향력에서 비권력성 영향력으로

맹자가 말하는 도덕을 오늘날 리더십의 원리를 응용해 말하자면 '비권력성 영향력'이라 할 수 있다. 리더는 아랫사람을 통제해 자신의 영향력에서 벗어나지 않게 한다. 이런 영향력에는 두 종류가 있다. 하나는 '권력성 영향력'으로 사회조직·정치·기업이 부여한 권력이다. 이 권력은 위에서 아래로 미친다. 여기에는 인사권을 포함한 실질적인 권력들이 해당한다.

또 하나는 방금 말한 '비권력성 영향력'이다. 비권력성 영향력은 비조직적 영향이자 통제력인데, 권력에 의존하는 것이 아니라 그 사람의 인격에서 나오는 역량과 개인의 매력에 의존한다. 이를 달리 표현하자면 품성·지조·지식·의지·능력·스타일·성과 등으로 아랫사람에게 미치는 영향이라 할 수 있다. 권력성 영향력은 강압적이고 강제적인 반면, 비권력성 영향력은 스스로의 마음에서 우러나는 자발적이고 자각적인 것이다. 따라서 그 영향력은 더 오래가고 더 안정적이며 가장 든든한 힘이다.

인심을 정복해 영향력을 미치려 한다면 비권력성 영향력을 떠나 이야기할 수 없다. 이는 전국시대 법가 사상가 신도(愼到)가 "요임금이 평민이었을 때는 세 사람(어머니, 양아버지, 배다른 동생)조차 바로잡을 수 없었고, 걸임금은 천자였지만 천하를 어지럽혔다"라고 한 것과 같다. 성인의 가장 큰 보물이란 다름 아닌 자리이다. 권위와 권세가 그만큼 중요하다는 뜻이다. 그러나 권력의 작용을 맹신하는 것은 위험하다. 길게 내다본다면 반드시 도덕으로 많은 사람의 도움을 얻어야 한다. 그렇다면 자신을 원칙으로 삼아 아랫사람에게 모범이 되어 자신의 높고 귀한 정신적 위신을 갖추어 근본적으로 아랫사람의 마음을 정복해야 한다.

그렇다면 어떻게 도덕이란 경지에 올라 비권력성 영향력을 얻을 수 있는가? 그 경로는 여럿이지만 그중 두 길이 중요하다. 하나는 자신의 품격과 지조를 환하게 높이는 것이다. 속담에 "덕이 높으면 명성이 무거워진다"고 했다. 고상한 성품을 가진 사람은 공공의 이익을 앞세우고 사사로움은 잊는다. 자신을 청렴하게 다스리고 법을 준수하며 끊임없이 노력한다. 그러면 아랫사람의 믿음과 사랑은 절로 따라온다. 또 하나는 이를 바탕으로 최고의 업적을 만들어 내는 것이다. 요컨대 현실에서 실질적인 성과로 영향력을 얻는 것이다.

 동서고금의 뛰어난 리더들을 전체적으로 살펴보면 하나같이 비할 데 없는 남다른 업적으로 통제력과 영향력을 얻었다. 요컨대 리더가 자신의 수양을 강화함과 동시에 남다른 업적을 만들어 내면 사람들은 절로 그의 말에 복종한다. 그림자가 자신의 몸을 따르듯이 가장 영향력 있는 리더가 되는 것이다.

 그래서 옛사람들은 "재능 있는 자가 모두 군자일 필요는 없지만 덕 있는 자는 반드시 소인과 달라야 한다"고 했다. 고상한 도덕적 품성을 가진 리더는 조직이 부여한 자신의 권력을 제대로 사용할 뿐만 아니라 더 중요하게는 자신의 언행으로 아랫사람을 감화시켜 무궁한 모범적 역량을 형성한다. 인격이 떨어지는 평범한 자는 영원히 따를 수 없는 경지가 바로 이것이다.

기업경영에서의 도덕적 영향력

 기업경영으로 말하자면 기업가의 좋은 품성은 직원들을 스스로 복종하게 만드는 힘으로 작용한다. 신뢰감과 동질감이 절로 생겨 리더와 함께 가치와 목표를 추구하고자 한다. 이렇게 해서 기업을 위하는 길이 곧 자신을 위하는 길이라는 점을 자각해 기업을 위해 있는 힘을 다하는 것이다.

1985년 32세의 타오젠싱(陶建幸, 도건행, 1953~)은 춘란(春蘭)그룹의 전신인 타이저우(泰州, 태주) 냉각기 설비공장의 공장장으로 부임했다. 당시 공장 전체의 고정자산은 200만 위안에 직원은 천 명이 채 되지 않았다(현재 환율로 200만 위안은 한화 약 4억이다). 기술과 설비는 낙후되어 있었고, 자금도 딸려 직원들의 마음이 이리저리 흩어진 상태였다. 어디에서 출로를 찾을까? 타오 공장장은 해결책을 찾기 위해 골몰했다.

석 달 뒤 그는 이듬해 기업의 자산가치, 직원복리 등 10대 목표를 발표함과 동시에 이 목표가 실현되기 전까지 자신은 성과금을 받지 않겠다고 선언했다. 새로운 공장장의 말과 행동은 직원들의 사기를 높였다. 타오 공장장은 정책의 결정자임과 동시에 솔선수범하는 실천가였다. 그는 공장에 부임한 뒤 매일 10시간 넘게 일했다. 오랫동안 그는 몇 사람의 일을 해냈다.

외국으로 출장을 나가면 분과 초를 다투어 시간을 썼다. 관광이나 유람은 꿈도 꾸지 않았다. 한번은 일본으로 시찰을 갔다가 한 기업이 30초에 에어컨을 한 대씩 생산하는 것을 보게 되었다. 그는 바로 본국의 공장으로 전화를 걸어 노동과 관련한 조직, 재료 공급, 노동 시간 등을 개선하라는 의견을 전달했다.

1992년 봄, 회사는 시장의 수요에 적응하기 위해 4만㎡ 규모의 새로운 공장을 짓기로 결정하고 외부에 설계를 맡겼다. 그러나 반년이 지나도록 작업은 지지부진이었다. 타오는 자신이 직접 나섰다. 낮에는 일상 업무를 처리하고 밤에는 사무실 문을 잠근 채 공장 확장과 관련한 일에 열중했다. 배가 고프면 국수로 때웠고, 소파에서 자는 것은 보통이었다. 한번은 20일 동안 옷을 갈아입지 못했다. 설계가 완성된 다음 그는 다시 시공을 위한 팀을 조직해 1년 만에 20초에 에어컨 한 대를 생산할 수 있는 현대화 공장을 건설하는 데 성공했다.

1994년 춘란그룹의 총생산 규모는 무려 70억 위안에 이르렀다(환율로 한화 약 1조 3천억 원 이상). 그러나 그의 사무실은 여전히 10㎡의 공간에 카펫도 없었다. 호화스러운 설비는 언감생심이었고, 낡고 칠이 다 벗겨진 탁자 하나가 전부였다. 타오는 이렇게 앞장서서 행동하고 실천하는 정신으로 춘란을 일류기업으로 탈바꿈시켰다.

공자는 리더 자신의 몸이 바르면 명령하지 않아도 사람들이 따르고, 리더의 몸이 바르지 못하면 명령해도 따르지 않는다고 했다. 리더의 언행이 일치하고 소신이 있으면 그 자체가 소리 없는 명령으로 작동한다. 직원들은 말없이 진심으로 그 명령에 따른다. 이것이 비권력성 영향력으로서의 도덕의 힘이

춘란은 현재 42개의 독립 자회사를 거느리는 중국 굴지의 기업이다. 특히 에어컨은 세계 120개국 이상에 수출하는 대표적인 제품이다. 사진은 춘란을 이끄는 타오젠싱의 최근 모습이다.

다. 바야흐로 세계의 리더십은 권력성 영향력에서 비권력성 영향력으로 크게 이동했고, 지금도 도도한 대세가 되어 이동 중이다.

● 용인보감 53 ●

높은 응집력을 가진 조직은 다음과 같은 특징들을 갖고 있다.
조직 구성원의 귀속감이 강하다.
조직활동에 자진해 참가하고, 조직의 일과 관련한 책임을 기꺼이 진다.
조직의 이익과 명예를 지킨다.
구성원 사이에 정보소통이 빠르고 서로 비교적 깊은 이해관계를 갖는다.
따라서 관계가 조화롭고 민주적 분위기가 넘친다.

제54계명

인재는 기다려야 하는가?

인재 식별의 오차구역과 과학적 기준

당나라 때의 유명한 시인 백거이(白居易, 772~846)의 '인재를 가려내다'라는 뜻의 〈변재(辨才)〉라는 시는 세인들에게 널리 알려져 있는 작품이다. 이 시에서 백거이는 인재를 분별하기가 쉽지 않다면서 이렇게 노래했다.

시옥요소삼일만(試玉要燒三日滿),
옥은 사흘을 구워봐야 하고,

변재수대칠년기(辨材須待七年期).
인재를 가리자면 7년을 기다려야 한다.

한 사람의 시비와 선악, 그리고 그가 진정한 재목인지 제대로 살피려면 적어도 7년은 걸려야 한다는 뜻이다. 백거이는 또 주공(周公)

과 왕망(王莽)을 예로 들어 사람을 알기가 얼마나 어려운가도 지적했다.

인재를 식별하는 과학적 기준과 방법은 오래전부터 제시되어 왔다. 그럼에도 사람을 잘못 보아 낭패를 치른 경우는 수없이 많다. 인식능력의 한계와 인성의 약점 때문이었다. 사물과 사람을 인식할 때 발생하는 오차(誤差)와 오인(誤認)에는 그 나름이 구역(區域)이 있다. 이를 대개 '인식의 오차구역'이라 한다. 이 문제를 백거이가 언급한 왕망(기원전 45~기원후 23)의 사례를 통해 좀 더 깊이 생각해 보자.

백거이는 인재의 진위 여부를 가리려면 7년은 기다려야 한다고 했다. 지금과는 맞지 않는 말이지만, 인간 특유의 '인식의 오차구역'이란 문제를 건드린 점은 주목할 필요가 있다. 그림은 청나라 때의 《당명신상(唐名臣像)》화첩에 수록된 백거이 초상화이다.

최고 최악의 위선자 왕망

∞∞∞

봉건적 전통관념을 고수해 온 옛사람들은 서한 왕조를 뒤엎고 왕위를 찬탈한 왕망에 대해 철저히 부정적인 태도를 취했다. 이 관점이 너무 한쪽으로 치우쳐 있는 것은 사실이지만, 왕망은 권력을 찬탈하기 전까지 전혀 다른 모습으로 세상과 사람들을 거의 완벽하게 속였다. 백거이는 '사람과 세상을 알고 의논한다'는 '지인논세(知

人論世)'의 어려움을 시를 빌려 설명하려 한 것인데, 지금 보아도 좋은 교훈으로 받아들일 만하다. 특히 왕망의 사례는 인재를 제대로 분별하기가 얼마나 어려운지 아주 잘 보여준다.

왕망은 서한 원제(元帝)의 황후 왕정군(王政君, 기원전 71~기원후 13)의 조카였다. 성제(成帝) 때 왕씨 집안은 큰 세도를 누렸다. 왕망은 아버지 왕만(王曼)이 일찍 죽는 바람에 작위를 받지 못했다. 왕망은 왕씨 집안의 자제들 중 상대적으로 가난하고 비천한 축에 들었다. 기록에는 "왕망은 고독하고 가난하고 보잘것없었으나 공손하고 겸손했으며, 또 학문으로 유생들의 존경을 받았다. 어머니와 과부가 된 형수를 모시고 형의 자식들을 돌보았다"고 되어 있다. 이 때문에 왕망은 사람들에게 겸손하고 성실한 인상을 주었다.

대사마이자 왕망의 큰아버지인 왕봉(王鳳)이 큰 병이 났다. 그 자식들은 매일 술판을 벌이는 등 노는 데에만 정신이 팔려 아버지를 나 몰라라 했다. 조카 왕망은 큰아버지 곁에서 탕약을 직접 맛보는 등 자신의 건강까지 해쳐가며 병시중을 들었다. 이 일로 큰아버지 왕봉은 왕망에게 호감을 가졌고, 명망 있는 대신들도 글을 올려 왕망을 칭찬했다. 성제는 왕망을 신도후(新都侯)에 봉했다. 조정에 들어온 왕망은 더욱 겸손하고 공손하게 사람을 대했고, 맡은 일도 아주 신중하게 처리했다. 얼마 되지 않아 그는 대사마로 승진해 조정의 일을 도맡게 되었다.

정권을 잡은 왕망은 좋은 일을 많이 행해 명성을 크게 날렸다. 우선 왕망은 각지의 인재들을 불러 모았다. 경학·천문·역술·문자·

병법·방술·의학에 능통한 천하의 인재들을 수도로 집결시켜 임용했다. 이를 위해 왕망은 태학의 규모를 1만 명 이상 수용할 수 있도록 확대해 천하의 지식인들로부터 호응을 얻었다.

왕망은 높은 지위와 권력에도 불구하고 녹봉을 받지 않았다. 이로써 큰 인심을 얻었고, 무려 48만 명에 달하는 사람들이 연명으로 태황태후에게 글을 올려 왕망의 공덕을 칭찬하고 격려해야 한다고 아우성을 쳤다. 왕망은 완강하게 이를 사양했다. 태황태후가 왕망을 안한공(安漢公)에 봉했으나, 그는 여전히 봉호와 봉지를 받지 않았을 뿐만 아니라 병을 핑계로 극력 거절했다. 태후는 체면 때문에 한 번 내린 명령을 쉽사리 철회할 수 없었고, 왕공대신들도 강력하게 권했다. 왕망은 어쩔 수 없이 봉호는 받았지만 그에 딸린 땅은 한사코 사양했다.

왕망은 친자식도 엄격하게 징벌했다. 아들 왕획(王獲)이 노비를 무고하게 살해하는 일이 터지자 왕망은 '천지 생명들 중 인간의 생명이 가장 귀중하다'는 원칙을 위반했다며 아들 왕획을 자살하게 만들었다. 사실 당시 노비에 대한 비인간적 대접은 이상할 것이 없었다. 이런 상황에서 왕망이 인도주의를 들먹이며 아들을 자살로까지 몰고 갔으니 다른 사람은 몰라도 노비나 빈민층의 호감을 얻은 것은 당연했다.

왕망은 또 근검절약을 강조하면서 빈민들을 도와주는 선행을 베풀었다. 한 평제(平帝) 원시 2년인 기원후 2년, 중원 지구에서 가뭄과 메뚜기 떼 피해가 발생했다. 왕망은 백성들의 세금을 줄이고 자신의 녹봉도 삭감해달라고 건의하는 한편, 관청에서 먹고 입는 것을 절약하자고 주장했다. 그러고는 집안사람들과 함께 솔선수범해 채식을 하고, 자신의 돈 100만 냥과 밭 30경을 헌납해 이재민을 구제했다. 그러자 관리들과 부호들도 너 나 할 것 없이 왕망을 본보기로 따랐는데, 230명이 밭과 집을 헌납했다. 왕망은 또 황가의 정원을 폐쇄하고, 안민현(安民縣)을 별도로 설치해 그곳에 빈민을 안치하고 먹을 것을 그냥 제공하게 했다. 동시에 장안성에도 집을 지어 빈민들을 머무르게 했다.

왕망의 행동은 통치계급으로부터 칭찬을 받은 것은 물론 백성들의 호평도 얻어냈다. 심지어 요·순의 덕과 성인의 행위까지 겸비했다는 전무후무한 평가까지 듣게 되었다. 왕망이 수단과 방법을 가리지 않고 명예를 추구하면서 인심을 농락하려는 조짐이 보였지만, 사람들은 그를 의심하지 않았다.

왕망의 위장과 위선은 권력을 찬탈하는 과정에서 폭로되었다. 그는 평제를 더욱 확실하게 조종하기 위해 아직 미성년인 딸을 후궁으로 들여보낸 다음 황후로 만드는 동시에 평제의 생모인 위희(衛姬)의 일가를 몰살했다. 왕망은 평제가 독주를 마시도록 핍박하면서도 그 옛날 주공(周公)의 행동을 모방해 황제의 평안을 하늘에 빌기까지 했다. 또 기도문을 밀봉한 상자에 넣어 가지고 다니면서 다른 신하들에게는 그 내용을 퍼뜨리지 못하게 경고했다.

얼마 뒤 평제가 병사하자 왕망은 대성통곡하며 600석 이상의 녹봉을 받는 관리들에게 3년상을 명령했다. 이어 어린 자영(子嬰)을 옹립해 황제로 즉위시켜 놓고는 악독하게도 자영이 다른 사람과 대화조차 하지 못하게 종일 방에 감금시켰다. 왕망이 섭정 황제가 되자 유씨 종친들은 군사를 일으켜 저항에 나섰다. 왕망은 민심을 수습하기 위해 정권을 다시 자영에게 돌려주겠노라 하늘에 맹서했지만, 유씨들의 저항이 실패하자 맹서를 어기고 끝내 서한 왕조를 뒤엎고 자신의 신(新) 왕조를 세웠다. 그때가 기원후 8년이었고, 왕망의 나이 53세였다. 나이 서른 전후로 정치에 참여한 지 약 25년 만이었다. 그동안 그는 참으로 놀라운 위장과 위선으로 세상 사람들을 철저히 속였다.

윤리와 도덕의 그물

오늘날 시각에서 보면, 한 왕조를 찬탈하고 신 왕조를 세웠다고 해서 왕망을 100퍼센트 부정할 수는 없다. 또 왕망이 주도한 개혁 실패에 대한 책임을 왕망 혼자에게만 씌울 수는 없다. 그러나 누가 뭐라 해도 왕망 개인의 품성은 큰 논란거리였고, 그 근거도 확실했다. 백거이의 말대로 하면, 왕망이 "만약 그 당시에 죽었더라면 그 일생의 진위 여부를 어찌 알겠는가?" 왕망이 큰 명성을 날리면서 모든 사람에게 칭찬을 받고 있던 와중에 죽었더라면 그는 영원히 성현으로 존경받았을 것이다.

사실 한 인간의 언행과 본질에는 그 나름의 발전과정이 따르기 마련이다. 타인에 대한 인식도 표면에서 내면으로, 얕은 곳에서 깊은 곳으로의 과정을 밟는다. 실천이란 관점에서 볼 때 왕망이 처음부터 야심가이자 소인은 아니었을 수 있다. 사회적 환경이나 역사적 환경이 달랐더라면 성공한 개혁자나 개국군주가 되었을지 모른다. 이와 관련해《한서》〈왕망전〉에는 "한나라가 쇠망의 길에 들어서고 나라의 통일 역시 어려움에 봉착했음에도 불구하고, 태후의 잘못으로 소인이 권력을 장악해 왕위를 찬탈하는 재앙이 일어났으니 누구의 탓이라기보다는 하늘의 뜻이라 하겠다"라고 기록하고 있다. 역사는 영웅을 낳고 간웅도 낳는다. 왕망의 개인적 품성만 나무랄 것이 아니다. 어쨌거나 개인적 요인보다는 객관적 시세가 중요하기 때문이다.

　한 사람의 앞뒤 행적이 일치하지 않는다고 해서 이상하게 볼 일은 아니다. 사람은 누구나 변화하고 발전한다. 처음에는 뛰어났지만 뒤에 가서 잘못을 저지를 수 있다. 또 사람은 변하지 않았는데 세상사와 환경이 크게 변해 옳고 그름을 판단하는 기준이 달라지고, 이에 따라 평가가 변하는 수도 있다. 왕망은 이 두 가지 요인을 다 갖춘 인물이었다.

　왕망은 인간이 어떻게 얼마나 변해 갈 수 있는가를 극명하게 보여준 사례로 남아 있다. 영리하고 뛰어난 인

왕망의 사례는 사람을 제대로 파악하는 일이 얼마나 어려운지 잘 보여준다. 과학적 기준과 투명한 시스템을 통해 인재를 뽑고 인재의 변질을 막아야 한다.

재일수록 주변 환경이나 조건 변화에 따라 자신을 변신시키는 데 민첩하다. 따라서 인재라고 생각할수록 윤리나 도덕적으로 적절한 선에서 그를 견제하고 이끌어야 한다. 인재가 윤리와 도덕의 그물을 빠져나가거나 무시하는 순간, 그는 이성의 고삐를 내팽개친 채 자신은 물론 주변을 해칠 것이다.

　백거이의 말대로 인재를 분별하는 데는 분명 시간이 필요하다. 또 인간에게는 사물과 사람을 판단하는 데 '인식의 오차구역'이라는 약점이 있다. 사람을 가려내는 데도 이런 인식의 오차구역이 엄연히 존재한다. 따라서 인재를 가려내는 것은 물론 인재가 변질되지 않게 하려면 보다 촘촘한 과학적인 기준과 객관적 시스템이 필요하다. 이를 통해 인재를 더욱 정확히 가리고 파악해 제때에 활용하는 것이 제대로 된 대책이라 할 것이다. 이 제도가 제대로 정착해 작동하면 인재는 7년은커녕 기다릴 필요조차 없을 것이다.

● 용인보감 54 ●

깊은 산속을 거닐어 본 사람이라면 이런 경험을 했을 것이다. 우거진 삼림일수록, 햇빛이 충분하지 않은 곳일수록 나무가 크고 곧게 빠르게 자란다. 반면 햇빛이 충분한 언덕 같은 곳에 자라는 나무는 작고 덤불 같은 관목인 경우가 많다.
조직 내 경쟁은 개체의 활동과 경쟁력을 자극할 수 있고, 이에 따라 조직 전체의 경쟁력을 높인다.

제55계명

일을 사람에 맞추고
사람을 일에 맞추지 말라

객관적 사실로서의 인간의 장단점

원나라 말기와 명나라 초기에 활약한 학자 엽자기(葉子奇, 약 1327~1390)는 잡록 《초목자(草木子)》에서 "이 세상 만물의 조화는 완벽할 수 없다. 울음소리가 아름다운 새는 깃털이 형편없고, 열매가 풍성한 나무는 그 꽃이 볼품없다"라고 했다.

사실 사람도 이와 같지 않은가! 옛사람들은 "지혜로운 군자에게도 단점이 있고, 소인에게도 장점이 있다"고 했다. 사람은 수많은 중생의 하나로서 장점이 있으면 단점이 있고, 재능이 있으면 어리석음도 있기 마련이다. 이는 객관적인 사실이다.

열 손가락의 길이가 다 다르듯 사람마다 우열이 다를 수밖에 없다. 사회 전체가 되었건 어떤 조직 단위가 되었건 온통 '최고'의 인재 아니면 모든 것이 모자라는 둔재들로만 이루어질 수 없다. 유능함과 어리석음이 섞이고, 능력과 무능력이 공존한다. 그리고 일반적으로 최고의 인재는 늘 소수이고, 중하급의 능력을 가진 사람이 다수를 차지한다. 따라서 제아무리 뛰어난 리더라도 단순하게 이것을 남겨두고 저것을 버릴 수 없다. 대신 그 둘이 서로를 미워하거나 배척하지 않도록 조화시키는 데 노력해야 할 것이다. 그래야만 "하늘이 나를 낳은 것은 틀림없이 쓸 데가 있어서이다"라는 말처럼 각자의 능력과 힘을 다 발휘할 수 있다.

이 글에서는 인재의 장단점에 관한 종래 인식을 알아보고, 현대경영에서의 사례로 이 문제를 좀 더 구체적으로 생각해 보고자 한다.

인재들을 격려하는 수용과 포용

남조시대 저명한 문학가이자 중국 역사상 최초의 문예 평론집을 남긴 유협(劉勰, 465~521)은 《문심조룡(文心雕龍)》〈정기(程器)〉편에서 다음과 같은 말을 남겼다.

"인품오재(人稟五材), 수단수용(修短殊用). 자비상철(自非上哲), 난이구비(難以求備).

"사람마다 재능이 다르니 장단점을 구별해 활용해야 한다. 사람이 신이 아닌 이상 완벽함을 갖추기란 어렵기 때문이다."

장자(莊子)는 더 생생하게 말한다.

순자의 '겸술'은 경영인에게 시사하는 바가 적지 않다. 그저 단순히 눈앞의 효과에만 매달려 사람을 아무렇지 않게 내치는 근시안적 기업경영에 대한 충고이자 경고이기 때문이다.

"좁은 도랑에서는 큰 물고기가 몸을 둘 곳이 마땅치 않아 미꾸라지에게 당하고, 작은 언덕에서는 큰 짐승이 몸을 감출 곳이 없어 여우 따위가 설친다."

사람마다 장단점이 다 다르고, 그 크기도 다 다르다는 이치를 이렇게 비유한 것이다. 그래서 옛사람들은 인재를 위한 길을 활짝 열어 많은 인재를 얻기 위해서는 '겸술(兼術)'을 실행하라고 주장한다. '겸술'과 관련해서는 순자가 가장 잘 지적하고 있다.

"그러므로 군자는 현명하지만 무능한 자도 받아들이고, 지혜롭지만 어리석은 자도 받아들이며, 박식하지만 천박한 자도 받아들이며, 순수하지만 잡된 자도 받아들인다. 바로 이것이 모두를 아울러 받아들이는 술법, 즉 '겸술'이라 한다."《순자》〈비상(非相)〉편)

'겸술'은 수용과 포용을 실천하는 것을 말한다. 이는 곧 '사람을 씀에 있어서 그 재목에 따라 활용하면 천하에 버릴 사람이 없다'는 사상을 실천하라는 의미이다. 인재에 대한 인식의 수준을 높이는 데 일정한 참고가 될 만한 대목이다.

인력자원의 발견과 개발

중국의 어느 기계 제조업 공장에서 있었던 일이다. 이 공장에 부품 조립작업을 하는 한 여성이 있었다. 이 여성은 두뇌의 반응이 다른 사람에 비해 다소 늦고 손발도 더뎠다. 말하자면 반 박자나 한 박자 정도가 느린 그런 직원이었다. 그러다 보니 다른 사람들이 함께 일하길 꺼려했다. 공장의 리더는 하는 수 없이 그녀를 청소하는 부서로 보냈다. 그녀는 아무런 불평도 하지 않았을 뿐만 아니라 맡은 곳을 아주 깨끗하게 청소하고 관리했다.

그 뒤 그녀가 일하던 부서에 자동화 성능이 뛰어난 기계가 들어왔다. 젊은 노동자들을 투입해 기계에 적응시켰으나 효과는 좋지 않았다. 그 원인을 분석해 본 결과 젊은 노동자들은 이 서양식 기계의 조작이 너무 간단해서 조심하지 않고 대충 다루었기 때문이었다. 이 때문에 늘 고장이 생기고 수리 시간이 많아졌다. 당연히 노동 효과는 오르지 않았다.

리더는 '한번 해보자'는 생각으로 그 여공을 이 서양식 기계조작에 투입했다. 여공의 기계조작 기술과 숙련도는 확실히 다른 사람보다 느렸다. 그런데 일단 조작에 익숙해지자 상황은 완전히 달라졌다. 그녀는 모든 일을 진지하고 꼼꼼하게 인내심을 갖고 처리했다. 기계가 고장 나는 일이 전혀 없었다. 노동 효율성은 갈수록 높아졌다. 이것이 바로 아둔한 사람이 아둔한 대로 가진 장점이다.

생활용품과 산업용품을 생산하는 독일의 세계적인 기업 헨켈의 창립자 프리츠 헨켈(Fritz Henkel, 1848~1930)은 기업이 한창 발전해 나갈 때 인력자원의 발굴을 대단히 강조했다. 이 기업은 다양한 층차를 가진 인재들을 발굴하고 활용함으로써 기업 전체 인원이 가장 좋은 지혜와 가장 높은 역량을 발휘할 수 있게 만들었다. 기업의 책임자인 헨켈 부자는 개개인의 능력에는 한계가 있기 때문에 그 능력과 장점에 따라 일과 자리를 주어 독립 경영하게 해야만 보다 깊게 들어가 효율을 높일 수 있다고 확신했다.

이에 따라 헨켈 기업의 업무는 적당한 규모의 관리·생산·영업의 세 부분으로 나누어졌다. 각 부문은 전문업종의 분업이라는 기초 위에서 회사가 종합적으로 관리하면서 각 부분의 일을 서로 긴밀하게 협조하게 하여 최대의 효과와 수익을 창출하게 했다. 업무를 이렇게 나누는 시스템은 고도의 원활성으로 전 직원의 총명한 재능을 활용할 수 있어야 가능했다. 헨켈은 이렇게 해서 경영의 민주화를 이루었고, 모든 직원이 적재적소에서 자신의 능력을 한껏 발휘할 수 있었다.

사람이 다르면 일에 대한 능력도 다르게 나타난다. 마찬가지로 일이 다르면 그 일에 맞는 다른 능력을 가진 사람이 필요하다. 프리츠 헨켈은 작업을 나누는 동시에 최선을 다해 그 일에 흥미와 능력을 가진 사람을 안배하려고 했다. 헨켈이 이때 제시한 원칙은 '일을 사람에 맞추고, 사람을 일에 맞추지 말라'는 것이었다.

헨켈은 또 직원에 대해 질책보다는 칭찬을 많이 했다. 헨켈은 각 단위의 리더들에게 작업 지표의 설정, 작업에 맞는 인재의 파견과 위임, 정보수집, 품질검사, 충돌과 모순의 해결 등을 주요 임무로 주어 부하 직원을 평가하고 그들의 작업 수준을 끌어올리도록 했다. 항상 직원의 작업능력과 결과에 대해 적극적으로 평가하게 하고, 그들이 기업을 위해 자신의 임무를 완성하는 과정에서 중요한 역할을 하고 있다는 것을 느끼게 했다.

  헨켈은 직원이 책임을 이행하면서 창조적으로 일하고 탁월한 재능을 보이면 그의 경력이나 경험을 따지지 않고 언제든 중요한 일을 맡기고 그에 상응하는 권한을 부여했다. 회사는 일반 직원도 늘 깊은 관심을 갖고 보호했다. 기업의 주력이 화학공업이었기 때문에 모든 작업장이 늘 청결과 위생, 그리고 안전을 유지해야 했다. 회사는 직원의 안전과 건강을 위해 신선한 공기를 유지할 수 있는 에어컨 장치를 비롯해 샤워실 등 복리후생 시설을 충분히 갖추어 주었을 뿐만 아니라 작업 시간을 탄력적으로 조정했다. 또 전 직원에게 늘 풍성한 점심을 제공해 건강에 문제가 없도록 배려했다.

  피터 드러커는 "이른바 조직이란 일종의 도구다. 제대로 활용하면 사람의 장점을 발휘하

1876년 프리츠 헨켈이 창립한 헨켈은 전 세계적인 사업망을 갖춘 독일의 종합 생활용품 업체이다. 본사는 독일 뒤셀도르프에 있으며, 프랑크푸르트 증권거래소 DAX 지수 평균을 넘는 30대 기업의 하나이다. 주 사업 분야로는 세제&홈케어, 뷰티케어, 접착 테크놀로지스가 있다. 사진은 헨켈의 주요 제품들이다.

게 하지만 사람의 단점도 중화시켜 피해가 없도록 바꾼다"고 했다. 따라서 사람을 기용함에 있어서는 어떻게 하면 단점을 줄일 수 있느냐가 아니라 어떻게 하면 장점을 발휘하게 하느냐가 더 중요하다. 헨켈이 바로 이를 실천했다.

그들은 다양한 사람을 함께 포용하고 유기적으로 융합해 일체가 되게 했다. 이로써 직원들은 적극적으로 작업에 임하는 것은 물론 회사의 정책에도 참여함으로써 생산과 관리 수준이 끊임없이 높아졌고, 이것이 궁극적으로 헨켈 기업의 경쟁력 증강으로 이어졌다. 프리츠 헨켈은 순자가 말한 '겸술'을 기업 경영에 제대로 적용했다고 할 수 있다.

● **용인보감 55** ●

성공은 모두가 갈망한다.
그러나 먼저 내 앞에 놓인 가장 큰 문제, 생존이냐 도태냐를 해결해야 한다.

―― 제56계명 ――
유언비어 때문에 능력마저 의심해서야

꾀돌이 진평과 유방

막강한 항우를 물리치고 유방이 한을 건국하는 데 결정적인 공을 세운 세 명의 공신, 즉 '서한삼걸'은 책략의 장량(張良), 군사의 한신(韓信), 후방의 소하(蕭何)였다. 그리고 또 한 사람, 진평(陳平, ?~기원전 178)이란 인물도 이들 못지않게 개국과 정권 초기 국정안정에 큰 공을 세운 고조 유방의 모사였다.

진평은 원래 유방의 상대인 항우 밑에 있다가 항우의 눈 밖에 나서 유방에게 몸을 맡겼는데, 유방 진영에 온 지 얼마 되지 않아 "지난날 형수와 간통하고 유방의 장수들에게서 뇌물을 챙겼다"는 누명까지 쓰고 있었다. 유방은 지난날을 따지지 않고 그를 중용했고, 진평은 유방의 기대를 저버리지 않고 큰 역할을 해 역사상 유명한 인물로 남게 되었다.

이 글은 꾀돌이로 불렸던 진평이 유방 측근들의 시기와 질투 때문에 주군 유방의 의심을 사고, 이를 적극 해소해 다시 유방을 위해 큰 역할을 하기까지의 과정이다. 이 사례를 통해 인재기용에서 발생할 수 있는 문제점들에 대해 알아보도록 하자.

진평의 인생 역정

진평은 가난한 가정에서 태어났지만 책 읽기를 즐겼으며 전설 속의 황제(黃帝)와 노자(老子)의 학문을 연구한 적도 있다. 그는 고향 마을에서 제사를 지낼 때마다 제사 고기를 나누어 주는 일을 맡곤 했는데, 마을 사람들은 그가 고기를 공평하게 잘 나눈다고 칭찬을 아끼지 않았다. 진평은 자신이 천하를 다스린다면 고기를 나눌 때처럼 공평하게 다스리겠노라며 큰 포부를 나타냈다(이 일화에서 '진평이 고기를 공평하게 나누다'라는 뜻의 '진평분육陳平分肉'이란 고사성어가 나왔다).

진 왕조 말년에 진나라에 반대하는 봉기가 도처에서 일어났다. 진평은 위왕 구(咎)의 부하로 들어갔다가 다시 항우에게 몸을 맡겼다. 항우 밑에서 진평은 함곡관(函谷關)으로 입관해 진나라를 격파하는 등 그 나름의 군사적 실력을 보였다. 초한쟁패 때 유방이 군사를 이끌고 동쪽으로 향했을 때 진평은 수무(修武)에서 유방 진영에 투항했다. 그는 위무지(魏無知)를 통해 유방을 만났다. 진평을 만난 유방은 그를 높이 평가하고 그날로 도위에 임명해 군사를 이끌게 했다. 유방 밑에 있던 기존의 장수들은 초에서 도망쳐 나온 내력이 불분명한 자에게 군을 맡기고, 나이 든 장수들을 감독하게 한 것에 불만을 품고 비방을 일삼았다. 유방은 이런 헛소문에 동요하지 않고 자신의 입장을 견지했다.

　유방은 진평을 다시 아장(亞將)에 임명하기까지 했다. 대장군 주발(周勃)과 관영(灌嬰) 등도 유방에게 진평에 관한 나쁜 이야기를 자주 했다. 과거 그가 집에 있을 때 형수와 부적절한 관계를 맺었다느니, 위왕을 모시다가 항우에게 몸을 맡겼으며 또 얼마 지나지 않아 우리 한으로 도망쳐 오는 등 내력이 불투명한 이런 인간에게 중임을 맡겼다느니, 장수들이 진평에게 금을 뇌물로 주었는데 진평은 뇌물의 양에 따라 대우를 달리했다느니 하는 여러 가지 불평을 내뱉었다. 심지가 굳은 유방도 계속되는 부하들의 험담에 진평을 추천했던 위무지를 불러 화를 내며 "너는 진평이 어질고 유능한 자라고 하지 않았느냐?" 하고 다그쳤다. 위무지는 다음과 같이 대답했다.

　"제가 폐하께 추천한 사람은 능력이 있는 사람이고, 지금 폐하께서 묻고 있는 사람은 행동에 오점이 있는 자입니다. 지금 품행에 하자가 있다고들 하지만 나라를 위해 공을 세우는 일과는 상관없거늘 어찌 그를 쓰지 않으려 하십니까? 항우의 초와 우리 한이 전쟁을 벌이고 있는 지금 시점에서 제가 추천한 사람은 거기

인재는 뛰어날수록, 그리고 리더의 신뢰가 깊을수록 시기와 질투에 시달린다. 이 때문에 수많은 인재가 박해받고 심지어 소리 없이 스러져 갔다. 이런 점에서 인재를 제대로 볼 수 있는 리더의 안목이 대단히 중요하다. 그림은 유방의 초상화이다.

에 필요한 인재이며, 그 능력은 나라의 발전에 쓸모가 있습니다. 형수와 놀아나고 뇌물을 받았다는 소문 때문에 능력까지 의심할 것은 뭡니까?"

한번 의구심을 품은 유방은 그래도 마음을 놓지 못하고 직접 진평을 불러 물었다. 진평은 이렇게 대답했다.

"제가 위왕을 모셨지만 위왕은 제 계책을 써주지 않아 초의 항우를 찾아갔습니다. 항우 역시 사람을 믿지 않고 인척들만 기용했기에 저의 능력을 발휘할 기회가 없었습니다. 한왕께서 인재를 몹시 아낀다고 들었기에 여기까지 찾아온 것입니다. 당초 저는 아무것도 없이 맨몸으로 왔기 때문에 돈을 받지 않으면 살 수가 없습니다. 만약 제 계책이 쓸모가 있다면 대왕께서 받아주시면 되고, 쓸모가 없다고 판단되시면 대왕께서 주신 상금은 그대로 있으니 저의 관직과 상금을 모두 회수하셔도 무방합니다."

유방은 진평의 솔직한 성격이 마음에 들어 그의 말에 동감을 나타냈다. 유방은 진평에게 후한 상금을 내리는 한편 호군중위로 승진시켜 군사들을 이끌게 했다. 장수들도 더는 불만을 토로하지 못했다.

티가 있다고 옥이 돌이 되지 않는다

진평의 파란만장한 인생경력은 인재기용이란 면에서 많은 계시를 준다.

먼저, 인재 유동(流動)이란 점에서 어떤 규칙 같은 것을 알려준다. 인재가 두각을 나타내고 재능을 충분히 발휘하려면 적절한 환경이 조성되어 있어야 한다. 집권자가 자신과 가까운 사람만 중용한다면 진짜 인재들이 발붙일 여지가 없게 되고, 그러면 자연히 다른 군주(고용주)에게 몸을 맡기게 된다. 항우는 자신과 가까운 인척들만 신임하고 진평은 믿지 않았기 때문에 진평은 다른 군주를 찾아 나섰고, 결국 유방에게로 발걸음을 옮겼다. 말하자면 그는 자신의 능력을 충분히 발휘할 수 있는 무대를 찾아 나선 것이다.

여러 차례 언급했듯이 항우와 유방 사이의 '초한쟁패'는 인재전쟁이었다. 진평이나 한신 같은 출중한 인재가 항우를 버리고 유방에게 몸을 맡긴 사실은 어쩌면 항우의 패배를 결정하는 예언과도 같았다.

둘째, 옥에도 티가 있듯이 사람도 완전한 사람은 없다. 리더가 자신의 욕심만 내세워 모든 방면에서 완벽함을 요구하는 것은 무리다. 따라서 리더는 주어진 상황과 인재가 맡게 될 역할의 필요성 등에 따라 인재를 적절하게 안배하고 기용해야 할 필요가 있다. 유방이 부하들의 헐뜯는 말만 듣고 진평의 부득이한 행동상의 단점에 집착해 그를 버렸더라면 대업에 아무런 도움이 되지 못한 것은 말할 필요도 없고, 심지어는 인재를 적진으로 쫓아 보내 도리어 자신에게 맞서게 하는 심각한 결과를 초래했을 수 있다. 다행히 유방은 자신의 대업을 위한 발판으로서 유능한 인재를 잘 기용했다. 과연 진평은 이후 여섯 차례나 기묘한 계책을 제안해 항우를 패전시켜 서한 왕조를 건립한 것은 물론 유씨 천하를 안정시키는 데 절대

진평은 포부가 컸고, 그에 어울리는 능력의 소유자였다. 그림은 명나라 말기 화가 진홍수의 《박고엽자(博古葉子)》에 수록된, 고향의 마을 제사 때 고기를 나누는 진평의 모습이다.

적인 공을 세웠다.

옥에도 티가 있듯이 사람은 완전무결할 수 없다. 인재의 사소한 단점에 대한 지나치고 가혹한 요구는 인재의 장점을 사장시킬 수 있다. 사람의 사소한 점도 보아야 하지만 그보다는 인재의 큰 능력과 장점을 보아야 할 것이다. 이것이야말로 인재에 대한 정확한 태도다.

아무리 뛰어난 인재라도 단점이 있기 마련이다. 그것이 자신과 조직에 악영향을 줄 수 있는 치명적인 단점이 아니라 포용력으로 충분히 감싸줄 수 있는 것이라면, 그 단점보다는 장점에 눈을 돌려야 할 것이다. 이때 인재 본인의 자기점검 내지 자기반성을 통해 종래의 실수나 잘못을 반복하지 않는다는 확신 내지 전제조건이 따라야 한다. 물론 사소한 단점이라도 개선하고 바꿀 수 있도록 충분한 자극과 격려는 반드시 필요하다.

● 용인보감 56 ●

사람을 쓰는 용인에 딱 정해진 규칙은 없다. 리더가 상황에 따라 장악한다. 기업이 인재를 기용하는 실질적인 방법으로 '비상한 방법' '역발상 방법' '말하기 어려운 방법' 등 여러 가지가 있다.

노자가 "말할 수 있는 도는 도가 아니다"라고 했듯이 모두 그 나름대로 일리가 있다. 이런 말이 있다.

"이론 그 자체는 틀리지 않다. 틀린 것은 그것을 선택하고 응용하는 우리의 방식이다."

제57계명

개혁하지 않으면 생존할 수 없다

개혁은 필요성 + 당위성의 문제

"불혁기구(不革其舊), 안능종신(安能從新)."

"낡은 것을 혁파하지 않고 어찌 새롭게 출발할 수 있겠는가?"(사량좌謝良佐, 《상채어록上蔡語錄》 권2)

'개혁(改革)'에서 '改'는 바꾼다는 뜻이고, '革'은 짐승의 가죽을 완전히 벗겨 널어놓은 모습의 상형문자이다. 합치면 완전히 바꾼다는 뜻이 된다. 혁명(革命)은 개혁의 앞 단계로 천하대세를 완전히 바꾼다는 뜻을 지닌 단어이다. 순리대로라면 혁명에 이어 개혁이 따른다. 그런데 역사는 혁명보다 개혁이 더 힘들고 어렵다는 사실을 보여주고 있다. 무력과 엄청난 민중의 지지를 동반한 혁명은 순식간에 정권을 뒤엎는다. 4천 년에 이르는 중국의 왕조체제에서 정권을 뒤엎는 혁명 등으로 바뀐 정권만 수십 개에 이르지만, 성공한 개혁은 손가락으로 꼽아도 그 손가락이 남을 정도로 드물었기 때문이다.

기업 경영이나 조직의 개혁도 하나 다를 바 없다. 개혁하지 않으면 살아남기 힘든 엄연한 현실 앞에서도 과감하게 개혁에 나서는 경우는 드물고, 또 개혁에 성공한 경우는 더더욱 드물다. 이는 개혁이 그만큼 어렵다는 사실 외에 또 무엇을 의미할까? 개혁에 저항하는 힘이 상상을 초월할 정도로 어마어마하다는 뜻이다. 역사상 개혁의 사례와 그것이 갖는 의미를 생각해 보고자 한다. 개혁의 중요성이 과거 어느 때보다 절실해졌기 때문에 개혁을 둘러싼 진지한 논의가 충분히 의미를 가질 것이다.

개혁의 시대

◇◇◇◇◇

중국 역사상 가장 극렬한 변화를 보여준 춘추전국 550년을 한 마디로 압축하자면 '개혁의 시대' 바로 그것이었다. 100여 개의 나라가 하나로 수렴되는 과정은 말 그대로 못 일어날 일 없고, 안 일어난 일 없는 그런 시기였다. 그 550년을 관통하는 키워드가 곧 '개혁'이었다.

이 개혁의 대세 앞에서 개혁에 저항하고 개혁을 방해한 나라는 예외 없이 역사무대에서 조기 퇴장했고, 어설프게 개혁한 나라는 운 좋게 반짝 한 시대를 풍미하기도 했지만 역시 앞서거니 뒤서거니 역사의 뒤안길로 사라졌다. 전면적이고 지속적인 개혁을 완수한 나라만이 살아남아 안으로는 부민과 부국강병을 이루고 밖으로는 통일이라는 역사의 책무를 완수했다.

중국 개혁사의 총아는 누가 뭐래도 상앙(商鞅, 기원전 약 390~기원전 338)이다. 그는 서방의 후진국 진(秦)나라를 일약 초일류 강국으로 끌어올린 역사상 최고의 개혁가였다. 그의 개혁이 성공하지 못했더라면 진시황의 천하통일도 없었을 것이라고 입을 모을 정도로 그의 개혁은 개혁사의 모범으로 남아 있다.

그의 개혁도 처음에는 엄청난 저항에 부딪혔다. 기득권층은 물론 백성들까지 엄격한 법치에 불편함을 호소하며 시위를 불사할 정도였다. 상앙은 전혀 동요하지 않으면서 다음과 같은 개혁의 변을 토로했다.

"배우고 생각한 것을 의심하면 절대 성공할 수 없다. 행동에 회의를 품어도 절대 성공할 수 없다. 앞을 내다보는 사람은 세상 사람들에게 배척당하기 마련이다. 어리석은 사람과는 진취적이고 창조적인 일을 논의해서는 안 된다. 그런 자들에게는 그저 풍부한 수확(결과)을 보여주기만 하면 된다. 지혜로운 견해는 세속과 같지 않다. 크게 성공한 사람은 몇몇 사람과 일을 꾀하지 이 사람 저 사람에게 의견을 묻지 않는 법이다. 나라를 강성하게 만들려면 철저한 개혁뿐이다."

중국 역사상 가장 철저하고 성공적인 개혁을 성공시킨 상앙.

당시의 역사적 조건 등을 감안해

상앙의 개혁의 변을 한마디로 요약하면 '닥치고 개혁' 바로 이것이었다. 지금 우리 앞에 놓인 절체절명의 과제이기도 하다.

개혁의 조건, 기득권을 놓아라

"변통혁폐(變通革弊), 여시의지(與時宜之)."
"법을 바꾸고 폐단을 혁파하는 일은 시세에 맞아야 한다."《요사遼史》〈예지禮志〉)

중국 역사에는 풀리지 않는 의문점이 숱하게 많다. 이런 미스터리들이 역사 읽기에 흥미를 더해주는 것도 사실이지만, 한편으로 이런 미스터리들이 대개는 역사의 진보와 발전을 가로막았다는 점에서 안타까움이 더한다.

2008년 타계한 타이완을 대표하는 지성 보양(柏楊, 백양, 1920~2008) 선생의 《중국인사강(中國人史綱)》(한국어판 제목《백양 중국사》)에 따르면 중국은 역대로 총 83개의 크고 작은 왕조가 출몰했다. 그중 수십 차례의 주요 왕조 교체는 성공작이었다. 이에 비해 주목할 만한 10여 차례의 개혁은 대부분 실패로 끝났다. 개혁이 왕조(정권) 교체나 혁명보다 더 어렵고 힘들다는 것을 여실히 보여주는 통계다.

개혁을 힘들게 하는 여러 요인 중 가장 중요한 것을 들라면 기득권층의 저항과 방해를 들지 않을 수 없다. 사회경제적 각도에서 볼

상앙의 경제개혁 핵심인 도량형 통일을 잘 보여주는 규격화된 됫박의 모습이다.

때 개혁은 그 자체로 이익의 조정이자 기득권을 건드릴 수밖에 없는, 즉 본질적으로 '이익의 재분배'이기 때문이다. 요컨대 개혁에 성공하기 위해서는 일차적으로 기득권을 비롯한 이해관계를 어떻게 조정하느냐가 관건이다.

중국 역사상 가장 성공한 상앙의 개혁은 이 문제를 어떻게 풀었을까? 상앙의 개혁에는 '점진적'이니 '타협'이니 '사회적 수용 능력' 따위와 같은 개혁에 따른 부작용을 줄이는 개념들이 전혀 끼어들 여지가 없는, 말 그대로 철혈(鐵血) 개혁이었다. 오늘날 상앙의 개혁 정치를 그대로 받아들이기 어려운 것도 이 때문이다. 하지만 개혁의 관건인 기득권을 비롯한 이해관계 조정이란 면에서는 눈여겨봐야 할 대목이 적지 않다.

우선, 모든 백성에게 정당한 직업을 갖도록 했다. 세습귀족과 부유한 상인의 자제들을 포함해 놀고먹는 사람들이라도 적당한 직업에 종사하지 않으면 모두 노예로 삼아 변방의 황무지를 개간하는 곳으로 내쳤다.

둘째, 전투에서 공을 세운 사람은 반드시 승진시켜 주었다. 지위가 높은 귀족이나 돈이 많은 부자라도 전공(戰功)이 없으면 정부의 관직을 맡을 수 없었다. 한마디로 특혜를 없앤 것이다. 아무리 귀하신 몸이라도 나라와 백성을 위해 공을 세우지 않으면 자리를 받거나 상을 받을 수 없고, 아무리 미천한 사람이라도 정당한 공을 세우면 그에 상응하는 상과 자리를 받았다. 이는 또 불로소득자를 제한하는 조치이기도 했다. 정당한 육체노동이나 정신노동을 통해 경제적 부를 획득하는 것이 아니라 비생산적이고 불법적인 투기로 부와 권력을 누리는 부조리를 허용치 않았다는 것이다. 상앙은 이런 현상들을 기득권으로 보고 이를 철저히 개혁해 나갔다.

　기득권이란 본디 존재하지 않는 것이다. 이미 얻고 얻어 놓은 것이라 해서 권리를 주장하고 그것을 권력 장악의 밑천으로 이용하거나 심지어 세습하려는 발상 자체가 잘못이다. 우리의 정치·경제·군사 등 거의 모든 방면에서 벌어지고 있는 갈등과 분쟁의 핵심이자 본질은 바로 이 기득권 수호, 수단과 방법을 가리지 않는 기득권 지키기에 지나지 않는다. 당초 그것을 주었던 국민이 내려놓으라고 하면 바로 내려놓아야 한다. 민심만이 기득권의 향방과 소멸을 결정할 수 있다. 여기에 저항하거나 방해하면 처절한 역사의 심판과 몰락이 있을 뿐이다.

설득 없는 타협은 타협이 아니라 야합이다
◇◇◇◇

　"폐지난거(弊之難去), 기난재앙식우폐지인(其難在仰食于弊之人)."

　"폐단을 없애기 힘든 것은 그 폐단에 기생해 살아가는 자들이 있기 때문이다."(위원魏源, 《회북표염지략淮北票鹽志略》)

개혁의 주체가 빠지기 쉬운 가장 큰 함정이 '독선(獨善)'이다. 독선은 비타협에서 비롯되고, 비타협은 독선을 강화한다. 레닌으로부터 중국 역사상 최고의 개혁가라는 평을 들었던 송나라 때의 왕안석(王安石, 1021~1086)은 결과적으로 개혁에 실패했다. 그의 실패에 관해서는 수많은 분석이 있어 왔는데, 개혁에 관한 한 그가 '동기(動機) 지상주의자'였다는 지적이 꽤 설득력 있어 보인다.

왕안석의 동기는 누구보다 순수했다. 그의 독선은 말하자면 '순수의 독선'이었다. 개혁의 본질이 '이익의 재분배'인 이상 갈등과 모순이 따를 수밖에 없다. 이 때문에 독선은 일쑤 독단(獨斷)과 독재(獨裁)로 흐른다. 모순·충돌·갈등을 조정하는 데 엄청난 정력이 소모되기 때문에 그것을 피하려 한다.

성공적인 개혁에는 갈등조정을 위한 타협과 설득이 뒤따라야 한다. 이런 점에서 전국시대 조(趙)나라의 무령왕(武靈王, ?~기원전 295)이 개혁의 과정에서 보여준 타협과 설득의 자세는 충분히 본받을 만하다.

무령왕이 즉위할 무렵 조나라가 직면한 큰 문제는 북방 민족이었다. 간편한 복장에 말을 타고 활을 쏘는 기동력을 갖춘 북방 민족은 공포의 대상이었다. 무령왕은 다른 무엇보다 복장개혁이 급선무라는 점을 확신했다. 보수적인 왕족과 귀족들은 결사반대였다. '오랑캐 옷을 입는다는 것은 조상 대대로 전해오는 전통적 예의에 어긋난다'는 사고방식이 고착되어 있었기 때문이었다.

무령왕은 고민 끝에 자신의 숙부이자 개혁 반대론자를 대표하는

복장과 습관의 개혁을 상징하는 호복기사(胡服騎射)는 의식의 개혁 없이는 불가능하다는 점을 잘 보여준다. 사진은 조나라 수도였던 오늘날 하북성 한단시(邯鄲市)의 상징물인 무령왕의 상이다.

공자 성(成)을 설득하기로 했다. 무령왕은 '옷이란 입기에 편해야 하며, 예의란 무슨 일을 꾀하는 데 편해야 하는 법'이라는 논리로 숙부로 하여금 오랑캐 옷을 입고 조회에 나오도록 했다. 하지만 조정 대신들은 뜻을 굽히지 않았다. 무령왕은 다시 다음과 같은 강력한 논리로 이들을 설득했다.

"이서어자부진마지정(以書御者不盡馬之情), 이고제금자부달사지변(以古制今者不達事之變)."

"책 속의 지식으로 말을 모는 자는 말의 속성을 다 이해할 수 없고, 낡은 법도로 현재를 다스리는 자는 사리의 변화에 통달할 수 없다."

무령왕은 자신의 개혁의지를 무조건 몰아붙이는 '순수의 독선'이란 함정에 빠지지 않고 반대론자들을 설득하고 그들과 타협해 나가면서 개혁을 성공시켰다. 특히 자신의 인척인 공자 성을 직접 찾아가 진정을 다해 설득해 솔선수범으로 오랑캐 옷을 입게 하는 절묘한 수순을 밟았다. 설득과 타협은 일방적 양보나 자신의 논리를 포기하는 것이 아니라 성공적 개혁으로 가는 필수 과정임을 무령왕은 생생하게 보여주었다.

개혁의 원동력으로서 '인재정책'

◇◇◇◇

"변고유진(變古愈盡), 편민유리(便民愈利).

"개혁은 철저할수록 백성에게 이롭다."(위원魏源, 《고미당古微堂》〈치편治篇〉)

사마천은 한 나라의 흥망에는 어떤 조짐이 나타나는데, 나라가 흥할 때는 군자가 기용되고 소인은 물러나는 상서로운 조짐이 나타나고, 나라가 망할 때는 현인은 숨고 난신들이 귀하신 몸이 된다고 했다.

그러면서 사마천은 나라의 "안정과 위기는 어떤 정책을 내느냐에 달려 있고(안위재출령安危在出令), 존망은 어떤 사람을 기용하느냐에 달려 있다(존망재소용存亡在所用)"라고 일갈했다. 나라의 존망이 인재 기용에 따라 좌우된다는 요지이다.

개혁도 마찬가지이다. 아무리 좋은 개혁정책을 갖고 있어도 정책을 사심 없이 일관되게 추진할 정직하고 굳센 인재가 없다면 그 정책은 그림의 떡이다. 그렇다면 개혁에 따른 인재기용의 원칙은 어떠해야 할까? 이와 관련해서는 기원전 7세기 중반 서방의 낙후된 진(秦)나라를 중원으로 진입시키고 일약 강국으로 변모시킨 목공(穆

公, ?~기원전 621)의 인재정책이 눈길을 끈다.

목공은 진나라가 궁벽한 곳에 위치한 탓에 중원의 앞선 문화·제도·인재를 받아들이지 못하고 있는 현실을 타개하기 위해 과감한 인재정책을 택한다. 말하자면 중원의 좋은 인재들을 발탁해 선진 문물을 흡수하고, 이를 바탕으로 진나라의 국정을 전반적으로 개혁한 것이다. 이를 위해 목공은 대담한 인재 기용정책을 실행했다. 이것이 소위 '사불문(四不問)' 정책이라는 것인데, 지금 보아도 대단히 획기적이었다.

'사불문'이란 말 그대로 네 가지를 따지지 않겠다는 것인데, 그 네 가지란 민족(종족)·국적(나라)·신분(귀천)·연령(나이)이었다. 즉, 이 네 가지를 따지지 않고 유능하면 누구든 기용하겠다는 것이었다. 목공은 이 '사불문' 정책에 입각해 우(虞)나라의 현자인 백리해(百里奚)를 대부로 전격 발탁했다. 더군다나 당시 백리해는 노예 신분이었으며, 나이도 60을 훨씬 넘긴 노인이었다. 백리해는 그 보답으로 다양한 인재를 목공에게 추천했고, 목공은 이들의 힘을 빌려 춘추시대 패자로 급부상했다. 이로써 후진국 진나라는 일약 선진국 대열에 합류할 수 있었다.

2,600여 년 전 '사불문'이란 획기적인 인재 정책으로 진나라를 크게 개혁한 진 목공.

목공의 파격적인 인재정책의 효과는 진나라를 부국강병으로 이끄는 선에서 그치지 않았다. 목공의 '사불문'은 그 뒤 진나라 인재정책의 근간이 되어 끊임없이 외부로부터 다양한 인재를 수혈 받았고, 이것이 400년 뒤 천하통일이라는 엄청난 역사의 기초 역량으로 작용했다.

    2,600여 년 전 진 목공의 인재정책에 견주어 지금 우리의 인재정책은 어떤 모습인가? 정치권이건 기업이건 저마다 외부 인재를 영입하겠다고 소란을 떨고 있다. 마치 내부에는 인재가 전혀 없는 듯 호들갑들이다. 인재는 내부에만 있는 것도, 외부에만 있는 것도 아니다. 내부적으로는 인재가 성장할 수 있는 기름진 토양을 가꾸어야 하고, 외부적으로는 사회적 통념이나 기득권을 초월해 인재를 모실 수 있는 활짝 열린 마인드가 준비되어 있어야 한다. 기득권·학연·혈연·지연·교회연·군대연 따위를 따지는 망국적 사고방식으로는 결코 개혁에 성공할 수 없다. 목공과 같은 개방적 인재정책이야말로 모든 개혁의 성공을 가늠하는 가장 중요한 리트머스 시험지라는 사실을 단단히 유념해야 할 때다.

개혁의 조건, 진정성과 신뢰의 함수관계

"법즉적구폐필총생(法卽積久弊必叢生), 고무백년불변지법(故無百年不變之法)."

"법이 오래되면 이런저런 폐단이 생겨날 수밖에 없다. 따라서 백년 동안 변하지 않는 법은 없다."(양계초梁啓超)

역사상 수많은 개혁이 대부분 실패한 가장 큰 이유는 수구 기득권층의 저항과 방해가 주된 요인이었지만, 개혁 주체의 진정성이 또 다른 문제가 되었다. 창대하게 시작된 개혁의지가 시간이 흐를수록 미미해졌을 뿐만 아니라, 어설프게 타협하고 적당히 만족한 탓에 개혁이 퇴색되거나 심하면 흐지부지되고 말았다. 개혁 주체가 기득권층으로 변질되기도 했다.

　제대로 된 개혁은 개혁 주체의 진정성이 전제되어야만 한다. 사심(私心)이 개입되어서는 안 된다는 말이다. 사심을 배제한 이 진정성이야말로 신뢰를 얻는 가장 큰 담보물이기 때문이다. 역대 개혁들이 대체로 개혁 주체의 진정성과 개혁 객체의 신뢰성 면에서 낭패를 보았다.

　개혁가 상앙은 개혁에서 가장 중요한 전제 조건이 개혁 주체의 진정성과 백성의 믿음이란 점을 정확하게 간파했다. 상앙은 개혁을 위한 모든 법령을 마련한 다음 법령 포고에 앞서 한 가지 상징적인 이벤트를 벌였다. 상앙은 3장 길이의 나무 기둥을 남문에 세워 놓고는 "이 기둥을 북문으로 옮기는 사람에게는 금 10냥을 상으로 준다"고 고지했다. 백성들은 비웃었다. 상앙은 상금을 50냥으로 올렸다. 누군가 재미 삼아 기둥을 옮겼고, 상앙은 그 자리에서 상금을 주었다. 백성들의 마음은 서서히 상앙의 개혁정책과 법령 쪽으로 옮겨갔다. 이것이 저 유명한 '입목득신(立木得信)'이다(이를 '이목득신移木得信' 또는 '사목득신徙木得信'이라고도 하는데, 나무 기둥을 옮기게 하고 믿음을 얻는다는 뜻이다. 사드 문제로 경색된 한중관계가 풀려가는 상황에서

주중대사가 취임하자 중국 외교부 당국자가 이 고사성어를 언급해 두 나라 사이의 신뢰가 얼마나 중요한지 강조한 바 있다).

상앙의 개혁이 백성들의 신뢰를 얻는 데는 엄격하면서 공정한 법집행이 큰 역할을 했다. 태자가 법령을 어기자 상앙은 태자는 차마 처벌할 수 없어 대신 태자 스승 중 한 사람을 처형하고, 다른 한 사람은 얼굴에 뜸을 뜨는 형벌을 가했다. 이 사건은 훗날 상앙이 실각하게 되는 복선으로 작용했지만, 법집행에 대한 상앙의 진정성만큼은 백성들에게 확실하게 전달되었다.

상앙은 개혁정책과 그에 따른 법집행이 백성들로부터 믿음을 얻지 못하는 근본적인 원인을 정확하게 인식하고 있었다. 그는 개혁 주체가 진정성을 갖고 공정하게 일을 처리하면 백성들의 믿음은 절로 따라온다는 것을 확신했다. 그는 이렇게 일갈한다.

상앙의 변법 개혁을 나타낸 사마천 광장(섬서성 한성시)의 조형물.

"법지불행자상범야(法之不行自上犯也)!"
"법이 지켜지지 않는 것은 위에서부터 법을 어기기 때문이다!"

상앙의 '입목득신'은 언뜻 얄팍한 술수처럼 보이기도 하지만, 그 이면에는 중요한 의미가 함축되어 있다. 즉 개혁에 성공하기 위해서는 개혁에 대한 백성들의 사상적 준비, 즉 믿음을 갖고 개혁을 받아들일 준비가 전제되어야 한다는 것이다. 이런 점에서 진정성과 신뢰의 함수관계는 개혁의 성패에 결정적으로 작용하는 물리화학적 결합이다. 요컨대 개혁에 따른 진정성과 신뢰의 함수관계를 깊이 통찰해야 한다.

● 용인보감 57 ●

기업의 생존과 발전을 위해서는 인재를 머물러 있게 하는 것이 중요하고, 그보다 더 중요하게는 그들의 마음을 붙들어 놓아야 한다. 그리고 나아가 그 잠재력을 충분히 발휘하게 해야 한다.
삼국 시기의 인재 서서(徐庶)는 몸은 조조(曹操)에게 있었지만, 마음은 촉한의 유비(劉備)에게 있었다. 따라서 사람을 강제로 붙잡아 두어서는 안 된다. 그것은 실제로 그 사람의 마음을 붙잡지 못한 것이기 때문이다. 놓아주는 것이 낫다.

――― 제58계명 ―――
아름다운 꽃은 푸른 잎을 필요로 한다

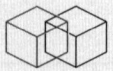

인재의 성과와 격려

"임능자책성이불로(任能者責成而不勞)."
"능력 있는 인재를 기용해 성과를 내도록 독려하면 힘이 들지 않는다."

《염철론(鹽鐵論)》(〈자복刺復〉 편)에 나오는 명구이다. 조직이나 기업이 존속하고 발전하려면 자질을 갖춘 일정한 수의 인재가 없으면 안 된다. 기업에 사람이 있어도 이들을 활용하지 못하거나 잘못 활용하면 사람이 없는 것이나 마찬가지다. 명나라의 개국공신인 유백온(劉伯溫, 유기劉基, 1311~1375)은 "사람을 제대로 쓰면 사람을 얻고, 사람을 제대로 쓰지 못하면 사람을 잃는다"고 지적했다.

인재에게 권한을 위임하면 힘이 들지 않는다며 위임의 효용성을 짚어낸 《염철론》.

인재활용에서 흔히 발생하는 문제 중에 '위임(委任)'과 '친정(親政)'이 있다. 즉, 그 일과 관련한 권한과 책임을 인재에게 맡길 것이냐, 아니면 리더가 직접 관리하고 감독할 것이냐의 문제이다. 이 문제를 중심으로 논의해 보고자 한다. 아울러 인재가 성과를 내기 위해서는 어떤 방법이 필요한지 생각해 본다.

'위임'과 '친정'의 경계

사람을 어떻게 쓸 것인가 하는 '용인(用人)'은 보통 문제가 아니다. 큰 학문이자 예술의 경지이다. 지금까지 우리가 거듭 알아보았듯이 옛 현인들은 이 방면에서 대단히 값어치 있는 경험과 교훈을 남겨주었다. 춘추시대 제나라의 재상 관중(管仲)은 군주가 크고 작은 일에 시시콜콜 직접 간여하고 자신의 능력을 과신하면서 인재의 도움을 깔보면 좋을 것 하나 없다고 했다. 심지어 자칫하면 망국의 화근이 될 수 있다고까지 했다. 전국시대 유가사상을 집대성한 순자(荀子)는 "군주는 독단해서는 안 된다"고 단언했다. 전국시대 진나라의 개혁가 상앙(商鞅)은 현명한 군주는 늘 돗자리 위에 앉아 대나무 흔들리는 소리를 들으며 천하 백성을 부리고, 천군만마를 지휘하기를 손바닥 뒤집듯 한다고 했다. 관련하여 법가사상의 대가 한비자(韓非子)는 이런 말을 남겼다.

"현명한 군주의 통치술은 지혜로운 자를 부려 그 지혜를 다 짜내게 하고, 군주는 그에 따라 일을 결단하므로 군주의 지혜는 무궁해진다. 또 군주는 유능한 자의 능력을 다 발휘하게 하고 그에 따라 맡기면 되기에 군주의 재능은 무궁해지는 것이다."(《한비자》〈주도主道〉편)

《여씨춘추》(〈찰현察賢〉편)에는 상호 대비를 통해 다음과 같은 두 가지 통치방식을 의미심장하게 소개하고 있다.

복자천(宓子賤)과 무마기(巫馬期)가 전후로 단보(單父)라는 마을을 다스린 적이 있었다. 복자천이 다스릴 때는 매일 집무실에 앉아 거문고를 연주하고 다른 일을 하는 모습을 볼 수가 없었다. 하지만 단보는 아주 잘 다스려졌다. 반면 무마기는 밤낮없이 몇 년을 일에 매달렸지만 단보는 제대로 다스려지지 않았다. 무마기는 심신이 다 지쳐버렸다.

여기서 우리가 충분히 짐작할 수 있는 사실은 두 사람이 사람을 쓰는 '용인'의 방법에서 서로 달랐을 것이라는 점이다. 즉, 한 사람은 자신이 직접 일을 챙기지 않았고, 다른 한 사람은 일일이 몸소 챙겼다. 중국 정치학에서는 이를 각각 '위임(委任)'과 '친정(親政)'으로 표현한다. 이 두 가지 방법 중에 어느 쪽이 더 나은가에 대해서는 예로부터 의견이 갈렸지만, 대체로 전

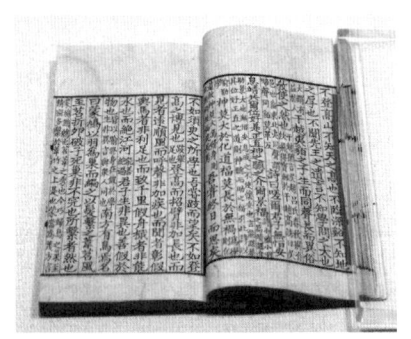

고전은 수천 년 축적된 인간의 지혜를 간명하고 깊이 있는 언어로 전하고 있다. 이런 점에서 고전은 오래된 미래다. 도판은 최근 리더와 인재, 리더와 조직의 관계라는 면에서 크게 주목을 받고 있는 《순자》의 송나라 때 판본이다.

자 '위임'에 후한 평가를 내리고 있다. 맡겨서 일을 처리하면 일은 쉽게 처리되고 효과는 배로 나는 경우가 많다. 몸도 마음도 편해진다. 자신이 몸소 모든 일을 처리하면 이와는 전혀 상반된 결과가 나오기 일쑤다.

옛사람들의 이런 평가는 그 자체로 일리가 있을 뿐만 아니라 지금도 여전히 나름의 의미가 있다. 위아래가 나누어져 있고, 고용과 피고용의 관계가 존재하는 곳이라면 통제와 피통제, 리더와 부하의 관계가 있을 수밖에 없다. "아름다운 꽃은 푸른 잎사귀를 필요로 한다"는 속담이 있다. 관련하여 "일류 리더는 인재를 기용하고, 중급 리더는 사람을 관리하고, 하급 리더는 사람에게 기댄다"는 말도 있다. 뛰어난 리더라면 자신이 직접 나서지 않고 효과적으로 일을 처리하는 리더십을 갖추어야 한다.

'근심 어린 얼굴을 한 조수'

옛사람들의 '위임'에 관련한 이런 인식을 오늘날의 언어로 바꾸면 '충분한 권한을 주어라' 정도가 될 것이다. 간단히 말해 아랫사람에게 상응하는 책임·권한·이익을 주고 리더는 손을 놓고 그들 스스로 일하게 만들라는 뜻이다. 부도 직전의 크라이슬러를 구원한 미국의 유명한 기업가 리 아이아코카(Lee Iacocca, 1924~2019)가 "관리는 타인을 움직여 일하게 하는 것이다"라고 한 말과 일맥상통한다.

또 미국의 관리자문 분야의 전문가 에드워드 블리스(Edward Bliss, 1912~2002)는 "좋은 CEO에게는 근심 어린 얼굴을 한 조수가 있다"는 명언을 남긴 바 있다. 그 뜻은 사람을 잘 쓰는 리더는 그 밑의 조수나 부하에게 권한을 주어 그들의 주관적 능동성을 충분히 조종한다는 것이다. 임무를 그들에게 주면 그들은 압박을 느끼고 고민을 할 수밖에 없고, 그래서 임무 완수를 위해 노력한다는 뜻이다. 블리스는 현대의 수많은 CEO가 크고 작은 일들을 모조리 몸소 결정하는 만능의 권력을 누리려고 열을 올리는데, 이는 자신의 시간을 아주 잘못 사용하는 것에 지나지 않으며, 나아가 부하의 창의성 발휘와 성장에도 방해가 된다고 지적한다.

물론 손 놓고 맡긴다는 것이 그저 수수방관한다는 뜻은 아니다. 명나라 만력제(萬曆帝) 주익균(朱翊鈞, 1563~1620)은 48년 동안 재위했는데, 태후의 수렴청정을 빼고 38년 동안 통치하면서 무려 25년 동안 후궁 깊은 곳에 들어앉은 채 사람을 만나지 않았다. 나랏일은 완전 방치했고, 심지어 재상조차 황제의 얼굴을 볼 수 없었다. 도대체 그가 무엇을 하는지 알지 못했다. 이는 위임이 아니라 리더의 책임을 포기하는 극단적 행태였다. 같은 명나라 황제인 희종(熹宗) 주유교(朱由校, 1605~1627)도 비슷했다. 그는 하루 종일 목공예에 몰두한, 말하자면 일류 목수를 방불케 한 리더였다. 이 역시 리더로서 무능하고 무책임한 것이나 다름없었다.

'직접 하는 것'과 '하지 않는 것'의 관계를 어떻게 처리할 것인가? 홍콩의 유명 작가이자 기업가인 량펑이(梁鳳儀, 양봉의, 1942~) 여사는 이런 말로 비유했다.

"주인이라면 큰일은 직접 자기 힘으로 처리해야 하고, 작은 일은 스스로 알고 깨닫고 있어야 한다. 무겁고 가벼운 것을 뒤바꿔서도 안 되고 크고 작은 것을 뒤섞어서도 안 된다."

자신이 기업인이기도 한 량펑이 여사는 리더는 스스로 해야 할 일, 알고 있어야 할 일, 맡겨야 할 일에 대한 구분을 분명히 제시했다. 리더라면 새겨들을 필요가 있는 조언이다.

이렇게 비유해 보자. 바다를 항해하는 배는 그 배가 몇 톤이 나가든 조타수가 갑판이 빛이 나도록 닦고 있어서는 안 된다. 그가 자신의 일을 팽개치고 갑판이나 닦고 있으면 배는 궤도를 벗어나 전혀 다른 방향으로 표류할 것이다.

● 용인보감 58 ●

산만한 자유로는 일류의 인재를 영원히 만들어 낼 수 없다. 규율을 갖춘 재능이라야 인재의 끊임없는 진보를 보증한다. 이상이 있고 규율도 있어야 한다. 규율은 임무를 철저하게 완성시키는 보증수표다.
마르크스는 "지금 우리는 당의 규율을 반드시 완전히 유지해야 한다. 그렇지 않으면 모든 것이 진흙탕에 빠질 것이다"라고 했다.

---- 제59계명 ----

"제갈량이 곧 죽겠구나"

관리의 폭을 조절하라

"임기자사폐이무공(任己者事廢而無功)."
"자신의 능력만 믿는 자는 일을 망치고 공을 이루지 못한다."

위 구절은 바로 앞에서 소개한 《염철론》의 "임능자책성이불로(任能者責成而不勞)", 즉 "능력 있는 인재를 기용해 성과를 내도록 독려하면 힘이 들지 않는다"는 대목과 대구를 이루고 있다.

무수한 사실이 입증하듯이 기업의 리더나 관리자가 모든 것을 초탈해 느긋하게 자유자재로 아랫사람을 활용하는 일이 꼭 불가능한 일은 아니다. 그 기본이 되는 방법이라면, 비유컨대 자신의 몸을 나누는 '분신술(分身術)'을 택하는 것이다. 즉, 대권을 본인이 장악하고 있다는 전제하에 자신이 굳이 권력을 행사할 필요가 없거나 직접 처리할 필요가 없는 일은 아래로 넘겨 권한과 책임을 다하게 하면 된다.

그러나 리더십을 발휘하거나 사람을 기용하는 실제 문제에 부딪히면 왕왕 이 방법과는 어긋나거나 상반되는 여러 가지 상황이 발생한다. 가장 많이 발생하는 문제는 주로 두 가지다. 그중 하나는 조직과 기업의 리더들이 '바빠 죽겠다'를 연신 외치면서도 권한과 일을 아래로 넘기지 않는다는 것이다.

이런 문제가 나타나는 근본적인 원인은 권한을 넘기는 문제에 대한 의미를 정확하게 인식하지 못하고 있다는 데 있다. 이런 리더들은 수중의 권력이 떨어져 나가는 것을 막는 일과 권한을 아래로 넘기는 일을 대립시켜, 권한을 넘기면 권력이 떨어져 나가 잃게 된다고 생각한다. 어리석은 인식이 아닐 수 없다. 요컨대 권한의 폭과 범위에 대한 성찰이 요구된다는 뜻인데, 이제 이 문제를 좀 더 살펴보고자 한다.

권력의 진정한 의미는 나누는 것

'권력'이란 단어에서 '권(權)'은 물건의 무게를 다는 저울추를 말한다. 따라서 '권력'은 무작정 움켜쥐는 것이 아니라 힘의 균형을 잡는다는 뜻이다. 힘의 균형을 잡으려면 나눌 줄 알아야 한다. 영어의 '밸런스 오브 파워(Balance of Power)'다.

'권력'은 행사하는 것이지만 무조건 무작정 행사해서는 안 된다. 균형을 맞추어야 한다. 저울추가 '권(權)'이라는 사실에 유념할 필요가 있다. 사진은 진나라 때의 저울추 '권'의 모습이다.

리더가 큰 권력을 장악한다는 의미는 전체 국면에 영향을 주는 주요한 권력을 가리키는 것이지 모든 권력이 아니다. 한번 생각해 보자. 아주 사소한 권력까지 모두 자기 손에 넣으려 했다가는 곁가지만 쫓다가 근본을 놓치는 결과를 초래하기 십상이다. 나아가 권력을 통제할 수 없을 뿐만 아니라 도리어 권력을 잃게 된다.

모든 리더는 누구나 일정한 수의 아랫사람을 거느린다. 적으면 수십, 많으면 수만을 통제한다. 그런데 크기나 경중을 따지지 않고 모든 일을 전부 몸소 처리하려고 한다는 것은 한 사람의 리더가 같은 시간, 서로 다른 공간에서 발생하는 복잡다단한 일들에 주의를 기울이고 그 일들을 처리해야 한다는 것을 의미한다. 이는 전설이나 신화 속에서나 가능한 일이다.

현실 세계를 사는 리더는 신이 될 수도 없고, 초인적 능력을 갖고 있지도 않다. 억지로 그렇게 하려고 했다가는 일 더미에 파묻혀 빠져나오지 못한 채 이 글 첫머리에서 인용한 대로 '자신의 능력만 믿는 자는 일을 망치고 공을 이루지 못하게' 된다. 제갈량과 현대 경영의 사례를 비교해 보고, 이를 통해 이 문제의 심각성을 생각해 보자.

'만기친람(萬機親覽)' 제갈량의 자기 함정

◇◇◇◇◇

역사서에 따르면 제갈량은 촉나라를 다스릴 당시 "크든 작든 모든 일을 자신이 결정하고", "자신이 오로지 했으며", "조정의 법률

제정, 재정과 식량 문제, 소송 등 모든 일이 그의 결재를 거쳤다."
이런 관리법의 문제는 현대 용어로 '관리의 폭'을 적절하게 조정하지 못한 것, 즉 관리를 해야 할 것과 하지 않아도 되거나 해서는 안 되는 일까지 모조리 관리하려 들었다는 데 있다. 모든 일을 반드시 몸소 돌봐야 하는 제갈량의 이런 일 처리 스타일과 리더십은 오히려 적을 기쁘게 만들었다. 이와 관련해 《위씨춘추(魏氏春秋)》에 이런 대목이 있다.

"제갈량의 사신이 오자 사마의(司馬懿)는 제갈량의 잠자리와 식사, 그리고 그 일 처리가 번거로운지 간략한지 등을 물었다. 군대에 관한 일은 묻지 않았다. 사신이 '제갈 공은 밤늦게까지 주무시지 않으며 웬만한 일은 몸소 돌보고 식사는 조금밖에 안 하십니다'라

만고의 충절 제갈량의 리더십에서 가장 큰 문제는 모든 일을 자신이 처리하려는 데 있었다. 사마의는 이를 간파했기 때문에 그의 최후를 예견할 수 있었다. 사진은 제갈량의 최후 전투지였던 오장원에 세워진 그의 사당 입구이다.

고 대답했다. 사마의는 '제갈량이 곧 죽겠구나'라고 했다."

제갈량처럼 모든 일을 직접 돌보는데 먹는 것은 적고 일은 많다면 어떻게 견뎌내겠는가? '제갈량이 곧 죽겠구나'는 물론 사마의의 희망사항이었겠지만, 합리적인 예측이라 하지 않을 수 없다.

'만기친람'하는 제갈량의 이런 리더십과 제대로 먹지 못하고 일에 치여 사는 생활 때문에 측근들은 그의 건강을 크게 걱정하지 않을 수 없었다. 제갈량의 주부(主簿) 양옹(楊顒)은 '위아래가 서로의 일을 침범하지 않아야 한다'면서 이에 대해 직언했으나 제갈량은 정중하게 물리쳤다.

231년 봄 제갈량은 10만 대군을 이끌고 5차 북벌에 나섰다가 5월 오장원(五丈原)에서 쓰러져 일어나지 못했다. 그의 나이 54세였다. 제갈량의 죽음은 정말이지 두보가 〈촉상(蜀相)〉이란 시에서 다음과 같이 애석해한 대목을 절로 떠올리게 한다.

출사미첩신선사(出師未捷身先死)
군대를 내어 승리하지 못하고 몸이 먼저 죽으니

장사영웅누만금(長使英雄淚滿襟).
오래도록 영웅의 눈물이 옷깃을 다 적시게 하는구나!

제갈량의 이른 죽음 때문에 촉은 중원수복과 왕조의 중건이란 숙원을 이루지 못했을 뿐만 아니라 인재부족 등으로 쇠락을 길을 걷지 않을 수 없었다.

양옹의 '위아래가 서로의 일을 침범하지 않아야 한다'는 말에 무슨 심오한 이치가 있는 것이 결코 아니다. 적수였던 사마의와 측근 양옹 등은 이 이치를 너무 잘 알고 있었다. 그러나 제갈량은 이를 인정하려 하지 않았으니 정말이지 "지혜로운 사람이라도 천 번을 생각하다 보면 한 번은 실수가 있기 마련이다(지자천려智者千慮, 필유일실必有一失)"라는 말이 실감 난다.

현대 경영사례와 한 번의 실수

경영에서도 이 '한 번의 실수'를 범하는 리더가 적지 않다. 듀폰(DuPont)은 1802년 프랑스 출신의 화약제조 기술자 엘뢰테르 이레네 뒤퐁(Éleuthère Irénée du Pont, 1771~1834)이 설립한 방위산업체다. 화약상으로 시작해 지금은 미국 내에서 가장 큰 군수업체이자 다국적 기업으로 성장했다. 그런데 이 기업의 리더 몇 사람이 제갈량과 비슷한 실수를 범한 적이 있다.

듀폰은 초창기 리더 한 사람이 거의 모든 일을 결정하는 독단적 경

듀폰은 '만기친람'하는 경영방식 때문에 크게 위기를 겪었다. 인재에게 맡기지 못하는 기업은 결코 오래 버틸 수 없다. 사진은 듀폰의 고급 제품이다. 특히 라이터는 많은 남성의 로망으로 자리매김했다.

영방식을 줄곧 고수했다. 2대 리더 헨리(Henry)는 특히 자신을 보좌하는 사람을 두지 않고 크든 작든 모든 일을 직접 처리했다. 그가 재직한 40년 동안 직접 쓴 편지가 25만 통에 이른다는 말이 있을 정도다. 당시는 회사 규모가 작고 상품도 단순하며 시장도 안정되어 있던 편이라 신체건강하고 정력이 남달랐던 헨리로서는 그 어려움을 견뎌냈을 수는 있다.

그러나 3대 경영자인 유진(Eugene) 때는 모든 방면의 객관적 조건이 이미 크게 변했다. 특히 경영업무가 날이 갈수록 다양해지는 것은 물론 시장의 변화도 예측하기 힘들고 경쟁 또한 더욱 치열해졌지만, 모든 일을 혼자 결정하는 듀폰의 전통적 경영방식은 전혀 바뀌지 않았다.

노자의 '무위' 사상은 결코 소극적이지 않다. 억지로 일을 만들거나 일삼지 않고 맡기면 더 큰 성과를 거둘 수 있기 때문이다. '무위'를 비롯한 노자의 사상은 시간이 갈수록 현대 경영인들에게 큰 영감을 던지고 있다. 그림은 원나라의 장로(張路)가 그린 〈노자기우도(老子騎牛圖)〉로, 노자가 푸른 소를 타고 속세를 떠나는 모습이다.

그 결과 유진은 심신이 지칠 대로 지쳐 결국 과로로 쓰러졌고, 회사도 절체절명의 위기에 놓였다. 제품은 싼값에 처분할 수밖에 없었다. 다행히 다음 경영자가 전통적 방식을 바꾸어 집단적 정책결정 방식을 취함으로써 사지에서 벗어나 재기할 수 있었다.

이 지점에서 우리는 새삼 노자(老子)의 사상을 떠올리게 된다. 노자는 무엇인가를 하고 싶다면 먼저 아무것도 하지 말라는 '무위(無爲)'를 제안했다. 아무것도 하지 않는, 즉 일삼지 않는 '무위'야말로 가장 크게 '일하는' '유위(有爲)'가 된다는 의미다.

이 이론을 사람을 기용하는 경영관리에 응용한다면, 이런저런 잡다한 일에서 빠져나와 일을 직접 처리하지 않고 다른 사람에게 넘겨 처리하게 하고 자신은 '일삼지 말라'는 것이다. 이런 '무위'의 방법을 통해 사업의 성공적인 '유위'라는 목적을 달성하는 것이다. 일은 많은 사람의 노력에 기대어 자연스럽게 성취하면 모든 사람이 마음으로 복종하게 된다. 이것이 '분신(分身)' 공부이자 '무위(無爲)'의 경지이다.

● 용인보감 59 ●

인정미가 없는 사람은 '은혜를 베푼다'는 이 간단해 보이지만 미묘한 인정(人情) 관계를 영원히 음미하지 못한다. 비유컨대 누군가에게 도움을 줄 때는 정도가 지나쳐서 상대의 자존심을 상하게 해서는 안 되며, 은혜를 베풀 때도 너무 많아서도 안 된다. 그렇지 않으면 상대의 부담감을 높여서 관계를 지속하기 어려워진다.

인정미가 없는 사람은 서로 이용하고 버릴 줄만 알았지 인정의 오묘함이 어디에 있는지 깊이 생각하지 않는다. 따라서 인정의 교환에 따르는 경지에 절대 이를 수 없다.

―― 제60계명 ――
인재는 모셔 와 그의 말에 따라야 한다

직권(職權)의 위임이 갖는 의미

재능 있는 인재를 발탁해 쓰는 용인을 실천하는 중에 부딪히는 또 다른 문제는 형식상 권한을 넘겼지만 넘긴 권한(권력)에 한시도 마음을 놓지 못한 채 간여하고 직접 끼어드는 것이다. 심하면 측근을 시켜 감시까지 시키는 경우도 있다. 이러면 아랫사람들은 어찌할 바를 몰라 좌고우면(左顧右眄)하면서 일을 추진하지 못하거나 결단을 내리지 못한다. 그 결과는 표면상 권한을 넘겼다고 하지만 실제로는 목적을 달성하지 못한 빈껍데기일 뿐이다.

기업경영에서도 이런 일이 심심찮게 벌어지고 있다. 이에 위임, 특히 직권(職權)을 넘기는 문제를 역사 사례를 통해 다시 생각해 보고, 관련한 서양의 사례도 살펴보고자 한다.

인재를 모시는 것과 부리는 것의 차이

예로부터 지각 있는 사람들은 사람을 쓰려면 인재에게 직권을 넘기는 것은 물론 자리에 따르는 권력도 함께 넘겨 인재를 적극 존중하라고 권했다. 그래야만 인재가 능력을 충분히 발휘할 수 있다고 본 것이다. 이와 관련해 《손자병법》(〈모공謀攻〉 편)에서는 이렇게 말했다.

"장능이군불어자승(將能而君不御者勝)."
"장수가 능력이 있으면서 군주가 통제(간섭)하지 않으면 승리한다."

《사마병법(司馬兵法)》과 《사기》에는 다음과 같은 대목이 눈길을 끈다.

"장재군군명유소불수(將在軍君命有所不受)."
"장수가 전쟁터에 나가 있으면 임금의 명령이라도 듣지 않을 수 있다."

이런 명언들은 능력 있는 부하들에게 리더가 이러저러하게 간섭하지 않으면 부하는 직권을 가지고 일을 성공적으로 수행하거나 경쟁에서 승리할 수 있음을 알려준다. 관중은 《관자》(〈치미侈靡〉 편)에서 "능력 있는 사람을 모시는 자는 번창하지만, 능력 있는 사람을 부리는 자는 망한다"고 했다. 능력 있는 사람을 존중해야지 부리고 통제해서는 안 된다는 뜻이다. 관중은 지난 원한을 잊고 자신을 재상으로 삼으려는 환공에게 위임을 강력하게 권한 바 있다.

한나라 초기 유방은 각지에서 터져 나오는 반란을 진압하느라 동분서주했다. 국내 정치는 승상 소하에게 맡겼다. 소하가 업무를 일일이 보고하려 하자 유방은 '편의종사(便宜從事)' 단 한마디로 소하에게 모든 권한을 부여했다. '편의종사'는 '알아서 일을 처리하라'는 뜻이다. 소하는 유방을 대신해 내정을 안정되게 이끌었고, 유방은 소하를 믿고 마음 놓고 반란을 진압함으로써 정권 초기의 불안을 확실하게 잠재울 수 있었다.

한나라의 전성기를 이끌었던 무제(武帝) 유철(劉徹, 기원전 156~기원전 87)도 이 이치를 잘 알았던 리더였다. 관부(灌夫)란 자가 영천(潁川) 지방에서 백성을 괴롭히는 등 만행을 심하게 부리자 승상 전분(田蚡)은 관부의 벼슬을 박탈해야 한다며 보고서를 올렸다. 무제의 답은 아주 간단했다.

"그 일은 승상의 일이거늘 무슨 보고서란 말인가?"

동한 말기의 사상가 중장통(仲長統)은 이 사건에 대해 무제가 전분을

손권은 젊은 육손에게 특권에 가까운 권한을 과감하게 위임했다. 위임의 전제는 인재에 대한 전폭적인 신임이다.

신임해 그로 하여금 알아서 일을 처리하게 했고, 승상의 직권에 통제와 문책이 적었다고 평가했다.

큰일을 해낸 고대의 리더들은 부하들이 중요한 임무를 완성하는 것을 지지하기 위해 직위를 내린 것은 물론 특수한 상황에서는 종종 특권까지 부여했다. 삼국시대 오나라의 리더 손권(孫權, 182~252)의 예를 보자. 그는 육손(陸遜)을 도독으로 임명하고 6군 81로를 통솔하는 중책을 맡겨 촉나라에 맞서게 했다. 당시 장소(張昭) 등 일부 중신들은 육손이 너무 젊고 경력이 짧다며 극구 반대하고 나섰다. 손권은 문무백관이 다 보는 앞에서 보검을 육손에게 내리며, "만약 명령에 따르지 않는 자가 있으면 먼저 목을 벤 다음 보고하라!"고 했다. 이 보검은 특권의 상징이었다. 젊은 장수 육손은 손권의 기대를 저버리지 않고 유비의 10만 대군을 화공으로 대파하는 전과를 올렸다.

북송시대의 명신 범중엄(范仲淹, 989~1052)의 아들 범순인(范純仁, 1027~1101)은 모든 일을 독단적으로 처리하는 최고 재상직의 사마광(司馬光, 1019~1086)에게 "마음을 비우시고 여러 사람의 논의에 귀를 기울여야지 모든 일을 굳이 자신이 꾀할 필요는 없습니다"라고 충고했다고 한다.

모두 당신의 일이다

이 같은 사상은 서양도 다를 바 없다. 서양 경영학계에서 '조직 현대화의 천재'로 불리는 알프레드 슬론(Alfred Sloan, 1875~1966)은 현대 경영학의 창시자로 불리는 미국의 피터 드러커와 자신의 만남을 회고하면서 이런 의미심장한 이야기를 들려준 바 있다. 1944년 드러커는 제너럴 모터스(GM)의 초빙으로 관리정책 고문을 맡았다. 당시 GM의 CEO 슬론은 드러커가 첫 출근을 하던 날 이렇게 말했다고 한다.

"나는 당신이 무엇을 연구해야 하는지, 무엇을 써 내야 하는지 모릅니다. 또 어떤 결과를 얻어내야 하는지도 모릅니다. 이는 모두 당신의 일입니다. 나는 오직 당신이 옳다고 생각하는 것을 써 내길 바랄 뿐입니다. 우리의 반응은 고려할 필요가 없습니다. 또 우리가 반대할 것을 두려워할 필요도 없습니다. 더 중요한 것은 당신의 건의를 우리가 쉽게 받아들이도록 조정하고 절충할 필요가 없다는 사실입니다. 우리 회사 사람들은 모두 조정하고 절충할 줄 압니다. 당신까지 수고할 필요는 없습니다. 당신도 조정하고 절충할 줄 알겠지만,

'제너럴 모터스의 전설적인 CEO'로 불리는 슬론은 완벽한 위임이 어떤 것인지 잘 보여주고 있다. 사진은 〈타임〉지 표지 모델로 실린 슬론이다.

우선은 우리에게 무엇이 옳은 것이고 정확한 것인지 알려주면 우리가 정확하게 조정하고 절충할 수 있을 겁니다."

미국의 직접판매 방식의 화장품 기업 메리 케이(Mary Kay)는 직원들에게 독립적으로 자신의 능력을 발휘하도록 격려하는 독특한 관리방식으로 유명하다. 이 회사에서 일하는 사람은 누구나 자주권을 누렸다. 초빙된 미용사는 자유롭게 어느 지역에서든 일할 수 있고, 자기 뜻대로 사람을 모집하고 훈련을 책임질 수 있다.

이 회사를 위해 일하는 20만 미용사는 한 사람 한 사람이 모두 스스로 발전할 수 있는 기회를 갖는다. 그들은 각지에서 독립기업처럼 경영한다. 고객과 직접 거래할 수 있고, 자기만의 목표를 설정해 판매를 비롯하여 직원모집, 분배 등도 아주 큰 자주권을 가지고 처리할 수 있다. 메리 케이의 이런 용인술은 직원의 적극성과 창조성을 최대한 발휘하게 했고, 그 결과 국제적인 기업으로 발전할 수 있었다.

요컨대 어느 시대를 막론하고 뛰어난 리더는 권한을 아랫사람에게 넘기는, 즉 '수권(授權)'을 실천한 남다른 사람이었다. 형식상의 '수권'이 아닌 실질적인 '수권'을 실천한 사람이었다. 리더는 손을 놓고 느긋하게 자신이 기용한 인재가 충분히 능력을 발휘할 수 있게 권한과 책임을 주어야 한다. 이때 가장 중요한 요소는 뭐니 뭐니 해도 부하와 그 능력에 대한 믿음이다. 강력하게 위임을 권유하는 관중에게 환공이 "그렇다면 나는 뭘 하느냐?"고 묻자 관중은 "그냥 계십시오!"라고 잘라 말했다.

● **용인보감 60** ●

병법에 마음을 공략한다는 '공심(攻心)'이 있다. 이를 보통 사람들의 말로 바꾸면 '마음을 매수(買收)'하라는 것이다. '매수'는 사서 거두어들인다는 뜻이다. 사실 '매수'란 리더에게 있어 결코 깎아내리는 단어가 아니다. 인간은 차가운 기계가 아니다. 모두 감정을 갖고 있다. 그래서 사람을 기계처럼 대해서는 안 된다.

'매수'에서는 먼저 산 다음에야 거두어들일 수 있다. 살 때는 대가를 치러야 한다. 돈도 좋고 감정도 좋다. 먼저 대가를 치러야만 얻을 수 있고, 그래야만 진정 거두어들인 것이 된다.

---- 제61계명 ----

가까운 사람과
유능한 인재 사이의 딜레마

가족경영의 문제점

서진(西晉) 때의 학자 부현(傅玄, 217~278)은 대표작 《부자(傅子)》 (〈통지通志〉 편)에서 이런 말을 남겼다.

"임사즉원자원(任私則遠資怨), 유기심즉천하의(有忌心則天下疑)."
"사사로운 친분으로 사람을 기용하면 멀어진 사람이 원망하고, 유능한 인재를 시기하고 질투하면 천하 사람이 의심한다."

개인적으로 가까운 자를 멋대로 기용하면 이 때문에 배척당한 사람이 원망하는 마음을 갖게 되고, 좋은 인재에 대해 시기하고 질투하는 마음을 가지면 세상 사람들이 그 마음을 의심하게 된다는 뜻이다.

'임인유현'과 '임인유친'의 대립과 갈등

부현이 말한 '사사로운 친분으로 사람을 기용하는' '임사(任私)'란 많은 사람이 말하는 '오로지 가까운 사람만 기용한다'는 '임인유친(任人惟親)'과 같은 의미이다. '임인유친'은 용인의 역사에서 '오로지 유능한 사람을 기용한다'는 '임인유현(任人惟賢)'과 늘 맞서왔다. '임인유친' 역시 사상적으로 아주 깊고 오랜 전통을 갖고 있다. 유가에서는 일찍이 유능한 인재를 존중하라는 '존현(尊賢)'과 동시에 '가까운 사람을 가까이한다'는 '친친(親親)'과 '사랑에 차등이 있다'는 말도 해왔다.

맹자는 "어질면서 어버이를 버리는 사람은 없으며, 의리를 갖고 있으면서 임금을 뒤에다 두는 자는 없습니다"(《맹자》〈양혜왕 상〉)라고 했다. 또 "인자한 사람은 사랑하지 않는 것이 없지만, 유능한 사람을 가까이하는 데 급히 힘써야 한다"(《맹자》〈진심 상〉)고도 했다. 맹자의 주장은 가까운 사람과 유능한 사람을 사랑하라는 것이다. 맹자가 보기에는 '가까운 사람을 가까이하고' 유능한 인재를 존중하는 것이 어진 도에 부했다.

'임인유친'은 유가 사상과 밀접하게 연결되어 있어 오랫동안 인재 기용에 깊은 영향을 미쳤다. 맹자의 사상에도 '가까운 사람을 가까이하라'는 '친친'의 흔적이 곳곳에 보인다. 이처럼 '유능함'과 '가까움'이란 이중적 기준에는 예로부터 인재기용의 두 개의 큰 축이었던 '임인유현'과 '임인유친'이라는 두 노선의 대립과 투쟁이 내재되어 있다.

'임인유친'에 뿌리를 둔 가족경영의 폐단

'임인유친'은 혈연과 가문을 중시하는 고대 사회경제의 토대에서 뿌리를 내렸기 때문에 중국은 물론 해외 화교사회에 깊은 영향을 남겼고, 지금도 그 영향력이 상당하다. 화교기업에서 성행했고 지금도 여전한, 이른바 '가족식 관리(가족경영)'는 바로 이 '임인유친'이 남긴 전형이다.

일반적으로 기업의 초창기에는 가족경영이 어느 정도 우세하다. 기업 내의 소모를 줄이고 기업의 응집력을 높이는 데 유리하기 때문이다. 가족 구성원끼리는 창업의 힘난함에 맞서 고도의 동질감과 일체감을 갖기 쉽다. 리더십 발휘에도 유리하고, 빠르게 결정을 내려 경영을 원활하게 할 수 있다. 동시에 같은 가족 구성원이기 때문에 서로에 대한 신임도가 상대적으로 높아 업무를 발전시키고 감독에 드는 비용을 줄이는 데 유리하다. 그러나 기업이 성장하고 나면 가족경영의 폐단도 빠르게 터져 나온다. 주로 다음 몇 가지 폐단으로 요약할 수 있다.

첫째, 가족경영은 본래 친족이란 감정을 기초로 하기 때문에 감성이 이성을 대신하기 십상이다. 따라서 기업을 과학적 제도로 관리하기 어렵다. 제도가 있어도 유명무실해지기 쉽다.

둘째, 경영자의 관리가 기업 구성원 개인의 신뢰와 복종으로 유지된다. 따라서 경영권에 제약이 없어 효과적인 견제가 어렵다. 제약 없는 권력은 독단으로 흐르기 마련이고, 절대 권력은 절대 부패한다.

셋째, 경영자의 가족들이 가족이 아닌 다른 구성원의 승진기회를 막는다. 이렇게 되면 가족 아닌 구성원은 기업에 대한 충성심과 향심력(向心力, 구심력求心力)을 갖기 어렵다. 삼국시대 관우가 '몸은 조조에게 있지만 마음은 유비에게 있었듯이' 위화감과 소원한 감정만 남게 된다.

넷째, 가족경영은 기업 내부의 '근친 번식'이라는 현상을 심화시켜 외부인을 끊임없이 배척한다. 가족이 아닌 구성원은 그저 고용인이라는 생각으로 모든 일을 단기적으로 처리하기 쉽다.

1951년 미국 국적의 화교 왕안(王安)은 자신의 성을 딴 컴퓨터 회사 왕연구소(Wang Laboratories)를 창립해 컴퓨터 업계를 주도했다. 왕안은 1986년 미국 5대 부호로 꼽힐 정도로 엄청난 성장과 발전을 이루었다. 그러나 가족경영의 폐단을 극복하지 못하고 비극적으로 쇠망했다.

다섯째, 기업이 성장해 규모가 커지고 나면 가족 구성원은 흔히 닥치게 될 위험에 대한 방비를 소홀히 하게 되고 권력과 이익 추구에만 몰두하게 된다. 이 상황에 이르면 가족끼리 의심하고, 권력과 이익을 두고 싸우는 내부 소모전이 심각하게 발생한다.

현대 기업경영에서 조직원의 승진은 재능을 기준으로 삼기 때문에 상대적으로 객관적이다. 그러나 가족경영에서는 조직원의 승진이 '정'과 '멀고 가까움'에 따라 결정된다. 그 결과 가족 구성원은 모두 스스로 승진할 자격이 있다고 여기고, 기업은 내부적으로 엄청난 힘과 재정을 소모하게 된다. 현대 기업경영에서 가족경영 때문에 패가망신한 사례는 일일이 소개하지 않아도 될 만큼 많다.

<u>가족경영에서 나타나는 폐단은 '임인유친'과 '임인유현'이라는 과거 전통적 용인사상에 내재되어 있는 갈등과 모순을 반영한다. 따라서 '임인유친'이나 '임인유현'과 관련한 역사적 사례에 대한 투철한 분석을 통해 의미 있는 교훈을 얻었으면 한다.</u>

● **용인보감 61** ●

내가 보기에 어렵고 불가능한 일을 다른 사람은 쉽게 해낸다. 내가 보지 못하는 곳을 다른 사람은 손바닥 들여다보듯 본다.

사람을 기용할 때 시각을 바꾸어 문제를 보지 못하면, 내 가까이에 일을 잘 처리하는 사람이 아주 적고 힘이 되는 조수가 없다고 생각한다. 문제의 관건은 시각을 바꾸어 사람을 보고 대하느냐에 달려 있다.

―――― 제62계명 ――――

빈자리에 사람을 앉힐지언정
사람을 잘못 써서 일을 망쳐서는 안 된다

재능에 대한 구체적 분석

앞서 오랜 용인관의 두 축으로 '임인유친'과 '임인유현'의 갈등과 모순을 소개한 바 있다. 여기서는 오로지 유능한 인재만을 기용한다는 '임인유현'에 초점을 맞추어 논의를 좀 더 전개해 볼까 한다. 이 인식을 대변하는 말이 '임유대소(任有大小), 유기소능(惟其所能)'이다. 즉 '크고 작은 벼슬에 임용할 때는 그 재능만을 따진다'는 것이다.

고대 중국사에는 명군과 유능한 신하가 많았다. 이들은 하나같이 '재(才)'를 특별히 중시해 재능(才能)·재기(才氣)·재화(才華)·재간(才幹)·재식(才識)·재준(才俊)·재략(才略)·재기(才器) 등을 사람을 기용할 때 으뜸가는 표준으로 내세우며 오로지 재능에 근거해 사람을 기용할 것을 주장했다. 이 단어들은 모두 '재능'과 같거나 비슷한 뜻을 갖고 있다.

관중은 《관자》(〈권수權修〉 편)에서 "재능을 살펴 벼슬을 주고, 성과에 따라 녹봉을 주는 것이 인재를 기용하는 관건이다"라고 했다. 장자도 관리를 임용할 때는 적절한지 여부를 살펴야 하고, 인재를 천거할 때는 그 재능을 따져야 한다고 했다. 한 고조 유방은 인재의 재능을 잘 헤아려 벼슬의 높낮이를 정해야 한다고 주장했다. 서한 때 박사를 지낸 공손홍(公孫弘, 기원전 200~기원전 121)은 무제에게 여덟 조항의 치국방략을 건의했는데, 그중 1조가 재능에 따라 벼슬을 주자는 것이었다. 또 다른 박사 동중서(董仲舒, 기원전 약 176~기원전 104)도 벼슬에 있었던 기간으로 공적을 따져서는 안 되고 재능과 덕행에 근거해 벼슬을 주어야 한다고 주장했다.

재능을 중시한 이와 같은 견해들은 상당히 의미가 크다. 이런 견해들을 통해 '재능의 크기에 따라 임용하되 그 재능만을 따지라'는 결론이 도출되었기 때문이다. 그리고 이 결론은 '인사(人事)'와 '용인'의 중요한 원칙이 되었다. 즉, '인사'라는 단어 그대로 '사람'과 '일'이 합당해야 한다는 원칙이다. 정확하게 인재를 고르고 기용하려면 사람과 일이라는 두 방면과 관련한 정보와 자료를 장악해야만 한다. 사람에 대한 분석과 직무에 대한 분석이 동시에 이루어져야 한다는 뜻이다.

직무분석이란 직무에 따른 일과 그 임무를 분명히 하는 것으로, 구체적으로 직책의 범위와 일을 처리하는 방법을 말한다. 이 직무를 맡는 목표·성질·의미·요구가 어떤 것이며, 일의 양은 얼마나 되며, 어떤 권한과 책임과 이점이 있으며, 어떤 특수한 능력이 필

서한 무제 때는 인재의 전성기였다. 공손홍이나 동중서 같은 대학자들의 진보적인 인재관이 일정하게 영향을 준 결과였다. 그림은 명나라 때 간행된 《역대고인상찬(歷代古人像贊)》에 나오는 동중서의 초상화이다.

요한가 등등을 따진다. 여기에는 품행·지력·체력·지식·기능·경험·임기응변 등 직업에 필요한 소질도 요구된다. 이런 것들에 근거해 일과 사람을 선택하는 방식인데, 먼저 어떤 일인지 판명하고 다시 이 일을 잘 해낼 사람을 선택해 일과 사람을 맞추는 것이다. 통상 공격적인 임무를 수행하거나 임시적인 기구를 조직하고자 할 때 이런 방식을 선호하지만, 실은 기구를 조직하고 인재를 기용하는 보편적인 원칙으로 얼마든지 활용할 수 있다.

다음으로, 사람에 대한 분석이란 간단히 말해 일과 관련한 사람을 살피고 평가하는 것이다. 이때 기준은 덕과 재능을 겸비한 인재이다. 덕에 대해서는 이미 분석한 바 있고, 여기서는 '재능'이란 요구사항에 대해 분석해 본다. 고찰과 평가의 대상이 되는 이 재능에는 지혜·근면·성적·체력·자질 등이 포함된다. 구체적으로 그 사람이 발전해 온 과정의 연속성을 주의해 살피는 것 외에 인재들 사이의 차이, 특히 사상의 차이, 지력의 차이, 능력의 차이, 성격의 차이, 생리적 차이 등과 같은 방면도 분석할 필요가 있다. 이런 과정이 있어야만 능력 있는 인재를 천거하고 능력 없는 자를 가려낼 수 있다.

　일에 따라 사람을 선택하든 사람에 따라 일을 꾀하든 재능을 헤아려 자리를 주고, 능력을 헤아려 일을 맡겨야 한다는 원칙은 매한가지이다. "빈자리에 사람을 앉힐지언정 사람을 잘못 써서 일을 망쳐서는 안 된다"는 말처럼, 이 용인의 원칙은 견지되어야 한다. 물론 다소 과격하기는 하지만, 이 말의 뜻은 가장 알맞은 인재를 기용할 수 없을 때는 잠시 그 일을 중단하라는 것에 가깝다. 물론 적합한 인재가 있다면 주저 없이 알맞은 자리에 앉혀 그 능력을 충분히 발휘할 수 있게 해야 한다.

● 용인보감 62 ●

인간의 모든 활동은 최대의 이익을 추구하기 위한 것이다. 다른 직원과 내가 함께 가는 것 역시 개인의 물질적 이익 또는 정신적 이익을 추구하기 위해서이다. 그 안에 감정이나 우정과 같은 성분이 있기는 하지만 근본적 이익이 충돌할 때 감정이나 우정은 묽어질 수밖에 없다.

제63계명

"당신의 보물과 나의 보물이 다르기 때문"

인재존중과 사업의 성패

인재로 하여금 재능을 충분히 발휘하게 하라는 인재기용의 큰 뜻은 현실에서 더 큰 의미를 가진다. 기업을 이끄는 리더라면 사람을 존중하는 열정을 가득 품어 인재에게 관심을 가지고, 전력을 다해 인재를 발굴하고 조직하고 믿고 맡길 줄 알아야 한다. 《주역》〈정(井)〉괘에 이런 말이 있다.

"정설불식(井渫不食), 위아심측(爲我心惻)."
"깨끗한 우물물을 마시지 않으니 내 마음이 슬프구나."

맑고 깨끗한 물을 길어 마시지 않고 그냥 흘려보내니 마음이 너무 슬프다는 뜻이다. 좋은 인재가 있는데도 기용하지 않는 것이 안타깝고 고통스러울 따름이라고 비유적으로 표현한다. 인재를 사랑하고 아끼는 뜻이 흘러넘치는 대목이다. 이것이 바로 인재를 기용하는 사람이 갖추어야 할 '전공상인(全功尙人)'의 정신자세이다. '전공상인'이란 '공을 성취하고 사람을 존중한다'는 뜻이다.

인재를 존중한 역사 속 사례들

중국 고대 인재의 역사에서 빠지지 않고 언급되는 조조의 유명한 시 〈단가행(短歌行)〉의 한 구절이 있다. 이 구절과 관련한 고사는 이미 소개한 바 있지만, 이 글의 내용상 한 번 더 인용해 본다.

"주공토포(周公吐哺), 천하귀심(天下歸心)."
"주공이 먹던 음식을 뱉으니 천하의 민심이 그에게로 돌아갔다."

이와 관련한 고사는 《사기》〈노주공세가〉에 보이는데, 그 내용을 요약하면 이렇다.

서주 초기의 뛰어난 정치가 주공 단(旦)은 천하의 인재를 두루 기용하기 위해 애를 썼다. 인재가 찾아오면 성심껏 맞이했는데, 머리를 감다가 사람이 찾아오면 머리카락을 움켜쥐고 그를 맞이하길 세 차례나 했고, 식사를 하던 중 사람이 찾아오면 먹던 것을 뱉어 내고 그를 맞이하길 세 차례나 했다고 한다. 행여나 천하의 뛰어난 인재를 잃으면 어쩌나 하는 두려움 때문이었다.

여기서 '일목참착발(一沐三捉髮), 일반삼토포(一飯三吐哺)'라는 명구가 탄생했다. '한 번 머리를 감다가 세 차례나 머리카락을 움켜쥐었고, 한 번 식사하다가 먹던 것을 세 번이나 뱉어냈다'는 뜻이다. 식사할 때도 목욕할 때도 인재들이 찾아왔고, 그때마다 성심을 다해 대했다는 뜻이다. 주공이 인재를 얼마나 중시했는지 잘 보여주는 고사이다.

전국시대 제나라의 위왕(威王, ?~기원전 320)도 인재를 보석처럼 여겼던 영명한 군주였다. 이와 관련해 그가 양(梁) 혜왕(惠王)과 나눈 의미심장한 대화를 한번 보자. 혜왕이 먼저 위왕에게 물었다.

"대왕의 나라에는 보물이 얼마나 있습니까?"

"없습니다."

"과인의 나라는 비록 작긴 하지만 한 치 크기의 구슬로 수레 열두 대는 채울 수 있습니다. 대왕의 나라는 대국인데 어째서 보물이 없다고 하십니까?"

"과인의 보물과 대왕의 보물이 다르기 때문입니다. 내게는 단자(檀子)라는 신하가 있는데, 남쪽 성을 굳게 지켜 초국 사람들이 동쪽을 넘보지 못하게 하고 열두 제후가 공물을 바치게 합니다. 반자(盼子)라는 신하는 고당(高唐)을 지키고 있어 조나라 사람들은 그 동쪽 강에서 감히 고기도 잡지 못합니다. 검부(黔夫)라는 신하는 서주(徐州)를 지키고 있는데, 북문과 서문에서 제사를 지내는 연나라와 조나라 사람 7,000호가 우리 쪽으로 이주해 왔습니다. 제게는 또 종수(種首)라는 신하가 있는데, 도적을 막는 능력이 특출해 그가 관할하는 지역에서는 길에 떨어진 물건도 줍지 않는답니다. 이런 인재들을 어찌 열두 수레를 채우는 보물과 비교할 수 있겠습니까?"

양 혜왕은 위왕의 이 말을 듣고는 부끄러워 얼른 자기 나라로 되돌아갔다. 위왕과 그 뒤를 이은 선왕(宣王)도 여러 가지 방법과 수단으로 인재를 끌어들였고, 제나라에는 인재가 넘쳤다.

도시바의 인재 존중의 경험과 영향

오늘날 자신의 직원을 아끼고 사랑하는 것은 기업 경영자가 갖춰야 할 기본이다. 좋은 기업가라면 직원들로 하여금 자신의 존재가치와 충분한 자신감을 갖게 해야 한다. 그래야 직원들이 마음으로 따르고 사업도 빠르게 발전할 수 있다.

일본의 기업가 도코 도시오(土光敏夫, 1896~1988)가 도시바(東芝)를 성공으로 이끈 비결은 인재의 개발과 활용을 중시한 데 있었다. 그는 70세가 넘어서도 도시바의 전국 지사를 두루 다녔고, 심지어 어떤 때는 야간 기차를 타고 직접 현장을 시찰했다. 일요일에도 공장을 돌며 보안을 담당하는 직원이나 당직자들과 친밀하게 대화를 나누었다. 도시오 회장의 이런 자세는 직원들에게 깊은 인상과 감동

도시바의 창립자 도코 도시오의 인재철학은 한때 일본 기업과 사회 전반에 큰 영향을 주었다. 일본 기업의 대약진에 기여한 것은 물론이다.

을 남겼다. 그는 이렇게 말한다.

"나는 직원들과 교감하길 좋아한다. 어떤 사람이 되었건 나는 그와 대화 나누기를 좋아한다. 그 대화 속에서 나는 창조적인 생각과 아이디어를 들을 수 있고, 그것이 나에게는 가장 큰 수확이다."

그는 직원들에 대한 자신의 관심을 말하는 것이 아니라 직원들이 자신에게 주는 계발과 수익을 말한다. 진심으로 인재를 사랑하고 아끼는 도코 도시오의 마음을 읽어낼 수 있다.

사람을 아끼고 존중하고 키우는, 기본을 지키려는 자세는 과거 일본 기업경영과 관리의 핵심이었다. 이와 관련해 일본에는 "사업의 성취는 사람에게 달려 있다"는 격언이 있다. 그들은 기업이 사람으로 조직된 기구이긴 하지만, 기업 경영을 좌우하는 것은 일에 대한 직원의 적극성과 창조성의 발휘가 기본 요소라는 점을 제대로 인식하고 있다. 좀 더 구체적으로 말하자면, 과거 일본 기업들은 사람을 존중하고 아끼는 경영철학을 다음 두 제도로 실천한 바 있었다.

첫째는 '인재 창고(금고)표' 제도이다. 이 표에는 하급 직원의 업무 능력, 성격상의 특징 등에 대한 상사의 객관적 평가가 기록되어 있다. 이것으로 인재를 적시에 발굴하고 발탁하려는 것이다. 인재를 선발하는 이 방법은 순식간에 일본 기업계의 뜨거운 반응을 불러일으켰고, 나아가 사회 전체로 확산되었다. 히타치, 마쓰시타 전기, 니폰 전기 등 유구한 역사를 자랑하는 대기업들이 모두 이런 방식으로 인재를 발탁해 생산경영에 활기를 불어넣었다.

둘째는 <u>계통적인 인재개발 제도</u>이다. 통계에 따르면 직원 재직 중에 훈련과 교육을 실행하는 일본 기업들은 전체의 30퍼센트 이상이라고 한다. 단순한 훈련과 교육이 아니라 고위층 간부나 임원이 강사가 되어 실시하는 교육, 회사 밖에서 외부 전문가로부터 받는 강의와 함양 교육 등 실질적이고 전문적인 교육과 훈련을 말한다. 인재 개발에다 많은 시간과 경비를 쏟는 경영방식은 일본 기업의 특징이었는데, 이렇게 해서 인재를 아끼고 인재의 능력을 높임으로써 한때 기업을 성공으로 이끌었다.

타산지석(他山之石)이라도 버리지 않고 이용하면 빼어난 옥을 다듬을 수 있다. 지금은 상황이 크게 달라져 일본의 기업과 경영이 퇴보일로에 있지만 과거 경험은 충분히 본받을 가치가 있다. '인재가 곧 보배이자 자원'이라는 인식을 바탕으로 철저하게 사람 위주의 인본경영(人本經營)과 관리를 실천하는 리더가 되어야 한다. 이른바 인본경영의 핵심이 바로 사람을 존중하고 사랑하고 이해하고 관심을 갖는 것이다. 기업경영과 관리의 모든 일과 전체 과정을 사람 중심의 궤도 안에 넣는 것이다.

요컨대 오늘날 기업을 경영하는 뛰어난 리더라면 인재를 갈구하는 마음, 인재를 알아보는 눈, 인재를 아끼는 덕, 인재를 포용하는 아량, 인재를 보호하는 정, 인재를 기용하는 능력을 두루 갖추어야 한다는 말이다.

● 용인보감 63 ●

한때 중국을 주름잡았던 산서성을 중심으로 한 상인 조직을 진상(晉商)이라 한다. 그들의 성공은 인재를 정확하게 기용한 점에서 크게 기인했다. 이 점은 현대 기업을 이끄는 리더의 귀감이 되기에 충분하다.

진상을 구성한 사람들은 같은 고향이 많았는데, 인재를 쓰는 데 있어 다음과 같은 점들을 주장했다.

첫째, 고향 사람을 쓰되 친인척은 피한다.

둘째, 고향 사람들 중 우수한 인재를 추천하고 선택한다.

셋째, 파격적으로 선발한다. 친인척을 피한다는 주장에는 투자자와 재정 관리인조차 자신의 친인척을 기용하지 않는다는 원칙이 포함되어 있다.

제**64**계명

인재는 황금같이 귀중한 존재

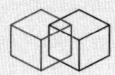

대담한 인재관의 필요성

사람의 나이 50이 지나면 모든 방면에서 성숙해진다고들 한다. 그래서인지 공자는 만년에 자신의 지난 70 생애를 요약하면서 50을 '지천명(知天命)'이라 했다. '천명을 안다'는 것은 세상사 이치를 두루 이해한다는 뜻과도 통할 성싶다.

이 말을 기업에 적용하면 기업은 자체의 필요성에 근거해 합리적으로 각 방면의 인재를 두루 기용해야 한다는 의미로 이해할 수 있다. 예로부터 많은 선각자가 이 점을 인식해 인재는 크든 작든 모두 기용하되 때를 놓치지 말라고 권했다. 당나라 때 시인 한유(韓愈, 768~824)는 이렇게 말했다.

"점소선자솔이록(占小善者率以錄), 명일예자무불용(名一藝者無不庸)."
"작은 재주라도 있으면 모두 기용하고, 한 가지 기술이라도 있으면 놓쳐서는 안 된다."

《수서》(〈제기〉 권2)에는 이런 대목도 있다.

"중선필거(衆善畢擧), 여시무기(與時無棄)."
"모든 인재를 쓰되 시기를 놓치지 말라."

작은 재주, 한 가지 기술도 놓치지 않고 제때에 활용해야만 인재가 자신의 재능을 한껏 발휘할 수 있다는 말이다.

역사상 남다른 재능을 갖고도 맥없이 사라져 간 인재는 숱하게 많았다. 또 제때에 능력을 발휘하지 못하고 사라져 간 인재 역시 헤아릴 수 없이 많았다. 재주가 작다고 내팽개쳐진 인재들은 더 많았다. 이 모두가 진부한 인재관과 사사로운 판단 때문이었다. 인재에 대한 깨어 있는 인식은 예나 지금이나 모든 리더가 갖추어야 할 필수적인 자질이다. 그래야만 과감하고 대담하게 때를 놓치지 않고 인재를 활용할 수 있다.

현대경영에서의 대담한 인재관

분업화와 전문화가 일반화된 현대사회에서 기업이 발전하려면 각 분야의 다양한 인재가 필요하다. 이를 위해 기업발전에 상응하는 '대담한 인재관'을 수립할 필요가 있다. 이른바 '대담한 인재관'이란 인재가 기업의 발전에 미치는 작용을 전방위로 인식하고 '기업의 인재는 곧 기술을 가진 엔지니어'라는 낡고 좁은 인식을 바로잡아 인재를 기용하는 통로를 넓히고 개척하라는 것이다. 기업의 발전이라는 실제적인 의미에서 보자면 기술을 가진 엔지니어는 여전히 중요하다. 그러나 그들은 기업의 인재를 구성하는 하나의 가지일 뿐이다. 이들 외에 관리·영업·재정·대외협력·교육 등과 같은 분야의 인재들 역시 기업에 없어서는 안 될 중요한 요소다. 따라서 이들 각 분야의 인재들이 차지하는 비중과 비율, 각 분야 인재들 사이의 자질과 협조가 기업의 활력과 생산활동의 성패에 직접 영향을 미친다.

예를 들어 기술력을 갖춘 엔지니어는 새로운 기술과 제품을 기업에 가져다줄 수 있고, 관리 방면의 인재는 기업의 조직을 훨씬 효과적으로 관리할 수 있는 시스템을 만들어 낼 수 있다. 또 영업 분야의 인재는 빠른 시간에 많은 제품을 판매할 수 있고, 금융과 재정을 맡은 인재는 기업의 투자와 자금을 효율적으로 관리할 수 있다. 대외협력을 맡은 인재는 기업과 소비자, 기업과 사회의 소통을 원활하게 하여 기업의 이미지를 높일 수 있다.

교육은 직원의 소양을 높일 뿐만 아니라 기업의 건전하고 양호한 문화를 형성하는 데 큰 역할을 한다. 이 밖에도 기업은 여러 분야의 다양하고 특별한 인재를 필요로 한다. 법률 전문가, 협상 인재 등은 특수하고 우발적으로 일어나는 일들을 잘 처리해 기업에 더 큰 이익을 가져다줄 수 있다.

'대담한 인재관'을 견지하며 기업을 이끌려면 인재가 기업의 발전에 미치는 작용을 중시하고, 나아가 이들 인재의 인격체가 갖는 의미를 정확하게 인식할 수 있어야 한다. 인격체가 갖는 의미란 인재의 창조적 노동으로 체현되는 개성과 사회적 가치를 말한다. 기업의 리더로 보자면 인재개발을 기업발전의 주제로 삼아야 한다는 의미이다. 구체적으로는 인재개발에 힘을 더 많이 쏟고, 조직원들이 자신의 재능을 펼칠 수 있는 기회와 조건을 확대해야 한다.

또 이를 위해 각종 건전한 격려기제를 만들어 인재를 발탁하는 더 좋은 환경을 조성해 직원들이 직접 몸으로 느낄 수 있게 한다. 그렇게 해서 성공의 기회가 모두에게 공정하고 공평하게 주어진다는 사실을 확실하게 인식시키는 것이다. 누구든 개성 넘치는 창조적 노동으로 사회적 부를 창출하고, 누구든 당당하게 노동에 따른 분배로 높은 소득과 명예와 존중을 얻을 수 있게 해야 한다. 이래야만 인재의 적극성과 주동성을 극대화해 진정으로 '모든 인재를 다 쓰고' '모든 힘을 다 발휘하게' 할 수 있다.

놓쳐선 안 될 때와 관련한 사례들과 그 의미

'모든 인재를 다 쓰려면' '시기를 놓쳐서는 안 된다.' 타이밍이 적절해야 한다. 춘추시대의 거상으로 도주공(陶朱公)이란 별명으로 널리 알려진 범려(范蠡, 생몰 미상)는 "사업을 잘하는 사람은 사람을 잘 선택해 때맞추어 맡긴다"고 했다. 뛰어난 경영인은 적시에 인재를 기용할 줄 아는 사람이란 뜻이다. 인재를 골라 받아들이고도 적시에 활용하지 못한다면 이는 인재를 낭비하는 것이자 인재를 잘못 쓰는 것이다.

당나라 때 시인인 왕발(王勃, 650~676)의 〈등왕각〉이라는 시의 서문에 해당하는 〈등왕각서(滕王閣序)〉에 보면 "풍당은 쉬이 늙고, 이광은 승진하기 어렵네(풍당이로馮唐易老, 이광난봉李廣難封)!"라는 구절이 있다. 서한시대 이광과 풍당이란 두 인재가 제때 제대로 기용되지 못했음을 안타까워하는 대목이다.

풍당은 한나라 문제(文帝) 때 사람으로 그의 큰아버지와 아버지 모두가 전국시대 조나라의 명장 염파(廉頗)·이목(李牧)과 친한 사이였다. 풍당 역시 무장의 자질을 물려받아 담이 크고 재능이 뛰어났다. 다만 성격이 너무 직선적이어서 권력자의 비위를 맞출 줄 몰라 벼슬길이 평탄치 않았다. 문제가 우연한 기회에 그의 재능과 덕을 발견했을 때, 그의 나이는 이미 90이 넘어 있었다.

적들이 그 이름만 들어도 간담이 서늘했다는 비장군(飛將軍) 이광은 더 딱했다. 젊은 날 이광은 문제와 경제(景帝) 두 황제를 섬겼는데, 문제는 무보다는 문을 더 선호해서 중용되지 못했고, 경제는 젊은 장수보다는 늙은 장수를 선호해서 기용되지 못했다. 이광이 나이가 들어 무제(武帝)가 즉위했는데, 무제는 늙은 장수보다는 젊은 장수를 선호했다. 그래서 또 중용되지 못했다. 탁월한 전공에도 불구하고 이광은 처음부터 끝까지 빛을 보지 못했다.

청나라 때 시인은 원매(袁枚, 1716~1798)는 인재란 황금같이 귀한 존재이므로 썩게 묵혀두어서는 안 된다고 했다. 인재를 아끼는 리더라면 인재를 기용할 때 반드시 어떻게 하면 정확하게 기용할 시기와 시간을 포착할 수 있을지 고려해야 한다. 그렇게 가장 좋은 시기를 잡아 가장 최적기에 인재라는 자원을 개발해야 한다. 제때에 인재를 기용하려면 먼저 인재 자체의 '가장 좋은 시기'를 파악해야 한다.

일반적으로 그런 시기는 다음 두 조건을 만족시켜야 한다. 첫째, 정력이 충만하고 재능이 흘러넘칠 때 기용해야 기업을 위해 많은 공헌을 할 수 있다. 둘째, 건강상태가 가장 좋을 때 기용해야 크고 격렬한 작용을 발휘해 성장을 촉진할 수 있다. 이런 시기에 인재를 중용한다면 기용할 시기를 정확하게 맞추었다고 할 수 있다.

기업의 리더는 인재의 황금기를 충분히 이용해 눈에 보이지 않는 인재의 낭비를 가능한 피해야 한다. 개인마다 차이는 나겠지만 사람의 일생에서 최고 전성기는 대략 15~20년 정도로 본다. 그렇다면 기본적으로 성숙한 시기에 맞추어 제때 기용하는 것이 좋다. 그는 자신의 최고 전성기를 기업을

훗날 상업의 신 또는 상인의 신, 즉 상신(商神)으로 추앙받은 도주공 범려는 인재가 능력을 최대한 발휘할 수 있게 하려면 때를 놓쳐서는 안 된다고 했다. 그가 활약한 시기가 지금으로부터 약 2,500년 전이라는 사실을 감안하면 대단한 인식이 아닐 수 없다. 사진은 하남성 남양시(南陽市) 범려의 사당 앞에 있는 '상신' 범려의 상이다.

위해 바칠 수 있다. 반대로 그 시기가 늦거나 머뭇거리다가 최고 전성기를 넘겨 마지못해 기용한다면 기업을 위해 그가 할 수 있는 일은 거의 남아 있지 않을 것이다.

구체적으로 말하면 대체로 다음 시기에서 크게 벗어나지 않을 것 같다. 남성의 경우 일반적으로 대학과 군 복무를 마치고 5, 6년 동안의 훈련기를 거치면 서른이 조금 넘는데, 이 나이 때가 가장 좋다. 여성 역시 이와 비슷하다. 물론 대학을 나오지 않고 적절한 기술을 익혀 전문직에 투입될 경우에도 비슷한 연령이 될 것이다. 가장 성숙한 시기라 할 수 있는 이 시기에 인재를 기용하면 가장 큰 성과를 낼 수 있다. 여기에 리더의 격려와 조직의 뒷받침까지 보태진다면 뛰어난 인재로 성장해 적극적으로 기업을 위해 큰일을 해낼 수 있다.

● 용인보감 64 ●

리더는 자신의 기업이 생산하는 제품을 충분히 이해해야 한다. 이는 병사가 자신의 무기를 잘 알아야 하는 것과 같다. 또 직원 하나하나를 충분히 이해해야 한다.

직원이 무엇을 좋아하는지, 장점은 무엇인지, 단점은 무엇인지 등등을 이해하고 있어야 적시에 적절하게 개개인 작업의 적극성을 조종해 모든 재능을 발휘하게 할 수 있다. 또 '다독거릴' 줄 알아야 한다. 즉, 구성원의 몸과 마음을 다독거릴 수 있어야 한다.

──── 제**65**계명 ────

옥은 산을 빛내고,
구슬은 시내를 아름답게 만든다

인재의 가치를 정확히 인식하라

제왕학의 교과서로 불리는 《자치통감(資治通鑑)》에는 오늘날 각 분야의 리더들이 새겨들어야 할 말씀이 많다. 다음은 그중 한 대목이다.

"임현필치(任賢必治), 임불초필난(任不肖必難)."
"유능한 사람을 임용하면 다스려질 수밖에 없고, 못난 자를 임용하면 어지러워질 수밖에 없다."《한기漢紀》

기업을 비롯한 모든 조직은 사람을 떠나서는 존재할 수 없다. 사람을 필요로 하며, 유능한 인재를 더 필요로 한다. 유능한 인재란 사람들 중 뛰어난 준걸이며, 인재 중에서도 더 잘난 사람이다. 예로부터 사람을 쓰는 용인의 방법을 둘러싸고 두 가지 서로 다른 인사 관련

노선이 존재해 왔다. 즉, 앞서 비교적 상세히 소개한 바 있는 '오로지 유능한 사람을 기용'하는 노선과 '자신과 가까운 사람을 기용'하는 노선이다. 전자를 '임인유현(任人惟賢)'이라 하고, 후자는 '임인유친(任人惟親)'이라 한다고 했다.

이 두 노선은 사람을 기용하는 방법의 실질적인 내용이었다. 어떤 사람을 기용하는가 하는 문제와 관련이 있기 때문이다. 이 문제를 좀 더 논의해 본다.

《자치통감》은 역사서이지만 예로부터 제왕학의 교과서로 불려 왔다. 리더와 리더십에 관한 수많은 역사 사례와 통찰력이 번득이는 귀중한 인류의 자산이다. 인재의 중요성에 대해서는 수도 없이 강조하고 있다. 초상화는 《자치통감》 편찬을 주도한 사마광이다.

유능함을 강조한 선구자들

공자(孔子, 기원전 551~기원전 479)는 고대 인재 역사에서 '유능한 인재를 추천하라'는 '임인유현' 주장을 처음으로 제기한 사상가였다. 유능한 인재를 추천하라는 이 주장은 훗날 중국 인재학의 기본적인 관점이 되어 지금까지 활용되고 있다.

유능함이란 무엇인가? 춘추전국 시기 '유능한 인재를 존중하라'는 '상현(尙賢)'을 주장한 각 학파는 이 주장의 관철 여부를 매우 중요한 기준으로 삼았다. 유가가 칭찬하는 유능한 인재는 인의에 밝고 예악에 통달한 사람이다. 묵자(墨子)는 각국의 정치가와 사상가들이 인재를 추천하고 인재를 들여보내고 인재를 기용하는 문제를 논의한 결과를 수집해 〈상현〉 편을 지었다. 묵자는 유능하고 어진 인재가 되려면 "반드시 후덕하고 말을 잘하고 각종 학술에 두루 정통해야 한다"고 했다. 또 묵자는 귀천빈부, 멀고 가까움을 막론하고 모두 "유능하면 추천하고" "능력을 살펴 벼슬을 주고, 덕으로 서열을 매겨야 한다"고 주장했다.

한나라 때에 이르면 모든 사상가가 종전 각 학파의 좁은 인재 기준을 버리고 유능한 인재를 존중하자는 주장을 받아들여 인재를 가늠하는 주요한 기준이란 면에서 일치된 견해를 보였다. 이 기준 중 가장 주된 것이 폭력을 두려워하지 않고 정직하고 과감하게 발언하는 것이었고, 그다음이 백성을 사랑하고 소중하게 여기는 것이었다. 인재는 이런 자질을 가지고 어진 마음으로 백성을 어루만져 안팎을 모두 이롭게 해야 한다. 그다음은 실질적인 사무 능력이었다. 이와 관련해 무제 때의 경학가 동중서(董仲舒, 기원전 179~기원전 104)는 "유능하고 어리석고는 바탕에 달려 있지 꾸밈에 달려 있지 않다"는 주장을 내세웠다. 즉, 유능한 인재를 골라 기용하려면 그 본질을 봐야지 겉으로 보이는 현상에 홀려서는 안 된다는 것이다.

이상을 종합해 보면 옛사람들이 말하는 유능한 인재란 덕과 재능을 겸비하고 백성의 이익을 위해 일할 수 있는 인재를 가리킨다. 전설 속의 신농씨(神農氏)가 추앙을 받는 까닭은 그가 백성들에게 농사를 가르치고 백성들의 병을 치료하기 위해 온갖 풀을 직접 맛보아 독초와 약초를 가려냈기 때문이다. 또 수인씨(燧人氏)가 추앙받는 까닭은 그가 불을 피우는 법을 알려 백성들이 불로 음식을 익히고, 어둠을 밝히고, 몸을 데우고, 맹수를 쫓음으로써 건강을 지킬 수 있게 해주었기 때문이다.

한비자(韓非子)는 〈오두(五蠹)〉 편에서 요임금이 천하의 수령이 되었을 때 갈대로 엮은 집에서 거친 양식으로 밥을 지어 야채탕과 먹었으며, 짐승 가죽과 삼베옷을 입었다고 했다. 그의 외모는 문지기와 하등 다를 바가 없었다. 하나라의 시조 우임금이 백성들을 위해 치수 사업을 할 때 직접 삽과 쟁기를 들고 다니며 함께 일했다. 이 때문에 두 다리가 비쩍 마르고 정강이 털이 다 빠졌다. 노예나 포로보다 더 고달팠다. 요컨대 그 당시 수령으로 추대되거나 중책을 맡은 인재들은 모두 풍부한 경험과 뛰어난 능력을 지닌 데다 큰 신망까지 받으며 사회 전체를 위해 자기 온몸을 희생한 사람들이었다.

유능한 인재라는 개념에 대한 여러 역사적 해석을 살펴보면 인재가 사업상 얼마나 중요한 작용을 하는지 어렵지 않게 확인할 수 있다. 《공자가어(孔子家語)》(〈변정辨政〉 편)에서는 **인재가 국가를 위해 일하고 백성에게 행복을 가져다주는 근본**으로 보았다. 당나라의 정치가 장구령(張九齡, 678~740)은 예로부터 "나라를 얻느냐의 여부는 인재의 보좌에 달려 있지 나라의 흥망성쇠가 순환한다는 따위의 말은 하지 말라"고 했다. 진(晉)나라의 시인 완적(阮籍, 201~263)

은 〈영회시(詠懷詩)〉에서 "제왕의 위업은 좋은 인재의 보좌를 필요로 하고, 공은 영웅을 기다려 세운다"고 했다. 인재의 역사적 작용을 충분히 긍정한 말들이라 할 수 있다.

현대 사회의 인재란?

현대 사회의 우수한 기업가는 사회에서 얻기 어려운 유능한 인재라 할 수 있다. 기업가는 어떤 사람인가? 고전 경제학자 알프레드 마셜(Alfred Marshall, 1842~1924)은 "기업가는 자신의 창의력·통찰력·통제력으로 시장을 발견하고 기회를 창출해 생산요소를 조직화하는 사람이다"라고 정의했다. 이는 물론 경제학 각도에서 관찰해 도달한 인식이다. 경영학에서 보자면 피터 드러커 같은 경우는 "기업가는 혁신가이다. 용감하게 모험하고 변화를 잘 포착하며 기회를 개발하고 이용할 줄 아는 사람이다"라고 했다. 어느 각도에서 보든 기업가는 현대경제에서 갈수록 중요한 구성부분이 되고 있다. 그들은 기업을 일으키고 발전시키는 영혼과 같은 존재로 생사존망의 위기에 놓인 기업을 회생시키는 중임을 기꺼이 맡는 사

현대 경영학의 아버지 피터 드러커는 기업인 그 자체를 인재로 보고 기업의 영혼과 같은 존재로 인식했다.

람이다.

따라서 우리는 옛 현인들의 말을 빌려 '기업은 좋은 인재의 도움을 필요로 하며, 유능한 인재를 기다려 공을 세운다'라고 말할 수 있다. 좋은 인재, 유능한 인재가 바로 기업가, 특히 뛰어난 기업가이다. 기업가의 작용을 소홀히 다루는 경제이론은 크게 잘못된 것이다. 이런 말을 들어보지 못했는가?

"사람 하나 잘 뽑으면 마을 하나가 부유해지고, 우두머리 한 사람 잘 뽑으면 공장 하나가 살아난다."

또 군대에는 "천 명의 병사를 얻기 쉬워도 장수 한 사람은 구하기 어렵다"는 오랜 격언이 있다. 아라비아에는 "사자가 이끄는 양 떼가 양이 이끄는 사자 떼를 이긴다"는 의미심장한 속담이 있다. 이 모두가 경험에서 우러나온 명언들이다.

과학실험을 통해서도 증명할 수 있다. 엽록소와 헤모글로빈은 구조가 유사한 '포르피린 고리'를 기본으로 하며, 그 중심에 어떤 금속 이온이 자리하느냐에 따라 기능이 달라진다. 마그네슘(Mg)이 중심에 있으면 식물의 엽록소가 되고, 철(Fe)이 중심에 있으면 인체의 헤모글로빈으로 작용해 적혈구의 핵심 성분이 된다. 이와 마찬가지로 기업가는 어떤 면에서는 기업발전의 성질과 수준을 결정하는 요소가 된다.

사실 현실에서도 이런 사람들이 충분히 나타날 수 있다. 그런 사람들이 끊임없이 경제 기적을 창조한다. 자오신시엔(趙新先, 조신선)

하이얼을 세계적인 기업으로 도약시킨 장루이민은 좋은 인재 하나가 기업의 성패를 가른다는 설을 여실히 입증했다. 이 사례는 역으로 못난 사람이 큰 일을 맡으면 조직과 기업은 물론 나라를 망칠 수 있음을 보여준다.

이 부임하자 선전난팡(深圳南方) 제약회사와 싼지우(三九)그룹이 단 7년 만에 20억 위안의 매출을 올리는 중국 의약업계의 다크호스로 성장했다. 왕하이(王海, 왕해)가 오자 해마다 적자에 허덕이던 쌍싱(雙星)이 남북으로 빛을 발했다. 장루이민(張瑞敏, 장서민)이 오자 파산 직전의 하이얼(海爾)이 천하를 빛냈다. 옥은 산을 빛내고, 구슬은 시내를 아름답게 만든다.

그렇다! 모든 기업은 우수한 기업가와 인재를 너무너무 필요로 한다. 중국의 경우 많은 국유기업이 만성적자라는 문제에 직면해 있다. 물론 제도에 문제가 있다. 이런 제도가 진정한 기업가의 출현과 성장에 불리하다는 것이 가장 큰 문제다.

중국 축구에 비유해 보겠다. 사람들은 중국의 축구를 두고 '일류 축구 팬, 이류 축구 선수, 삼류 감독'이라고 말한다. 이를 기업에 적용해 보면 '일류의 시장에 이류의 직원과 삼류의 기업가'라고 할 수 있겠다. 중국의 개혁과 경제는 빠르게 발전하면서 많은 인재를 부르고 있다. 우수한 기업가들이 용솟음치길 갈망하고 있다. 비단 중국뿐만 아니다. 우리 현실도 전혀 다르지 않다.

● 용인보감 65 ●

리더가 관리를 실행하는 과정은 왕왕 정서와 정감을 조절해 작업에서의 열정을 자극하고 나아가 작업 전개를 촉진하는 과정이다.

리더가 관리에 신경을 쓸 때 정으로 사람을 감동시키는 정감 비즈니스 예술에 중점을 두어야 하는데, '인격역량'이나 '감정역량'을 발휘하되 이성과 감정 모두로 감동시켜 사람을 따르게 해야 한다.

정으로 사람을 감동시킬 때는 사람을 존중하고 이해하고 관심을 갖고 사랑하는 데 중점을 둔다. 한마디로 인정미를 가져야 한다.

제66계명

에필로그 : 역사가 주는 두 가지 선물

21세기에 가장 귀한 존재는 사람

나라를 다스림에 있어 '사람을 근본으로 삼는다'는 '이인위본(以人爲本)'은 수천 년 전부터 내려오는 기본이 되는 개념이자 명제였다. 이 개념은 급기야 현대경영에까지 도입되었고, 지금은 세계 거의 모든 유수의 기업들이 이구동성으로 내세우는 기본 정신이 되었다.

한때 전 세계 휴대폰 시장을 석권했던 노키아는 "과학기술은 인간이 근본이다"라고 했고, 중국의 대표적인 부동산 개발 기업인 완커(萬科, China Vanke Co., Std)는 "인재는 기업의 근본"이라는 신조를 앞세웠다. 맥도날드는 "부지런한 직원이 곧 기업의 보물이다"라고 했다. 중국 가전업체 롄샹(聯想)은 "기업을 경영하는 것은 사람을 경영하는 것이다"라 했고, 역시 중국의 가전업체 거란스(格蘭仕)는 "인재는 기업 최대의 재산이다"라고 했다.

'사람경영' 또는 '인재경영'은 이제 모든 기업이 원하든 원치 않든 앞세울 수밖에 없는 철칙이 되었다. 당연한 추세이다. 이 명제는 우리가 지금까지 상당히 길게 살펴보았듯이 수천 년 역사의 경험을 통해서도 수시로 확인되는 사실이다. 오죽했으면 이미 2,500년 전에 "많은 사람의 힘이 하늘도 이긴다"는 말까지 나왔겠는가?

그럼에도 역사의 이면에는 이와 배치되는 어두운 면도 엄연히 존재한다. 수없이 많은 사람과 인재가 못난 권력자, 사악한 간신배 등에게 억압받고 죽임을 당했다. 인간의 본질에 깔려 있는 악한 성분과 이기심, 그리고 사리사욕에 지배당한 자들이 권력과 부를 지키기 위해 수단과 방법을 가리지 않고 선하고 정의로운 사람(인재)들을 해쳤다. 이런 현상은 정도 차이는 있어도 예나 지금이나 달라지지 않았다.

조직과 나라를 이끌고 기업을 경영하는 데 있어 특히 리더들이 역사를 비롯한 인문학적 통찰력이라는 리더십을 갖추어야 하는 가장 중대한 까닭도 그 모든 행위의 대상이 다름 아닌 인간이기 때문이다. 인간의 본질과 특성은 물론 모순과 갈등까지 비교적 정확하게 파악해야만 조직을 제대로 이끌 수 있다. 이것이 '이인위본'의 핵심이다.

여기서 말하는 '근본'이란 곧 인간의 본성 안에 내재된 긍·부정을 포함하는 모든 요소를 가리킨다. 우리가 줄곧 논의해 온 인재를 빗대어 말하자면, 인재가 갖고 있는 장점과 결점을 포함한 모든 특성을 가능한 한 모두 드러내어 그에 맞게 대처해야만 조직의 지속적 발전이 가능하다는 뜻이다. 그 대처가 곧 방법이고, 지금까지 살펴본 수많은 사례는 그 방법을 찾아가는 길이었다.

"노력보다 방법이 중요하다"는 격언이 있다. 방법이 잘못되면 아무리 애를 써도 바라는 결과를 얻을 수 없다. 수학 문제를 풀 때 틀린 공식으로는 수백 번을 풀어도 정답이 나올 수 없는 것과 같은 이치이다. 사람을 근본으로 한다는 정치와 경제경영, 그리고 모든 조직운용에서는 인간이 살아오면서 남긴 경험을 종합하고 분류하고 분석하고 비판해야만 정확한 방법이 도출될 수 있다. 즉 역사를 공부하고, 역사공부에서 교훈을 얻고, 역사의 교훈에서 통찰력을 얻으라고 권한다. 지금까지 우리가 살펴보고 논의한 모든 내용이 모두 역사의 알맹이다. 그리고 누구나 이 알맹이를 다시 걸러 보석, 즉 방법을 얻을 수 있길 간절히 희망해 본다. 이렇게 역사를 공부하는 사람에게 역사는 '상황 대처 능력'과 '미래 예견력'이라는 귀중한 선물을 선사할 것이다.

"호학심사(好學深思), 심지기의(心知其意)."
"배움을 좋아하고 깊이 생각하면 마음으로 그 뜻을 알게 된다."

"술왕사(述往事), 사래자(思來者)."
"지난 일을 기술해 다가올 일을 생각한다."(사마천)

- **계찰괘검(季札掛劍)** : 계찰이 (자신의) 검을 (나무에) 걸어놓다.

- **계포일낙(季布一諾)** : 계포의 한 번 약속.

- **고지이위이관기절(告之以危而觀其節)** : 내가 위기에 처했다고 알려 언제까지 절개를 지키는가를 관찰하라.

- **관이대인(寬以待人)** : 인재를 너그럽게 대하다.

- **국유삼불상(國有三不祥), 유현이부지(有賢而不知), 지이불용(知而不用), 용이불임(用而不任)** : 나라에 세 가지 상서롭지 못한 일이 있으니, 유능한 인재가 있는데도 알아보지 못하는 것, 알고도 기용하지 않는 것, 기용하고 맡기지 않는 것이다.

- **국유현량지사중(國有賢良之士衆), 즉국가지치후(則國家之治厚) ; 현량지사과(賢良之士寡), 즉국가지치박(則國家之治薄)** : 나라에 유능하고 어진 인재가 많으면 나라의 통치가 든든해지고, 유능하고 어진 인재가 적으면 나라의 통치가 약해진다.

- **국이망가(國而忘家), 공이망사(公而忘私)** : 나라가 있음으로 집을 잊을 수 있고, 공적인 일이 있음으로 사적인 것을 잊을 수 있다.

- **국이현흥(國以賢興), 이첨쇠(以諂衰)** : 나라는 인재가 중용되면 흥하고, 아첨 소인배가 중용되면 쇠망한다.

- **국지광보(國之匡輔), 필대충량(必待忠良), 임사득인(任使得人), 천하자치(天下自治)** : 나라(통치자)를 바로잡고 보좌하려면 충성스럽고 어진 인재를 기다려야 하며, 그런 인재를 얻어 기용한다면 천하는 절

로 다스려질 것이다.

- 국지장흥(國之將興), 필유정상(必有禎祥), 군자용이소인퇴(君子用而小人退). 국지장망(國之將亡), 현인은(賢人隱), 난신귀(亂臣貴) : 나라가 흥하려면 반드시 상서로운 조짐이 나타나는데, 군자는 기용되고 소인배는 쫓겨난다. 나라가 망하려면 유능한 인재는 숨고 나라를 어지럽히는 자들이 귀한 몸이 된다.
- 근사지이관기경(近使之而觀其敬) : 가까이에 불러들여 써보고 언제까지 공경함을 잃지 않을지 관찰하라.
- 급여지기이관기신(急與之期而觀其信) : 급한 약속을 해서 그것을 지킬 수 있는가를 관찰하라.
- 기신정(其身正), 불령이행(不令而行) ; 기신부정(其身不正), 수령부종(雖令不從) : 그 몸이 바르면 명령하지 않아도 알아서 행동하지만, 그 몸이 바르지 못하면 명령해도 따르지 않는다.
- 남아일언중천금(男兒一言重千金) : 남자의 말 한마디가 천금보다 중하다.
- 납간초현(納諫招賢) : 솔직한 의견을 받아들이고 유능한 인재를 불러 모으다.
- 논자배배(論資排輩) : 자격과 나이를 따지다.
- 담언미중역가이해분(談言微中亦可以解紛) : 말이 적절하면 다툼도 해결할 수 있다.
- 도광양회(韜光養晦) : 빛을 숨기고 어둠 속에서 실력을 기르다.
- 도리불언(桃李不言), 하자성혜(下自成蹊) : 복숭아나무와 자두나무는

말이 없지만, 그 아래 큰 길이 절로 난다.

- **망국지주불문현(亡國之主不聞賢)** : 망하는 나라의 군주는 인재의 말을 듣지 않는다.

- **명수잔도(明修棧道), 암도진창(暗渡陳倉)** : 겉으로는 잔도를 수리하는 척하다 몰래 진창을 들이치다.

- **무노노(毋老老), 무천천(毋賤賤), 무소소(毋少少), 무약약(毋弱弱)** : 늙었다고 무시하지 말고, 천하다고 깔보지 말며, 어리다고 무시하지 말고, 약하다고 얕보지 말라.

- **무추불능(無醜不能), 무오부지(無惡不知)** : 무능하다고 미워하지 않고, 무지하다고 미워하지 않는다.

- **문신불애전(文臣不愛錢), 무신불석사(武臣不惜死), 불환천하불태평(不患天下不太平)** : 문신은 돈을 좋아하지 않고 무신은 죽음을 아끼지 않으면, 천하가 태평하지 않을까 걱정할 것 없다.

- **방모두단(房謀杜斷)** : 방현령이 일을 꾀하면 두여회가 결단을 내린다.

- **백성유죄(百姓有罪), 재아일인(在我一人)** : 백성들이 죄를 지은 것은 나 한 사람 때문이다.

- **번사지이관기능(煩使之而觀其能)** : 번거로운 일을 시켜봐서 그 능력을 관찰하라.

- **벌공긍능(伐功矜能)** : 공을 자랑하고 유능함을 떠벌린다.

- **법즉적구폐필총생(法卽積久弊必叢生), 고무백년불변지법(故無百年不變之法)** : 법이 오래되면 이런저런 폐단이 생겨날 수밖에 없다. 따라서 백 년 동안 변하지 않는 법은 없다.

- 법지불행자상범야(法之不行自上犯也) : 법이 지켜지지 않는 것은 위에서부터 법을 어기기 때문이다.
- 변고유진(變古愈盡), 편민유리(便民愈利) : 개혁은 철저할수록 백성에게 이롭다.
- 변통혁폐(變通革弊), 여시의지(與時宜之) : 법을 바꾸고 폐단을 혁파하는 일은 시세에 맞아야 한다.
- 봉공여법(奉公如法) : 공적인 일을 법처럼 받들다.
- 부귀자송인이재(富貴者送人以財), 인인자송인이언(仁人者送人以言) : 돈 많은 자는 재물로 사람을 대하고, 어질고 덕 있는 사람은 좋은 말로 사람을 대한다.
- 부자현고명(不自見故明), 부자시고창(不自是故彰), 부자벌고유공(不自伐故有功), 부자긍고유장(不自矜故有長) : 스스로 드러나지 않으므로 오히려 밝게 빛나고, 스스로 옳다고 여기지 않기에 도리어 공이 두드러진다. 자신의 공을 자랑하지 않으므로 오히려 공이 두드러지고, 자기의 능력을 떠벌리지 않기에 도리어 오래갈 수가 있다.
- 불괴우인(不愧于人), 불외우천(不畏于天) : 사람에게 부끄럽지 않으면 하늘조차 무섭지 않다.
- 불긍기능(不矜其能), 수벌기덕(羞伐其德) : 유능함을 자랑하지도 않았고, 그 덕을 떠벌리는 것을 부끄러워했다.
- 불렴즉무소불취(不廉則無所不取), 불치즉무소불위(不恥則無所不爲) : 청렴하지 않으면 안 받는 것이 없고, 부끄러워할 줄 모르면 못 할 짓이 없다.

- 불혁기구(不革其舊), 안능종신(安能從新) : 낡은 것을 혁파하지 않고 어찌 새롭게 출발할 수 있겠는가?

- 불환과이환불균(不患寡而患不均), 불환빈이환불안(不患貧而患不安) : 재부가 적다고 걱정하기보다 분배가 고르지 못한 것을 걱정하고, 가난을 걱정하기보다 불안을 걱정한다.

- 비령기우열소득(非令其優劣所得), 불능진인지용(不能盡人之用) : 우열에 맞추어 얻게 하지 않으면, 그 사람을 충분히 활용할 수 없다.

- 사구불급공(私仇不及公), 호불폐과(好不廢過), 오불거선(惡不去善) : 사적 원한이 공적인 일에 개입되어서는 안 되는 바, 좋아한다고 해서 잘못을 감출 수 없고, 미워한다고 해서 잘한 행동을 없앨 수 없다.

- 사유백행(士有百行), 이덕위수(以德爲首) : 선비의 모든 품행 가운데 덕이 으뜸이다.

- 사유백행(士有百行), 이덕재선(以德在先) : 선비의 모든 품행 가운데 덕이 우선이다.

- 사현능이불용(士賢能而不用), 유국자지치(有國者之恥) : 유능한 인재가 있는데도 기용되지 못하는 것은 나라를 다스리는 자의 치욕이다.

- 상덕부덕(上德不德), 시이유덕(是以有德) ; 하덕불실덕(下德不失德), 시이무덕(是以無德) : 덕이 뛰어난 사람은 덕이 있다고 내세우지 않으며, 덕이 아주 없는 사람은 덕을 떠벌리는 처음부터 덕이 없는 사람이다.

- 서장웅략수삼고(誓將雄略酬三顧) : 영웅의 지략으로 삼고초려에 보답하겠노라 맹서하다.

- **선공후사**(先公後私) : 공적인 일이 먼저이고, 사사로운 일은 나중이다.
- **선국가지급이후사수야**(先國家之急而後私讎也) : 나라의 급한 일이 먼저이고 사사로운 원한은 나중이다.
- **선천하지우이우**(先天下之憂而憂), **후천하지락이락**(後天下之樂而樂) : 천하를 먼저 걱정한 다음 내 걱정을 하고, 천하가 즐거워진 다음 나도 즐거워한다.
- **술왕사**(述往事), **사래자**(思來者) : 지난 일을 기술해 다가올 일을 생각한다.
- **시옥요소삼일만**(試玉要燒三日滿), **변재수대칠년기**(辨材須待七年期) : 옥은 사흘을 구워 봐야 하고, 인재를 가리자면 7년을 기다려야 한다.
- **신목자필탄관**(新沐者必彈冠), **신욕자필진의**(新浴者必振衣) : 새로 머리를 감은 사람은 반드시 모자를 털어서 쓰고, 새로 몸을 씻은 사람은 반드시 옷을 털어서 입는다.
- **안위재출령**(安危在出令), **존망재소용**(存亡在所用) : 나라의 안위는 어떤 정책을 내는가에 있고, 흥망은 어떤 사람을 쓰는가에 달려 있다.
- **애막가지과**(愛莫加之過), **존막위지죄**(尊莫委之罪) : 사랑이란 잘못을 더하지 않는 것이고, 존중이란 죄를 미루지 않는 것이다.
- **양장피단**(揚長避短) : 장점을 살리고 단점을 피한다.
- **양재미기**(良材美器), **의재진용**(宜在盡用) : 좋은 재목과 그릇은 그 용도를 다하게 해야 한다.
- **언필신**(言必信), **행필과**(行必果), **이낙필성**(已諾必誠), **불애기구**(不愛其軀), **부사지액곤**(赴士之厄困) : 말에 믿음이 있고, 행동에는 결과가 있고,

한번 약속한 일은 반드시 성의를 다해 실천하고, 자기 몸을 아끼지 않고 남에게 닥친 위험 속으로 뛰어든다.

- **염자(廉者) 민지표야(民之表也); 탐자(貪者) 민지적야(民之賊也)** : 청렴은 백성의 표본이요, 탐욕은 백성의 도적이다.
- **영아부인(寧我負人), 무인부아(毋人負我)** : 내가 남을 저버릴지언정 남이 나를 저버리게 하지 않는다.
- **영웅유둔전(英雄有迍邅), 유래자고석(由來自古昔). 하세무기재(何世無奇才), 유지재초택(遺之在草澤)** : 영웅의 어렵고 고달픈 처지, 예로부터 다 그랬다. 어느 시대인들 인재가 없었던가, 그저 야산에 버려졌을 뿐이지.
- **영작호조(寧爵好刁)** : 벼슬하기보다 조한을 좋아하다.
- **오청이윤(五請伊尹)** : 다섯 번이나 이윤을 초청하다.
- **외거불피구(外擧不避仇)** : 외부에서 인재를 구하되 필요한 사람이라면 원수라도 피하지 말라.
- **용인묘법(用人妙法), 선용기단(善用其短)** : 사람을 쓰는 용인의 묘법은 그 단점을 잘 활용하는 데 있다.
- **용장용단(用長容短)** : 장점을 활용하고 단점을 포용한다.
- **원사지이관기충(遠使之而觀其忠)** : 먼 곳에 심부름을 보내 그 사람이 충성스러운가를 관찰하라.
- **위지이재이관기인(委之以財而觀其仁)** : 재산 관리를 맡겨 이익에 눈이 팔려 사람의 도리를 지키는지 여부를 관찰하라.
- **유덕자필부동소인(有德者必不同小人)** : 덕 있는 사람은 소인과 다를

수밖에 없다.

- 유재시거(唯才是擧) : 재능으로만 인재를 추천한다.
- 이서어자부진마지정(以書御者不盡馬之情), 이고제금자부달사지변(以古制今者不達事之變) : 책 속의 지식으로 말을 모는 자는 말의 속성을 다 이해할 수 없고, 낡은 법도로 현재를 다스리는 자는 사리의 변화에 통달할 수 없다.
- 이인위귀(以人爲貴) : 사람이 귀하다.
- 이인위본(以人爲本) : 사람을 근본으로 삼는다.
- 인군선거(人君選擧), 필구은처(必求隱處) : 임금의 인재 선발은 반드시 숨겨진 곳에서 구해야 한다.
- 인중승천(人衆勝天) : 사람이 많으면 하늘도 이긴다.
- 인품오재(人稟五材), 수단수용(修短殊用), 자비상철(自非上哲), 난이구비(難以求備) : 사람마다 재능이 다르니 장단점을 구별해 활용해야 한다. 사람이 신이 아닌 이상 완벽함을 갖추기란 어렵기 때문이다.
- 일낙천금(一諾千金) : 한 번 약속이 천금보다 더 중하다.
- 일목삼착발(一沐三捉髮), 일반삼토포(一飯三吐哺) : 한 번 머리를 감다가 세 차례나 머리카락을 움켜쥐었고, 한 번 식사하다가 먹던 것을 세 번이나 뱉어냈다.
- 임능자책성이불로(任能者責成而不勞), 임기자사폐이무공(任己者事廢而無功) : 능력 있는 인재를 기용해 성과를 내도록 독려하면 힘이 들지 않으며, 자신의 능력만 믿는 자는 일을 망치고 공을 이루지 못한다.
- 임사즉원자원(任私則遠資怨), 유기심즉천하의(有忌心則天下疑) : 사사로

운 친분으로 사람을 기용하면 멀어진 사람이 원망하고, 유능한 인재를 시기하고 질투하면 천하 사람이 의심한다.

- 임유대소(任有大小), 유기소능(惟其所能) : 크고 작은 벼슬에 임용할 때는 그 재능만을 따진다.
- 임인유친(任人惟親) : 자신과 가까운 사람을 기용한다.
- 임인유현(任人惟賢) : 재능 있는 사람을 기용한다.
- 임장호단(任長護短) : 장점에 맡기고 단점을 보호한다.
- 임현필치(任賢必治), 임불초필난(任不肖必難) : 유능한 사람을 임용하면 다스려질 수밖에 없고, 못난 자를 임용하면 어지러워질 수밖에 없다.
- 입목득신(立木得信) : 나무 기둥을 세워 믿음을 얻는다(이목득신移木得信, 사목득신徙木得信).
- 자고무비(自高無卑), 무비즉위(無卑則危), 자대무중(自大無衆), 무중즉고(無衆則孤) : 자기만 높다 하면 아랫사람이 없고, 아랫사람이 없으면 위험하다. 자기만 크다 하면 대중이 따르지 않고, 대중이 따르지 않으면 고립된다.
- 자벌자무공(自伐者無功), 자긍자무장(自矜者無長) : 스스로를 떠벌리는 자는 공이 없고, 자신을 과시하는 자는 오래가지 못한다.
- 잡지이처이관기색(雜之以處而觀其色) : 혼잡한 상황에 넣어서 여색에 빠지지 않는지 관찰하라.
- 장능이군불어자승(將能而君不御者勝) : 장수가 능력이 있으면서 군주가 통제(간섭)하지 않으면 승리한다.

- 장방초현(張榜招賢) : 널리 방을 붙여 유능하고 어진 인재를 모시다.
- 장재군군명유소불수(將在軍君命有所不受) : 장수가 전쟁터에 나가 있으면 임금의 명령이라도 듣지 않을 수 있다.
- 장흥지주(將興之主), 유공인지무언(惟恐人之無言) ; 장망지주(將亡之主), 유공인지유언(惟恐人之有言) : 흥하는 리더는 남이 말해주지 않을까 걱정하고, 망하는 리더는 남이 무슨 말을 할까 걱정한다.
- 재자(才者), 덕지자야(德之資也) ; 덕자(德者), 재지수야(才之帥也) : 재능은 덕의 밑천이요, 덕은 재능을 이끄는 장수와 같다.
- 전공상인(全功尙人) : 공을 성취하고 사람을 존중한다.
- 절영지연(絕纓之宴) : 갓끈을 끊고 벌인 연회.
- 점소선자솔이록(占小善者率以錄), 명일예자무불용(名一藝者無不庸) : 작은 재주라도 있으면 모두 기용하고, 한 가지 기술이라도 있으면 놓쳐서는 안 된다.
- 정설불식(井渫不食), 위아심측(爲我心惻) : 깨끗한 우물물을 마시지 않으니 내 마음이 슬프구나.
- 졸연문언이관기지(卒然問焉而觀其知) : 갑자기 질문을 던져 바로 답할 수 있을 만큼 박식한지 관찰하라.
- 종불이천하지병이리일인(終不以天下之病而利一人) : 천하가 손해를 보면서 결코 한 사람을 이롭게 할 수는 없다.
- 종실고핵(從實考核) : 사실대로 실적을 살피다.
- 죄기이수인심(罪己以收人心) : 자신에게 죄를 돌려 인심을 수습하다.
- 주공토포(周公吐哺), 천하귀심(天下歸心) : 주공이 먹던 것을 뱉어내자

천하의 민심이 그에게로 돌아갔다.

- **중선필거(衆善畢擧), 여시무기(與時無棄)** : 모든 인재를 쓰되 시기를 놓치지 말라.
- **지인논세(知人論世)** : 사람과 세상을 알고 의논한다.
- **지자천려(智者千慮), 필유일실(必有一失)** : 지혜로운 사람이라도 천 번을 생각하다 보면 한 번은 실수가 있기 마련이다.
- **직의용인필대실(直意用人必大失)** : 법도도 없이 자기 멋대로 사사로운 생각으로만 사람을 쓰면 크게 잃을 수밖에 없다.
- **진공자(盡公者), 정지본야(政之本也) ; 수사자(樹私者), 난지원야(亂之源也)** : 공공을 위해 최선을 다하는 것은 정치의 기본이요, 사욕을 키우는 것은 혼란의 근원이다.
- **척단촌장(尺短寸長)** : 한 자가 짧을 때가 있고, 한 치가 길 때가 있다.
- **천금매사(千金賣士)** : 천금으로 인재를 사다.
- **천금매소(千金買笑)** : 천금으로 웃음을 사다.
- **천재유현(薦才惟賢)** : 재능 있고 어진 인재를 기꺼이 추천하다.
- **출사미첩신선사(出師未捷身先死), 장사영웅누만금(長使英雄淚滿襟)** : 군대를 내어 승리하지 못하고 몸이 먼저 죽으니, 오래도록 영웅의 눈물이 옷깃을 다 적시게 하는구나.
- **취지이주이관기측(醉之以酒而觀其側)** : 술에 취하게 해서 술 때문에 절도를 잃지 않는지 관찰하라.
- **치국지난(治國之難), 재우지현(在于知賢), 이부재자현(而不在自賢)** : 나라를 다스리는 어려움은 유능한 인재를 알아보는 데 있지 자신이

유능해지는 데 있지 않다.

- **치국지도**(治國之道), **무재거현**(務在擧賢) : 나라를 다스리는 방법으로 가장 중요한 것은 인재를 추천하는 데 있다.
- **치국지도**(治國之道), **필선부민**(必先富民) : 나라를 다스리는 원칙은 가장 먼저 백성을 부유하게 하는 것이다.
- **치천하종불이사난공**(治天下終不以私亂公) : 천하를 다스림에 있어서 사사로움으로 공적인 일을 어지럽혀서는 결코 안 된다.
- **태산불양토양**(泰山不讓土壤), **하해불택세류**(河海不擇細流) : 태산은 단 한 줌의 흙도 마다하지 않으며, 강과 바다는 자잘한 물줄기를 가리지 않는다.
- **편의종사**(便宜從事) : 알아서 일을 처리하라.
- **폐지난거**(弊之難去), **기난재앙식우폐지인**(其難在仰食于弊之人) : 폐단을 없애기 힘든 것은 그 폐단에 기생해 살아가는 자들이 있기 때문이다.
- **풍당이로**(馮唐易老), **이광난봉**(李廣難封) : 풍당은 쉬이 늙고, 이광은 승진하기 어렵네.
- **학이이호난**(學易而好難), **행이이력난**(行易而力難), **치이이지난**(恥易而知難) : 배우기는 쉬울지 몰라도 좋아하기란 어렵고, 행하기는 쉬울지 몰라도 꾸준히 하기란 어렵고, 부끄러움을 느끼기는 쉬워도 왜 부끄러운지 알기란 어렵다.
- **호학심사**(好學深思), **심지기의**(心知其意) : 배움을 좋아하고 깊이 생각하면 마음으로 그 뜻을 알게 된다.

- 화구위친(化仇爲親) : 원수를 측근으로 바꾼다.
- 흥폐유인사(興廢由人事), 산천공지형(山川空地形) : 흥망은 사람으로 말미암고, 산천은 그저 지형일 뿐이다.

삼십육계 개정 증보판

최고의 실용서 《삼십육계》,
병법과 경영이 만나다!

《삼국지》 관련 사례 36가지와 〈경영 사례〉 72가지 사례들은
기업경영과 사회생활에 폭넓고 깊게 활용할 수 있다.

김영수 편저 | 신국판 | 2도 인쇄 | 512쪽 | 28,000원

백전백승 경쟁전략
백전기략

《백전기략》은
《손자병법》으로 대표되는 고전 군사 사상을
계승한 기초 위에서 역대 전쟁 실천 경험을 통해 확인된
풍부한 군사 원칙을 종합한 책이다!

유기 지음 | 김영수 편역 | 신국판 | 2도 인쇄 | 576쪽 | 값 28,000원

한 번만 읽으면 여한이 없을
한비자
개정 증보판

난세의 기재(奇才), 한비자 리더십!
최고들만 보는 책《한비자》,
최고가 되고자 하는 이는《한비자》를 읽어라!

《한비자》는 각계각층의 리더들이
매우 유용한 리더십을 장착하는 데 상당한 도움을 준다.

김영수 편저 | 신국판 | 2도 인쇄 | 360쪽 | 22,000원

사마천과 《사기(史記)》 전문가

김영수 교수의
리더십 4부작

리더십 학습노트 66계명
리더십 훈련을 위한 66개의 키워드

성공하는 리더의 역사 공부
왜, 역사공부하는 리더가 성공하는가?

리더의 망치
리더·인재·조직을 단단하게 만드는 20개의 망치

리더와 인재, 제대로 감별해야 한다
누가 진정한 리더이며, 제대로 된 인재인가?

김영수 지음 | 신국판 | 전4권 | 1,536쪽 | 81,600원

새우와 고래가 함께 숨 쉬는 바다

용인 66계명
―용인보감用人寶鑑

편저자 | 김영수
펴낸이 | 황인원
펴낸곳 | 도서출판 창해

신고번호 | 제2019-000317호

초판 1쇄 인쇄 | 2025년 07월 18일
초판 1쇄 발행 | 2025년 07월 25일

우편번호 | 04037
주소 | 서울특별시 마포구 양화로 59, 601호(서교동)
전화 | (02)322-3333(代)
팩스 | (02)333-5678
E-mail | dachawon@daum.net

ISBN 979-11-7174-042-0 (03320)

값 · 30,000원

ⓒ 김영수, 2025, Printed in Korea

※ 잘못 만들어진 책은 구입하신 곳에서 교환해드립니다.

Publishing Club Dachawon(多次元)
창해 · 다차원북스 · 나마스테